Bestimmungsfaktoren und Handlungsfähigkeit der Europäischen Sicherheits- und Verteidigungspolitik

Europäische Hochschulschriften

Publications Universitaires Européennes
European University Studies

Reihe XXXI
Politikwissenschaft

Série XXXI Series XXXI
Sciences politiques
Political Science

Bd./Vol. 547

PETER LANG
Frankfurt am Main · Berlin · Bern · Bruxelles · New York · Oxford · Wien

Sibylle Lang

Bestimmungsfaktoren und Handlungsfähigkeit der Europäischen Sicherheits- und Verteidigungspolitik

PETER LANG
Internationaler Verlag der Wissenschaften

Bibliografische Information der Deutschen Nationalbibliothek
Die Deutsche Nationalbibliothek verzeichnet diese Publikation in der Deutschen Nationalbibliografie; detaillierte bibliografische Daten sind im Internet über <http://www.d-nb.de> abrufbar.

Zugl.: Hamburg, Univ. der Bundeswehr, Diss., 2007

D 705
ISSN 0721-3654
ISBN 978-3-631-56663-3

www.peterlang.de

INHALTSVERZEICHNIS

1 EINLEITUNG

1.1 Einführung in das Thema und Erkenntnisinteresse

Das wirtschaftliche Gewicht der Europäischen Union (EU), ihr Engagement in vielfältigen Bereichen der internationalen Beziehungen und die zunehmende Verflechtung verschiedener Politikfelder bzw. Staaten und Regionen der Welt erhöhten Anfang der neunziger Jahre des 20. Jahrhunderts den Druck auf die EU, sich als außenpolitischer Akteur zu formieren und als solcher Entscheidungen zu treffen und handeln zu können. Ein verändertes strategisches Umfeld und neue sicherheitspolitische Herausforderungen nach dem Ende des Ost-West-Konflikts verlangten in diesem Zuge auch eine entsprechende Konstruktion von Handlungsmöglichkeiten der EU in den Bereichen der Sicherheit und Verteidigung. Der Zerfall Jugoslawiens und insbesondere die Erfahrungen des Kosovokrieges beschleunigten hierbei die Entstehung der Europäischen Sicherheits- und Verteidigungspolitik (ESVP) und haben zunächst ihre Zielrichtung, Strukturen und Fähigkeiten geprägt.

1991 errichteten die Mitgliedstaaten auf der Regierungskonferenz von Maastricht die Gemeinsame Außen- und Sicherheitspolitik (GASP) als zweite Säule des Vertrags über die Europäische Union (VEU). Die GASP sollte alle Aspekte, welche die Sicherheit der Union betreffen würden, abdecken und zur Errichtung einer gemeinsamen Verteidigungspolitik und evtl. im Laufe der Zeit zu einer gemeinsamen Verteidigung führen.[1] Die praktische Durchführung aller verteidigungspolitischen Aspekte der GASP wurde zunächst an ein außervertragliches Instrument, die Westeuropäische Union (WEU), delegiert.[2] Auf der Vertragskonferenz von Amsterdam 1997 wurden die sog. Petersberg-aufgaben der WEU – humanitäre Einsätze, Rettungseinsätze, friedenserhaltende Aufgaben und Kampfeinsätze bei der Krisenbewältigung einschließlich Maß-nahmen zur Herbeiführung des Friedens – in den Aufgabenbereich der EU übernommen, wobei die EU zur Durchführung entsprechender Operationen weiterhin auf die operativen Kapazitäten der WEU verwiesen blieb.[3]

---

[1] Vgl. Vertrag über die Europäische Union (VEU-Maastricht), Amtsblatt Nr. C 191 vom 29. Juli 1992, http://www.europa.eu.int/eur-lex/de/treaties/dat/EU_treaty.html, Artikel J.4 (1).
[2] Vgl. Artikel J.4 (2) VEU-Maastricht.
[3] Vgl. Konsolidierte Fassung des Vertrags über die Europäische Union (VEU-Amsterdam), in: Bayerische Landeszentrale für politische Bildungsarbeit (Hg.): Die Europäische Union nach Amsterdam. Dokumentation und Einführungen, München 1998, S. 85 - 95, Artikel 17 (2) und (3).

Die britisch-französische Einigung in St. Malo im Dezember 1998 ebnete schließlich den Weg zur Entwicklung autonomer Strukturen und Fähigkeiten der EU zur Vorbereitung und Durchführung militärischer und ziviler Operationen in Reaktion auf internationale Krisen. Auf dem Treffen des Europäischen Rats (ER) am 3. und 4. Juni 1999 in Köln wurden – unter dem Eindruck des Kosovokrieges – die Anregungen aus St. Malo aufgegriffen und die Grundlagen für ihre Konkretisierung geschaffen. Die Staats- und Regierungschefs der EU-Mitgliedstaaten beschlossen offiziell – als Bestandteil und zur Unterstützung der GASP – eine europäische Sicherheits- und Verteidigungspolitik zu errichten und sich die nötigen institutionellen Grundlagen und militärischen und zivilen Mittel anzueignen, um im Rahmen des internationalen Krisenmanagements – falls die NATO als Ganzes nicht involviert ist – in Zukunft auch eigenständig das gesamte Spektrum der Petersbergaufgaben übernehmen zu können.

Seit ihrer Initiierung auf dem Treffen des Europäischen Rats in Köln im Juni 1999 hat die Entwicklung von institutionellen und prozeduralen Strukturen und Fähigkeiten der ESVP sichtbare Fortschritte gemacht. Die sukzessiv geschaffenen Handlungsmöglichkeiten werden seit Anfang 2003 für zivile und militärische Einsätze genutzt. Gleichzeitig haben sich jedoch sowohl die gemeinsame Etablierung von institutionellen und prozeduralen Strukturen, die Entwicklung erforderlicher militärischer und ziviler Fähigkeiten und die Verständigung auf einen strategischen Rahmen für die ESVP einerseits, als auch die gemeinsame praktische Anwendung der ESVP-Strukturen und -Mittel im Krisenfall andererseits, als streckenweise schwierig und nicht immer zielführend erwiesen.

Eine Analyse der bisherigen sukzessiven Ausgestaltung und der substanziellen Politikergebnisse der ESVP anhand ihrer vorwiegenden Trieb- und Hemmkräfte und deren Zusammenspiel kann Erkenntnisse befördern, welche für die zukünftige nationale, innereuropäische und transatlantische Politikgestaltung und bei der Entwicklung einer handlungsfähigen ESVP hilfreich sein können. Die Dissertation wird deswegen der Frage nachgehen, wie unterschiedliche Faktoren die Entwicklung der Europäischen Sicherheits- und Verteidigungs-politik beeinflussen und ihre Handlungsfähigkeit abstecken.

1.2 Theoretische Vorüberlegungen

Die *Foreign Policy Analysis* (FPA) nimmt das Zusammenspiel verschiedener interner und externer Faktoren als Ausgangspunkt für die Erklärung von außenpolitischen Prozessen und Politikergebnissen. Die FPA vereint in ihrem Erklärungsansatz dabei makro- und mikroanalytische Elemente[4] und berücksichtigt insbesondere

- die Struktur des internationalen Systems und externe Stimuli,
- nationalstaatliche Akteure und deren Zielformulierungs- und Entscheidungsprozesse,
- die Rolle von Institutionen und Entscheidungsmechanismen,
- Verknüpfungen zwischen diesen Faktoren sowie
- Zusammenhänge zwischen Leistungs- und Problemlösungsfähigkeit der Politik einerseits und ihren Bestimmungsfaktoren andererseits.

Das externe Umfeld, in dem Akteure handeln, ist durch einen Set von Faktoren gekennzeichnet, welche den Handlungsspielraum der Akteure abstecken.[5] Dies sind zum einen allgemeine Merkmale des internationalen Systems, wie seine Organisation und Funktionsweise (u.a. Machtverteilung, Interdependenz, Elemente von Kooperation, Konkurrenz und Anarchie) und das Handeln anderer Akteure (v.a. Staaten und/ oder Staatenverbunde).[6] Zum anderen stellt das Vorhandensein bzw. die Ausprägung von Bündnissen und regionaler Integration eine weitere strukturierende Ebene dar, welche die Rolle von Staaten im internationalen System modifizieren und ihre Handlungsmöglichkeiten, aber auch ihre Dispositionen und Interessen, beeinflussen.[7]

Nationale Entscheidungsträger beziehen die Bedingungen ihres Handlungsumfelds in ihre Entscheidungen mit ein und werden durch ihr Umfeld geprägt.[8] Bei ihrer Interessensformulierung und Entscheidungsfindung werden sie mit unterschiedlichen und evtl. widersprüchlichen Erwartungen, Zwängen und Möglichkeiten in verschiedenen Kontexten – international, regional, bilateral und national – konfrontiert, was ihnen einen komplexen Ausbalancierungsprozess abverlangt.[9] Insbesondere gemeinsame, regional oder international etablierte Institutionen und deren Regeln und Prozeduren generieren Aushandlungszwänge und Kompromissdruck. Bei teilnehmenden Staaten bewirkt dieses nicht nur fallweise

[4] Vgl. Hill (2003), The Changing Politics of Foreign Policy, S. 8.
[5] Vgl. Hill (2003), The Changing Politics of Foreign Policy, S. 26/ 27.
[6] Vgl. Kaarbo/ Lantis/ Beasley (2002), The Analysis of Foreign Policy in Comparative Perspective, S. 8.
[7] Vgl. Kaarbo/ Lantis/ Beasley (2002), The Analysis of Foreign Policy in Comparative Perspective, S. 13.
[8] Vgl. Hill (2003), The Changing Politics of Foreign Policy, S. 175.
[9] Vgl. Hill (2003), The Changing Politics of Foreign Policy, S. 43.

kurzfristige Abweichungen von nationalstaatlicher Zielrationalität sondern evtl. auch längerfristige Modifizierungen ihrer Dispositionen und Interessen.[10]

Um ein gemeinsames *Policy regime* in einem bestimmten Politikfeld zustande zu bringen, bedarf es als notwendige Voraussetzung der Kongruenz betreffender Politikbedürfnisse und -ansätze der Mitgliedstaaten.[11] Die Ausgestaltung entsprechender gemeinsamer Institutionen und Entscheidungsmechanismen gibt im Sinne einer sog. *Outcome*-Variable Aufschluss über die themenspezifischen Interessen der teilnehmenden Staaten, ihre Belange hinsichtlich der zwischenstaatlichen Machtverteilung[12] und der Kompetenzverteilung zwischen der Ebene der betreffenden Organisation und den Einzelstaaten sowie die Wirkung externer Faktoren, wie z.B. die Charakteristika der zu bearbeitenden Herausforderung und/ oder das Handeln anderer Staaten. Gleichzeitig können das Design von Institutionen und ihrer Entscheidungsregeln als sog. *Intervening*-Variablen ihrerseits Politikergebnisse beeinflussen.[13] Institutionen und Regeln fungieren dabei als *Junction box* der Anforderungen des internationalen Kontextes einerseits und nationalstaatlicher Interessen und Politikprozesse andererseits.[14]

Sicherheit und Verteidigung sind Teil des Kernbereiches staatlicher Souveränität. Kooperation in diesen Politikfeldern findet daher unter zwei widersprüchlichen Prämissen statt: Einerseits unter der Prämisse der weitest möglichen formalen Aufrechterhaltung staatlicher Souveränität[15] und andererseits unter der Prämisse der angenommenen Rationalität gemeinsamen Handelns angesichts globaler sicherheitspolitischer Herausforderungen[16]. Der Charakter der Politikfelder Sicherheit und Verteidigung hat dabei Auswirkungen auf die Wahl und Ausgestaltung gemeinsamer Strukturen und die gemeinsame Politikimplementierung.[17]

---

[10] Vgl. Kegley/ Wittkopf (2004), World Politics, S. 48.

[11] Vgl. Wallace/ Wallace (2000), Policy-Making in the European Union, S. 45.

[12] Umgekehrt geht Moravcsik davon aus, dass sowohl institutionelle Lösungen als auch substanzielle Politikergebnisse im Bereich der Sicherheits- und Verteidigungspolitik bis zu einem bestimmten Grad die relative Verhandlungsmacht der beteiligten Regierungen wider-spiegeln, deren gegenseitiges Verhältnis auch im Rahmen des solche Unterschiede mäßigen-den Überbaus der EU als ein Muster politikfeldspezifischer asymmetrischer Interdependenzen verstanden werden kann (vgl. Moravcsik [1999], The Choice for Europe, S. 482).

[13] Vgl. Aspinwall/ Schneider (2001), Institutional research on the European Union, S. 4; ebenso: Hill (2003), The Changing Politics of Foreign Policy, S. 10; vgl. ebenso: Andréani (2000), Why Institutions Matter, S. 94; vgl. ebenso: Wallace/ Wallace (2000), Policy-Making in the European Union, S. 62.

[14] Vgl. Wallace/ Wallace (2000), Policy-Making in the European Union, S. 36.

[15] Vgl. Wallace/ Wallace (2000), Policy-Making in the European Union, S. 462.

[16] Vgl. Wallace/ Wallace (2000), Policy-Making in the European Union, S. 523/ 524.

[17] Das Politikfeld kann dabei als Variable, die z.T. von internationalen Entwicklungen (global und regional) abhängt, im Zusammenspiel mit den Dispositionen und Interessen der Mitgliedstaaten den Institutionalisierungsprozess und die Anwendung einer gemeinsamen Sicherheits-

Auch innenpolitische Bedingungen und Konstellationen können hierbei eine Rolle spielen. So kann z.B. die Zahl der in sicherheits- und verteidigungspolitische Fragen involvierten Akteure bzw. das Ausmaß, in welchem Autorität und Entscheidungsmacht gestreut sind, den Handlungsspielraum nationaler Entscheidungsträger und damit die institutionellen und substanziellen Politikergebnisse auf der übergeordneten Organisationsebene beeinflussen.[18] Insbesondere die Auffassung einzelner Mitgliedstaaten über das wünschenswerte Ausmaß und die Form der Institutionalisierung von Kooperation kann z.T. Funktion innenpolitischer Konstellationen sein.[19]

Durch die Beteiligung an einem gemeinsamen Politikprozess kann Konvergenz der Dispositionen, Interessen und Lösungsansätze der Mitgliedstaaten der betreffenden Organisation generiert werden.[20] Durch die institutionalisierte sowie informelle Kommunikation im Zuge der gemeinsamen Beschäftigung mit einer bestimmten Aufgabe über einen längeren Zeitraum hinweg und entsprechende kontinuierliche multilaterale Prozesse werden die teilnehmenden Eliten gewissermaßen sozialisiert und verinnerlichen bestimmte Zwänge des Systems der betreffenden Politik.[21] Vor allem realisieren sie die Nachteile, welche ein Zusammenbruch der Kooperation implizieren würde, und entfalten ein gemeinsames Interesse an Pflege und Anwendung der gemeinsamen Strukturen. Längerfristige multilaterale Aushandlungsprozesse und Kooperation rufen bei nationalen Entscheidungsträgern ein Interesse am Zustandekommen gemeinsamer Fort-

---

und Verteidigungspolitik bestimmen (vgl. Potter [1980], Issue Area and Foreign Policy Analysis, S. 406 und 421).

[18] Gemäß Kaarbo, Lantis und Beasley kann grundsätzlich davon ausgegangen werden, dass der Entscheidungsprozess in den Bereichen Sicherheits- und Verteidigungspolitik auch in westlichen Demokratien stark an der Spitze der Regierungshierarchie zentralisiert und konzentriert ist (vgl. Kaarbo/ Lantis/ Beasley [2002], The Analysis of Foreign Policy in Comparative Perspective, S. 16/ 17).

[19] Laut der Hypothese von der sog. *Collusive delegation* sind Regierungen, die im Bereich der Sicherheits- und Verteidigungspolitik national nur über eine relativ eingeschränkte Handlungsfreiheit verfügen, stärker an einer diesbezüglichen gemeinsamen Politik auf europäischer Ebene interessiert als Regierungen, welche über eine relativ große nationale Handlungsfreiheit in sicherheits- und verteidigungspolitischen Fragen verfügen. Der jeweilige nationale Handlungsspielraum ergibt sich dabei u.a. aus dem politischen System, und hier v.a. aus dem Verhältnis zwischen Exekutive und Legislative und dem Ausmaß von Föderalismus. Der durch Kooperation erwartete Gewinn an Handlungsspielraum wird dabei gegen evtl. Einbußen an Handlungsfreiheit durch die Einbindung in gemeinsame Strukturen und gemeinsame Politik mehr als aufgewogen (vgl. Koenig-Archibugi [2004], International Governance as New Raison d'État?, S. 158/ 159 und S. 174/ 175). Eine umgekehrte Logik wirkt im Falle des sog. *Cutting slack*: (Angebliche) innenpolitische Einschränkungen können am multilateralen Verhandlungstisch eingesetzt werden, um nationale Ziele und Vorstellungen auf der übergeordneten Ebene durchzusetzen (vgl. Putnam [1993], Diplomacy and Domestic Policy).

[20] Vgl. Wallace/ Wallace (2000), Policy-Making in the European Union, S. 45.

[21] Vgl. Weaver (1995), Identity, Integration and Security, S. 429; vgl. ebenso: Wallace/ Wallace (2000), Policy-Making in the European Union, S. 526/ 527.

schritte per se hervor, da die getätigten Investitionen verloren gingen, wenn Verhandlungen und Entscheidungsprozesse keine Ergebnisse brächten.[22]

Werden Entscheidungsträger mit externen Herausforderungen konfrontiert, welche ihre Vorstellungen, Ziele und Interessen berühren – sei es als Bedrohung, Hindernis oder Chance –, sind sie gezwungen, diese Situation zu interpretieren, unter Berücksichtigung ihrer Werte, Vorstellungen und Interessen Handlungsmöglichkeiten zu erwägen und einen Rahmen für eine bestimmte Antwort zu wählen.[23] Die Wahl des Handlungsrahmens ist v.a. abhängig vom internationalen Kontext (wie oben beschrieben) und seiner vermuteten und/ oder bewiesenen Problemlösungsfähigkeit.[24] Das Auftreten zu bewältigender Ereignisse stellt zudem die Problemlösungsfähigkeit vorhandener Strukturen auf den Prüfstand.[25] Je nachdem wie leistungsfähig sich bestimmte Strukturen im Zuge eines solchen Testfalls erweisen, d.h. ob und inwieweit die Politikergebnisse den vom internationalen Kontext geforderten Resultaten und den Zielen der beteiligten Akteure gerecht werden, können Testfälle zur Modifizierung betreffender Institutionen und Prozeduren führen.[26]

Institutionalisiertes multilaterales Vorgehen bei *Out-of-area*-Interventionen zur Krisenbewältigung reduziert einerseits Risiken und Lasten der beteiligten Staaten.[27] Andererseits stehen Staaten bei der Institutionalisierung und v.a. bei der Umsetzung einer solchen Langzeit-Kooperation vor dem Problem unterschiedlicher Wahrnehmung, Bewertung und Betroffenheit von Gefahren sowie verschiedenartiger Auffassungen über die besten Wege, wie diesen begegnet werden soll, während gleichzeitig ein unmittelbarer Kooperationsdruck aufgrund eines klar identifizierbarer Aggressors, der die physische Unversehrtheit des eigenen Territoriums bzw. der eigenen Bevölkerung gefährden würde, fehlt.[28] Die Selektivität der Interventionspraxis internationaler oder regionaler Organisationen legt nahe, dass Staaten auch in einem institutionalisierten Kontext nur unter bestimmten Bedingungen ein Interesse entwickeln, gemeinsam in einem Krisengebiet zu intervenieren. So darf neben dem Vorhandensein einer moralischen Motivation eine Intervention von den Interventen[29] nicht als besonders risiko-

---

[22] Vgl. Evans (1993), Building an Integrative Approach to International and Domestic Politics, S. 404/ 405.
[23] Vgl. Brady (1978), The Situation and Foreign Policy, S. 173; vgl. ebenso: Wallace/ Wallace (2000), Policy-Making in the European Union, S. 61.
[24] Vgl. Wallace/ Wallace (2000), Policy-Making in the European Union, S. 39/ 40.
[25] Vgl. Wallace/ Wallace (2000), Policy-Making in the European Union, S. 61.
[26] Vgl. Wallace/ Wallace (2000), Policy-Making in the European Union, S. 63.
[27] Vgl. Regan (2000), Civil Wars and Foreign Powers, S. 107.
[28] Vgl. Tams (1999), The Functions of a European Security and Defence Identity and its Institutional Form, S. 82/ 83.
[29] Dies gilt insbesondere für entwickelte, demokratische Staaten, wie sie z.B. in der EU zu finden sind.

reich angesehen werden, sondern muss vernünftige Erfolgsaussichten haben und darf keine unverhältnismäßigen Eskalationsgefahren bergen.[30] Während das Verhältnis zwischen Einzelakteuren und institutionalisierter Kooperation bei zunehmendem Schwierigkeits- bzw. Eskalationsgrad einer Krise prekärer wird[31], wird die Durchführung einer Intervention dann begünstigt, wenn eine Krise einzelne Staaten im Verbund oder den ganzen Verbund unmittelbar negativ betrifft (z.B. Flüchtlingsströme)[32], oder aber durch das Unterlassen einer Intervention diesselben ihre Glaubwürdigkeit auf Spiel setzen[33], oder aber eine Operation signifikant zur Profilierung der Interventen dienen kann. Je nach Verbindlichkeit der gemeinsamen Strukturen ist die Behandlung von Sicherheitsproblemen zudem mehr oder weniger von den Interessen einzelner Akteure abhängig.[34] Carsten Tams attestiert Strukturen zum Zwecke gemeinsamer *Out-of-area*-Interventionen das Fehlen verbindlicher Solidaritätsautomatismen. Vielmehr beruhten evtl. Interventionen auf fallweisen und einstimmigen Entscheidungen ihrer Mitglieder, wodurch gemeinsames Handeln schwerer zu erzielen sei.[35]

1.3 Grundannahmen und Aufbau der Arbeit

Unter Berücksichtigung o.a. theoretischer Vorüberlegungen geht die Dissertation von folgenden Grundannahmen aus:

1. Die Genese des *formalen* Handlungsrahmens der ESVP wurde und wird durch verschiedene interne und externe Faktoren geprägt. Der formale Handlungsrahmen der ESVP umfasst v.a. drei für ihre Funktionstüchtigkeit relevante Dimensionen: einen strategischen Rahmen, institutionelle und prozedurale Strukturen sowie Einsatzkräfte und -fähigkeiten.[36]
2. Der formale Handlungsrahmen der ESVP ist integraler Bestandteil der Handlungsmöglichkeiten der EU im operativen Krisenmanagement und steckt ihre Handlungsmöglichkeiten im Krisenfall ab.

---

[30] Vgl. Zangl (2002), Humanitäre Intervention, S. 117 – 119.

[31] Vgl. Pradetto (2000), Nationalstaat und transnationale Organisation in der europäischen Sicherheitsstruktur, S. 20.

[32] Vgl. Zangl (2002), Humanitäre Intervention, S. 117 – 119.

[33] Vgl. Czempiel (2000), Intervention in Zeiten der Interdependenz, S. 3.

[34] Vgl. Pradetto (2000), Nationalstaat und transnationale Organisation in der europäischen Sicherheitsstruktur, S. 21.

[35] Vgl. Tams (1999), The Functions of a European Security and Defence Identity and its Institutional Form, S. 85.

[36] Zur Begründung der Auswahl dieser Dimensionen der ESVP vgl. Hermann (1978), Foreign Policy Behaviour, S. 37.

3. Während der formale Handlungsrahmen der EU im operativen Krisenmanagement Wahrscheinlichkeit, Umfang und Art des Eingreifens und den Erfolg der Intervention beeinflussen, wird der tatsächliche Einsatz der ESVP gleichzeitig durch das Wirksamwerden jener Bestimmungsfaktoren, welche auch die Entwicklung der formalen Möglichkeiten vorantrieben und vorantreiben bzw. begrenzten und begrenzen, bestimmt.
4. Die bisherigen ESVP-Operationen und -Missionen sind Produkt der formalen Handlungsmöglichkeiten und politischen Bestimmungsfaktoren und bilden die *reale* Handlungsfähigkeit der EU im operativen Krisenmanagement ab.
5. Je nach real bewiesener Handlungs- und Leistungsfähigkeit der ESVP sind seitens ihrer Hauptträger, den Mitgliedstaaten, Bestrebungen, die formalen Strukturen der ESVP zu erhalten oder zu modifizieren bzw. zu ergänzen, zu erwarten.

In den Kapiteln 2, 3 und 4 werden je die unter 1. genannten Dimensionen der formalen Ausgestaltung der ESVP, also ihr strategischer Rahmen, ihre institutionellen und prozeduralen Strukturen und ihre Einsatzkräfte und -fähigkeiten behandelt. Hierbei wird zunächst je die Ausgangslage und die jeweilige Bedeutung einer Dimension für die Handlungsfähigkeit der ESVP erläutert. Darauf folgt die Analyse der jeweiligen Entwicklungen.[37] Am Ende jeder Analyse steht eine Zusammenfassung der Bestimmungfaktoren der Entwicklung der betreffenden ESVP-Dimension und deren (potenziellen) Auswirkungen auf die Handlungsfähigkeit der ESVP. In Kapitel 5 wird der praktische Einsatz der ESVP analysiert. Hierfür werden die bisherigen ESVP-Einsätze untersucht, deren Charakteristika und die Tendenzen der Interventionspraxis der ESVP in kausalen Zusammenhang mit dem zuvor analysierten fomalen Rahmen und dessen Bestimmungsfaktoren gebracht und mit den Zielen der ESVP und dem internationalen Handlungsbedarf im Krisenmanagement in Bezug gesetzt. Abschließend erfolgt eine Zusammenfassung der Bestimmungsfaktoren der strategischen, institutionellen bzw. prozeduralen und fähigkeitentechnischen Entwicklung der ESVP ebenso wie ihrer praktischen Anwendung, wobei das Zusammenwirken des formalen Rahmens und der Bestimmungsfaktoren die reale Handlungsfähigkeit der ESVP erhellen soll.

---

[37] Die Bestimmungen des Vertrags einer Verfassung für Europa (VVE), welche sich auf die ESVP beziehen, werden in dieser Arbeit trotz des Scheiterns der Verfassungsreferenden in Frankreich und den Niederlanden berücksichtigt, da auf Grundlage des politischen Willens der Staats- und Regierungschefs, welcher mit deren Einigung auf den entsprechenden Vertragstext im Juni 2004 als vorhanden gelten kann, die Fortentwicklung der ESVP weitgehend auch ohne das Inkrafttreten des VVE betrieben wurde, wird und werden wird (vgl. Petersohn/ Lang [2005], Die Zukunft der ESVP nach den gescheiterten Referenden, S. 1 und 4).

2 STRATEGISCHER RAHMEN DER ESVP

2.1 Zur Bedeutung einer sicherheits- und verteidigungspolitischen Strategie

Als „zusammengesetzter"[38] außen-, sicherheits- und verteidigungspolitischer Akteur, bei dem eine Vielzahl verschiedener Gremien und 25 Mitgliedstaaten an der Politikgestaltung mitwirken, ist die EU in besonderem Maße auf eine sicherheitpolitische Strategie angewiesen, welche die gemeinsame Entscheidungs- und Handlungsfähigkeit im Krisenfall steigern kann.[39]

Im Hinblick auf die ESVP sollte eine europäische Sicherheitsstrategie v.a. folgende interne und externe Funktionen erfüllen[40]:

Intern geht es

(1) um eine Richtschnur für gemeinsames sicherheits- und verteidigungspolitsches Handeln – basierend auf einer Reflextion europäischer Werte, Vorstellungen, Interessen und v.a. möglicher Bedrohungs- bzw. Krisenszenarien, der Vorabklärung strategischer Ziele und Aufgaben im Kontext dieser Werte, Vorstellungen, Interessen und Szenarien, und der Zuordnung entsprechender Mittel zur Erreichung der jeweiligen strategischen Ziele –, welche beim Auftreten internationaler Krisen den sicherheitspolitischen Entscheidungsträgern der EU eine Grundlage gemeinsamen Handelns bieten und ihrer Reaktionssicherheit und -schnelligkeit zuträglich sind. Eine Strategie sollte in diesem Sinne dazu beitragen können, im Krisenfall innereuropäische Differenzen und Spaltungen zu verhindern, damit den effektiven Schutz europäischer Interessen und Werte, die Teilnahme der EU an der Gestaltung der Weltordnung, der Erhaltung des internationalen

---

[38] Ehrhart/ Schmitt (2004), Einleitung, in: Dies., Die Sicherheitspolitik der EU im Werden, S. 7.

[39] Vgl. Posen (2004), The European Security Strategy, S. 33: "It is difficult for the EU to develop a strategy, but it may need one even more than would a unitary state."; vgl. ebenso: Tams (1999), The Functions of a European Security and Defence Identity and its Institutional Form, S. 82/ 83: In einem Entscheidungskontext, in dem mehrere Akteure an der Entscheidungsfindung und -durchführung beteiligt sind, ist eine gemeinsame Vorstellung von Bedrohungen bzw. Risiken, entsprechenden Zielen und geeigneten Lösungsansätzen in besonderem Maße wichtig. Dies gilt v.a. für die zwischenstaatliche Kooperation zum Zwecke gemeinsamer Interventionen außerhalb des Territoriums der beteiligten Staaten.

[40] Vgl. Posen (2004), The European Security Strategy, S. 34: „A grand strategy serves external and internal functions."

Friedens und der internationalen Sicherheit und Stabilität zu sichern und entsprechende Bedrohungen abzuwehren bzw. vorzubeugen.[41]

(2) Zudem geht es zum einen um eine Anleitung für die institutionelle und prozedurale Ausgestaltung der ESVP[42] und zum anderen um eine Grundlage für die Identifizierung des Bedarfs an entsprechenden Fähigkeiten sowie deren Beschaffung und Entwicklung.[43]

(3) Drittens geht es um die Mobilisierung politischer Unterstützung und entsprechender Ressourcen für die Fähigkeitenentwicklung und den Anwendungsfall innerhalb der verschiedenen Mitgliedstaaten und auf EU-Ebene.[44] Dabei gilt: "Political will and military capability are inextricably linked and dependent on the support of public opinion."[45] Eine Strategie hat mit Blick auf letzteren Zusammenhang die Aufgabe der Gewinnung öffentlicher Unterstützung, indem sie die EU als sicherheitspolitischen Akteur sichtbar bzw. greifbar macht und erklärt.[46]

Extern geht es

(1) grundsätzlich um die Herstellung von Erwartungssicherheit an das sicherheitspolitische Handeln der EU mit Blick auf andere Akteure – Staaten, Regionen, Organisationen – außerhalb der EU[47], und dabei insbesondere

(2) um Abschreckung und Vorbeugung potenzieller Gefährdungen des Weltfriedens, der internationalen Sicherheit und Stabilität und europäischer Interessen und

(3) um die Gewinnung von Partnern und Verbündeten für gemeinsame Ziele.[48]

---

[41] Vgl. Biscop (2004), The European Security Strategy, S. 7.
[42] Posen (2004), The European Security Strategy, S. 34.
[43] Biscop (2004), The European Security Strategy, S. 3.
[44] Vgl. Posen (2004), The European Security Strategy, S. 34: "A grand strategy aims to mobilise domestic political support – especially for the financial and human ressources necessary to achieve difficult objectives." ; vgl. ebenso: Biscop (2002), In Search of a Strategic Concept for the ESDP, S. 478.
[45] Bertelsmann Foundation (2004), A European Defence Strategy, S. 48/ 49.
[46] Vgl. Gareis (2004), Militärmacht EU?, S. 60 und 63.
[47] Hierbei geht es – neben den im Folgenden genannten Funktionen – auch um die Versicherung, dass die EU grundsätzlich keine interventionistischen Ambitionen hegt. Diese Funktion bezieht sich v.a. auf die angrenzenden Länder (insbesondere Mittelmeerregion) bei denen – unberechtigte – Befürchtungen eines europäischen Interventionismus zerstreut werden können, indem Klarheit über die strategischen Ziele und Interessen der EU geschaffen wird (vgl. Biscop [2002], In Search of a Strategic Concept for the ESDP, S. 478; vgl. ebenso: Ortega (2001), Military intervention and the European Union, S. 111).
[48] Vgl. Posen (2004), The European Security Strategy, S. 34.

Ein strategisches Konzept bzw. ein strategischer Rahmen sollte zu diesen Zwecken ausreichend umfassend bzw. detailliert, eindeutig und inhaltlich konsistent formuliert sein, dabei aber auch eine gewisse Flexibilität der Reaktion auf mögliche Bedrohungen und Herausforderungen zulassen.[49]

Weiterhin muss angenommen werden, dass die Existenz einer Strategie, die o.g. Anforderungen genügt, als solche noch keine Garantie effektiven gemeinsamen Handelns der EU-Mitglieder in jedem Krisenfall darstellt, da „[m]any other powerful factors can be expected to intervene between their abstract pronouncements, and the array of practical activities and problems they aim to influence"[50].

2.2 Bausteine eines strategischen Rahmens bis zur Europäischen Sicherheitsstrategie

2.2.1 Ausgangslage

Bis zur Annahme der Europäischen Sicherheitsstrategie (ESS) im Dezember 2003 verfügte die EU über keine kodifizierte Sicherheitsstrategie. Vielmehr verfolgten die Mitgliedstaaten eine umgekehrte Vorgehensweise bei der Entwicklung der Europäischen Sicherheits- und Verteidigungspolitik, d.h. der Aufbau von Strukturen und Fähigkeiten ging der Strategieentwicklung im o.g. Sinne voraus.[51] Die Vermeidung einer Diskussion der Bedrohungslage, der sicherheitspolitischen Herausforderungen bzw. Vorstellungen, strategischer Ziele sowie Maßnahmen, Mittel und Handlungsgrundlagen wurde dabei von den Mitgliedstaaten durchaus bewusst betrieben und ist v.a. auf folgende Gründe zurückzuführen:

Erstens „[wandte sich] Europa [...] der Debatte über eine Anpassung der Weltordnung nach dem Ende des Kalten Krieges und der Frage nach seiner eigenen sicherheitspolitischen und militärischen Rolle außerhalb Europas nur schrittweise und vergleichsweise langsam zu."[52] Seit kurz nach dem Ende des zweiten Weltkrieges bis zum Ende des Kalten Krieges war die NATO die einzige signifikante Agentur europäischer Sicherheitsvorsorge gewesen. Angesichts der amerikanischen Sicherheitsgarantie im Rahmen der Allianz bei gleichzeitiger weitestgehender Übereinstimmung sicherheits- und verteidigungspolitischer Ziele

[49] Vgl. Heisbourg u.a. (2000), European defence: making it work, S. 24/ 25.
[50] Posen (2004), The European Security Strategy, S. 34.
[51] Vgl. Ortega (2004), Über Petersberg hinaus, S. 87.
[52] Nassauer (2004), Sicherheitspolitik für eine neue Weltordnung?, S. 64.

und Interessen dies- und jenseits des Atlantiks konnte sich die EU internen Integrationsherausforderungen widmen und als sog. Zivilmacht entwickeln, während den verteidigungs- und sog. harten sicherheitspolitischen Herausforderungen im Rahmen der NATO begegnet wurde. Auch wenn die USA nach dem Ende des Kalten Krieges und v.a. nach der NATO-Operation im Kosovo von den Europäern verstärkt eine ausgewogenere Lastenteilung innerhalb der Allianz forderten, stand und steht jedoch die Entwicklung einer sicherheits- und verteidigungspolitischen strategischen Eigenständigkeit der EU für die USA nicht zur Diskussion. Sowohl die Clinton- als auch die Bush-Administration unterstützten bzw. unterstützen die Entwicklung europäischer Krisenreaktionsfähigkeiten nur unter dem Vorbehalt, dass eine politische und strategische Abkopplung der EU-Mitglieder von der NATO durch die ESVP vermieden wird. Zudem verfolgten die verschiedenen EU-Mitgliedstaaten, insbesondere Frankreich und Großbritannien, unterschiedliche Ziele mit der Entwicklung europäischer Krisenreaktionsfähigkeiten. Großbritannien kam nach den NATO-Operationen in Bosnien und im Kosovo zu der Auffassung, dass, um die Allianz zu retten, die Europäer militärisch handlungsfähiger werden mussten. Der britische strategische Zweck einer ESVP lag damit v.a. in der Stärkung der Allianz, d.h. die britische Regierung sah keine Notwendigkeit einer eigenständig hergeleiteten Strategie für den Einsatz europäischer Krisenreaktionskräfte. Vielmehr sollte die ESVP in Anlehnung an die Bedürfnisse und in Abstimmung mit der NATO und den USA eingesetzt werden.[53] Frankreich dagegen verfolgte mit der Entwicklung der ESVP das Ziel, die EU zu einem starken und auf längere Sicht auch autonomen sicherheits- und verteidigungspolitischen Akteur zu befördern, was mittel- bis langfristig auch eine strategische Eigenständigkeit der ESVP implizieren würde.[54] Unter der Prämisse des Erhalts der transatlantischen Sicherheitspartnerschaft und des innereuropäischen Konsenses über die Notwendigkeit der Stärkung europäischer Krisenreaktionsfähigkeiten sahen sich die EU-Mitglieder vor diesen Hintergründen zunächst zur geflissentlichen Nicht-Behandlung strategischer Fragen mit Blick auf deren Zweck und Einsatzgrundlagen gezwungen.[55]

Zweitens existiert innerhalb der EU ein breites Spektrum strategischer Kulturen und sicherheitspolitischer Prioritäten.[56] Diese hängen u.a. von der jeweiligen geopolitischen Lage, Größe, Macht und Geschichte des betreffenden Landes ab, wobei die Auswirkungen dieser als natürlich zu bezeichnenden Bestimmungsfaktoren kurz- bis mittelfristig nicht ohne Weiteres beseitigt werden können.[57] Das Spektrum reicht von ehemaligen Großmächten bzw. Kolonialmächten, wel-

[53] Vgl. Haine, ESDP: an overview, http://www.iss-eu.org/esdp/01-jyh.pdf, Zugriff am 1. 3. 2005, S. 3.
[54] Vgl. Haine, ESDP: an overview, http://www.iss-eu.org/esdp/01-jyh.pdf, Zugriff am 1.3. 2005, S. 3.
[55] Vgl. Ortega (2004), Über Petersberg hinaus, S. 88.
[56] Vgl. Föhrenbach (2002), „Security Through Engagement", S. 4.
[57] Vgl. Heisbourg u.a. (2000), European defence: making it work, S. 15/ 16.

che aktiv und auf globaler Ebene Interessen und normative Vorstellungen verfolgen und bereit und fähig sind, zu diesen Zwecken auch militärisch zu intervenieren (v.a. Frankreich und Großbritannien), über hauptsächlich oder ausschließlich an der Stabilität ihres unmittelbaren Umfelds bzw. der Abwehr von potenziellen Bedrohungen aus der direkten Nachbarschaft interessierten kleineren und/ oder Rand-Staaten, die weder über relevante Möglichkeiten noch Erfahrung im Bereich militärischer Interventionen verfügen, bis hin zu den neutralen bzw. militärisch bündnisfreien Ländern, welche zwar durchaus an der Mitgestaltung einer friedlichen, stabilen und gerechten Weltordnung interessiert sind, diese Ziele jedoch traditionell mit zivilen Methoden bzw. im Rahmen der Vereinten Nationen (bzw. der OSZE) verfolgen. Je nachdem variieren Inhalte nationaler Sicherheitsstrategien innerhalb der EU bzw. entscheidet sich, ob eine nationale Sicherheitsstrategie, welche bei der Strategieformulierung auf europäischer Ebene eingebracht werden könnte, überhaupt existiert.[58] Das grundlegende Dilemma, mit dem sich die Träger der ESVP, also die EU-Mitgliedstaaten und die relevanten EU-Gremien, bei der Formulierung einer gemeinsamen Strategie konfrontiert sahen, lag vor o.g. Hintergründen in der Aufgabe, einerseits alle nationalen Interessen und Vorstellungen unter einen Hut zu bringen und EU-weite Kohäsion bzgl. Bedrohungswahrnehmung, Zielen und Mitteln herzustellen, und andererseits sicherzustellen, dass ein solcher Kompromiss bzw. eine solche Zusammenfassung nationaler strategischer Orientierungen gleichzeitig auch aussagekräftig sein und nicht nur aus vage gefassten kleinsten gemeinsamen Nennern bestünde.[59]

Die beim Aufbau der ESVP zu beobachtende „studied ambiguity"[60] war damit zunächst notwendig, um die Entwicklung europäischer sicherheits- und verteidigungspolitischer Strukturen und Fähigkeiten nicht von Beginn an aufgrund absehbarer innereuropäischer bzw. transatlantischer Differenzen bzgl. ihres strategischen Zwecks scheitern zu lassen.[61] Reimund Seidelmann kam in diesem Zusammenhang 2002 zu dem (vorläufigen) Schluss, dass der „Pragmatismus im Bereich von ESVP und EU-Krisenreaktionskräften [...] aus einer Opportunitätslogik [resultiert], bei der kurzfristige Konfliktvermeidung unter den Mitgliedsländern und mit den USA und die Hoffnung auf Lernprozesse höher bewertet werden als konzeptionelle Konsistenz und Kohärenz."[62]

Drittens muss die Ursache der vernachlässigten Strategiediskussion auch in der Natur der sicherheitspolitischen Herausforderungen gesucht werden. Bei den seit

---

58 Vgl. Biscop (2004), The European Security Strategy, S. 7.
59 Vgl. Heisbourg (2000), Europe's Strategic Ambitions, S. 14/ 15.
60 Heisbourg u.a. (2000), European defence: making it work, S. 110.
61 Vgl. Heisbourg u.a. (2000), European defence: making it work, S. 110; vgl. ebenso: Heisbourg (2000), Europe's Strategic Ambitions, S. 9.
62 Seidelmann (2002), Das ESVP-Projekt und die EU-Krisenreaktionskräfte, S. 112.

Ende des Kalten Krieges in den Vordergrund getretenen sicherheitspolitischen Herausforderungen handelt es sich weniger um unmittelbare militärische Bedrohungen des Territoriums oder der Bürger der EU, als vielmehr um sog. Sicherheitsrisiken. Letztere, so Hans-Georg Ehrhart, "cannot be dealt with through the traditional approach of defence and security policy, clear-cut definitions of interest and threat, and corresponding military instruments"[63]. Vielmehr „[drängen] [d]ie globalen Unsicherheiten und Dynamiken [...] nach differenzierten Ansätzen und Strategien zu ihrer möglichst präventiven und kooperativen Bearbeitung im Rahmen eines umfassenden Sicherheitsansatzes."[64] Erstens erschwert jedoch die festgestellte Komplexität und Diffusität der Herausforderungen eine Einigung auf eine – auch inhaltlich konsinstente – gemeinsame sicherheitspolitische Strategie, nicht zuletzt da ein großer Wahrnehmungs- und Interpretationsspielraum hinsichtlich der Bedrohungslage und geeigneter Wege zu ihrer Bekämpfung existiert. Zweitens dient die ESVP nicht dazu, unmittelbar existenzielle Interessen der EU und ihrer Mitgliedstaaten zu verteidigen, sondern vielmehr dem eher als freiwillig einzustufendem Schutz und der Durchzusetzung sog. aufgeklärter sicherheits- und ordnungspolitischen Interessen bzw. Vorstellungen.[65] Eine solche fast als normativ zu bezeichnende sicherheitspolitische Strategie ist jedoch schwieriger zu formulieren und v.a. durchzusetzen als eine, die sich an Bedrohungen, welche die gemeinsame Existenz unmittelbar gefährden, orientiert. Erschwerend kommt in diesem Zusammenhang auch die Veränderlichkeit der sicherheitspolitischen Bedrohungen hinzu: „International events being by their very nature impossible to predict, states or organisations such as the EU cannot foresee the way in which they ought to use their force."[66]

2.2.2 Strategische Anhaltspunkte der ESVP: Ziele, Aufgaben und Mittel

Wenn auch die EU aus o.g. Gründen bis zur Annahme der ESS im Dezember 2003 über keine explizit kodifizierte Sicherheitsstrategie verfügte, hatte die EU über die Jahre einen spezifisch europäischen Ansatz der Sicherheitsvorsorge herausgebildet.[67] Martin Ortega ist sogar der Meinung, dass die EU schon vor der ESS über einen regelrechten strategischen Rahmen für Entwicklung und Einsatz der ESVP verfügt habe. Dieser konstituiere sich aus dem Zielkatalog der

---

[63] Ehrhart (2000), What model for CFSP?, S.18.

[64] Ehrhart/ Schmitt (2004), Einleitung, in: Dies., Die Sicherheitspolitik der EU im Werden, S. 11.

[65] Ehrhart (2000), What model for CFSP?, S. 24.

[66] Ortega (2001), Military intervention and the European Union, S. 112.

[67] Vgl. Biscop (2004), The European Security Strategy, S. 5 ; vgl. ebenso: Ehrhart (2000), What model for CFSP?, S. 27/ 28.

GASP im Vertrag über die Europäische Union, der Normierung der Petersbergaufgaben in Artikel 17 des VEU-Amsterdam und dem bisherigen schriftlichen und praktischen Acquis der GASP.[68]

Gemäß Titel V Artikel J.1 (2) des VEU-Maastricht hat die GASP zum Ziel, die „gemeinsame[n] Werte", „grundlegende[n] Interessen", die „Unabhängigkeit" und die Sicherheit der EU und ihrer Mitgliedstaaten „in allen ihren Formen" zu schützen. Durch die GASP und die eventuelle Errichtung einer gemeinsamen Sicherheits- und Verteidigungspolitik, welche auch zu einer gemeinsamen Verteidigung führen könne, solle die EU zudem ihre Identität auf der internationalen Bühne behaupten. Der VEU-Maastricht normiert in diesem Zusammenhang allgemeine Ziele der GASP, welche erste Anhaltspunkte für die außen- und sicherheitspolitische Rolle der EU, in welche die ESVP sich später einfügen sollte, bieten: Schutz und Förderung von Demokratie, Rechtsstaatlichkeit, Menschenrechten und Grundfreiheiten, Stärkung der internationalen Sicherheit und Wahrung des Friedens, und die Förderung internationaler Kooperation. Darüber hinaus normiert Artikel 11 (1) des VEU-Amsterdam neben den o.g. als weiteres Ziel der GASP die Wahrung der (territorialen) „Unversehrtheit" der Union und der in der Schlussakte von Helsinki und der Charta von Paris gefassten Ziele, welche auch die Wahrung der Außengrenzen beinhalten.[69] Der VEU-Amsterdam bestätigt darüber hinaus, dass die GASP– inklusive der schrittweisen Errichtung einer europäischen Sicherheits- und Verteidigungspolitik, die zu einer gemeinsamen Verteidigung führen kann – der „Behauptung" der europäischen Identität auf internationaler Ebene dienen soll.[70] Die britisch-französische Einigung in St. Malo vom Dezember 1998 über die Notwendigkeit der Errichtung einer ESVP basierte ebenfalls auf der gemeinsamen Auffassung des französischen Staatschefs und des britischen Premiers, dass die EU in die Lage versetzt werden müsse, eine vollwertige Rolle auf der internationalen Bühne zu spielen[71], und dass europäische Krisenreaktionseinsatzkräfte geschaffen werden müssten, um Europas Stimme in der Welt Gehör zu verschaffen[72].

In Artikel 17 (2) des VEU-Amsterdam wurden die sog. Petersbergaufgaben als Aufgabenbereich der ESVP festgelegt. Die Petersbergaufgaben umfassen humanitäre Aufgaben und Rettungseinsätze, friedenserhaltende Aufgaben sowie Kampfeinsätze bei der Krisenbewältigung einschließlich friedensschaffender

---

[68] Vgl. Ortega (2001), Military intervention and the European Union, S. 102 und 108.

[69] Der Zusatz "einschließlich derjenigen, welche die Außengrenzen betreffen" wurde hauptsächlich aufgrund griechischen Betreibens angesichts Griechenlands anhaltender Konflikte mit der Türkei aufgenommen (vgl. Regelsberger/ Jopp [1997], Und sie bewegt sich doch!, S. 256/ 257).

[70] Vgl. Artikel 2 VEU-Amsterdam.

[71] Vgl. From St. Malo to Nice (2001), S. 8.

[72] Vgl. Heisbourg u.a. (2000), European defence: making it work, S. 6.

Maßnahmen.[73] Dieser Wortlaut wurde von den Mitgliedstaaten auf der Vertragskonferenz von Amsterdam unverändert aus der Petersberg-Erklärung der WEU vom Juni 1992[74] übernommen, ohne dass diese Übernahme mit einer formellen Bedrohungsanalyse begründet wurde. Während man implizit zwar – quasi im Umkehrschluss – aus der Übernahme der Petersbergaufgaben das Auftreten innerstaatlicher Konflikte, regionale Destabilisierung, die Gefährdung europäischer Staatsbürger, und humanitäre Notlagen als von der EU und ihren Mitgliedern wahrgenommene Bedrohungen internationaler und europäischer Sicherheit ableiten könnte, beruht die Übernahme der Petersbergaufgaben tatsächlich weniger auf einer bedrohungsgeleiteten Entscheidung, als vielmehr einem politischen Kompromiss. Die Übernahme der Petersbergaufgaben erfolgte dabei auf Initiative der bündnisfreien EU-Mitglieder Finnland und Schweden, welche verhindern wollten, dass evtl. die kollektive Verteidigung als Bestandteil europäischer Sicherheits- und Verteidigungspolitik im Vertragstext normiert würde[75], und bildete den kleinsten gemeinsamen Nenner der unterschiedlichen Positionen innerhalb des Spektrums von Vorstellungen der EU-Mitglieder darüber, welche Aufgaben die Sicherheits- und Verteidigungspolitik der EU umfassen sollte. Da die Petersbergaufgaben im Grunde alle Aufgaben, die nicht unter die kollektive Verteidigung aufgrund eines militärischen Angriffs auf europäisches Territorium fallen, einschließen, und damit einen großen Interpretationsspielraum bieten[76], konnten so innereuropäische Diskussionen um strategische Ziele und Funktion einer ESVP, welche die Errichtung und Entwicklung letzterer behindern hätten können, umgangen werden.[77] Gleichzeitig konnten durch die Übernahme der relativ unspezifischen Petersbergaufgaben bei gleichzeitigem Ausschluss der kollektiven Verteidigung Auseinandersetzungen mit den USA und anderen NATO-Mitgliedern, die nicht der EU angehören, vermieden werden, welche die Entwicklung der ESVP ebenfalls behindern hätten können. Auch im Zuge der aktiven Lancierung der ESVP auf dem Treffen des Europäischen Rats in Köln im Juni 1999 wurden die Petersbergaufgaben wiederum ohne weitere Spezifizierungen als Maßgabe für die ESVP bestätigt, im Bewusstsein, dass eine eingehendere Beschäftigung mit dem Verwendungszweck der ESVP keine signifikante gemeinsame Lösung der Mitgliedstaaten generieren würde.[78] Somit gilt:

[73] Vgl. Ortega (2004), Über Petersberg hinaus, S. 88.

[74] Die Formulierung der Petersbergaufgaben geht zurück auf eine Initiative Frankreichs, der WEU ein eigenständiges Handlungsfeld und Profil zu erschließen (vgl. Nassauer [2003], Aktive Asymmetrie, http://www.bits.de/public/articles/bdip08-03.htm, Zugriff am 11.2.2004).

[75] Vgl. Missiroli, Background of ESDP (1954-1999), http://www.iss-eu.org/esdp/02-am.pdf, Zugriff am 7.4.2003, S. 1.

[76] Vgl. Cornish/ Edwards (2001), Beyond the EU/ NATO dichotomy, S. 589; vgl. ebenso: Ortega (2001), Military intervention and the European Union, S. 105.

[77] Vgl. Ortega (2004), Über Petersberg hinaus, S. 87.

[78] Vgl. Biscop (2004), The European Security Strategy, S. 3/ 4: "Because of these deep-running divisions and in order not to lose the momentum, it was decided, as happens so often in European decision-making, to push through with those elements on which an agreement existed, i.e. the means and institutions of ESDP, assuming that once these were in place the

"There was no common strategic vision behind the existing – but incomplete – consensus on the need to develop more effective military capabilities for the EU."[79] Auch in der Folgezeit, vom Treffen des Europäischen Rats in Köln bis Mitte 2002, wurde aus den o.g. Gründen auf keiner der zahlreichen Treffen und Tagungen, im Zuge derer der institutionelle Rahmen der ESVP aufgebaut und die Fähigkeitenentwicklung vorangetrieben wurden, der Aufgabenbereich der ESVP gemäß Artikel 17 (2) VEU-Amsterdam in Frage gestellt, ergänzt oder detaillierter ausgeführt.[80] Statt dessen wurden z.B. zur Formulierung des *Helsinki Headline Goal* (HHG) drei Szenarien, die weitgehend den potenziellen Missionen der WEU, welche die NATO 1998 identifiziert hatte, entsprachen, als Orientierung herangezogen:

- Die Evakuierung von einigen hundert europäischen Bürgern aus einer relativ weit von Brüssel entfernten Krisenregion;
- eine Operation zur Konfliktverhütung im Spannungsfall an der Grenze zwischen zwei Staaten;
- die Einrichtung einer demilitarisierten Zone zur Trennung von kriegsführenden Parteien irgendwo in Südeuropa.[81]

Bemerkenswert ist v.a., dass auch trotz entsprechender Anfragen des Militärs, welche sich angesichts mangelnder Spezifizierung der Einsatzzwecke mit dem Problem einer zielführenden und problemadäquaten Fähigkeitenentwicklung konfrontiert sah, die europäischen Staats- und Regierungschefs sich auf der ersten Beitragskonferenz zu den Fähigkeiten (*Capabilities Committment Conference* – CCC) am 20.11.2000 in Brüssel einer Präzisierung des potenziellen Inhalts der Petersbergaufgaben verweigerten. So sollte weiterhin verhindert werden, dass die ausschlaggebende Phase der Strukturen- und Fähigkeitenschaffung durch innereuropäische Strategiediskussionen gestört und die weiterhin prekäre Unterstützung der USA gefährdet würde, insbesondere da schon einige andere Störfaktoren im Verhältnis zu den USA im Bereich der Beziehungen zwischen EU und NATO im internationalen Krisenmanagement (v.a. Berlin-Plus-Vereinbarungen, Aufbau europäischer institutioneller Strukturen) zum Tragen kamen. Darüber hinaus gab es in dem Zeitraum keine schwerwiegenden „Schockerlebnisse" im Sinne eines Versagens der EU bei internationalen Krisen und damit auch keine eventuellen neuen Anhaltspunkte für die zukünftige strategische Orientierung der ESVP.

---

strategic debate would inevitably have to follow."; vgl. ebenso: Biscop (2002), In Search of a Strategic Concept for the ESDP, S. 476/ 477.

[79] Biscop (2004), The European Security Strategy, S. 4.

[80] Vgl. Ortega (2004), Über Petersberg hinaus, S. 89.

[81] Vgl. Ortega (2004), Über Petersberg hinaus, S. 90.

Auf der außerordentlichen Tagung des Europäischen Rats am 21.9.2001 in Reaktion auf die Terroranschläge in Washington und New York am 11.9.2001 avancierte die Terrorismusbekämpfung deklaratorisch zu einer ersten Priorität der EU.[82] Die Staats- und Regierungschefs der EU forderten in Folge der Anschläge mehrfach die schnellstmögliche Einsatzfähigkeit der ESVP.[83] Der Fokus des unmittelbaren und gezielten Beitrags der EU zur Terrorismusbekämpfung wurde jedoch zunächst auf polizeiliche und justizielle Maßnahmen (vgl. Aktionsplan gegen den internationalen Terrorismus[84], gemeinsame Standpunkte über die Bekämpfung des Terrorismus[85]und über die Anwendung besonderer Maßnahmen zur Bekämpfung des Terrorismus[86]) und weniger auf den Bereich der ESVP gelegt, wobei diese Reaktion nicht zuletzt in der traditionellen europäischen Wahrnehmung der Bedrohungsnatur des Terrorismus, welchen die EU seit Mitte der neuzehnundertsiebziger Jahre als Spezialfall organisierter Kriminalität mit Maßnahmen in den Bereich der justiziellen und polizeilichen Zusammenarbeit, d.h. mit zivilen Mitteln, bekämpfte, begründet lag.[87] Die ESVP fand weder im Aktionsplan noch in den gemeinsamen Standpunkten Erwähnung. Der Vorschlag Spaniens auf dem informellen Treffen der europäischen Verteidigungsminister am 12.10.2001 in Brüssel, den Kampf gegen den internationalen Terrorismus als Petersbergaufgabe aufzunehmen[88], fand keine mehrheitliche Unterstützung bei den anderen Mitgliedstaaten. Die überwiegende Funktion der ESVP im Zuge der Bekämpfung des internationalen Terrorismus wurde lediglich in ihrem Beitrag zur Vermeidung und Bewältigung von Krisen und der Stabilisierung von Krisengebieten gesehen.[89] Nachdem unter spanischem Vorsitz im ersten Halbjahr

---

[82] Vgl. From Nice to Laeken (2002), S. 151 – 154.

[83] Vgl. From Nice to Laeken (2002), S. 147/ 148, 151 – 154 und S. 158 – 160.

[84] Aktionsplan gegen den internationalen Terrorismus, http://www.bpb.de/files/8I0CSY.pdf#search=%22aktionsplan%20zur%20bek%C3%A4mpfung%20des%20terrorismus%22.

[85] Gemeinsamer Standpunkt des Rates vom 27. Dezember 2001 über die Bekämpfung des Terrorismus (2001/930/GASP), Amtsblatt der Europäischen Gemeinschaften L 344/90 vom 28.12.2001, http://eur-lex.europa.eu/LexUriServ/site/de/oj/2001/l_344/l_34420011228de00900092.pdf.

[86] Gemeinsamer Standpunkt des Rates vom 27. Dezember 2001 über die Anwendung besonderer Maßnahmen zur Bekämpfung des Terrorismus (2001/931/GASP), Amtsblatt der Europäischen Gemeinschaften L 344/93 vom 28.12.2001, http://eur-lex.europa.eu/LexUriServ/site/de/oj/2001/l_344/l_34420011228de00930096.pdf.

[87] Vgl. Messelken (2003), Europas Antiterrorismus-Politik, http://wwwbits.de/public/pdf/bn03-03.pdf, Zugriff am 11.2.2004, S. 5 – 13.

[88] In Afghanistan waren die USA, trotz Feststellung des Bündnisfalles, nicht im Rahmen der NATO, sondern mit Unterstützung einer Ad-hoc-Koalition von Willigen bzw. Fähigen vorgegangen. In diesem Zusammenhang hatte der spanische Vorsitz seinen damaligen Vorstoß zur Aufnahme der Terrorismusbekämpfung in das Petersbergspektrum mit der Notwendigkeit, ein starkes symbolisches Signal zu setzen, dass die EU ihr Engagement für die Terrorismusbekämpfung ernst nehmen und damit für die USA als verlässlicher Partner zur Verfügung stehen, begründet (vgl. Ortega [2004], Über Petersberg hinaus, S. 91).

[89] Vgl. From Nice to Laeken (2002), S. 151 – 154; vgl. ebenso: From Nice to Laeken (2002), S. 156/ 157: Auf ihrem informellen Treffen in Brüssel kamen die Verteidigungsminister über-

2002 die Debatte über eine mögliche Rolle der ESVP in der Bekämpfung des internationalen Terrorismus – über die Durchführung der bislang ins Auge gefassten Petersbergaufgaben hinaus – forciert worden war, konnte die Frage nach dem Zweck militärischer EU-Einsatzkräfte und ihren möglichen Beitrag zur Bekämpfung des internationalen Terrorismus nicht länger ausgeklammert werden.[90]

Die an die Schlussfolgerungen des Europäischen Rats von Sevilla (21. und 22. Juni 2002) angehängte Erklärung („Draft Declaration of the European Council on the contribution of CFSP, including ESDP, in the fight against terrorism") bekräftigte die Bekämpfung des Terrorismus als vorrangiges Ziel der EU und Kernstück ihrer Außenpolitik und versuchte die Rolle der ESVP in der Terrorismusbekämpfung zu definieren.[91] Der inhaltliche Konsens[92] aller Mitglieder, welchen die Erklärung ausdrückt, erstreckte sich über den notwendigen Ausbau der GASP und die Nutzung der ESVP als einsatzbereites Instrument hinaus auf die Notwendigkeit, die ESVP stärker an der Bedrohung durch den Terrorismus auszurichten. In diesem Zusammenhang wurden für den Bereich der ESVP (und GASP) die Konfliktprävention, die gemeinsame Bewertung der Bedrohung der Mitgliedstaaten und der Streitkräfte in ESVP-Einsätzen durch den internationalen Terrorismus und die Entwicklung entsprechender Fähigkeiten sowie der Schutz von Zivilbevölkerungen gegen terroristische Anschläge als Prioritäten identifiziert. Darüber hinaus sollten evtl. benötigte Fähigkeiten zur Terrorismusbekämpfung in die Petersbergaufgaben und im Rahmen der Vorgaben des Vertrags miteinbezogen werden.[93]

Die Aufgabe der kollektiven Verteidigung wurde bislang in allen relevanten Dokumenten nur als Kann-Formulierung aufgenommen. Artikel J.4 (1) VEU-Maastricht betraute die GASP mit „allen Fragen, die die Sicherheit der Union betreffen", und führte in diesem Zusammenhang die eventuelle Einrichtung einer gemeinsamen Sicherheits- und Verteidigungspolitik, „welche auch zu einer gemeinsamen Verteidigung führen könnte", in den Vertragsrahmen ein. Im VEU-Amsterdam wurde die schrittweise Errichtung einer europäischen Sicherheits- und Verteidigungspolitik normiert, die „zu einer gemeinsamen Verteidigung führen kann".[94] In diesem Zusammenhang wurde zunächst v.a. die

ein, dass die Auswirkungen des internationalen Terrorismus der ESVP insofern verstärkten Einsatz abverlangen würden, als dass die Petersbergaufgaben an Relevanz gewonnen hätten und die EU evtl. bereit sein müsse, im Rahmen von Peacekeeping-Missionen mehr und kurzfristiger Verantwortung zu übernehmen (operative Einsatzbereitschaft).

90 Vgl. Ortega (2004), Über Petersberg hinaus, S. 92.

91 Vgl. Ortega (2004), Über Petersberg hinaus, S. 91.

92 Dieser Konsens bildete in Folge auch den Ausgangspunkt entsprechender Ausführungen der ESS und des VVE.

93 Vgl. From Laeken to Copenhagen (2003), S. 272 – 274.

94 Artikel 17 (1) VEU-Amsterdam.

Möglichkeit der Übernahme des Artikel V des WEU-Vertrags in den VEU (falls und sobald die WEU als Organisation „ihren Zweck erfüllt hat") kontrovers diskutiert. Während einige WEU-Mitglieder, insbesondere Frankreich, sich vorstellen konnten, dass die EU im Rahmen der ESVP auch die Aufgabe der kollektiven Verteidigung übernimmt, stieß diese Vorstellung zum einen auf den Widerstand der USA und der Atlantiker in der EU, welche die kollektive Verteidigung ausschließlich auf die NATO beschränkt sehen wollten, und zum anderen auf den Widerstand der bündnisfreien EU-Mitglieder. Zuletzt wurden die Fragen der Solidarität und gemeinsamen Verteidigung im EU-Rahmen im Verfassungskonvent und im Zuge der Verhandlungen der EU-Mitgliedstaaten über den Vertrag über eine Verfassung für Europa (VVE) diskutiert. Die hieraus resultierenden Bestimmungen des VVE normieren die kollektive Verteidigung weiterhin nicht als Aufgabe der EU/ ESVP und lassen die Frage, ob in Zukunft die EU- Mitgliedstaaten im Rahmen der ESVP die Aufgabe der kollektiven Verteidigung übernehmen werden, weiterhin offen.[95]

Mit Blick auf die Mitteldefinition zum Schutz europäischer Werte und Interessen und zur Wahrung der internationalen Sicherheit und Stabilität und in diesem Zuge zur Durchführung der Petersbergaufgaben stellt die Grundsatzenscheidung für den Ausbau sowohl ziviler als auch militärischer Fähigkeiten – letztere in Form der *European Rapid Reaction Force* (ERRF) – auf dem Treffen des Europäischen Rats in Helsinki die hauptsächliche strategische Richtungsentscheidung der EU dar.

Die wenig erfolgreichen Lösungsbemühungen der EU im zerfallenden Jugoslawien machten den EU-Mitgliedstaaten klar, dass eine wirksame Erweiterung ihres sog. *Soft power*-Ansatzes um militärische Maßnahmen an der Zeit war. In St. Malo kamen Frankreich und Großbritannien zum Schluss, dass die EU ihr Handlungspotenzial durch glaubwürdige militärische Mittel und Streitkräfte ergänzen und unterstützen und bereit und fähig sein müsse, diese einzusetzen, um auf internationale Krisen adäquat reagieren zu können. Die Notwendigkeit dieses sog. *Soft-power-plus*-Ansatzes der EU zur Erhaltung bzw. Wiederherstellung der internationalen Sicherheit und Stabiliät und zum Schutz ihrer Werte und Interessen wurde auf dem Treffen des Europäischen Rats in Köln bestätigt. Gefördert wurde die Entscheidung für *Soft power plus* neben der direkten Erfahrung der Impotenz der EU in Jugoslawien durch die expliziten Erwartungen der USA an die EU, ihre militärischen Fähigkeiten und deren Einsatzfähigkeit zu verbessern, und durch das, wie oben erwähnte, zwar aus unterschiedlichen Quellen gespeiste, aber bzgl. der Notwendigkeit kongruente Interesse Großbritanniens und Frankreichs an verbesserten europäischen militärischen Fähigkeiten für die Aufgaben des internationalen Krisenmanagements.

---

[95] Mehr dazu unter Punkt 2.4.

Die Entscheidung für eine zivile Komponente der ESVP entspricht grundsätzlich den Sachanforderungen internationalen Krisenmanagements und baut auf die Tradition ziviler Konfliktprävention und Krisenbewältigung, welche die Union durch innereuropäische Befriedung sowie ihre Erweiterungs-, Assoziierungs- und Entwicklungspolitik bislang betrieben hat und betreibt, auf. Zudem konnten zum damaligen Zeitpunkt die EU und einige ihrer Mitgliedstaaten auch schon auf praktische Erfahrungen im operativen zivilen Krisenmanagement im Rahmen der WEU zurückgreifen (Einsatz zur Unterstützung des Aufbaus einer zivilen Administration in Mostar und Einsatz einer *Multinational Protection Force* und eines *Multinational Advisory Police Element* in Albanien). Die ganzheitliche Ausrichtung der ESVP unter Einschluss ziviler Maßnahmen und Mittel resultierte gleichfalls aus der außen- und sicherheitspolitischen Ausrichtung einiger Mitgliedstaaten (v.a. Bündnisfreie, aber auch Deutschland). Vor allem die finnische (zweites Halbjahr 1999) und schwedische Präsidentschaft (erstes Halbjahr 2001) engagierten sich für die Etablierung und den Ausbau einer zivilen ESVP-Komponente.[96] Dieses Engagement fand wiederum nicht zuletzt aus „Interesse daran, gegenüber der eigenen Bevölkerung zu beweisen, dass sie in der Lage sind, eigene Akzente in der ESVP zu setzen"[97] statt. Der sichtbare Erfolg des schwedischen und finnischen Engagements macht dabei die zentrale Rolle der Interessen einzelner Ratspräsidentschaften, d.h. einzelner Mitgliedstaaten und ihre Prägekraft mit Blick auf die Weiterentwicklung der ESVP deutlich.

Während die Erklärungen des Europäischen Rats von Köln, Helsinki und Feira (Juni 2000) sowie Artikel 11 und 17 des VEU-Amsterdam zwar die grobe strategische Entwicklungsrichtung und den allgemeinen Aufgabenbereich der ESVP vorgeben, bieten sie keine konkreten Handlungsgrundlagen für den Einsatz ihrer zivilen und militärischen Mittel.[98] In den sukzessiven Vertragstexten wird zwar z.B. wiederholt die Notwendigkeit, im Einklang mit den Prinzipien der UN-Charta den Frieden zu wahren und die internationale Sicherheit zu stärken, betont, aber nie direkt Bezug auf die Notwendigkeit eines UN-Sicherheitsrat-Mandats genommen. Aufgrund ihrer Uneinigkeit und einiger Befürchtungen, dass die EU sich damit im Krisenfall die Möglichkeit eines Eingreifens verbauen könnten, wenn es sich um zentrale Ziele der EU handeln würde, bzw. dass die USA gemeinsames Handeln im Rahmen der NATO einfordern würden, einigten sich die EU-Mitglieder implizit darauf, in dieser Frage weiterhin ihre Flexibilität zu wahren. Die NATO-Intervention im Kosovo ohne vorangegangene Mandatierung durch den UN-Sicherheitsrat gibt dabei Grund zur Annahme, dass einige EU-Mitglieder auch in Zukunft im Zweifelsfall bereit wären, militärische Gewalt auch ohne ein UN-Sicherheitsrat-Mandat anzuwenden.

---

[96] Vgl. Schroedter (2003), Zivilmacht Europa?, S. 183.
[97] Schroedter (2003), Zivilmacht Europa?, S. 183.
[98] Vgl. Biscop (2004), The European Security Strategy, S. 4; vgl. ebenso: Biscop (2002), In Search of a Strategic Concept for the ESDP, S. 479.

2.3 Wendepunkt Europäische Sicherheitsstrategie?

2.3.1 Entscheidung zur Strategieformulierung

Auf dem informellen Treffen der EU-Außenminister in Castellorizo im April 2003 erhielt der Hohe Repräsentant für die GASP (HR), Javier Solana, den Auftrag, ein sicherheitspolitisches Strategiedokument zu verfassen, welches er auf dem Treffen des Europäischen Rats in Thessaloniki im Juni 2003 vorlegte[99] und welches nach Diskussion durch unabhängige Experten und weiterer Verhandlung und Bearbeitung durch die Mitgliedstaaten im Dezember 2003 von den Staats- und Regierungschefs der EU als Europäische Sicherheitsstrategie[100] verabschiedet wurde.[101]

Die latenten innereuropäischen und transatlantischen Differenzen waren durch die mangelnde Beschäftigung mit der strategischen Ausrichtung der ESVP und ihren Handlungsgrundlagen nicht aufgehoben, sondern nur aufgeschoben worden. Der bereits zuvor beschriebene fragmentarische strategische Rahmen der ESVP war angesichts der sich verändernden sicherheitspolitischen Herausforderungen (Terrorismus, Proliferation von Massenvernichtungswaffen [MVW] etc.) und strategischen Bedingungen, v.a. angesichts einer zunehmend unilateralen US-amerikanischen Sicherheits- und Außenpolitik, nicht bzw. immer weniger ausreichend, eine gemeinsame europäische Politik und gemeinsames europäisches Handeln zu generieren[102] und der EU eine aktive, kohärente und effektive Gestaltungsrolle in der internationalen Sicherheitspolitik zu sichern, zuletzt und ausschlaggebend im Falle der Irakfrage. Die Geschichte der EU und der ESVP hat mehrfach bewiesen, dass Entwicklungsdurchbrüchen bzw. Integrationsschüben oft Krisen vorangehen: „After each failure, a new ambition arises“[103], “this is historically how the EU has evolved“[104]. Für die EU stellte die Irakkrise einen krisenhaften Testfall dar, welcher den Willen und die Fähigkeit der EU-Mitgliedstaaten, sich gemeinsam als relevanter ordnungspolitischer Akteur zu formieren und zu handeln, in Frage stellte. Die im Zuge der Irakkrise aufgedeckten innereuropäischen Meinungsverschiedenheiten und die daraus resultierende Irrelevanz der EU in der Lösung der Irakfrage bewirkten in Folge bei den europäischen Staats- und Regierungschefs eine kollektive Rückbesinnung auf das ge-

---

[99] *A secure Europe in a better world*, abrufbar unter http://ue.eu.int/pressdata/EN/ reports/76255.pdf.

[100] Europäischer Rat (2003), Ein sicheres Europa in einer besseren Welt, abrufbar unter http://ue.eu.int/uedocs/cmsUpload/031208ESSIIDE.pdf.

[101] Vgl. De Schoutheete (2004), La cohérence par la défense, S. 41.

[102] Vgl. Biscop (2004), The European Security Strategy, S. 6.

[103] Haine (2004), Idealism and Power, S. 107.

[104] Everts/ Keohane (2003), The European Convention and EU Foreign Policy, S. 180.

meinsame Interesse und Ziel, die EU als wirksamen sicherheitspolitischen Akteur zu positionieren.[105] Den Staats- und Regierungschefs wurde vor Augen geführt, dass die EU im Falle ihrer Spaltung machtlos ist.[106] Die Spaltung in der Irakfrage resultierte dabei nicht zuletzt aus einer fehlenden gemeinsamen Bedrohungswahrnehmung und -analyse bzw. strategischen Kultur.[107] Einig über die Notwendigkeit, durch ein gemeinsames strategisches Konzept diese Hindernisse in Zukunft aus dem Weg zu räumen, bzw. zumindest vorläufig semantisch einzuebnen[108], um nach außen die Glaubwürdigkeit der EU wieder herzustellen, beschlossen die Staats- und Regierungschefs, diese Übung der Strategieformulierung noch vor der Erweiterung vorzunehmen, welche – wie die Briefe der Acht bzw. der Zehn im Zuge des Irakkonflikts gezeigt hatten – die heterogene Struktur der EU noch verstärken und eine gemeinsame Strategieformulierung zusätzlich verkomplizieren würde.[109]

Während die Irakkrise den unmittelbaren Anstoß für die Entwicklung einer europäischen Sicherheitsstrategie bot, stellt die ESS eine Reaktion auf die veränderte Bedrohungslage nach 9/11 und auf die Entwicklung der US-amerikanischen Politik bzw. ihre strategische Neuausrichtung im Kielwasser der Anschläge des 11. Septembers dar, wie sie in der amerikanischen *National Security Strategy* (NSS) und im Krieg gegen Afghanistan deutlich wurde. Im Zuge der Irakkrise wurden mehrere Konfliktdimensionen im transatlantischen Verhältnis aufgedeckt, welche als Ausgangspunkte die Bekämpfung des internationalen Terrorismus und der Verbreitung von Massenvernichtungswaffen hatten und sich in diesem Kontext v.a. um die Fragen der Mittel und Wege, insbesondere der Legitimität der Anwendung militärischer Gewalt und der Rolle der Vereinten Nationen bzw. des UN-Sicherheitsrats bei der Aufrechterhaltung des internationalen Friedens und der internationalen Sicherheit und Ordnung drehten.[110] Quer zu diesen Fragen lag "one of the perennially most difficult questions for European foreign policy"[111], welche hauptsächlich zur innereuropäischen Spaltung in der Irakfrage beitrug: "whether to accept the US leadership which has been the mainstay of the postwar world and work with it, or whether rather

[105] Vgl. Leonard/ Gowan (2003), Global Europe, http://www.fpc.org.uk/fsblob/187.pdf, Zugriff am 1.2.2005, S. 7.
[106] Vgl. Haine (2004), Idealism and Power, S. 107.
[107] Vgl. Everts/ Grabbe (2003), Why the EU needs a security strategy, http://www.cer.org.uk/pdf/briefing_security_everts_grabbe.pdf, Zugriff am 2.12.2003, S. 1.
[108] Vgl. Reiter (2003), Kommentar zum Entwurf einer EU-Sicherheitsstrategie, S. 321: Die innereuropäischen Meinungsdifferenzen die es innerhalb der EU über globale Ordnungspolitik im Zusammenhang mit dem Irak-Krieg gegeben hat, werden von der ESS zwar semantisch zugedeckt, aber für Fälle zukünftiger Krisensituationen nicht behoben.
[109] Vgl. Everts/ Keohane (2003), The European Convention and EU Foreign Policy, S. 172.
[110] Vgl. Dembinski (2004), Der Irak-Krieg als Bewährungsprobe der gemeinsamen europäischen Außen- und Sicherheitspolitik, S. 91.
[111] Crowe (2003), A common European foreign policy after Iraq?, S. 535.

to develop an independent line even in opposition to the US."[112] Hierbei stellte das US-amerikanische Vorgehen gegen den Irak in zweierlei Hinsicht eine Herausforderung für die Europäische Union und ihre Mitglieder dar. Erstens war eine Positionierung der EU und ihrer ESVP im Kampf gegen den internationalen Terrorismus und die Bedrohung durch Massenvernichtungswaffen zum Zwecke der Schaffung einer gemeinsamen Basis mit – aber auch Abgrenzung von – der Politik der USA im Sinne einer „Standortbestimmung"[113] dringend notwendig geworden.[114] Jean-Yves Haine vom *European Union Institute for Security Studies* (EU ISS) geht davon aus, dass die EU und die europäischen Staats- und Regierungschefs „could no longer afford an inward-looking orientation while America was engaged with a global agenda that had serious direct or indirect consequences for the union"[115]. Sven Biscop weist im selben Zusammenhang darauf hin, dass „[w]ithout a clear strategy of its own, the EU cannot escape the American framework of thought and promote its own policy priorities in terms of both objectives and instruments"[116]. Zweitens hatte sich aus der Verschiebung amerikanischer sicherheitspolitischer Prioritäten auf den Kampf gegen den Terrorismus einerseits und durch die vollzogene Entwicklung einsatzbereiter europäischer Fähigkeiten andererseits eine neue Verpflichtung bzw. Chance europäischer Sicherheitspolitik entwickelt, sich der bekannten Aufgaben zum Zwecke des Erhalts regionaler und internationaler Stabilität, d.h. dem traditionellen Krisenmanagement (z.B. auf dem Balkan) anzunehmen, und diesbezügliche Prioritäten und Handlungsgrundlagen zu spezifizieren.[117] Die ESS ist damit zu nicht unbeträchtlichen Anteilen das Produkt europäischen Strebens nach einer neuen Grundlage für einen transatlantischen strategischen Dialog[118] einerseits und nach Abgrenzung gegenüber dem amerikanischen Partner auf der Suche nach einer europäischen sicherheitspolitischen Identität andererseits[119].

---

[112] Crowe (2003), A common European foreign policy after Iraq?, S. 535.
[113] Nassauer (2004), Sicherheitspolitik für eine neue Weltordnung?, S. 64.
[114] Vgl. Bertelsmann Foundation (2004), A European Defence Strategy, S. 35: „In many ways, the European Security Strategy was a response to the US National Security Strategy of 2001 offering both support to America's aims and yet implicitely questioning the American security method."; vgl. ebenso: Haine (2004), Eine historische Perspektive, S. 57 – 59; vgl. ebenso: Biscop (2004), The European Security Strategy, S. 7.
[115] Haine (2004), Idealism and Power, S. 109.
[116] Biscop (2004), The European Security Strategy, S. 4.
[117] Vgl. Gnesotto (2002), Reacting to America, S. 103.
[118] Vgl. Haine (2004), Eine historische Perspektive, S. 59.
[119] Vgl. Gnesotto (2004), Einleitung, in: Dies., Die Sicherheits- und Verteidigungspolitik der EU, S. 37/ 38.

2.3.2 Inhalte der Europäischen Sicherheitsstrategie

In der Einleitung stellt die ESS unter Verweis auf die Balkankonflikte fest, dass es nach wie vor Bedrohungen und Herausforderungen für Europas Sicherheit gebe. Die Union sei – vor dem Hintergrund ihrer Bevölkerungszahl, ihres Bruttosozialprodukts und ihres umfassenden Instrumentariums – „zwangsläufig ein globaler Akteur"[120] und „muss daher bereit sein, Verantwortung für die globale Sicherheit und für eine bessere Welt mitzutragen"[121].

2.3.2.1 *Analyse sicherheitspolitischer Herausforderungen und Bedrohungen*

Die Analyse des sicherheitspolitischen Umfelds stellt den ersten Schritt der dreistufigen Strategieentwicklung (Bedrohungslage – strategische Ziele – Konsequenzen für das Handeln der EU) im Rahmen der ESS dar. In diesem ersten Teil der ESS, „Das Sicherheitsumfeld: Globale Herausforderungen und Hauptbedrohungen", werden zunächst die Globalisierung, Armut, Hunger, Flüchtlinge und Krankheiten (AIDS) als Herausforderungen benannt. In der Endversion der ESS kommt, im Vergleich zum Solana-Entwurf, als globale Herausforderung der Wettstreit um natürliche Ressourcen (insbesondere Wasser), welcher zukünftige Turbulenzen und Migrationsbewegungen[122] hervorrufen könne, neu hinzu. Außerdem wird die Energieabhängigkeit Europas als Herausforderung erwähnt, auf die Verknüpfung interner und externer Sicherheit hingewiesen und Sicherheit als Vorbedingung von Entwicklung identifiziert.[123]

Die ESS konstatiert, dass „[g]rößere Angriffe gegen Mitgliedstaaten nunmehr unwahrscheinlich geworden [sind] [...] [d]afür Europa mit neuen Bedrohungen konfrontiert [ist], die verschiedenartiger, weniger sichtbar und weniger vorhersehbar sind"[124], und nimmt damit von der veränderten Sicherheitslage nach dem Ende des Ost-West-Konflikts und den terroristischen Anschlägen des 11. September Kenntnis. Im Gegensatz zu den nur drei im Solana-Entwurf identifizierten neuen Bedrohungen durch den internationalen Terrorismus, die Verbreitung von Massenvernichtungswaffen und das Scheitern von Staaten, erfasst die Endversion der ESS fünf Hauptbedrohungen und erläutert diese:

---

[120] Europäischer Rat (2003), Ein sicheres Europa in einer besseren Welt, http://ue.eu.int/uedocs/cmsUpload/031208ESSIIDE.pdf, Zugriff am 2.5.2005, S. 1.
[121] Europäischer Rat (2003), Ein sicheres Europa in einer besseren Welt, S. 1.
[122] V.a. Spanien und Italien sind von der Flüchtlingsproblematik betroffen.
[123] Vgl. Europäischer Rat (2003), Ein sicheres Europa in einer besseren Welt, S. 1.
[124] Europäischer Rat (2003), Ein sicheres Europa in einer besseren Welt, S. 3.

- Terrorismus;
- die Verbreitung von MVW;
- regionale Konflikte;
- Scheitern von Staaten;
- organisierte Kriminalität.

An erster Stelle wird der internationale Terrorismus als „zunehmende strategische Bedrohung“[125] aufgeführt. Mit der Formulierung „Europa ist sowohl Ziel als auch Stützpunkt dieses Terrorismus“[126] wird die zweifache unmittelbare Bedrohung Europas durch den Terrorismus betont. Die ESS stellt eine kausale Verbindung des internationalen Terrorismus zum gewaltbereiten religiösen Fundamentalismus her, betont die Komplexität der Ursachen für diese Entwicklung (Modernisierungsdruck, kulturelle, soziale und politische Krisen sowie die Entfremdung in fremden Gesellschaften lebender junger Menschen) und beweist damit Verständnis für die Multikausalität des Terrorismus. Während der Verweis auf die Bereitschaft der Terroristen, unbegrenzt Gewalt und evtl. Massenvernichtungswaffen anzuwenden, aus der ESS-Endversion an dieser Stelle heraus fällt, wird eine Aufforderung zum gemeinsamen Handeln gegen den internationalen Terrorismus eingefügt.

An zweiter Stelle der Bedrohungsanalyse steht die Weiterverbreitung von Massenvernichtungswaffen, welche als „potenziell größte Bedrohung für unsere Sicherheit”[127] bezeichnet wird. Hingewiesen wird insbesondere auf die Bedrohung durch die Möglichkeit eines nuklearen Wettrüstens im Mittleren Osten und die Gefahr durch ABC-Waffen. „Am erschreckendsten ist der Gedanke, dass terroristische Gruppierungen in den Besitz von Massenvernichtungswaffen gelangen.“[128]

An dritter Stelle der Bedrohungsanalyse stehen regionale Konflikte, welche in der Endversion neu als Bedrohung aufgenommen wurden und noch vor den Bedrohungen durch Staatszerfall und transnational organisierte Kriminalität angeführt werden. Die ESS stellt fest, dass sowohl näher gelegene Konfliktherde, v.a. im Nahen Osten, als auch Konflikte in entfernteren Regionen wie Kaschmir, jener der Großen Seen in Afrika oder auf der koreanischen Halbinsel direkte oder indirekte Auswirkungen auf europäische Interessen hätten, und leitet so eine durchaus unmittelbare Bedrohung der EU aus Konflikten weltweit ab. Konflikte

---

[125] Europäischer Rat (2003), Ein sicheres Europa in einer besseren Welt, S. 3.
[126] Europäischer Rat (2003), Ein sicheres Europa in einer besseren Welt, S. 3.
[127] Europäischer Rat (2003), Ein sicheres Europa in einer besseren Welt, S. 3.
[128] Europäischer Rat (2003), Ein sicheres Europa in einer besseren Welt, S. 4.

stellten eine Bedrohung für die regionale Stabilität, auch an den Außengrenzen der EU, dar, bedrohten Minderheiten, Menschenrechte und Grundfreiheiten, könnten Extremismus, Terrorismus und den Zusammenbruch von Staaten hervorrufen, leisteten organisierter Kriminalität Vorschub und könnten die Nachfrage nach MVW schüren. Die ESS macht regionale Konflikte in diesem Zusammenhang auch für das Auftreten der anderen „neuen Bedrohungen" verantwortlich und folgert daraus: „Um den [...] neuen Herausforderungen zu begegnen ist es bisweilen das nahe liegendste, den [...] regionalen Konflikten auf den Grund zu gehen."[129]

Eine weitere Bedrohung stellt laut der ESS das Scheitern von Staaten dar. Als Ursachen dieser Bedrohung werden schlechte Staatsführung, innerstaatliche Konflikte sowie organisierte Kriminalität oder Terrorismus identifiziert. Die bedrohliche Auswirkung von Staatszerfall wird in der Verursachung regionaler Instabilität gesehen.

Die organisierte Kriminalität wurde im Solana-Entwurf ausschließlich als Folgeerscheinung von Staatszerfall behandelt. Diese Argumentation wird in der ESS-Endversion wieder aufgegriffen. Gleichzeitig wird aber auch auf den umgekehrten Wirkungszusammenhang – z.B. auf die Tatsache, dass illegaler Handel mit Rohstoffen Konflikte schürt – hingewiesen und die organisierte Kriminalität auf eine Stufe mit den vorangegangenen Bedrohungen gestellt. Europa sei dabei „primäres Ziel für organisierte Kriminalität"[130] und damit unmittelbar betroffen bzw. bedroht. Unter Verweis auf die möglichen Verbindungen von grenzüberschreitendem Frauen-, Waffen- und Drogenhandel und illegaler Einwanderung zu terroristischen Bewegungen erwähnt die ESS ein zweites Mal die Verknüpfung interner und externer Sicherheit.

Während in den vorangegangenen Ausführungen in Teil I der ESS schon wiederholt die verschiedenen ursächlichen Zusammenhänge zwischen den verschiedenen Bedrohungen herausgestellt wurden, steht am Ende der Bedrohungsanalyse der Hinweis auf die besondere Gefahr, die durch eine Verknüpfung der Bedrohungen entstehen könnte: „Bei einer Summierung dieser verschiedenen Elemente – extrem gewaltbereite Terroristen, Verfügbarkeit von MVW, organisierte Kriminalität, Schwächung staatlicher Systeme und Privatisierung der Gewalt – ist es durchaus vorstellbar, dass Europa einer sehr ernsten Bedrohung ausgesetzt sein könnte."[131]

[129] Europäischer Rat (2003), Ein sicheres Europa in einer besseren Welt, S. 4.
[130] Europäischer Rat (2003), Ein sicheres Europa in einer besseren Welt, S. 4.
[131] Europäischer Rat (2003), Ein sicheres Europa in einer besseren Welt, S. 5.

2.3.2.2 *Strategische Ziele*

Das übergeordnete Ziel europäischer Außenbeziehungen und europäischer Sicherheitspolitik wird im Titel der ESS „Ein sicheres Europa in einer besseren Welt“ ersichtlich. Die ESS identifiziert drei strategische Ziele, um „ihre Sicherheit zu verteidigen und ihre Werte zur Geltung zu bringen“[132]:

- Die Abwehr von Bedrohungen;
- die Stärkung der Sicherheit in der Nachbarschaft der EU sowie
- eine Weltordnung auf Grundlage eines wirksamen Multilateralismus.

Die Abwehr der Bedrohungen avanciert in der ESS-Endversion zum erstgenannten strategischen Ziel.[133] Im Sinne einer Bestandsaufnahme, die wie eine Selbstversicherung anmutet, stellt die ESS fest, dass die EU „bereits aktiv gegen die wichtigsten Bedrohungen vorgegangen“[134] sei, und zählt bereits getroffene Maßnahmen zur Bekämpfung der in Teil I genannten Bedrohungen auf. Im Anschluss daran wird die Bedrohung und Betroffenheit Europas durch globale Entwicklungen nochmals herausgestellt. Vor diesem Hintergrund folgert die ESS, dass es nun weniger um die Selbstverteidigung gegen eine Invasion ginge, sondern bei den neuen Bedrohungen „die erste Verteidigungslinie oftmals im Ausland liegen“[135] werde. Da die neuen Bedrohungen dynamischer Art seien, müsse die EU bereit sein, vor Ausbruch einer Krise zu handeln. Auch erfordere jede dieser Bedrohungen eine Kombination von Instrumenten, da – im Gegensatz zu der Bedrohung während des Kalten Krieges – „keine der neuen Bedrohungen rein militärischer Natur [ist] und [...] auch nicht mit rein militärischen Mitteln bewältigt werden [kann]“[136]. Nachdem hiermit drei Aspekte der Abwehr der Bedrohungen genannt sind – (1) *Out-of-area*-Bekämpfung der Bedrohungen, und zwar weltweit, (2) Prävention, (3) Ganzheitlichkeit und Flexibilität der Reaktion –, beschreibt die ESS mögliche Maßnahmen gegen die in Teil I identifizierten Bedrohungen. Diese beinhalten gemäß der ESS Ausfuhrkontrollen, politische, wirtschaftliche und sonstige Druckmittel, Bekämpfung der tieferliegenden politischen Ursachen im Falle der Proliferation; eine Kombination aus Aufklärung, polizeilichen, justiziellen, militärischen und sonstigen Mittel gegen den internationalen Terrorismus; militärische Mittel zur Wiederherstellung der Ordnung, humanitäre Mittel zur Bewältigung von Notsituationen im Falle geschei-

---

132 Europäischer Rat (2003), Ein sicheres Europa in einer besseren Welt, S. 6.
133 Im Solana-Entwurf stand die Abwehr neuer und alter Bedrohungen noch an letzter Stelle.
134 Europäischer Rat (2003), Ein sicheres Europa in einer besseren Welt, S. 6.
135 Europäischer Rat (2003), Ein sicheres Europa in einer besseren Welt, S. 7.
136 Europäischer Rat (2003), Ein sicheres Europa in einer besseren Welt, S. 7.

terter Staaten; politische Lösung, in der Zeit nach Beilegung eines Konflikt evtl. militärische Mittel und Polizeiarbeit, wirtschaftliche Maßnahmen und ziviles Krisenmanagement zum Zwecke des Wiederaufbaus im Falle regionaler Konflikte. Es bleibt jedoch unklar, in welchen Fällen und in welcher Form die EU militärische Mittel einsetzen will.[137]

An zweiter Stelle der strategischen Ziele steht die „Stärkung der Sicherheit in unserer Nachbarschaft“[138]. Da Nachbarn, die in gewaltsame Konflikte verwickelt sind, deren Strukturen schwach sind und dem organisierten Verbrechen Raum bieten, deren Gesellschaften dysfunktional sind bzw. deren Bevölkerungen explodieren, Probleme für Europa darstellten, liege es im Interesse Europas, dass die angrenzenden Länder verantwortungsvoll regiert werden. Die Erweiterung der EU bringe die EU zudem näher an Krisengebiete heran und verstärke die Betroffenheit und die Verantwortung der EU. Ziel der Union solle in diesem Zusammenhang sein, „dass östlich der europäischen Union und an den Mittelmeergrenzen ein Ring verantwortungsvoll regierter Staaten entsteht, mit dem wir enge, auf Zusammenarbeit gegründete Beziehungen pflegen können“[139], wobei als Beispiel das europäische Engagement auf dem Balkan genannt wird. Darüber hinaus sei die Lösung des arabisch-israelischen Konflikts für Europa eine strategische Priorität. Weiterhin sei ein breiteres Engagement der EU in der arabischen Welt anzustreben.

Als drittes strategisches Ziel formuliert die ESS „Eine Weltordnung auf Grundlage eines wirksamen Multilateralismus“[140]. Die EU verpflichte sich in diesem Zuge der Wahrung und Weiterentwicklung des Völkerrechts und achte die Charta der Vereinten Nationen als grundlegenden Rahmen für die internationalen Beziehungen sowie die Hauptverantwortung des UN-Sicherheitsrats für die Wahrung des Weltfriedens und der internationalen Sicherheit. „Die Stärkung der Vereinten Nationen und ihre Ausstattung mit den zur Erfüllung ihrer Aufgaben und für ein effizientes Handeln erforderlichen Mitteln ist für Europa ein vorrangiges Ziel.“[141] Im Falle von Verstößen gegen die Regeln internationaler Organisationen, Regime und Verträge müsse die EU bereit sein zu handeln, um die Wirksamkeit der internationalen Regelungen, welche Gefahren für den internationalen Frieden und die internationale Sicherheit abwenden sollen, zu erhalten.[142] Jener „Reihe von Staaten [welche] sich von der internationalen Staatengemein-

---

[137] Vgl. Schwarz (2003), Die erste Sicherheitsstrategie der EU, S. 5.
[138] Europäischer Rat (2003), Ein sicheres Europa in einer besseren Welt, S. 7.
[139] Europäischer Rat (2003), Ein sicheres Europa in einer besseren Welt, S. 8.
[140] Europäischer Rat (2003), Ein sicheres Europa in einer besseren Welt, S. 9.
[141] Europäischer Rat (2003), Ein sicheres Europa in einer besseren Welt, S. 9
[142] In diesem Zusammenhang bemerken Leonard und Gowan: „The significance of the document is that it moves [...] to a determination to achieve results.” (Leonard/ Gowan [2003], Global Europe, http://www.fpc.org.uk/fsblob/187.pdf, Zugriff am 1.2.2005, S. 7).

schaft abgekehrt“[143] hat, müsse die EU helfen, zur internationalen Gemeinschaft zurückfinden. „Denen, die zur Umkehr nicht bereit sind, sollte klar sein, dass sie dafür einen Preis bezahlen müssen, auch was ihre Beziehungen zur EU anbelangt.“[144] Während Solana in diesem Zusammenhang in seinem Entwurf auf die Möglichkeit präemptiven Handelns verweist[145], bestätigt die ESS-Endversion hier den umfassenden, strukturellen Konfliktpräventionsansatz der EU: „Die geeignetsten Mittel zur Stärkung der Weltordnung sind die Verbreitung einer verantwortungsvollen Staatsführung, die Unterstützung von sozialen und politischen Reformen, die Bekämpfung von Korruption und Machtmissbrauch, die Einführung von Rechtsstaatlichkeit und der Schutz der Menschenrechte“.[146] Zu diesen Zielen können laut der ESS auch Regionalorganisationen (explizite Nennung der OSZE, des Europarates, ASEAN, MERCOSUR und AU) beitragen.

2.3.2.3 Aufgaben, Maßnahmen, Mittel

Im dritten Teil der ESS werden die „Auswirkungen auf die europäische Politik“ dargelegt. Während die ESS zwar auch hier wieder auf bereits erzielte Fortschritte verweist, mahnt sie gleichzeitig auch die Notwendigkeit an,

- aktiver,
- kohärenter und
- handlungsfähiger zu werden und
- mit Partnern zusammenzuarbeiten.

Erstens müssten die strategischen Ziele aktiver verfolgt werden. Hierzu müsse die EU „eine Strategie-Kultur entwickeln, die ein frühzeitiges, rasches, und wenn nötig robustes Eingreifen fördert“[147]. Die EU müsse mehrere Operationen gleichzeitig durchführen können ebenso wie ihren Mehrwert voll einbringen, indem sie Operationen durchführt, bei denen sowohl militärische als auch zivile Fähigkeiten zum Einsatz gelangen bzw. im Zuge derer die EU mit den Vereinten Nationen zusammenarbeitet und diese unterstützt.

---

[143] Europäischer Rat (2003), Ein sicheres Europa in einer besseren Welt, S. 10.
[144] Europäischer Rat (2003), Ein sicheres Europa in einer besseren Welt, S. 10.
[145] „Pre-emptive engagement can avoid more serious problems in the future.“ (*A secure Europe in a better world*, abrufbar unter http://ue.eu.int/pressdata/EN/ reports/76255.pdf, Zugriff am 1.2.2005, S. 10).
[146] Europäischer Rat (2003), Ein sicheres Europa in einer besseren Welt, S. 10.
[147] Europäischer Rat (2003), Ein sicheres Europa in einer besseren Welt, S. 11.

Bei der zweiten Forderung an die europäische Politik nach mehr Handlungsfähigkeit wird zunächst die Richtigkeit laufender Maßnahmen (z.B. die Einrichtung einer Europäischen Verteidigungsagentur) bestätigt. Ziel seien flexiblere, mobile Einsatzkräfte. Die ESS fordert in diesem Zusammenhang mehr Mittel für die Verteidigung und eine effizientere Nutzung der Verteidigungsmittel. Letzter Vorschlag wurde erst in der ESS-Endversion aufgenommen und spiegelt die politische Realität in den Mitgliedstaaten, nämlich dass politisch keine signifikante Erhöhung der Verteidigungsbudgets machbar ist, wider.[148] Daneben wird unter Verweis auf das meist den militärischen Einsätzen folgende zivile Chaos die Fähigkeit gefordert, alle notwendigen zivilen Mittel in und nach Krisen zum Einsatz bringen zu können. Die beste Grundlage für gemeinsame Maßnahmen seien zudem gemeinsame Bedrohungsanalysen. Gleichzeitig solle die EU mit dem Ausbau der Fähigkeiten in den verschiedenen Bereichen „an ein breiteres Spektrum von Missionen denken"[149], welches die Entwaffnung von Konfliktparteien, die Unterstützung von Drittländern bei der Terrorismusbekämpfung sowie Sicherheitssektorreform (SSR) als mögliche Aufgaben der ESVP einschließen könne. Die Berlin-Plus-Vereinbarungen zwischen EU und NATO würden hierbei die Einsatzfähigkeit der EU verbessern und den Rahmen für die strategische Partnerschaft zwischen den beiden Organisationen bei der Krisenbewältigung bilden.

Mehr Kohärenz, da „wir stärker sind, wenn wir gemeinsam handeln"[150], ist die dritte Forderung an die europäische Politik. „Über die letzten Jahre hinweg haben wir eine Reihe verschiedener Instrumente mit jeweils eigener Struktur und Logik geschaffen. Die Herausforderung besteht nun darin, die verschiedenen Instrumente und Fähigkeiten, darunter die europäischen Hilfsprogramme und den Europäischen Entwicklungsfonds, die militärischen und zivilen Fähigkeiten der Mitgliedstaaten und andere Instrumente zu bündeln."[151] Kohärenz sei nötig (1) zwischen den EU-Instrumenten, (2) zwischen den jeweiligen Aktivitäten der verschiedenen Mitgliedstaaten, (3) zwischen dem außenpolitischen Handeln der EU und der Justiz- und Innenpolitik, insbesondere bei der Bekämpfung des Terrorismus und der organisierten Kriminalität, sowie (4) auf regionaler Ebene. Grundsätzlich gelte: „In einer Krise ist eine einheitliche Führung durch nichts zu ersetzen."[152]

Da es sich bei den identifizierten Bedrohungen um „gemeinsame Bedrohungen, die auch alle unsere engsten Partner betreffen"[153] handele und es „wohl kaum ein

[148] Vgl. Biscop (2004), The European Security Strategy, S. 26/ 27.
[149] Europäischer Rat (2003), Ein sicheres Europa in einer besseren Welt, S. 12.
[150] Europäischer Rat (2003), Ein sicheres Europa in einer besseren Welt, S. 13.
[151] Europäischer Rat (2003), Ein sicheres Europa in einer besseren Welt, S. 13.
[152] Europäischer Rat (2003), Ein sicheres Europa in einer besseren Welt, S. 13.
[153] Europäischer Rat (2003), Ein sicheres Europa in einer besseren Welt, S. 13.

Problem, das wir alleine bewältigen können“[154] gebe, wird die Zusammenarbeit mit Partnern als vierte Forderung an die europäische Politik gestellt: „Wir müssen unsere Ziele sowohl im Rahmen der multilateralen Zusammenarbeit in den internationalen Organisationen als auch durch Partnerschaften mit wichtigen Akteuren verfolgen.“[155] Insbesondere wird hervorgehoben: „Die transatlantischen Beziehungen sind unersetzlich. In gemeinsamem Handeln können die EU und die USA eine mächtige Kraft zum Wohl der Welt sein. Unser Ziel sollte eine wirkungsvolle und ausgewogene Partnerschaft mit den USA sein.“[156] Weiterhin werden engere Beziehungen zu Russland mit dem Ziel einer strategischen Partnerschaft gefordert und ebenso strategische Partnerschaften mit Japan, China, Kanada, Indien sowie „all jenen, die unsere Ziele und Werte teilen und bereit sind, sich dafür einzusetzen“ [157] vorgeschlagen.

2.3.3 Bewertung

Der Verdienst der ESS liegt v.a. darin, dass sich die EU-Mitgliedstaaten zum ersten Mal seit des Engagements der EU in der internationalen Sicherheitspolitik und seit der Schaffung der ESVP auf eine gemeinsame Bedrohungseinschätzung, strategische Ziele und Anforderungen an das gemeinsame sicherheitspolitische Handeln im Rahmen der EU geeinigt und das Resultat ihrer Bemühungen in einem einzigen, offiziellen und fassbaren Dokument kodifiziert haben.

Sven Biscop stellt fest, dass in der Endversion der ESS (auch im Vergleich zum Solana-Entwurf), die Analyse des Sicherheitsumfeldes relativ differenziert betrieben wurde, zum einen durch die eingehendere Betrachtung der Auswirkungen der Globalisierung, zum anderen durch die Anerkennung von regionalen Konflikten als strategische Bedrohung und internationales Sicherheitsproblem bzw. von Staatszerfall und international organisiertem Verbrechen als einzeln ernstzunehmende sicherheitspolitische Bedrohungen. Auch wird die Multikausalität der Bedrohungen mehrfach bestätigt und damit der Komplexität der Bedrohungen und den möglichen Ursachen der von den USA als frei stehende Hauptbedrohungen aufgefassten terroristischen Gefahr und Massenvernichtungswaffen Rechnung getragen.[158] Andererseits überrascht jedoch z.B. die Feststellung, dass Sicherheit eine Vorbedingung von Entwicklung ist, ohne den notwendig zu erwähnenden Zusatz, dass umgekehrt Entwicklung eine Vorbedingung für Sicher-

---

[154] Europäischer Rat (2003), Ein sicheres Europa in einer besseren Welt, S. 13.
[155] Europäischer Rat (2003), Ein sicheres Europa in einer besseren Welt, S. 13.
[156] Europäischer Rat (2003), Ein sicheres Europa in einer besseren Welt, S. 13.
[157] Europäischer Rat (2003), Ein sicheres Europa in einer besseren Welt, S. 13.
[158] Vgl. Biscop (2004), The European Security Strategy, S. 18.

heit ist, als relativ undifferenzierte, wenn nicht sogar irreleitende Aussage. Ebenso muss die unvollständige Analyse der Ursachen und Auswirkungen scheiternder Staaten bzw. von Staatszerfall[159] bemängelt werden. Auch sticht die starke Betonung der Gefahr durch eine Verknüpfung der Bedrohungen, insbesondere des Terrorismus und der MVW, als aus europäischer Sicht relativ unbegründet ins Auge.[160] Während zwar in der Endversion der ESS der Hinweis auf die mögliche Bedrohung durch eine Verquickung durch Terrorismus und MVW bei der Analyse des Terrorismus herausgenommen wurde, bleiben ähnliche Hinweise an zwei Stellen der Bedrohungsanalyse bestehen.[161]

Die folgende Ausführung der strategischen Ziele der EU erscheint stark bedrohungsgeleitet. Während die Stabilisierung der Nachbarschaft einer erweiterten EU praktisch bislang die eigentlich Top-Priorität europäischer Sicherheitsvorsorge gewesen war, welche im Solana-Entwurf noch an erster Stelle der strategischen Bedrohungen erwähnt wurde, erscheint in der ESS die Bedrohungsabwehr als erste sicherheitspolitische Priorität.[162] Die ESS markiert also eine Anpassung bzw. Modifizierung europäischer Sicherheitsprioritäten, in welcher der regionale Ansatz deutlich durch einen globalen Ansatz ergänzt, wenn auch nicht abgelöst wird. Der Fokus auf die Bedrohungsabwehr als erstes strategisches Ziel und der durchgängig normierte globale Wirkungsanspruch müssen v.a. auch als politische Botschaft an Washington, dass die EU die Bedrohungswahrnehmung der Amerikaner teilt und bereit ist, diese Bedrohungen weltweit zu bekämpfen, verstanden werden.[163] Die Formulierung des strategischen Ziels einer Weltordnung des effektiven Multilateralismus ist u.a. direkt auf die Erfahrungen der Irakkrise zurückzuführen, welche zeigte, „that the international community and its multilateral structures are fragile“[164]. Insbesondere die Frage nach der Notwendigkeit eines entsprechenden Mandats des UN-Sicherheitsrats als Grundlage einer Intervention war zentrales Thema der Irakdiskussion und der Spaltung Europas und des Konflikts mit den USA, weswegen genau diese Frage mehr als alle anderen durch die ESS geklärt hätte werden müssen.[165] Die Feststellung bzw. Bestätigung der primären Verantwortlichkeit des UN-Sicherheitsrats bzw. die Selbstverpflichtung zur Wahrung und Weiterentwicklung des Völkerrechts geben jedoch keine eindeutige Antwort auf diese Frage.

[159] Die in der ESS beschriebenen Ursachen sind gleichzeitig auch die Auswirkungen und die beschriebene Auswirkung auch Ursache von Staatszerfall.
[160] Vgl. Biscop (2004), The European Security Strategy, S. 17.
[161] Entsprechende Hinweise finden sich im Zuge der Analyse der Bedrohung durch Massenvernichtungswaffen und im Schlusssatz von Teil I, in der auf die Gefahr, die von einer Verquickung aller Bedrohungen ausgehen könnte, hingewiesen wird.
[162] Vgl. Biscop (2004), The European Security Strategy, S. 20.
[163] Vgl. Biscop (2004), The European Security Strategy, S. 18. Mehr hierzu unter Punkt 2.3.4.
[164] EU Crisis Response Capability Revisited (2005), S. 1 .
[165] Vgl. Biscop (2004), The European Security Strategy, S. 24.

Die Ausführungen des dritten Teils der ESS knüpfen zum einen bis auf wenige Ausnahmen[166] nicht direkt an die vorangegangene Bedrohungsanalyse in Teil I und die Formulierung strategischer Ziele in Teil II an. Zum anderen bieten die Forderungen in Teil III, die Union müsse „aktiver, kohärenter, handlungsfähiger" werden und mit Partnern zusammenarbeiten, keine konkreten handlungsleitenden Anhaltpunkte dafür, wie in bestimmten Krisensituationen reagiert werden soll, um die jeweiligen strategischen Zielen zu verwirklichen. „Wenn [aber] die EU [...] ein sicherheitspolitischer Akteur werden will, so muss sich aus der Strategie ein logischer Handlungsbedarf für konkret eintretende Situationen ableiten lassen, der auf gemeinsamen sicherheitspolitischen Grundpositionen beruht."[167] Insofern tut sich zwischen den Teilen I und II einerseits und Teil III andererseits ein „missing link"[168] auf. Auch hat die ESS in weiten Teilen eher den Charakter einer Bestandsaufnahme bzw. Selbstversicherung, als den einer Handlungsanleitung. Otfried Nassauer stellt in diesem Zusammenhang fest, dass die durchgängig betonte Wichtigkeit umfassender Sicherheitsvorsorge und Bekämpfung der Bedrohungen mit unterschiedlichen Kombinationen an Maßnahmen und Mitteln zwar durch eine eindeutige Vermittlung der europäischen Bereitschaft zu *Soft power-plus* ergänzt wird, doch das Dokument v.a. in Bezug auf die künftige militärische Rolle der EU, insbesondere jenseits von friedensunterstützenden Maßnahmen „janusköpfig"[169] sei. Einseits wird zwar die „Verteidigungslinie im Ausland" festgestellt und eine „strategische Kultur, die robustes Eingreifen ermöglicht" gefordert, aber andererseits „[fehlt]eine erkennbare, klare Konzeption für Voraussetzungen, Ziel, Art und Charakter europäischer militärischer Interventionen [...]. Es wird kein Versuch unternommen zu klären, unter welchen Bedingungen die EU Streitkräfte einsetzen sollte und unter welchen nicht."[170] Während die ESS zwar deutlich die Kluft aufzeigt, die zwischen den Anforderungen des strategischen Umfelds einerseits und europäischen Fähigkeiten andererseits existiert, liefert die ESS inkonsequenterweise kein "framework within which the Military Staff can elaborate a typology of operations"[171]. Die Feststellungen der ESS, dass die EU mehrere Operationen gleichzeitig durchführen und ihren Mehrwert voll einbringen können muss, indem sie Operationen durchführt, bei denen sowohl militärische als auch zivile Fähigkeiten zum Einsatz gelangen, bieten hierbei keine präzisen Anhaltspunkte für eine entsprechende Fähigkeitenentwicklung. Die ESS ist damit in mehrerer Hinsicht ein "pre-strategic con-

---

[166] Hinzuweisen ist hierbei insbesondere auf die Anpassung des Petersbergspektrums an die zuvor identifizierten Bedrohungen und strategischen Ziele, und in zweiter Linie auch auf den relativ konkreten Vorschlag zur Unterstützung der Vereinten Nationen bei Einsätzen zur Nachkriegsstabilisierung und kurzfristigen, begrenzten Einsätzen in Bezug auf das in Teil II formulierte Ziel der Stärkung der Rolle der Vereinten Nationen.

[167] Reiter (2003), Kommentar zum Entwurf einer EU-Sicherheitsstrategie, S. 324/ 325.

[168] Heisbourg (2004), The 'European Security Strategy' is not a security strategy, S. 32.

[169] Nassauer (2004), Sicherheitspolitik für eine neue Weltordnung?, S. 67.

[170] Nassauer (2004), Sicherheitspolitik für eine neue Weltordnung?, S. 67.

[171] Biscop (2002), In Search of a Strategic Concept for the ESDP, S. 477.

cept"[172] bzw. ein "transitional document"[173]. Ihre Wirksamkeit als Handlungsanleitung im konkreten Krisenfall mit Blick auf eine zielführende Fähigkeitenentwicklung und die Mobilisierung von Unterstützung und Ressourcen sowie bzgl. der Erzielung signifikanter Partnerschaften mit anderen Akteuren der Weltpolitik und ihre Abschreckungswirkung erscheinen angesichts o.g. Defizite von vornherein stark reduziert. Zur Optimierung ihrer Wirksamkeit bedarf die ESS deswegen eines "permanente[n] Weiterentwicklungs- und Fortschreibungsprozess[es]"[174].[175]

Es gilt darüber hinaus zu beachten, dass die ESS lediglich eine politische, nicht aber eine rechtliche Bindung für die EU-Mitgliedstaaten darstellt.[176] Mit Blick auf den tatsächlich zu erwartenden praktischen Nutzen und die Umsetzungsperspektive der Europäischen Sicherheitsstrategie verweist Sven Biscop auf den politischen Willen der EU-Mitgliedstaaten als auschlaggebenden Faktor.[177] Während Martin Ortega auf die entscheidende Rolle der nationalen Interessenslagen, Kosten-Nutzen-Kalküle und innenpolitischen Erwägungen der EU-Mitgliedstaaten hinweist[178], identifiziert Otfried Nassauer ebenso die „Anforderungen Washingtons im Kontext der entsprechenden aktuellen politischen und militärischen Interessenlage der USA“[179] als bestimmendes Kriterium europäischen sicherheitspolitischen Handelns.

2.3.4 Einflussfaktoren

Die o.g. Faktoren, welche Anlass für das Verfassen einer Sicherheitsstrategie boten, v.a.

- die neuen sicherheitspolitischen Herausforderungen sowie
- Modifikationen der US-amerikanischen Außen- und Sicherheitspolitik;
- die Irakkrise, und vor diesem Hintergrund

[172] Bertelsmann Foundation (2004), A European Defence Strategy, S. 5.
[173] Posen (2004), The European Security Strategy, S. 38.
[174] Reiter (2003), Kommentar zm Entwurf einer EU-Sicherheitsstrategie, S. 325.
[175] Auf die seitherige Weiterentwicklung, Verarbeitung und Umsetzung der Strategie wird unter Punkt 3.5 eingegangen.
[176] Vgl. Reiter (2004), Die Sicherheitsstrategie der EU, S. 26.
[177] Vgl. Biscop (2004), The European Security Strategy, S. 35 und 41.
[178] Vgl. Ortega (2001), Military intervention and the European Union, S. 61.
[179] Nassauer (2004), Sicherheitspolitik für eine neue Weltordnung?, S. 73.

- europäische Ambitionen, die EU als relevanten sicherheitspolitischen Akteur wieder auf die Bühne zu bringen und als Partner der USA bei der Aufrechterhaltung der internationalen Sicherheit und Stabilität bzw. Gestaltung der Weltordnung zu etablieren,

beeinflussten auch die inhaltliche Ausgestaltung der ESS.

Mit der strategischen Neuausrichtung der US-amerikanischen Außenpolitik bzw. internationalen Ordnungspolitik „stellt sich für die europäischen Staaten die Herausforderung, mit dieser Politik umzugehen – sich anzupassen, Einfluss darauf zu nehmen oder eine Alternative zu formulieren“[180]. Diese Aufgabenstellung in Bezug auf die transatlantische Partnerschaft spiegelt sich auf zwei Weisen in der ESS wieder:

Zum einen in direkten Referenzen auf die transatlantische Partnerschaft, zum anderen in ihren Ausführungen zu Bedrohungen, Zielen und Wegen europäischer Sicherheit.

In der Einleitung würdigt die ESS unmittelbar den „entscheidenden Beitrag zum europäischen Einigungsprozess und zur Sicherheit Europas“[181], welchen die USA insbesondere im Rahmen der NATO geleistet hätten, nimmt die militärische Dominanz der USA im internationalen System nach dem Ende der Blockkonfrontation zur Kenntnis[182], verweist aber gleichzeitig darauf, dass kein Land in der Lage sei, die komplexen Probleme der heutigen Zeit im Alleingang zu lösen und kritisiert damit implizit die unilateralen Tendenzen amerikanischer Ordnungs- und Außenpolitik. Im Rahmen der Ausführungen zum strategischen Ziel der Weltordnung auf Grundlage eines wirksamen Multilateralismus hebt die ESS die transatlantischen Beziehungen als eines der tragenden Elemente des internationalen Systems hervor, welche im beiderseitigen Interesse liegen und die internationale Gemeinschaft in ihrer Gesamtheit stärken würden. Die NATO sei hierbei ein besonderer Ausdruck dieser Beziehungen.[183] In Teil III der ESS wird im Rahmen der Ausführungen zur Zusammenarbeit mit Partnern die unersetzliche Nützlichkeit der transatlantischen Beziehungen für die Partner dies- und jenseits des Atlantiks sowie für die Welt festgestellt. Deswegen solle das Ziel der EU eine wirkungsvolle und ausgewogene Partnerschaft mit den USA sein.[184] Der

---

[180] Jäger (2004), Das Ende der Phantomdebatten, S. 151.
[181] Europäischer Rat (2003), Ein sicheres Europa in einer besseren Welt, S. 1.
[182] „Seit dem Ende des Kalten Krieges sind die Vereinigten Staaten der dominierende militärische Akteur.“ (Europäischer Rat [2003], Ein sicheres Europa in einer besseren Welt, S. 1).
[183] Vgl. Europäischer Rat (2003), Ein sicheres Europa in einer besseren Welt, S. 9.
[184] Vgl. Europäischer Rat (2003), Ein sicheres Europa in einer besseren Welt, S. 13.

Zusatz, wie die Partnerschaft mit den USA aussehen soll: „wirkungsvoll" und „ausgewogen", taucht dabei erst in der ESS-Endversion auf und weist implizit auf die Notwendigkeit, die transatlantische Partnerschaft neu zu gestalten, hin.[185] Bei allen Hinweisen auf die Wichtigkeit und den Nutzen der transatlantischen Partnerschaft wird jedoch jegliche Aussage über den Zustand der transatlantischen Beziehungen und mögliche Maßnahmen zur Revitalisierung und Erneuerung der transatlantischen Partnerschaft zum Zwecke der internationalen Sicherheit vermieden[186]: „Not reflecting on the possibility of divergences, the ESS does not make any proposals on how to handle them."[187]

Neben den direkten Verweisen auf die USA und die transatlantische Partnerschaft durchziehen die ESS inhaltliche Anknüpfungen, ebenso wie Abgrenzungen bzgl. der amerikanischen *National Security Strategy* und Praxis der US-Sicherheitspolitik. Schon der Titel der ESS: „Ein sichereres Europa in einer besseren Welt", lehnt sich ganz offensichtlich an eine Zielformulierung der NSS, die Welt nicht nur sicherer, sondern besser zu machen, an.[188] In der NSS stehen im Grunde nur drei maßgebliche sicherheitspolitische Probleme im Vordergrund, der Terrorismus, die Verbreitung von MVW, die sog. Schurkenstaaten, bzw. die Gefahr, die sich aus der Verknüpfung dieser Bedrohungen ergibt.[189] Die ESS nimmt den Terrorismus als erste Bedrohung auf und stellt damit eine Verbindung zur sicherheitspolitischen Agenda der USA her, auch wenn die EU zur Zeit der Ausarbeitung und Verabschiedung der ESS noch nicht selbst von terroristischen Anschlägen betroffen war. Die Aufnahme der Bekämpfung von MVW in die außenpolitische (und sicherheits- und verteidigungspolitische) Agenda der EU ist ebenso z.T. als Reaktion auf die sicherheitspolitische Prioritätensetzung der USA, in welcher die Verhinderung der Verbreitung von MVW ganz oben angesiedelt ist, und auf die Initiative der USA, auch im Rahmen der NATO gemeinsam gegen die Verbreitung von MVW vorzugehen, zu sehen.[190] In ihrer Bedrohungsanalyse identifiziert die ESS jedoch nicht die von den USA als Bedrohung identifizierten sog. Schurkenstaaten als weitere Bedrohung, sondern vielmehr sog. *Failing states*. Die sog. Schurkenstaaten tauchen in der ESS im Abschnitt zum wirksamen Multilateralismus im Zuge der Ausführungen zu den strategischen Zielen der EU auf, werden aber, in Abgrenzung zu der Formulierung in der NSS und dem praktischen Vokabular der USA, als „Reihe von Staaten", die „sich von der internationalen Staatengemeinschaft abgekehrt" haben,

[185] Vgl. Biscop (2004), The European Security Strategy, S. 30.
[186] Vgl. Schwarz (2003), Die erste Sicherheitsstrategie der EU, S. 8.
[187] Heisbourg (2004), The 'European Security Strategy' is not a security strategy, S. 31.
[188] Vgl. Schwarz (2002), Amerikas Mission, S. 2.
[189] Vgl. *The National Security Strategy of the United States of America*, abrufbar unter http://www.whitehouse.gov/nsc/nss.pdf.
[190] Vgl. Algieri/ Bauer, Europa – die gespaltene Macht, http://www.cap.unimuenchen.de/download/2003/2003_cd_eukonvent_algba.pdf, Zugriff am 1.4.2005, S. 8.

umschrieben. Zudem nimmt die ESS als einzeln ernstzunehmende Bedrohungen die transnational organisierte Kriminalität und v.a. die Auswirkungen regionaler Konflikte in ihre Bedrohungsanalyse auf, und stellt darüber hinaus der Bedrohungsanalyse als solcher einen Abschnitt zu sicherheits- und entwicklungspolitischen Herausforderungen voran. Der Verweis auf die Gefahr durch die Verknüpfung der Bedrohungen am Ende der Bedrohungsanalyse erfolgt jedoch wiederum in starker Anlehnung an die Bedrohungstriade der NSS.[191]

Einerseits sollen die in der gesamten ESS erkennbare globale Ausrichtung der sicherheitspolitischen Ambitionen der EU[192] und ihr Bekenntnis zu *Soft power plus* der USA signalisieren, dass die EU bereit ist, zusammen mit den USA oder in Unterstützung der USA gegen die geteilten Bedrohungen anzugehen. Gleichzeitig wird andererseits in den Teilen II und III der ESS implizite Kritik an der prominenten Rolle militärischer Gewalt in der amerikanischen Sicherheitspolitik, dem amerikanischen Bekenntnis zu präemptiven militärischen Interventionen und zu (falls nötig) unilateralem Handeln, der Marginalisierung der Vereinten Nationen sowie der Missachtung des Völkerrechts durch die USA (z.B. im Irakkrieg) ebenso wie das Streben der Autoren der ESS, einen spezifisch europäischen Ansatz zu vermitteln, deutlich. Während im Solana-Entwurf noch in Anlehnung an die NSS-Formulierung[193] die Bereitschaft der EU zu präemptiven Handeln signalisiert worden war, stellt die Forderung nach präventivem Engagement in Teil III der ESS-Endversion klar, dass es der EU im eigentlichen Sinne um Prävention, frühes und aktives Engagement, d.h. um mehr als militärische Intervention geht[194], wobei v.a. der Irakkriegs-Gegner Deutschland auf diese semantische Änderung drängte[195]. Die Identifizierung eines „effektiven Multilateralismus“ als strategisches Ziel der Union angesichts der bestehenden Bedrohungen und Herausforderungen und der damit verknüpften Forderung nach einer Stärkung der Vereinten Nationen steht im Kontrast zur eher marginalen Rolle der Vereinten Nationen in der außenpolitischen Praxis der USA und in der NSS und der amerikanischen Auffassung von Multilateralismus als eines möglichen Mittels zum Zweck unter anderen. Die EU grenzt sich damit von den USA ab und versucht gleichzeitig, den USA europäische Politikprioritäten nahe zu bringen bzw. anzumahnen.

Mit Blick auf die Anwendung militärischer Mittel (Aufgaben und Handlungsgrundlagen) stellt Otfried Nassauer fest, dass die Autoren im gesamten Doku-

---

[191] Vgl. Schwarz (2003), Die erste Sicherheitsstrategie der EU, S. 3.
[192] Vgl. Posen (2004), The European Security Strategy, S. 35/ 36.
[193] In der NSS heißt es u.a., dass die Verteidigung der USA Prävention, Selbstverteidigung und manchmal Präemption erfordere und dass die beste und in einigen Fällen einzige Verteidigung ein guter Angriff sei.
[194] Vgl. Schwarz (2003), Die erste Sicherheitsstrategie der EU, S. 5.
[195] Vgl. Heisbourg (2004), The 'European Security Strategy' is not a security strategy, S. 28.

ment, „eine Balance zwischen der Vision eines auch gegenüber Washington eigenständigen europäischen Ansatzes und der bereits erfolgten Einhegung europäischer Autonomieambitionen [durch die USA], die sich während der ESVP-Aufbruchstimmung der Jahre 1998/99 entwickelt hatten“[196], durchzuhalten versuchen, d.h. „Einhegungserfolge so gut wie möglich zu kaschieren, indem ihre Aussagen zu den militärischen Aspekten der Sicherheitspolitik ausgesprochen vage und allgemein bleiben“[197].

Da die EU mit der Übung der Strategieformulierung und dem Inhalt der Strategie insgesamt demonstrierte, dass sie die Bedrohungen, welche die USA bekämpfen, ernstnimmt und bereit ist, zur Lösung dieser Sicherheitsprobleme beizutragen, und auch das *Timing* der ESS diese Entschlossenheit signalisierte – der Entwurf wurde kurz vor dem EU-US-Gipfel in Washington im Juni 2003 vorgestellt, für den sich beide Seiten vorgenommen hatten, ihre Beziehungen wieder zu verbessern –, war die Reaktion der USA auf die ESS positiv, wenn auch diese positive Reaktion sich bislang noch nicht sichtbar in praktischen Veränderungen des transatlantischen Verhältnisses und der Rolle der EU in der amerikanischen Außen- und Sicherheitspolitik geäußert hat.[198]

Gleichzeitig baut die ESS auf dem außen- und sicherheitspolitischen Besitzstand der EU auf[199] und versucht die *European way* in den internationalen Beziehungen fortzuführen und zu ergänzen[200]. Die ESS führt quasi eine Bestandsaufnahme bisheriger und insbesondere kürzlicher gemeinsamer außen- und sicherheitspolitischer Erkenntnisse und Maßnahmen durch. Im Bereich der Terrorismusbekämpfung übernimmt sie die Grundidee, dass der internationale Terrorismus nicht mit ausschließlich militärischen Mitteln bekämpft werden kann, aus dem „EU Plan of Action on Combating Terrorism“ (September 2001), welcher hauptsächlich Maßnahmen im Bereich der 3. Säule (außen-, finanz- und verkehrspolitische Maßnahmen) normiert.[201] Mit Blick auf die Nonproliferation greift die ESS bei ihren Vorschlägen möglicher Maßnahmen auf die EU Praxis des politischen Dialogs und der Unterstützung von Nonproliferations-, Rüstungskontroll- und Abrüstungsregimen zurück. Mit Blick auf regionale Konflikte, fragile Staaten bzw. Staatszerfall und die Sicherheit und Stabilität in der Nachbarschaft kann die EU auf ihre langjährige Erfahrung mit verschiedenen Entwicklungsprogrammen, die bisherigen Bemühungen im Rahmen der GASP und ESVP und respektive auf europäisches Engagement im Nahostquartett, im Barcelona-

---

[196] Nassauer (2004), Sicherheitspolitik für eine neue Weltordnung?, S. 66.
[197] Nassauer (2004), Sicherheitspolitik für eine neue Weltordnung?, S. 66.
[198] Vgl. Van Oudenaren (2004), US Reactions to the EU security strategy, S. 43.
[199] Vgl. Vorwort von Javier Solana (2004), in: Gnesotto, Die Sicherheits- und Verteidigungspolitik der EU, S. 5; vgl. ebenso: Haine (2004), Idealism and Power, S. 109.
[200] Vgl. Biscop (2004), The European Security Strategy, S. 33.
[201] Vgl. From Nice to Laeken (2002), S. 150 – 152.

Prozess, im Stabilitätspakt, Stabilisierungserfolge in der Nachbarschaft der EU durch die Eröffnung und Verwirklichung der Beitrittsperspektive oder auch auf die Ideen der „Council Common Position concerning conflict prevention, management and solution in Africa“[202] (Mai 2001) verweisen und aufbauen. Im Hinblick auf das Ziel eines wirksamen Multilateralismus und einer handlungsfähigen UN wurden schon vor der „offiziellen“ Strategieinitiative in den Dokumenten „The EU and the UN: the choice of multilateralism“[203] und „Joint Declaration on EU-UN cooperation in crisis management“[204] ein Beitrag der EU zur effektiven Nutzung multilateraler Instrumente, eine effektivere Zusammenarbeit zwischen EU und UN sowie eine bessere Vermittlung und Umsetzung europäischer Werte und Interessen im UN-System vereinbart. Die Forderung nach einem aktiveren und kohärenten Vorgehen der EU in der Konfliktprävention und im Krisenmanagement wurde u.a. schon 2001 in der „Communication on Conflict Prevention”[205] der Kommission (April 2001) und dem “EU Programme for the Prevention of Violent Conflicts”[206] (Juni 2001) expliziert und ihre Umsetzung teilweise in Angriff genommen (z.B. Einrichtung eines *Rapid Reaction Mechanism* (RRM)[207]; *Mainstreaming* von Konfliktprävention in den Länderstrategiepapieren der Kommission; Ausarbeitung einer *Check-list for Root Causes of Conflict*[208] [alles 2001]). Als Grundlage der in der ESS beschriebenen Ziele, Aufgaben und Mittel wurden zudem auch schon die Erfahrungen der ersten ESVP-Missionen EUPM, CONCORDIA, PROXIMA und ARTEMIS herangezogen.[209] Beispielsweise bildet(e) die EU-geführte Operation ARTEMIS vom Sommer 2003 zur Überbrückung der Vorbereitungszeit für die Aufstockung der UN-Mission MONUC in der Demokratischen Republik Kongo (DRK) einen Referenzpunkt für die Forderung nach Unterstützung der Vereinten Nationen bei Kriseneinsätzen in Teil III der ESS.[210]

Gleichzeitig bestimmte der Prozess bzw. die Art und Weise der Ausarbeitung der ESS den Inhalt des Dokuments und ermöglichte dieses vermutlich überhaupt erst. Der erste Entwurf wurde von Solana bzw. seinen direkten Mitarbeitern entworfen. Anschließend wurde dieser auf drei verschiedenen Seminaren von

---

[202] Abrufbar unter http://www.sipri.org/contents/expcon/euafrica-0105.html.
[203] Abrufbar unter http://europa.eu.int/comm/external_relations/un/docs/com03_526en.pdf.
[204] Abrufbar unter http://ue.eu.int/ueDocs/cms_Data/docs/pressData/en/misc/77348.pdf.
[205] Abrufbar unter http://europa.eu.int/comm/external_relations/cfsp/news/com2001_211_en.pdf.
[206] Abrufbar unter http://www.eu2001.se/static/eng/pdf/violent.PDF.
[207] Die entsprechende Council Regulation (EC) No 381/ 2001 of 26 February 2001 creating a rapid-reaction mechanism ist abrufbar unter http://europa.eu.int/eur-lex/pri/en/oj/dat/2001/l_057/l_05720010227en00050009.pdf.
[208] Abrufbar unter http://europa.eu.int/comm/external_relations/cpcm/cp/list.htm.
[209] Aus Gründen der Analogie und der LeserInnenfreundlichkeit werden in dieser Arbeit alle ESVP-Operationsnamen, selbst wenn diese keine Initialwörter sind, durchgehend groß geschrieben.
[210] Vgl. Ortega (2004), Über Petersberg hinaus, S. 100.

Experten behandelt und von den Mitgliedstaaten diskutiert und verhandelt – parallel zu den Arbeiten des Konvents am Entwurf einer europäischen Verfassung. Durch diese Modi der Strategieformulierung wurde der Inhalt der ESS zunächst durch supranationales EU-, dann neutrales Sachverständnis, den sicherheitspolitischen Acquis der EU und den jeweiligen Vorstellungen und Bedürfnissen der Mitgliedstaaten geprägt, und war darüber hinaus in ein übergreifendes Integrationsprojekt, nämlich das der Verfassung eingebunden. Die Europäische Sicherheitsstrategie, welche auf dem Treffen des Europäischen Rats in Brüssel im Dezember 2003 von den EU-Staats- und Regierungschefs angenommen wurde, ist durch diese Vorgehensweise „a consequence of what the EU is and is not“[211] bzw. “a sort of halfway house, indicative of the hybrid quality of the EU itself”[212].

Nicht zuletzt stellt sie dabei insbesondere einen Kompromiss zwischen 15 Staaten mit jeweils unterschiedlichen Ausgangslagen dar.[213] Die Inhalte der ESS bauen hierbei zum einen auf den außen- und sicherheitspolitischen Ausrichtungen, Konzepten und Interessen der Mitgliedstaaten auf, d.h. sie speisen sich aus jenen nationalen Besitzständen[214], welchen die anderen EU-Mitglieder zustimmen konnten, und drücken gemeinsame Interessen und Vorstellungen (z.B. effektiver Multilateralismus) aus. Zum anderen verhinderten innereuropäische Uneinigkeiten weiterhin die Klärung bestimmter Fragen, insbesondere jene der Ziel-Mittel-Zuordnung und die der Handlungsgrundlagen des Einsatzes militärischer Gewalt, welche sich im Irakkonflikt aufgetan hatte.[215] Lawrence Freedman bewertet den Kompromisscharakter der ESS mit Blick auf die Klarheit und Konsistenz derselben negativ: „The impact of having several governments negotiate strategy documents [...] is to render those documents more bland and vague. The European Security Strategy [. . .] illustrates that point.”[216]

---

[211] Heisbourg (2004), The ‘European Security Strategy’ is not a security strategy, S. 33.

[212] Heisbourg (2004), The ‘European Security Strategy’ is not a security strategy, S. 28.

[213] Vgl. Biscop (2004), The European Security Strategy, S. 18.

[214] So hatten z.B. das französische Programmgesetz vom Januar 2003 und die Verteidigungspolitischen Richtlinien der Bundesrepublik vom Mai 2003 auf die Transformation des internationalen Umfelds hingewiesen, speziell auf den internationalen Terrorismus, die Bedrohung durch MVW und die Notwendigkeit, die eigene Sicherheit zunehmend auch außerhalb Europas zu verteidigen (vgl. Marchetti [2004], Deutsche und französische Sicherheitsstrategien um Vergleich, S. 32).

[215] Vgl. Nassauer (2004), Sicherheitspolitik für eine neue Weltordnung?, S. 68: „Damit bleiben für die Grundausrichtung der europäischen Sicherheitspolitik entscheidende Fragen vorläufig vertragt oder bewusst unbeantwortet, weil eine Einigung unter den Mitgliedern der EU derzeit nicht möglich ist.“

[216] Freedman (2004), Can the EU develop an effective military doctrine?, S. 15.

2.4 Strategischer Rahmen und Aufgaben der ESVP im Verfassungsvertrag und Folgearbeiten zur ESS

Auch im Verfassungskonvent spielte die Frage der internationalen Rolle der EU von Anfang an eine zentrale Rolle.[217] Ab September 2002 wurden in der Arbeitsgruppe für Verteidigungsfragen Fragen im Bereich der ESVP, inklusive jener zur Bedrohungslage, strategischen Ausrichtung und zum Aufgabenbereich der ESVP bearbeitet. Da die Arbeiten am Vertrag über eine Verfassung für Europa (VVE) teilweise parallel zur Formulierung und Aushandlung der ESS verliefen, spiegeln die Bestimmungen des VVE[218] in den Bereichen GASP und ESVP die Überlegungen, Ideen und Forderungen der ESS wider und greifen sie auf. Der Solana-Entwurf inspirierte insbesondere drei Elemente des VVE, welche für die Bestimmung des strategischen Rahmens der ESVP relevant sind:

1. Die Auflistung der Ziele und Grundsätze der GASP, zu deren Unterstützung die ESVP explizit bestimmt ist,
2. Eine Beschreibung der ESVP und ihres Aufgabenbereiches und
3. eine sog. Solidaritätsklausel sowie eine sog. Beistandsklausel.

In Artikel I-3 (4) des VVE heißt es, dass die EU „[i]n ihren Beziehungen zur übrigen Welt" ihre „Werte und Interessen" „schützt und fördert" und u.a. einen „Beitrag zu Frieden, Sicherheit [...], sowie zur strikten Einhaltung und Weiterentwicklung des Völkerrechts, insbesondere zur Wahrung der Grundsätze der Charta der Vereinten Nationen" leistet. Diese allgemeinen Ziele und Prinzipien werden in Artikel III-292 ausgeführt:

> „Die Union stützt sich bei ihrem Handeln auf internationaler Ebene auf die Grundsätze, welche die Grundlage für ihre eigene Entstehung, Entwicklung und Erweiterung bildeten und denen sie durch ihr Handeln auch weltweit zu stärkerer Geltung verhelfen will: Demokratie, Rechtsstaatlichkeit, die universelle Gültigkeit und Unteilbarkeit der Menschenrechte und Grundfreiheiten, die Achtung der Menschenwürde, der Grundsatz der Gleichheit und der Grundsatz der Solidarität sowie Achtung der Grundsätze der Charta der Vereinten Nationen und des Völkerrechts." „Die Union strebt an, die Beziehungen zu Drittländern und zu regionalen oder weltweiten internationalen Organisationen, die die in Unterabsatz 1 aufgeführten Grundsätze teilen, auszubauen und Partnerschaften mit ihnen aufzubauen. Sie setzt sich insbesondere im Rahmen der Vereinten Nationen für multilaterale Lösungen bei gemeinsamen Problemen ein." „Die Union legt die gemeinsame Politik sowie Maßnahmen fest und führt diese durch und setzt sich für ein hohes Maß an Zusammenarbeit auf allen Gebieten der internationalen

[217] Vgl. Everts/ Keohane (2003), The European Convention and EU Foreign Policy, S. 168.
[218] Konferenz der Vertreter der Regierungen der Mitgliedstaaten: Vertrag über eine Verfassung für Europa, Brüssel, den 6. August 2004 (OR.fr), CIG 87/04.

Beziehungen ein, um (a) ihre Werte, ihre grundlegenden Interessen, ihre Sicherheit, ihre Unabhängigkeit und ihre Unversehrtheit zu gewährleisten; (b) Demokratie, Rechtsstaatlichkeit, die Menschenrechte und die Grundsätze des Völkerrechts zu festigen und zu fördern; (c) gemäß den Zielen und Grundsätzen der Charta der Vereinten Nationen sowie den Grundsätzen der Schlussakte von Helsinki und den Zielen der Charta von Paris, einschließlich derjenigen betreffend die Außengrenzen, den Frieden zu erhalten, Konflikte zu verhüten und die internationale Sicherheit zu stärken; [...] (g) den Völkern, Ländern und Regionen, die von Naturkatastrophen oder von vom Menschen verursachten Katastrophen betroffen sind, zu helfen; und (h) eine Weltordnung zu fördern, die auf einer verstärkten multilateralen Zusammenarbeit und einer verantwortungsvollen Weltordnungspolitik beruht."

Die Ziele und Grundsätze des außenpolitischen Handelns der Union im VVE bestätigen die bisher normierte Ausrichtung der EU in ihrem außen- und sicherheitspolitischen Handeln und betonen verstärkt die Notwendigkeit internationaler Zusammenarbeit. Ähnlich wie die entsprechenden Abschnitte der vorangegangenen Verträge können die o.g. Ausführungen des VVE als grobe Anhaltpunkte für das sicherheitspolitische Handeln und etwaige zivile und/ oder militärische Einsätze der EU dienen, jedoch enthalten sie wiederum keine klaren handlungsleitenden Aussagen zu den Grundlagen des Einsatzes militärischer oder ziviler Mittel durch die EU. [219]

In Artikel I-41 (1) VVE wird die Gemeinsame Sicherheits- und Verteidigungspolitik der EU (GSVP)[220] als integraler Bestandteil der GASP bestätigt. „Sie sichert der Union eine auf zivile und militärische Mittel gestützte Fähigkeit zu Operationen. Auf diese kann die Union bei Missionen außerhalb der Union zur Friedenssicherung, Konfliktverhütung und Stärkung der internationalen Sicherheit in Übereinstimmung mit den Grundsätzen der Charta der Vereinten Nationen zurückgreifen." Diese relativ allgemeine Beschreibung der Funktion der ESVP wird in Artikel III-309 VVE weiterentwickelt und spezifiziert, indem der Artikel mögliche Aufgaben der ESVP normiert. Artikel III-309 greift dabei auf den Wortlaut der Petersberg-Erklärung zurück, geht aber darüber hinaus, indem er die bisher als Maßgabe für die ESVP genannten Petersbergaufgaben durch die Nennung gemeinsamer Abrüstungsmaßnahmen, Aufgaben der militärischen Beratung und Unterstützung, Aufgaben der Konfliktverhütung, Operationen zur Stabilisierung der Lage nach Konflikten, und der Möglichkeit des Beitrags aller genannten Maßnahmen zur Bekämpfung des Terrorismus, unter anderem auch durch die Unterstützung für Drittstaaten bei der Bekämpfung des Terrorismus auf ihrem Hoheitsgebiet, als Aufgaben der ESVP spezifiziert und ergänzt.[221] Damit wurde der lange Zeit unverändert belassene Artikel 17 der aktuellen Be-

---

[219] Vgl. Ortega (2004), Über Petersberg hinaus, S. 95.
[220] Im VVE wird die Europäische Sicherheits- und Verteidigungspolitik (ESVP) als Gemeinsame Sicherheits- und Verteidigungspolitik (GSVP) bezeichnet.
[221] Vgl. Ortega (2004), Über Petersberg hinaus, S. 93.

drohungslage und der entsprechenden Bedrohungsanalyse in der ESS und v.a. deren strategischen Zielen der Bedrohungsabwehr und ihrer Forderung nach aktiverem und präventivem Handeln der EU auf Vertragsebene angepasst.

Hauptdiskussionspunkt im Konvent war jedoch die Frage der Solidarität als Reaktion auf die neue Bedrohungslage.[222] Für den Fall von Terroranschlägen, Naturkatastrophen oder vom Menschen verursachten Katastrophen normiert der VVE in Artikel I-43 eine Solidaritätsklausel.[223] In ihrem sog. Barnier-Bericht hatten die Teilnehmer an der Arbeitsgruppe des Konvents zu Verteidigungsfragen festgestellt, dass der Bedrohung durch den internationalen Terrorismus und einer Verknüpfung dieser Bedrohung mit der Bedrohung durch MVW, welche die Zivilbevölkerungen und die demokratischen Institutionen der Mitgliedstaaten gefährden würden, nur mit der kombinierten Anwendung des gesamten Spektrums von Instrumenten, die der Union zur Verfügung stehen, insbesondere der militärischen Ressourcen der Mitgliedstaaten, nachrichtendienstlicher, polizeilicher und justizieller Kooperation und zivilen Schutzmaßnahmen, begegnet werden könne.[224] Die in diesem Zusammenhang im Barnier-Bericht vorgeschlagene Option einer Solidaritätsklausel erfuhr breite Unterstützung und wurde im Verfassungsentwurf in Artikel I-42 gegossen, welcher wiederum im gleichen Wortlaut als Artikel I-43 in den VVE übernommen wurde:

> „Die Union und ihre Mitgliedstaaten handeln gemeinsam im Geiste der Solidarität, wenn ein Mitgliedstaat von einem Terroranschlag oder einer Katastrophe natürlichen oder menschlichen Ursprungs betroffen ist. Die Union mobilisiert alle ihr zur Verfügung stehenden Mittel, einschließlich der ihr von den Mitgliedstaaten bereitgestellten militärischen Mittel, um a) terroristische Bedrohungen im Hoheitsgebiet von Mitgliedstaaten abzuwenden; die demokratischen Institutionen und die Zivilbevölkerung vor etwaigen Terroranschlägen zur schützen; im Falle eines Terroranschlags einen Mitgliedstaat auf Ersuchen seiner politischen Organe innerhalb seines Hoheitsgebiets zu unterstützen, b) im Falle einer Naturkatastrophe oder einer vom Menschen verursachten Katastrophe einen Mitgliedstaat auf Ersuchen seiner politischen Organe innerhalb seines Hoheitsgebiets zu unterstützen.“

Damit fallen Aufgaben des sog. *Consequence Management* und der Schutz europäischer Zivilbevölkerungen und Institutionen im Falle terroristischer Anschläge oder anderer Katastrophen im EU-Territorium grundsätzlich in den Aufgabenbereich der ESVP. Die ESVP bleibt dabei aber eine Möglichkeit unter anderen, um auf Katastrophenfälle solidarisch zu reagieren. Die Unterstützung eines betroffenen Mitgliedstaates ist auch kein Automatismus, sondern kann nur auf dessen Anfrage erfolgen. Die Wahl der Mittel unterliegt dabei der jeweiligen

---

[222] Vgl. From Laeken to Copenhagen (2003), S. 261.
[223] Die Einzelheiten der Durchführung dieses Artikels finden sich in Artikel III-329 VVE.
[224] Vgl. From Laeken to Copenhagen (2003), S. 261.

Entscheidung des betroffenen Staates und der zur Hilfe gerufenen EU-Mitglieder, während der VVE keine spezifischere Ziel-Mittel-Zuordnung vornimmt, als dass er auch die Einbeziehung militärischer Unterstützung normiert. In Vorwegnahme der offiziellen Annahme des VVE gingen am 25.3.2004 die Mitgliedstaaten und beitretenden Staaten nach dem Terroranschlag von Madrid am 11.3.2004 die politische Verpflichtung im Geiste der Solidaritätsklausel nach Artikel I-42 des Verfassungsentwurfs, gemeinsam gegen Terrorakte vorzugehen, mit sofortiger Wirkung ein. Diese Art der praktischen Weiterentwicklung der ESVP fundiert auf der gemeinsamen Erfahrung von Schockerlebnissen der EU-Mitglieder und einer entsprechenden Reaktion der EU-Staats- und Regierungschefs kraft politischen Willens und überwiegt hierbei die Rolle von gemeinsamen vertraglichen Regelungen als „driving force“[225] der Entwicklung der ESVP.[226]

Der urspüngliche Vorschlag einiger Mitgliedstaaten im Konvent, dass diesbezüglich interessierte EU-Mitglieder Artikel V des Brüsseler Vertrags übernehmen können sollten, war v.a. von den bündnisfreien und diejenigen Staaten, die die kollektive Verteidigung ausschließlich durch die NATO abgedeckt sehen, abgelehnt worden. Als Kompromiss schlugen die Befürworter einer kollektiven Verteidigungsklausel vor, dass interessierte Mitgliedstaaten innerhalb des vertraglichen Rahmens der EU ihre Zusammenarbeit intensivieren und die Verpflichtungen des Brüsseler Vertrags übernehmen dürfen, und zwar in Form einer sog. engeren Zusammenarbeit in der Verteidigung, die allen Mitgliedstaaten offen stehen würde, sofern sie Voraussetzungen erfüllen würden, welche ihre Verpflichtung glaubwürdig erscheinen ließe.[227] Nachdem die betreffenden Diskussionen zu einem Stillstand gekommen waren, nahm das Präsidium – unter französischer Leitung – in einem *Avant-projet de traité constitutionnel* für separate Klauseln für Verteidigung und Solidarität Partei.[228] Großbritannien verurteilte in Reaktion hierauf die Einführung einer kollektiven Verteidigungsklausel als „unnecessary and divisive“[229]. Während auch Polen und die meisten anderen Beitrittkandidaten eine kollektive Verteidigungsklausel mit Verweis auf die entsprechende Rolle der NATO ablehnten[230], nahmen zudem die bündnisfreien Mitglieder unter Verweis auf ihre militärische Bündnisfreiheit Stellung gegen die Einführung einer solchen Klausel.

Nachdem in Folge dieser Auseinandersetzungen ein neuer, extern eingebrachter deutsch-französischer Vorschlag zur Errichtung einer sog. Europäischen Sicher-

[225] Zilmer-Johns (2004), The Convention, the IGC and the great powers, S. 75/ 76.
[226] Vgl. De Schoutheete (2004), La cohérence par la défense, S. 49/ 50.
[227] Vgl. From Laeken to Copenhagen (2003), S. 262.
[228] Vgl. De Schoutheete (2004), La cohérence par la défense, S. 27.
[229] De Schoutheete (2004), La cohérence par la défense, S. 28.
[230] Cameron/ Primatarova (2003), Enlargement, CFSP and the Convention, S. 5.

heits- und Verteidigungsunion (ESVU) durch Ermöglichung einer engeren Zusammenarbeit durch eine qualifizierte Mehrheit im Ministerrat im Rahmen einer kombinierten Solidaritäts- und Verteidigungsklausel von dem italienischen Kommissionpräsidenten Prodi, und – unerwarteterweise – von Österreich[231] Unterstützung erhalten hatte[232], einigte man sich im Verfassungsentwurf auf eine folgendermaßen konstruierte „engere Zusammenarbeit im Bereich der gegenseitigen Verteidigung im Rahmen der Union“: „Im Rahmen dieser Zusammenarbeit leisten im Falle eines bewaffneten Angriffs auf das Hoheitsgebiet eines an dieser Zusammenarbeit beteiligten Staaten gemäß Artikel 51 der UN-Charta alle in ihrer Macht stehende militärische und sonstige Hilfe und Unterstützung. Bei der Umsetzung arbeiten die beteiligten Staaten eng mit der NATO zusammen.“[233] Im Zuge der auf den Konventsentwurf folgenden zwischenstaatlichen Verhandlungen lehnten jedoch die Regierungen von Finnland, Irland, Schweden – und jetzt auch wieder Österreich – unter Hinweis auf ihre jeweiligen nationalen verfassungsrechtlichen Grundlagen diese Bestimmungen zu einer engeren Zusammenarbeit ab, da sie letztere als formal bindende Sicherheitsgarantien betrachten würden.[234] Ebensowenig gaben Großbritannien und die mittel- und osteuropäischen Staaten (MOE-Staaten) ihre Zustimmung zu den Bestimmungen des Verfassungsentwurfs. Washington sah seinerseits, trotz der im Verfassungsentwurf betonten Absicht einer engen Zusammenarbeit mit dem Atlantischen Bündnis, in der Beistandsklausel „eine Konkurrenz zu Artikel 5 des NATO-Vertrages und die Gefahr, dass die NATO und damit die USA quasi durch die Hintertür in einen Konflikt hineingezogen werden könnten, wenn ein EU-Mitglied angegriffen wird, das nicht Mitglied der NATO ist“[235]. Die zwischenstaatlichen Verhandlungen mündeten schlussendlich darin, dass die Frage, ob die militärischen Einsatzkräfte der EU im Beistandsfall eine Rolle spielen würden, ausgeblendet wurde, und andererseits eine stärkere Betonung der Rolle der NATO vorgenommen wurde. Die sog. Beistandsklausel in Artikel 1-40 (7) VVE normiert also nun:

> „Im Falle eines bewaffneten Angriffs auf das Hoheitsgebiet eines Mitgliedstaats müssen die anderen Mitgliedstaaten nach Artikel 51 der Charta der Vereinten Nationen alle in ihrer Macht stehende Hilfe und Unterstützung leisten. Dies lässt den besonderen Charakter der Sicherheits- und Verteidigungspolitik bestimmter Mitgliedstaaten unberührt. Die Verpflichtungen und die Zusammenarbeit in diesem Bereich bleiben im Einklang mit den im Rahmen der Nordatlantikvertrags-Organisation eingegangenen Verpflich-

---

[231] Dieser vorübergehende Sinneswandel ist vor dem Hintergrund des vom damaligen Verteidigungsminister Fasslabend deklarierten Ziels österreichischer Politik, keine Einflussmöglichkeiten bei wichtigen Entscheidungen zu verlieren, zu sehen. (vgl. Luif [2002], Die bündnisfreien und neutralen Mitgliedstaaten der Europäischen Union, S. 74/ 75).

[232] Vgl. De Schoutheete (2004), La cohérence par la défense, S. 28/ 29.

[233] Artikel 1-40 (7) Entwurf eines Vertrags über eine Verfassung für Europa; Teilnahmemodalitäten und praktische Modalitäten sowie Beschlussverfahren finden sich in Artikel III-214 Entwurf eines Vertrags einer Verfassung für Europa.

[234] Algieri/ Bauer (2005), Eine Frage der Macht, S. 244.

[235] Haftendorn (2005), Das Atlantische Bündnis in der Anpassungskrise, S. 22.

tungen, die für die ihr angehörenden Staaten weiterhin das Fundament ihrer kollektiven Verteidigung und die Instanz für deren Verwirklichung ist".

Gleichzeitig wird jedoch eine gemeinsame Verteidigungspolitik in Artikel I-40 (2) VVE weiterhin als Bestandteil eines progressiven Integrationsprozesses aufgeführt:

> „Die Gemeinsame Sicherheits- und Verteidigungspolitik umfasst die schrittweise Festlegung einer gemeinsamen Verteidigungspolitik der Union. Diese führt zu einer gemeinsamen Verteidigung, sobald der Europäische Rat einstimmig darüber beschlossen hat. [...]. Die Politik der Union nach diesem Artikel berührt nicht den besonderen Charakter der Sicherheits- und Verteidigungspolitik bestimmter Mitgliedstaaten; sie achtet die Verpflichtungen bestimmter Mitgliedstaaten, die ihre gemeinsame Verteidigung in der Nordatlantikvertrags-Organisation verwirklicht sehen, aufgrund des Nordatlantikvertrages und ist vereinbar mit der in jenem Rahmen festgelegten Sicherheits- und Verteidigungspolitik."

Die Option zur Verwirklichung einer gemeinsamen Verteidigung bleibt damit weiterhin offen, wobei der die entsprechende Einigung im VVE eine Ausgangsbasis für weitere Entwicklungsschritte bietet und gleichzeitig einen breiten Interpretationsspielraum offen lässt.[236]

Offiziell erfolgte mit der Verabschiedung der ESS auch die Beauftragung des Hohen Repräsentanten für die GASP, Solana, in Konsultation mit der Kommission und auf Anfrage des Rats weiterführende Strategiedokumente zu den verschiedenen Teilbereichen der ESS zu verfassen. Die europäischen Staats- und Regierungschefs identifizierten hierbei auf ihrem Treffen im Dezember 2003 vier Schwerpunkte, welche ausdifferenziert und spezifiziert werden sollten: Erstens, ein effektiver Multilateralismus mit den Vereinten Nationen als Kernelement; zweitens, der Kampf gegen den Terrorismus; drittens, eine Strategie für den Mittleren Osten; viertens, eine umfassende Politik für Bosnien.[237] Darüber hinaus wurde jede neue Präsidentschaft formell verpflichtet, die ESS zu implementieren. Sogenannte *Multi-annual Strategic Programmes* sollen in diesem Zusammenhang mittelfristige Ziele für je sechs aufeinanderfolgende Präsidentschaften setzen (beginnend mit Januar 2004) und so die Konsistenz der Umsetzung der ESS sicherstellen.[238] Mit diesen Maßnahmen reagierte der Europäische Rat auf die wiederholte Kritik, dass jede Präsidentschaft andere und neue Prioritäten setzen und dadurch die konsistente und konsequente Weiterentwicklung

---

[236] Vgl. Algieri/ Bauer, Europa – die gespaltene Macht, http://www.cap.uni-muenchen.de/download/2003/2003_cd_eukonvent_algba.pdf, Zugriff am 1.4.2005, S. 9.
[237] Vgl. Biscop (2004), The European Security Strategy, S. 39/ 40.
[238] Vgl. EU Crisis Response Revisited (2005), S. 2.

europäischer Sicherheitspolitik gefährden würde. Während damit zum einen der Fortschreibungs- und Implementierungsprozess der ESS formell abgesichert wurde, diente und dient die ESS zum anderen – evtl. auch durchaus unabhängig von den formellen Verpflichtungen und über diese hinaus – der EU und ihren Mitgliedstaaten als Impetus weiterer strategischen Überlegungen und konkreter Maßnahmen.

Für den Bereich Terrorismusbekämpfung wurde u.a. bis Juni 2004 ein „Conceptual Framework on the ESDP dimension of the fight against terrorism“ erstellt, welches den Beitrag der ESVP zur Terrorismusbekämpfung näher umreißt[239], und ein entsprechender Aktionsplan ausgearbeitet. Für den Bereich Nonproliferation wurde – zeitgleich mit der ESS - eine Teilstrategie zur Nichtweiterverbreitung von Massenvernichtungswaffen („Fight against the proliferation of Weapons of Mass Destruction – EU strategy against proliferation of Weapons of Mass Destruction“) verabschiedet, welcher auch explizit die Anwendung militärischer Gewalt, wenn sich andere Maßnahmen als wirkungslos erwiesen haben und der Einsatz der Zwangsmaßnahmen auf Grundlage der UN-Charta erfolgt, als mögliches Mittel nennt.[240] Ein “Action Plan for ESDP support to Peace and Security in Africa“, welcher die Unterstützung der AU, afrikanischer regionaler Organisationen und Staaten beim Aufbau eigener Krisenreaktionskräfte und der Sicherheitssektorreform und europäische Unterstützung bei Aufgaben der Entwaffung, Demobilisierung und Reintegration (*Disarmament, Demobilisation, Reintegration* – DDR) als geeignete Maßnahmen zur langfristigen Entschärfung der Sicherheitslage in Teilen Afrikas normiert[241], leistet einen weiterführenden

---

[239] Der Beitrag der ESVP zur Terrorismusbekämpfung kann demgemäß direkt oder eher indirekt in Form von Unterstützung anderer Insturmente, durch Prävention von Anschlägen, Schutz der Zivilbevölkerung und im Einsatz stehender militärischer oder ziviler Kräfte vor terroristischen Anschlägen ebenso wie durch sog. *Consequence Management* und die Unterstützung von Drittländern in ihrem Kampf gegen den Terrorismus erfolgen (vgl. *Conceptual Framework on the ESDP dimension of the fight against terrorism*). Zudem existiert mittlerweile ein „EU Solidarity Programme on the consequences of terrorist threats and attacks (revised/ widened CBRN Programme)“ (Dezember 2004), welches Risikoanalyse, präventive Maßnahmen, Reduzierung von Verwundbarkeit, Erkennung und Warnung, sog. *Preparedness* und *Consequence Management* als Prioritäten der solidarischen Zusammenarbeit gegen den Terrorismus identifiziert (vgl. Council of the European Union, EU Solidarity Programme on the consequences of terrorist threats and attacks (revised/ widened CBRN Programme)).

[240] Identifiziert werden aber als geeignete Maßnahmen gegen die Weiterverbreitung von MVW vorrangig die Stärkung multilateraler Übereinkünfte durch den Ausbau der Verifikations- und Durchsetzungsinstrumente, durch die Stärkung der Exportkontrollregime, druch den Ausbau der internationalen Zusammenarbeit, Abrüstung und Schutzmaßnahmen bzw. Hilfeleistung bei Bedrohung durch und Einsatz von MVW, Vertiefung des politischen Dialogs mit Drittstaaten zur Nichtverbreitung sowie Abrüstung und Rüstungskontrolle (vgl. Council of the European Union, Fight against the proliferation of weapons of mass destruction – EU strategy against proliferation of Weapons of Mass Destruction).

[241] Vgl. Council of the European Union, Action Plan for ESDP support to Peace and Security in Africa.

konzeptuellen Beitrag zur Abwehr der Bedrohung durch regionale Konflikte und Staatszerfall durch multilaterales und aktives Vorgehen. Das strategische Ziel der Sicherheit und Stabilität in der Nachbarschaft der EU wird durch die Programme der Europäischen Nachbarschaftspolitik (ENP) unterstützt, welche insbesondere die Förderung von Wohlstand, Stabilität und Sicherheit in der Nachbarschaft der EU durch ein umfassendes und koordinierendes System gestaffelter Partnerschaften auf Grundlage schon bestehender Partnerschaften (Barcelona-Prozess etc.) und neuer länderspezifischer Aktionspläne – aufbauend auf Sondierungsgesprächen mit den jeweiligen Ländern – erzielen will.[242] Mit Blick auf das Sicherheitsrisiko durch fragile Staaten bzw. Staatszerfall ist die Herstellung verbesserter Reaktionsfähigkeit und Präventionsfähigkeit bzw. Fähigkeit zur Friedenskonsolidierung der ESVP durch das sog. *Battle-Group*-Konzept bzw. das militärische *Headline Goal* (HG) 2010 und das zivile HG 2008 schon in Angriff genommen worden. Das Gleiche gilt für den Ausbau europäischer Möglichkeiten zur Abwehr der Bedrohungen. Auf der Suche nach konkreten Wegen und Maßnahmen zur Stärkung und Unterstützung der Vereinten Nationen im Rahmen eines wirksamen Multilateralismus, wurden in dem Dokument „EU-UN cooperation in Military Crisis Management Operations – Elements of Implementation of the EU-UN Joint Declaration“ (Juni 2004) mittlerweile Möglichkeiten der Bereitstellung europäischer Krisenreaktionskräfte für die Vereinten Nationen, d.h. Bereitstellung nationaler Fähigkeiten im Rahmen einer UN-Mission oder EU-Operation auf Anfrage der Vereinten Nationen sondiert.[243]

2.5 Zwischenergebnisse: Bestimmungsfaktoren und Nutzen der strategischen Grundlagen der ESVP

Der jetzige strategische Rahmen der ESVP stellt nicht das Ergebnis eines von langer Hand ausgearbeiteten Plans dar, sondern resultiert aus den verschiedenen Anpassungen an die von den Mitgliedstaaten wahrgenommenen Veränderungen bzw. erlebten internationalen Krisen (Kosovo, 9/11, Irak)[244] und einer durchgehenden Orientierung am Imperativ der Erhaltung der transatlantischen Partnerschaft[245].

[242] Vgl. Kommission der Europäischen Gemeinschaften, Mitteilung der Kommission: Europäische Nachbarschaftspolitik.
[243] Vgl. EU-UN co-operation in Military Crisis Management Operations – Elements of Implementation of the EU-UN Joint Declaration.
[244] Vgl. Ortega (2004), Über Petersberg hinaus, S. 103/ 104.
[245] Vgl. Jünemann/ Schörning (2002), Die Sicherheits- und Verteidigungspolitik der „Zivilmacht“ Europa, S. 228.

In den ersten drei Jahren der ESVP verfolgten die Mitgliedstaaten der EU angesichts innereuropäischer Divergenzen mit Blick auf Vorstellungen über Zweck und Aufgaben der ESVP, strategische Kultur, Willen und Fähigkeit zum Einsatz militärischer Gewalt u.ä. einerseits, und US-amerikanischer Vorbehalte gegenüber einer strategischen Eigenständigkeit der EU andererseits, eine Vermeidungsstrategie mit Blick auf strategische Fragen bzw. eine Strategie der „studied ambiguity“[246], um das Voranschreiten des ESVP-Projekts, d.h. den Aufbau militärischer und ziviler Fähigkeiten und institutioneller Strukturen überhaupt zu ermöglichen. Ersatzweise fungierten der Zielkatalog der GASP im VEU-Amsterdam und die in Artikel 17 VEU-Amsterdam als Aufgabenbereich der ESVP normierten Petersbergaufgaben als strategische Anhaltspunkte. Jedoch fehlten eine gemeinsame Bedrohungsanalyse, aussagekräftig definierte strategische Ziele und konkrete handlungsleitende Angaben zum Einsatz der Mittel und Fähigkeiten der ESVP. Während das Petersbergspektrum alle Krisenbewältigungsaufgaben bis auf die gemeinsame Verteidigung umfasste und damit großen Interpretationsspielraum bot, wurde auch die Klärung der Frage der gemeinsamen Verteidigung mit Rücksicht auf die USA, die atlantisch orientierten und die bündnisfreien Mitglieder der EU aufgeschoben.

Die neue Bedrohungslage nach 9/11, die strategische Neuausrichtung der US-Sicherheitspolitik, sowie die innereuropäische und transatlantische Spaltung in der Irakfrage einerseits, welche zu einer zeitweisen Marginalisierung der EU als Akteur internationaler Sicherheitspolitik führte, und gleichzeitig zunehmend einsatzfähigen Fähigkeiten und Strukturen der ESVP andererseits, bewegten die Mitgliedstaaten zur Übung der gemeinsamen Strategieformulierung. Dabei nahmen die Mitgliedstaaten zum ersten Mal eine gemeinsame Bedrohungsanalyse (Terrorismus, MVW, regionale Konflikte, gescheiterte Staaten, international organisierte Kriminalität und die Verknüpfung dieser Bedrohungen) vor, formulierten strategische Ziele (Bedrohungsabwehr, Sicherheit und Stabilität in der Nachbarschaft und effektiver Multilateralismus) und zogen daraus normative Konsequenzen für die europäische Politik in den Bereichen Sicherheit und Krisenmanagement (Zusammenarbeit mit Partnern, aktiver, handlungsfähiger, kohärenter). Die EU musste ihre Sicherheits- und Außenpolitik in der ESS hierbei nicht neu erfinden. Vielmehr baut die ESS auf den sicherheitspolitischen Acquis der EU und ihrer Mitgliedstaaten auf – inklusive schon durchgeführter ESVP-Operationen –, entwickelt diesen weiter und setzt Schwerpunkte. Dabei wird gleichzeitig auf die Inhalte der NSS und die Praxis der amerikanischen Sicherheitspolitik Bezug genommen, und zwar mit zwei Zielrichtungen: Erstens, um an die sicherheitspolitische Agenda der USA anzuknüpfen und eine neue Grundlage für einen transatlantischen strategischen Dialog zu schaffen; zweitens, um in Abgrenzung zu unilateralen und päemptiven Tendenzen und der Fokussierung der USA auf militärische Lösungen spezifisch europäische Sicherheitspolitik

[246] Heisbourg u.a. (2000), European defence: making it work, S. 110.

anzudeuten. Der Kompromisscharakter der ESS (zwischen 15 verschiedenen Mitgliedstaaten und mit Blick auf die USA) verhinderte jedoch erstens eine genuin europäische Bedrohungsanalyse, behinderte in einem zweiten Schritt eine konsequente Ableitung europäischer strategischer Ziele und in einem dritten Schritt eine klare Ziel-Mittel-Zuordnung und eine ebensolche Formulierung von Handlungsgrundlagen, insbesondere mit Blick auf Kriterien zur Anwendung militärischer Gewalt. Während die ESS nach innen und außen durchaus symbolischen Wert hat, wird ihr praktischer Wert durch o.g. Faktoren und deren Auswirkungen auf die Inhalte der ESS potenziell stark geschmälert, insbesondere mit Blick auf ein gemeinames Vorgehen in zukünftigen Krisensituationen, die gezielte Fähigkeitenentwicklung, die nachhaltige Wiederbelebung der transatlantischen Sicherheitspartnerschaft und eine externe Abschreckungswirkung.

Der VVE nimmt eine Spezifizierung des Petersbergspektrums im Einklang mit den Inhalten der ESS vor. Darüber hinaus wird der Grundsatz der Solidarität als Anwort auf die neue Bedrohungslage normiert, wobei die ESVP zukünftig eine Rolle beim Schutz europäischer Bürger, Europas demokratischer Institutionen und im *Consequence Management* spielen kann. Eine Einigung über die Aufnahme der kollektiven Verteidigung als Aufgabe der ESVP konnte aufgrund altbekannter Widerstände v.a. der Atlantiker, der Bündnisfreien, der neuen MOE-Mitglieder und mit Rücksicht auf die USA und die NATO nicht erzielt werden. Vielmehr wird die gemeinsame Verteidigung wiederum als mögliches Produkt des progressiven *Framings* der ESVP normiert. Bemerkenswert ist mit Blick auf den VVE v.a. die besondere Beachtung des internationalen Terrorismus als neue sicherheitspolitische Herausforderung, nicht nur als neue Aufgabe im Petersbergspektrum, sondern auch in der Solidaritäts- und der Beistandsklausel.[247]

Darüber hinaus versuchen die Mitgliedstaaten und die an der Sicherheitspolitik beteiligten Gremien der EU mit weiterführenden Teilstrategien und auf den Forderungen der ESS aufbauenden Programmen die ESS zu explizieren und zu imp lementieren. Um einige der offenen Fragen einer europäischen sicherheitspolitischen Strategie zukünftig zu beantworten, werden hierbei jedoch v.a. weitere praktische Erfahrungen notwendig sein.[248] Gleichzeitig wird die tatsächliche Implementierung der ESS im Einzelfall bis auf Weiteres von dem politischen Willen der Mitgliedstaaten, den vorhandenen Interventionsfähigkeiten im Rahmen der EU und jeweiligen US-amerikanischen außen- und sicherheitspolitischen Positionen abhängig bleiben.

---

[247] Vgl. Messelken (2003), Europas Antiterrorismus-Politik, http://wwwbits.de/public/pdf/bn03-03.pdf, Zugriff am 11.2.2004, S. 18 – 20.
[248] Vgl. Everts/ Keohane (2003), The European Convention and EU Foreign Policy, S. 178.

3 INSTITUTIONELLE UND PROZEDURALE STRUKTUREN DER ESVP

3.1 Zur Bedeutung institutioneller und prozeduraler Strukturen im Bereich der ESVP

Institutionen und Prozeduren strukturieren politisches Handeln und nehmen Einfluss auf Politikergebnisse.[249] „Institutions matter. […] their design has deeply influenced the outcome of almost every European project."[250] Die institutionellen und prozeduralen Strukturen der ESVP fungieren im außen-, sicherheits- und verteidigungspolitischen Politikprozess der EU und ihrer Mitgliedstaaten als *Intervening*-Variablen. Sie beeinflussen den Handlungsspielraum der am gemeinsamen Politikprozess beteiligten Akteure und ihre Möglichkeiten zur (gemeinsamen) Politikgestaltung.[251]

Die spezielle Bedeutung des institutionellen Rahmens und der Entscheidungsmechanismen der ESVP liegt in ihren Auswirkungen auf die Wahrscheinlichkeit bzw. Effizienz gemeinsamen Handelns im konkreten Krisenfall.

Die Kernfragen sind hierbei, ob die institutionellen und prozeduralen Strukturen der ESVP

- erstens für die Zusammenführung mitgliedstaatlicher Interessen und deren möglichst zeitnahe Umsetzung in problemadäquates gemeinsames Handeln,
- zweitens für die Eigenständigkeit und Unabhängigkeit europäischer internationaler Krisenbewältigung
- und drittens für die Umsetzung des oft zitierten Mehrwerts der EU im internationalen Krisenmanagement eine „nutzbare Ausgangsbasis"[252]

darstellen.

---

[249] Vgl. Aspinwall/ Schneider (2001), Institutional research on the European Union, S. 13/ 14.
[250] Andréani (2000), Why Institutions Matter, S. 94.
[251] Vgl. Aspinwall/ Schneider (2001), Institutional research on the European Union, S. 10.
[252] Algieri/ Bauer (2005), Eine Frage der Macht, S. 229.

Darüber hinaus liegt die Bedeutung von Institutionen und Prozeduren für die ESVP in ihrem Potenzial, mittel- bis langfristig eine gemeinsame, quasisupranationale strategische Kultur zu fördern. Im Sinne einer sog. Pfadabhängigkeit haben sie zudem als Ausgangspunkte bzw. Zwischenergebnisse Auswirkungen auf die zukünftige Entwicklung institutioneller und prozeduraler Strukturen der ESVP.[253]

Betrachtet werden müssen in diesem Zusammenhang

- die an der Entscheidungsvorbereitung, -findung und -implementierung beteiligten Gremien und ihre Rollen und Beschlussfassungsregeln;
- Arrangements zur Beteiligung von Partnern (v.a. der europäischen NATO-Mitglieder), Regelungen bzgl. Konsultationen mit der NATO als Ganzes und die Frage des Erstablehnungsrechts (sog. Primat) der NATO;
- die vorhandenen Möglichkeiten zur Bewerkstelligung zivil-militärischer Koordinierung und säulenübergreifender Kohärenz europäischer Sicherheitspolitik.

Gleichzeitig müssen Institutionen und Prozeduren als *Outcome*-Variablen verstanden werden, d.h. „causality flows both ways"[254].

[253] Vgl. Algieri (2001), Die Europäische Sicherheits- und Verteidigungspolitik: erweiterter Handlungsspielraum für die GASP, S. 197: „Es besteht eine Pfadabhängigkeit, d.h. institutionelle Vorgaben bestimmen den Weg, schränken staatliche Akteure in ihrer Handlungsfreiheit ein und zwingen diese, ihre Ziele entsprechend anzupassen. Voraussetzung hierfür waren die interessensgeleiteten Entscheidungen der EU-Mitgliedstaaten." Und: „Das erreichte Niveau außen- und sicherheitspolitischer Zusammenarbeit ist durch ein hohes Maß an institutioneller Bestimmtheit geprägt, was wiederum das Handeln der verschiedenen Akteure beeinflusst."; vgl. ebenso: Aspinwall/ Schneider (2001), Institutional research on the European Union, S. 12: "European integration is a cumulative process, where prior decisions form a basis upon which new decisions are made."

[254] Aspinwall/ Schneider (2001), Institutional research on the European Union, S. 10; vgl. auch Zilmer-Johns/ Pilegaard (2004), Towards a common European Security and Defence Policy, S. 186.

3.2 Ausgangslage

3.2.1 Die ESVP als Bestandteil der GASP: Intergouvernementalismus und erste Brüsselisierungstendenzen

Im VEU-Maastricht, welchen die damaligen EG-Mitgliedstaaten im Dezember 1991 unterzeichneten[255], wurde in Artikel J.4 (1) eine Gemeinsame Außen- und Sicherheitspolitik (GASP) eingeführt, die „sämtliche Fragen, welche die Sicherheit der Europäischen Union betreffen", umfasst, wozu auf längere Sicht auch die Festlegung einer gemeinsamen Verteidigungspolitik gehört, die zu einer gemeinsamen Verteidigung führen kann.

Der VEU-Maastricht bestimmte, dass der Europäische Rat die Grundsätze und allgemeinen Leitlinien der GASP festlegt, allerdings ohne hierbei schon explizit Fragen mit verteidigungspolitischen Bezügen zu erwähnen.[256] Der VEU-Amsterdam, welchen die EU-Mitglieder im Juni 1997 unterzeichneten[257], normierte, dass der Europäische Rat, in welchem die Staats- und Regierungschefs der Mitgliedstaaten vertreten sind, die Grundsätze und allgemeinen Leitlinien auch in Fragen mit verteidigungspolitischen Bezügen bestimmt.[258] Während im VEU-Maastricht die Formierung einer gemeinsamen Verteidigung im Rahmen der EU noch nicht mit einer entsprechenden Entscheidung des Europäischen Rats in expliziten Zusammenhang gestellt wurde[259], sprach der VEU-Amsterdam dem Europäischen Rat die Initiatorrolle für die mögliche Aufnahme der gemeinsamen Verteidigung in den Aufgabenbereich der ESVP zu. Auf der Grundlage der vom Europäischen Rat festgelegten allgemeinen Leitlinien trifft gemäß der Verträge von Maastricht[260] und Amsterdam[261] der Ministerrat für Allgemeine und Auswärtige Angelegenheiten (im Folgenden auch Rat genannt), in welchem die Außenminister der EU-Mitgliedstaaten vertreten sind, die für die Festlegung und Durchführung der GASP erforderlichen Entscheidungen. Im VEU-Amsterdam wagten die EU-Mitgliedstaaten erste Flexibilisierungsversuche im Bereich der GASP in Form der Einführung der qualifizierten Mehrheit für bestimmte Ratsbeschlüsse[262], Fragen mit sicherheits- und verteidigungspolitischen Bezügen

---

[255] In Kraft getreten am 10.11.1993.
[256] Vgl. Artikel J.8 (1) VEU-Maastricht.
[257] In Kraft getreten am 1.5.1999.
[258] Vgl. Artikel 13 (1) VEU-Amsterdam.
[259] Vgl. Artikel J.4 (1): „Die Gemeinsame Außen- und Sicherheitspolitik umfasst sämtliche Fragen, welche die Sicherheit der Europäischen Union betreffen, wozu auf längere Sicht auch die Festlegung einer gemeinsamen Verteidigungspolitik gehört, die zu gegebener Zeit zu einer gemeinsamen Verteidigung führen könnte."
[260] Vgl. Artikel J.8 (2) VEU-Maastricht.
[261] Vgl. Artikel 13 (3) VEU-Amsterdam.
[262] Artikel 23 (2) VEU-Amsterdam erlaubt bei Folgeentscheidungen auf der Basis einer ge-

wurden aber ausnahmslos der Einstimmigkeitsregel unterworfen[263]. Neben der in Artikel 23 (1) VEU-Amsterdam festgeschriebenen Möglichkeit der konstruktiven Enthaltung wurden für Fragen mit sicherheits- und verteidigungspolitischem Bezug im VEU-Amsterdam auch keine anderweitigen Regelungen zugunsten einer flexiblen bzw. differenzierten Entscheidungsfindung innerhalb des Vertragsrahmen eingeführt. Hingegen lassen die Verträge von Maastricht und Amsterdam ausdrücklich die bi- oder multilaterale Vertiefung sicherheits- und verteidigungspolitischer Zusammenarbeit von EU-Staaten außerhalb des EU-Vertragsrahmens im Rahmen der WEU und der NATO zu, sofern diese den Kooperationszielen der GASP nicht zuwiderläuft.[264]

Insgesamt wurde damit die außen-, sicherheits- und verteidigungspolitische Gestaltungsmacht in den Verträgen von Maastricht und Amsterdam bei der kollektiven Exekutive der Mitgliedstaaten angesiedelt: Der Europäische Rat und der Rat erhielten die Hauptrollen bei der Weiterentwicklung und im Entscheidungssystem der GASP und durch die Normierung des strikten Einstimmigkeitsprinzips in sicherheits- und verteidigungspolitischen Fragen sicherten sich alle EU-Mitgliedstaaten gleichermaßen ihre souveräne Entscheidungsmacht bei eben diesen Fragen. Der Kommission und dem Europäischen Parlament (EP) gestanden die Verträge von Maastricht und Amsterdam dagegen nur marginale Rollen bei der Entwicklung und Umsetzung der GASP zu.

Gleichzeitig veranlasste die Sachlogik einer Gemeinsamen Außen- und Sicherheitspolitik die Mitgliedstaaten zu einer, wenn auch begrenzten, Übertragung von Kompetenzen auf neue, gemeinsame und „europäische" Akteure in Brüssel: Im Bosnien-Konflikt hatten erhebliche innereuropäische Divergenzen in der Konfliktwahrnehmung, der Bedrohungseinschätzung, bzgl. der zu verfolgenden Strategien und in der Interventionsbereitschaft zur Fragmentierung der EU geführt und so und ein gemeinsames europäisches Krisenmanagement verhindert.[265] Im Bestreben, eine funktionsfähige GASP zu schaffen, zogen die EU bzw. ihre Mitgliedstaaten aus dem europäischen Versagen in Bosnien institutionelle Lehren. Auf der Vertragskonferenz von Amsterdam einigten sich die Mitgliedstaaten auf die Schaffung des Amts des Hohen Repräsentanten für die GASP, welches durch den Generalsekretär des Rats ausgeübt werden sollte. Gemäß Artikel 26 VEU-Amsterdam „unterstützt" der Generalsekretär des Rates und Hohe Repräsentant den Rat in Angelegenheiten der GASP, „indem er insbesondere zur Formulierung, Vorbereitung und Durchführung politischer Entscheidungen beiträgt". Zur Unterstützung des HR wurde in Amsterdam darüber

meinsamen Strategie, bei Folgeentscheidungen im Rahmen gemeinsamer Positionen oder Aktionen und bei prozeduralen Fragen die Abstimmung mit qualifizierter Mehrheit.

[263] Vgl. Artikel 23 (2) VEU-Amsterdam.

[264] Vgl. Artikel J.4 (5), VEU-Maastricht bzw. Artikel 17 (4) VEU-Amsterdam.

[265] Vgl. Axt (1997), Die EU nach Amsterdam, S. 5.

hinaus eine Politikplanungs- und Frühwarnungs-Einheit (*Policy Planning and Early Warning Unit* – PPEWU), inklusive eines gemeinsamen Lagezentrums (*Situation Centre* – SITCEN) im Generalsekretariat des Rats, welche dem HR unterstellt wurde, geschaffen. Als Aufgaben der PPEWU wurden die Beobachtung und Analyse von für die GASP relevanten Entwicklungen, die Identifikation von Prioritäten bzw. eventueller weiterer Schwerpunkte der GASP und die Situationsanalyse und Frühwarnung bei potenziellen Krisen normiert. In Form von Analysen, Empfehlungen und Strategien sollte sie zur Politikformulierung des Rats im Bereich der GASP beitragen. Während der HR die Problematik der mangelnden Kohärenz und Sichtbarkeit europäischer Außenpolitik und Krisenintervention beheben sollte, sollte die PPEWU den bisherigen „lack of planning and foresight“[266] der GASP abmildern bzw. beheben und einen „proactive approach to crises“ [267] erlauben.

3.2.2 Die WEU zwischen NATO und EU: Von der Europäischen Sicherheits- und Verteidigungsidentität zur Europäischen Sicherheits- und Verteidigungspolitik

Im Zuge der Schaffung der GASP sowie der Perspektive einer Sicherheits- und Verteidigungspolitik bzw. gemeinsamen Verteidigung im Rahmen der EU auf der Vertragskonferenz von Maastricht 1991 erhielt die EU noch keine eigenen institutionellen Strukturen zur Vorbereitung und Durchführung von Aufgaben, die in die beiden letztgenannten Bereiche fallen würden. Vielmehr wurde zu diesem Zwecke in Artikel J.4 (2) VEU-Maastricht die WEU als „integraler Bestandteil der EU“ normiert, welchen die EU ersuchen kann, „die Entscheidungen und Aktionen der Union, die verteidigungspolitische Bezüge haben, auszuarbeiten und durchzuführen“.

1994 einigten sich die EU-Mitglieder und die USA während des NATO-Gipfels in Washington auf die Entwicklung einer sog. Europäischen Sicherheits- und Verteidigungsidentität (ESVI) innerhalb der NATO, welche mit Hilfe der Stärkung der Rolle der WEU verwirklicht werden sollte.[268] Die WEU erhielt damit eine Doppelrolle als verteidigungspolitischer Arm der EU einerseits und europäischer Pfeiler der NATO andererseits. Auf dem NATO-Gipfel in Berlin 1996

---

[266] Stewart, The EU's Conflict Prevention Policy, http://www.essex.ac.uk.ecpr/events/jointsessions/paperarchive/uppsala/ws7/Stewart.pdf, Zugriff am 20.1.2005, S. 13.

[267] Stewart, The EU's Conflict Prevention Policy, http://www.essex.ac.uk.ecpr/events/jointsessions/paperarchive/uppsala/ws7/Stewart.pdf, Zugriff am 20.1.2005, S. 13.

[268] Vgl. Churruca Muguruza (2000), Von Maastricht nach Köln, S. 179/ 180.

sprangen die USA im Zuge der sog. Berlin-Plus-Arrangements, welche vier Prinzipien der Zusammenarbeit der WEU und der NATO im internationalen Krisenmanagement festschrieben –

(1) gesicherter Zugang der WEU zu Operationsplanungskapazitäten der NATO,

(2) Verfügbarkeit von NATO-Fähigkeiten für die WEU,

(3) Verfügbarkeit von NATO-Kommandooptionen für WEU-geführte Operationen, insbesondere in Form des Stellvertretenden Obersten Alliierten Befehlshaber der NATO für Europa (*Deputy Supreme Allied Command Europe* – DSACEUR) und

(4) Anpassung des NATO-Verteidigungsplanungssystems an die Notwendigkeit der Verfügbarkeit von Streitkräften für WEU-Operationen[269] –

v.a. mit dem Konzept der Alliierten Streitkräftekommandos (*Combined Joint Task Forces* – CJTF) in die Lücke zwischen Anspruch und Fähigkeiten der WEU. Die WEU sollte durch die Möglichkeit des Rückgriffs auf NATO-Mittel und -Fähigkeiten selbst Operationen durchführen können, wenn die USA bzw. die NATO als Ganzes sich nicht in die militärische Lösung eines Konflikts bzw. einer Krise engagieren würden.[270] Während diese Konstruktion einerseits den Europäern im Sinne einer ausgewogeneren Lastenteilung einen größeren Beitrag zur eigenen Sicherheit erlauben sollte, sollte andererseits gleichzeitig sichergestellt werden, dass die Allianz Grundlage für kollektive Verteidigung und wesentliches Forum für Friedenssicherung und Krisenbewältigung bleiben würde.

Obwohl die Umsetzung dieser Konstruktion in praktische Arrangements nur schleppend voranging und sich mit Blick auf ihre Anwendung in der Praxis als irrelevant erwies, konnten sich die EU-Mitglieder im Vorfeld und im Zuge der Amsterdamer Vertragsverhandlungen nicht auf einen gemeinsamen Nenner bezüglich verbesserter Strukturen für die europäische Sicherheitsvorsorge und Krisenbewältigung einigen. Die sechs Mitgliedstaaten Deutschland, Frankreich, Italien, Belgien, Spanien und Luxemburg, die sich in diesem Zusammenhang für die stufenweise Integration der WEU in die EU zum Zwecke der Vorbereitung und Durchführung der Petersbergaufgaben einsetzten, konnten sich angesichts

---

[269] Vgl. Quille (2003), What does the EU agreement on Operational Planning mean for NATO?, http://www.isis-europe.org/ftp/download/eu%20plann%20cell-%20nn%20nn%20v5n8.pdf, Zugriff am 2.2.2006, S. 1.

[270] Vgl. Howorth/ Keeler (2003), The EU, NATO and the Quest for European Autonomy, S. 8/ 9.

britischer Widerstände[271], wegen Vorbehalten der militärisch bündnisfreien EU-Mitglieder[272] und aufgrund der fortgesetzten Opposition der USA bzgl. EU-eigenen sicherheits- und verteidigungspolitischen Strukturen[273] nicht durchsetzen. Beschlossen wurden in Amsterdam lediglich die Möglichkeit, ohne Vertragsrevision durch Beschluss des Europäischen Rats und ggf. einzelstaatlicher Ratifizierung über die Integration der WEU in die EU zu entscheiden, ebenso eine stringentere Formulierung der Inanspruchnahme der WEU durch die EU und die Ausdehnung der Leitlinienkompetenz des Europäischen Rats auf die WEU bei Angelegenheiten, für welche die Union die WEU in Anspruch nimmt, und darüber hinaus die Notwendigkeit von Beteiligungsmöglichkeiten aller EU-Staaten (d.h. auch der Nicht-NATO-Mitglieder und Nicht-WEU-Mitglieder[274]), falls die WEU von der EU zum Zwecke der Durchführung einer Petersbergaufgabe in Anspruch genommen wird.[275] Die Frage nach der Beteiligung der NATO-Mitglieder und zugleich assoziierten WEU-Mitglieder Türkei, Norwegen und Island[276] an evtl. von der WEU unter EU-Schirm durchgeführten Operationen wurde in Amsterdam nicht beantwortet, doch gingen die assoziierten WEU-Mitglieder implizit von ihrer vollwertigen Beteiligung an der ESVP aus.[277] Die reformierte WEU-EU-Konstruktion brachte in der Praxis jedoch keine Fortschritte für die Handlungsfähigkeit der EU im operativen Krisenmanagement.[278]

---

[271] Zum einen argumentierte Großbritannien, dass die Integration der WEU in die EU der ESVI-Idee zuwiderlaufen würde und eine durch die Integration der WEU gestärkte, EU-eigene Verteidigungspolitik die NATO und das Engagement der USA in Europa gefährden würde (vgl. Churruca Muguruza [2000], Von Maastricht nach Köln, S. 180/ 181). Auch befürchtete Großbritannien, dass die europäischen NATO-Mitglieder, welche nicht der EU (und/ oder der WEU angehörten), in Folge einer Integration der WEU in die EU bei der europäischen Sicherheitsvorsorge diskriminiert bzw. marginalisiert würden (vgl. Howorth [2000], Britain, NATO and CESDP, S. 392).

[272] Vgl. Churruca Muguruza (2000), Von Maastricht nach Köln, S. 181; vgl. ebenso: Luif (2002), Die bündnisfreien und neutralen Mitgliedstaaten der Europäischen Union, S. 68; vgl. ebenso: Ojanen/ Herolf/ Lindahl (2000), Non-Alignment and European Security Policy, S. 53.

[273] Die USA befürchteten hierbei v.a. eine Unterminierung der Kohäsion und der Rolle der NATO, aber auch die Öffnung einer Hintertür für eine eventuelle Inanspruchnahme von NATO-Sicherheitsgarantien durch EU-Mitglieder, die nicht der NATO angehörten.

[274] Auf Einladung der WEU-Mitglieder an die anderen EU-Mitglieder und –Beitrittskanndidaten, Mitglied der WEU oder Beobachter zu werden, war Griechenland der WEU als volles Mitglied beigetreten, und hatten Dänemark, Irland, Österreich, Finnland und Schweden Beobachterstatus in der WEU erhalten (vgl. Busse [2000], Die Beziehungen zwischen EU und WEU, S. 77).

[275] Vgl. Regelsberger/ Jopp (1997), Und sie bewegt sich doch!, S. 261.

[276] Auf Einladung der WEU-Mitglieder an die europäischen Mitgliedstaaten der NATO, assoziierte Mitglieder der WEU zu werden – was letzteren ermöglichen würde, an den Tätigkeiten der WEU voll teilzunehmen – waren die Türkei, Norwegen und Island der WEU als assoziierte Mitglieder beigetreten (vgl. Busse [2000], Die Beziehungen zwischen EU und WEU, S. 77).

[277] Vgl. Tofte (2003), Non-EU NATO Members and the Issue of Discrimination, S. 143/ 144.

[278] Eines der wenigen Beispiele einer konkreten Inanspruchnahme der WEU durch die EU im Zeitraum 1998/ 1999 waren Minenräumarbeiten in Kroatien (vgl. Busse [2000], Die Bezie-

3.2.3 Die Wende von St. Malo: Einflussfaktoren und erste Folgediskussionen

Auf dem bilateralen Gipfel in St. Malo am 4.12.1998 einigten sich der britische Premier Tony Blair und der französische Staatspräsident Jacques Chirac darauf, dass die EU im Bereich der Petersbergaufgaben Fähigkeiten und Strukturen zum Zwecke autonomen operativen Handelns in Krisensituatioen erhalten müsse. Während einerseits Blair und Chirac in ihrer gemeinsamen Erklärung wörtlich die Fähigkeit zu autonomem Handeln forderten, und damit bemerkenswerterweise zum ersten Mal überhaupt den Begriff „Autonomie" im Zusammenhang europäischer Sicherheitsvorsorge erwähnten[279], wurde andererseits diese Forderung nach autonomem Handeln insofern relativiert, als dass unnötige Duplizierungen von NATO-Fähigkeiten zu vermeiden seien, und die EU nur im Falle, wenn die NATO als Ganzes nicht beteiligt ist, Aufgaben der operativen Krisenbewältigung übernehmen solle. Bei der Ausgestaltung der ESVP müssten zudem die Verpflichtungen im Rahmen der WEU und NATO zur kollektiven Verteidigung aufrechterhalten und die verschiedenen Beziehungen von Staaten zur NATO berücksichtigt werden. Insgesamt solle die die ESVP zur Stärkung der NATO beitragen.[280]

Die britisch-französische Einigung von St. Malo wurde insbesondere durch einen britischen Haltungswandel ermöglicht. Bis zu St. Malo war der „biggest single stumbling block"[281] auf dem Weg zu einer Gemeinsamen Außen- und Sicherheitspolitik und Sicherheits- und Verteidigungspolitik die Unfähigkeit Großbritanniens und Frankreichs „to agree on fundamentals"[282] gewesen. Vor 1998 hatte Großbritannien die Schaffung EU-eigener Strukturen zum Zwecke internationalen Krisenmanagements und zur europäischen Sicherheitsvorsorge abgelehnt. London befürchtete, dass die Errichtung einer EU-Sicherheits- und Verteidigungspolitik und zugehöriger Strukturen außerhalb der NATO zu einem Rückzug der Amerikaner aus der europäischen Sicherheitsvorsorge und einer Entwertung der NATO führen würde.[283] Unter dem britischen Leitziel des Erhalts und der Stärkung des transatlantischen Sicherheitsbündnisses hatte Großbritannien vielmehr das Konzept der ESVI befürwortet.[284] Als die Labour-Partei 1997 unter dem neuen Premier Tony Blair die Regierung übernahm, zeichnete sich unter unverändertem Rational eine neue Logik Großbritanniens ab. Ausschlaggebend hierfür waren v.a. die inadäquate europäische Reaktion auf die

---

hungen zwischen EU und WEU, S. 78/ 79).

[279] Vgl. Howorth (2000), Britain, France and the European Defence Initiative, S. 43.

[280] Vgl. From St. Malo to Nice (2001), S. 8.

[281] Howorth (2000), Britain, France and the European Defence Initiative, S. 34.

[282] Howorth (2000), Britain, France and the European Defence Initiative, S. 34.

[283] Kirchner (2002), British Perspectives on CFSP and ESDP, S. 43/ 44.

[284] Vgl. Punkt 3.2.2.

sukzessiven Konflikte im zerfallenden Jugoslawien, die Abhängigkeit der Europäer von amerikanischen Fähigkeiten und eine dadurch eingeschränkte europäische und auch britische Mitsprache insbesondere im Rahmen der NATO-Operation im Kosovo sowie das Zögern der USA, in Jugoslawien überhaupt robust einzugreifen.[285]

Angesichts dieser Erfahrungen und amerikanischer Anmahnungen einer größeren Verantwortungsübernahme der Europäer für deren eigene Sicherheit folgerten die Briten: "[A]n enhanced European capacity had become the very condition for the survival of NATO"[286]. Die Politik der Regierung Blair richtete sich in Folge auf zwei strategische Ziele, welche in London nun nicht mehr als widersprüchlich, sondern als komplementär betrachtet wurden: Um (1) die Präsenz der USA in der europäischen Sicherheitsvorsorge zu erhalten und das transatlantische Bündnis zu stärken, sollte (2) die EU nun signifikante eigene Strukturen und Fähigkeiten für Krisenmanagement und Sicherheitsvorsorge erhalten.[287] Das zweite Ziel sollte unter Rücksichtnahme auf das erste Ziel dabei weiterhin zwingend unter der Prämisse der Komplementarität der ESVP zur NATO und zum Zwecke der Stärkung der NATO verfolgt werden und wurde dem ersten Ziel kausal untergeordnet.[288] Großbritannien nahm in diesem Bestreben als "archetypal 'middle power' pursuing a traditional balancing or bridge-builder role"[289] eine Vermittlerrolle zwischen den Europäern und Amerikanern ein, die sich auch in den folgenden Monaten und Jahren der Entwicklung der ESVP bei einer Vielzahl von Gelegenheiten fortsetzte. Für ihren Teil lehnte die neue Labour-Regierung (wie auch ihre Tory-Vorgängerin) dabei die Idee ab, dass eine Entscheidung zwischen *Atlanticism* und *Europeanism* nötig sei. Diese britische Brückenposition hatte Blair schon in seiner ersten wichtigen Rede zur britischen Außenpolitik betont[290] und sollte das außen- und sicherheitspolitische Gewicht Großbritanniens sowohl im transatlantischen als auch im europäischen Kontext erhöhen.[291] Dieses Ziel deckte sich einem weiteren Ziel Tony Blairs: Sich und Großbritannien als „engaging and leading actor"[292] in der EU zu profilieren, wobei sich das Feld der Sicherheits- und Verteidigungspolitik als geeignetster, wenn nicht sogar einziger Bereich, in welchem eine solche britische Führungsrolle machbar war, anbot.[293]

---

[285] Vgl. Howorth (2000), Britain, France and the European Defence Initiative, S. 33.
[286] Howorth (2000), Britain, NATO and CESDP, S. 382.
[287] Vgl. Howorth (2000), Britain, NATO and CESDP, S. 384.
[288] Holländer/ Schmidt (2005), Möglichkeiten der ESVP angesichts nationaler europäischer Politik, S. 23.
[289] White (2002), British Foreign Policy, S. 34.
[290] Vgl. White (2002), British Foreign Policy, S. 44.
[291] Vgl. Müller-Brandeck-Bocquet (2004), Großbritannien im Irak-Konflikt, S. 281.
[292] Howorth (2000), Britain, France and the European Defence Initiative, S. 33.
[293] Vgl. Howorth (2000), Britain, NATO and CESDP, S. 384.

Die für den Aufbau der ESVP notwendige und ausschlaggebende Konvergenz britischer und französischer Haltungen und Interessen erstreckte sich in Folge des britischen Strategiewandels auf folgende Punkte:

- Erstens müsse die EU in der Lage sein, in Krisen, in denen die NATO als Ganzes sich nicht engagiert, selbstständig über die Realisierung einer Operation zu entscheiden und diese durchzuführen;
- zweitens bestünde ein Bedarf an institutioneller Infrastruktur für die Bewältigung der Petersbergaufgaben;
- drittens sei die Beteiligung der europäischen NATO-Mitgliedern, die nicht der EU angehörten, an der ESVP anzustreben;
- viertens sollten die (meisten) Funktionen der WEU progressiv auf die EU übertragen werden;
- fünftens müssten alle o.g. Bemühungen mit der Stärkung der NATO und der transatlantischen Sicherheitspartnerschaft komplementär und kompatibel sein.[294]

Jedoch blieben auch mit der britisch-fanzösischen Annäherung von St. Malo signifikante Differenzen bezüglich Zweck und Ausgestaltung der ESVP zwischen den beiden Ländern bestehen. Die britisch-französische Diffferenz kann hierbei am besten als eine “difference in starting-points“[295] beschrieben werden: „For Great Britain the object of the exercise is to ensure the survival and consolidation of the NATO Alliance, albeit through the creation of a new European instrument: CESDP. For France, the starting point has been the need to develop and consolidate a European policy and capacity, albeit through access to an Atlanticist instrument: NATO.” [296]

Die Inhalte der Erklärung von St. Malo bildeten dabei die Ausgangspunkte folgender britisch-französischer, innereuropäischer und transatlantischer Debatten.

- Zunächst stellte sich mit der Absichtserklärung von St. Malo, eine EU-eigene institutionelle Infrastruktur für die ESVP zu schaffen, die Frage, welche neu zu schaffenden Gremien in welcher Zusammensetzung welche Aufgaben übertragen bekommen sollten[297], und ob und wie die Rollen der zentralen EU-Gremien in der GASP und

---

[294] Vgl. Howorth (2000), Britain, France and the European Defence Initiative, S. 37.
[295] Howorth (2000), Britain, France and the European Defence Initiative, S. 36.
[296] Howorth (2000), Britain, NATO and CESDP, S. 388.
[297] Vgl. hierzu Punkt 3.3.1.

ESVP und das intergouvernementale Entscheidungssystem, aufbauend auf den Bestimmungen der Verträge von Maastricht und Amsterdam, weiterentwickelt werden sollten[298].

- Dann warf die Entscheidung für eine ESVP die grundlegende Frage des Autonomiegrades der EU im internationalen Krisenmanagement mit Blick auf die NATO auf. Die folgenden innereuropäischen und transatlantischen Diskussionen hatten v.a. das sog. Erstablehnungsrecht bzw. den Primat der NATO, die Errichtung geeigneter Konsultationsmechanismen zwischen der EU und der NATO und die Beteiligung der europäischen NATO-Mitglieder, welche nicht der EU angehören, und anderen Partnern an der ESVP zum Thema.[299]

- Darüber hinaus erforderte die Entwicklung der institutionellen Infrastruktur für die ESVP vor dem Hintergrund der Grundsatzentscheidung für eine militärische ebenso wie eine zivile Komponente geeignete institutionelle und prozedurale Vorkehrungen zur Koordinierung struktureller Krisenprävention, kurzfristiger ziviler Krisenprävention bzw. -bewältigung und militärischem Krisenmanagement.[300]

3.3 Die Frage nach der Balance zwischen intergouvernementaler Verregelung, Brüsselisierung und Flexibilisierung

3.3.1 Neue institutionelle Strukturen zur Bewältigung der im Rahmen der ESVP anfallenden Aufgaben

Die unter Punkt 3.2.2 erwähnte sog. Brüsselisierung (HR und PPEWU) europäischer Außen- und Sicherheitspolitik setzte sich im Zuge der Initiierung der ESVP auf dem Treffen des Europäischen Rats in Köln im Juni 1999 fort. Aufbauend auf den Ideen des Europäischen Rats von Köln und den gemeinsamen Vorschlägen Deutschlands, Frankreichs, Großbritanniens und Italiens zur institutionellen Ausgestaltung der ESVP forderte der finnische Schlussbericht auf dem Treffen des Europäischen Rats in Helsinki für die EU v.a. die gemeinsame Fähigkeit zur Lageanalyse und Planung.[301] Der Bericht legte dabei den Grundstein

[298] Vgl. hierzu Punkt 3.3.2.
[299] Vgl. hierzu Punkt 3.4.
[300] Vgl. hierzu Punkt 3.5.
[301] Vgl. Primosch (2000), Europäischer Rat von Helsinki, S. 213; vgl. ebenso: Churruca Mu-

zur Schaffung neuer politischer und militärischer Gremien für die ESVP, des Politischen und Sicherheitspolitischen Komitees (PSK), des EU-Militärausschusses (*European Military Committee* – EUMC) und des EU-Militärstabs (*European Military Staff* – EUMS), welche am 1.3.2000 als Interimsgremien ihre Arbeit aufnahmen und deren Umwandlung in permanente Einrichtungen im Januar 2001 vom Rat einstimmig beschlossen wurde.[302] Das PSK und seine Aufgaben wurden zudem in den Vertrag von Nizza[303] (Artikel 25) aufgenommen. Der Militärausschuss und der Militärstab fanden dagegen keine Erwähnung im VEU-Nizza, da die Aufnahme dieser beiden militärischen Gremien in den VEU v.a. für die bündnisfreien EU-Mitgliedstaaten nicht zustimmungsfähig war.[304]

Während Militärausschuss und Militärstab völlig neue Gremien sind, hatte das PSK im Politischen Komitee (PK) einen direkten Vorläufer. Das PSK übernahm von seinem Vorgänger die Funktionen der Lageüberwachung in den Bereichen der GASP, der diesbezüglichen Stellungnahme (auf Ersuchen des Rates oder von sich aus) gegenüber dem Rat zum Zwecke der Unterstützung bei der Festlegung der GASP-Politiken und der Überwachung der Durchführung vereinbarter Politiken.[305] Laut Artikel 25 VEU-Nizza übernimmt das PSK außerdem unter der Verantwortung des Rats die politische Kontrolle und strategische Leitung von Operationen zur Krisenbewältigung. Der Rat kann das PSK hierbei für den Zweck und die Dauer einer Operation zur Krisenbewältigung ermächtigen, geeignete Beschlüsse hinsichtlich der politischen Kontrolle und strategischen Leitung der Operation zu fassen.

Insgesamt hat das PSK vier ineinander verzahnte Funktionen:

- Erstens eine analytisch-konzeptionelle Funktion – das PSK untersucht und bewertet die internationale Politik unter den für die GASP relevanten Gesichtspunkten, prüft Entwürfe für die Schlussfolgerungen des Rates und befasst sich mit den vom HR und der PU, dem Militärausschuss, dem Ausschuss für nichtmilitärische Aspekte des Krisenmanagements

guruza (2000), Von Maastricht nach Köln, S. 183/ 184.

302 Vgl. Algieri (2001), Die Europäische Sicherheits- und Verteidigungspolitik: erweiterter Handlungsspielraum für die GASP, S. 168.

303 Consolidated Version of the Treaty on European Union (VEU-Nizza), Official Journal of the European Communities, 24.12.2002, C 325, http://europa.eu.int/eur-lex/lex/en/treaties/dat/12002M/pdf/12002M_EN.pdf (Zugriff am 20.4.2003).

304 Vgl. Missiroli (2004), ESVP – wie sie funktioniert, S. 76; vgl. ebenso: Regelsberger (2002), Deutschland und die GASP, S. 36.

305 Vgl. Artikel J.8 VEU-Maastricht und Artikel 25 VEU-Nizza.

(CIVCOM) und den verschiedenen Arbeitsgruppen erhaltenen Informationen;

- zweitens eine Leitlinien- und Empfehlungsfunktion – das PSK ist mit der Vorlage von Stellungnahmen zur Festlegung von Politiken an den Rat und der Vorgabe von Leitlinien an das EUMC, das CIVCOM sowie anderen Ausschüssen und Arbeitsgruppen betraut;
- drittens eine Koordinierungs- und Überwachungsfunktion – das PSK überwacht und koordiniert die Durchführung der vereinbarten Politiken;
- viertens eine Dialogfunktion – das PSK sorgt für den Kommunikations- und Informationsaustausch mit allen in die GASP und ESVP involvierten Akteuren.[306]

Dem PSK kommt in der ESVP damit eine zentrale Rolle bei der Unterstützung der Entscheidungsfindung in Krisensituationen, der Definition einer geeigneten Krisenreaktion der EU sowie bei der Durchführung entsprechender Operationen zu.

Im Vorfeld des Treffens des Europäischen Rats in Helsinki waren v.a. die personelle Zusammensetzung und der Zeitpunkt der Einrichtung des PSK Gegenstand heftiger Debatten. Das PK hatte aus den Politischen Direktoren der Außenministerien der EU-Mitgliedstaaten bestanden, welche gleichzeitig verantwortlich für die nationale Politikformulierung waren und sich auf europäischer Ebene in der Regel einmal im Monat trafen.[307] Bezüglich der wünschenswerten Zusammensetzung des PSK hatte auf der einen Seite die Überlegung gestanden, dass die nationalen Vertreter im PSK ausreichend hochrangig sein müssten, um ihre Aufgaben adäquat erfüllen zu können.[308] Auf der anderen Seite befürworteten einige Mitgliedstaaten ein niedrigeres Repräsentationsniveau, um zu vermeiden, dass die nationalen Vertreter im PSK zu eigenmächtig bzw. außer Kontrolle der jeweiligen Außenministerien handeln würden und das PSK – auch mit Blick auf die NATO – ein zu starkes und sichtbares europäisches Gremium werden könnte.[309] An den beiden entgegengesetzten Enden des Spektrums stand auf der einen Seite Frankreich, welches sich für eine möglichst hochrangige Besetzung des PSK, aber explizit gegen die Besetzung des PSK mit den vorhandenen NATO-Botschaftern in einer Doppelhut-Funktion, aussprach, und auf der anderen Seite Großbritannien, welches für die Besetzung des PSK ein niedrigeres Repräsentationsniveau bevorzugte, „reflecting the desire for a European ESDP and desire

[306] Vgl. Algieri (2001), Die Europäische Sicherheits- und Verteidigungspolitik: erweiterter Handlungsspielraum für die GASP, S. 168/ 169.
[307] Vgl. Missiroli (2004), ESVP – wie sie funktioniert, S. 75.
[308] Vgl. Howorth (2003), Why ESDP is Necessary and Beneficial for the Alliance, S. 224.
[309] Vgl. Howorth (2003), Why ESDP is Necessary and Beneficial for the Alliance, S. 224.

for firm national control, respectively"[310]. Gleichzeitig spiegelte die Diskussion die "underlying difference of opinion over the eventual weight, influence and autonomy of the PSC"[311] wider. Während Frankreich eine starke ESVP durch möglichst unabhängige und hochrangige EU-Gremien zu generieren suchte, wollte Großbritannien auf amerikanische Befürchtungen bzgl. zu starker und eigenständiger institutioneller ESVP-Strukturen Rücksicht nehmen.[312] Zudem war Großbritannien auch für seinen Teil traditionell und grundsätzlich misstrauisch gegenüber einer Zentralisierung von Kompetenzen in Brüssel. Deutschland als traditionell gemeinschaftsorientiertes Mitglied der EU befürwortete dagegen jegliche institutionelle Entwicklung, welche eine gewisse Supranationalisierung versprach, und unterstützte den französischen Vorschlag. Nachdem Frankreich Großbritannien zugesichert hatte, dass parallel zur institutionellen Entwicklung der ESVP die Großbritannien und den USA wichtige militärische Fähigkeitenentwicklung angegangen würden – auf dem Treffen des Europäischen Rats in Helsinki wurde im Zuge dessen das Headline Goal 2003[313] angenommen –, stimmte Großbritannien schlussendlich einer hochrangigen Besetzung zu. Die Entscheidung für die Besetzung des PSK mit hohen Beamten bzw. Botschaftern und für seine Einrichtung als ständiges Gremium in Brüssel stellt eine deutliche Aufwertung des PSK im Vergleich zum PK dar.[314] Während das PK weder einen starken Anreiz noch eine konstante Plattform für die Entwicklung einer gemeinsamen europäischen Wahrnehmung sicherheits- und außenpolitischer Fragen und einer entsprechenden gemeinsamen Politikformulierung geboten hatte, hat die ständige Zusammenarbeit hochrangiger und erfahrener Botschafter mit festem Sitz in Brüssel – unter Einbeziehungs eines Vertreters der Kommission – in größerem Maße das Potenzial, der EU zu einer europäischen Politikformulierung[315], zu einer besseren außen- und sicherheitspolitischen Profilbildung und zu einer größeren Reaktionsgeschwindigkeit im internationalen Krisenmanagement zu verhelfen.[316]

Frankreich hatte in diesem Zusammenhang nicht zuletzt auch deswegen auf ein hochrangiges Gremium gedrängt, da es sicherstellen wollte, dass die EU der NATO im Krisenmanagement auf gleicher Augenhöhe begegnen können würde. Aus dem gleichen Grund drängte Frankreich auch auf eine schnellstmögliche

---

310 Howorth (2000), Britain, France and the European Defence Initiative, S. 40.

311 Howorth (2000), Britain, France and the European Defence Initiative, S. 40.

312 Vgl. Howorth (2000), Britain, France and the European Defence Initiative, S. 40.

313 Das HG 2003 stammte dabei weitgehend aus britischer Feder.

314 Müller-Brandeck-Bocquet (2002), Das neue Entscheidungssystem in der GASP der EU, S. 15.

315 Vgl. Andréani (2000), Why Institutions Matter, S. 85: „[They] [...] tend to develop a collective ethos of their own, and often end up acting as representatives of their institutions' interests vis-à-vis their capitals, in a way political directors do not."

316 Vgl. Müller-Brandeck-Bocquet (2002), Das neue Entscheidungssystem in der GASP der EU, S. 15.

Einrichtung des PSK.[317] Erst nach Erreichung der vollen Funktionsfähigkeit des PSK sollte dieses mit dem Äquivalent auf Seite der NATO, dem Nordatlantikrat (*North Atlantic Council* – NAC), in Kontakt treten. Eine zu frühzeitige Etablierung formeller Beziehungen mit der NATO, hätte in den Augen Frankreichs der NATO und damit den USA einen zu großen Einfluss über ein embryonales PSK erlaubt. Andererseits wuchs jedoch der Druck seitens der USA auf die EU und speziell auf die Briten, formelle Beziehungen einzurichten. Weitere Verzögerungen bedeuteten das Risiko, dass sich die transatlantischen Beziehungen verschlechtern und der Schutz und die Verteidigung europäischer Sicherheit im Krisenfall evtl. beeinträchtigt würde.[318] Die Ergebnisse der Diskussion um die Etablierung von Konsultationsmechanismen zwischen der EU und der NATO im Bereich des Krisenmanagements werden im Detail unter Punkt 3.4 behandelt.

Als oberstes, ständiges militärisches Gremium der EU wurde der EU-Militärausschuss mit Sitz in Brüssel eingerichtet. Er besteht aus den Generalstabschefs der Mitgliedstaaten, die in angemessenen Abständen und mindestens zweimal im Jahr zusammentreten. Das Tagesgeschäft wird von ihren militärischen Delegierten erledigt, welche routinemäßig wöchentlich zusammenkommen. Der Militärausschuss dient hierbei der militärischen Kon-sultation und Kooperation zwischen den Mitgliedstaaten. Vor allem hat er die Aufgabe, das PSK militärisch zu beraten und zu diesem Zwecke Empfehlungen an das PSK abzugeben (entweder auf Anfrage des PSK oder von sich aus), welche die nationalen Vertreter im Militärausschuss konsensual erarbeiten. Diese Empfehlungen beziehen sich v.a. auf die Entwicklung der militärischen Aspekte des Krisenmanagements, die militärischen Aspekte der politischen Kontrolle und strategischen Leitung in Krisensituationen bzw. bei Operationen, Lagebeurteilung bzw. Risikoeinschätzung von potenziellen Krisen, die mili-tärische Dimension einer Krisensituation und deren Implikationen für ein mög-liches militärisches Krisenmanagement – hierzu erhält der Militärausschuss Informationen aus dem SITCEN –, die Ausarbeitung von Planzielen, deren Evaluierung und Überarbeitung, die militärischen Beziehungen der EU zu Partnerstaaten und -organisationen, und Kostenvoranschläge für Operationen und Übungen. Gleichzeitig legt der Militärausschuss die Leitlinien für die Arbeit des EU-Militärstabs fest. In Krisenmanagementsituationen fordert der Militär-ausschuss – auf Anfrage des PSK – den Militärstab auf, militärstrategische Optionn zu entwerfen und vorzustellen. Der Militärausschuss evaluiert die Vorschläge des Militärstabs und präsentiert sie dem PSK einschließlich der eigenen Kommentierung. Wenn der Rat eine militärische Option, auf Grundlage der Beratung durch das PSK, ausgewählt hat, berät der Militärausschuss, auf Grundlage der Einschätzungen des

[317] Vgl. Howorth (2001), European Defence and the Changing Politics of the European Union, S. 771/ 772; vgl. ebenso: Howorth (2000), Britain, France and the European Defence Initiative, S. 40.
[318] Vgl. Howorth (2003), Why ESDP is Necessary and Beneficial for the Alliance, S. 224.

Militärstabs, das PSK bzgl. eines geeigneten Operationskonzepts (*Concept of Operations* – CONOPS) und eines Operationsplans (*Operation Plan* – OPLAN), welche durch den Operations-Oberbefehlshaber (*Operations Commander*)[319] entworfen werden. Zudem überwacht der Militärausschuss die Implementierung der militärischen Aspekte einer Operation und berät das PSK über eventuelle Anpassungen bzw. Beendigungsoptionen einer Operation. Die Mitglieder des Militärausschusses nehmen zu diesem Zwecke im Ausschuss der beitragenden Staaten (*Committee of Contributors*) teil.

Den Vorsitz im Militärausschuss hat ein Vier-Sterne-General, welcher auf Empfehlung der im Militärausschuss vertretenen Generalstabschefs der EU-Mitgliedstaaten vom Rat (für drei Jahre) ernannt wird, der seine Autorität damit in großem Maße auf den Militärausschuss gründet, ausschließlich in seiner internationalen Berufung handelt, und so im Rahmen des ständigen Brüssel-basierten Militärausschusses ein weiteres Element der Supranationalisierung, Europäisierung bzw. Brüsselisierung darstellt. Der Vorsitz des Militärausschuss nimmt am PSK teil, unterhält als oberster militärischer Berater des HR engen Kontakt mit demselben, nimmt am Rat für Allgemeine und Auswärtige Angelegenheiten teil, wenn dieser über sicherheits- und verteidigungspolitische Fragen entscheidet und arbeitet mit der jeweiligen Präsidentschaft zum Zwecke der Umsetzung deren Arbeitsprogrammes in den Bereichen Sicherheit und Verteidigung zusammen. Mit Blick auf die Zusammenarbeit bzw. Komplementarität der ESVP mit der NATO ist erwähnenswert, dass im Falle gleichzeitiger NATO-Mitgliedschaft eines EU-Mitgliedes der militärische Delegierte im Militärausschuss zugleich der nationale Vertreter bei der NATO sein kann. Der DSACEUR kann an Sitzungen des Militärausschuss teilnehmen. Im Sinne größerer Transparenz zwischen NATO und ESVP können auch der Vorsitz der EUMC und der des NATO-Militärausschusses gegenseitig an Sitzungen teilnehmen. Durch die mögliche Personalunion der militärischen Delegierten als Vetreter sowohl im EU- als auch im NATO-Militärausschuss und die erwähnten gegenseitigen Teilnahmemechanismen wird die Verbindung, Komplementarität und Zusammenarbeit zwischen der EU und der NATO im Krisenmanagement zumindest formal institutionell und prozedural abgesichert.[320]

Der EU-Militärstab besteht aus ca. 150 von den Mitgliedstaaten abgeordneten Offizieren. Der EUMS ist Teil des Generalsekretariats des Rats und arbeitet unter der politischen Leitung der politischen Gremien der EU (PSK und Rat) und der militärischen Leitung des EUMC. Der EUMS fungiert als Quelle militärischer Expertise der EU in Friedenszeiten, im Krisenfall und während Operatio-

[319] Wird vom PSK auf Vorschlag des EUMC ernannt.

[320] Vgl. Council Decision of 22 January 2001 setting up a Military Committee of the European Union, S. 1.

nen, welche er an die in die ESVP involvierten EU-Gremien, meist an das bzw. über den Weg des EUMC, weitergibt. Seine Funktionen umfassen zunächst die Frühwarnung, Lagebeurteilung und strategische Planung[321], bei welcher der EUMS auf das EU-Satellitenzentrum (EU SATCEN) und auf nationale[322] Informationen zurückgreift und eng mit dem SITCEN zusammenarbeitet. Im Krisenfall übernimmt er die Entwicklung militärstrategischer Optionen. Im Zuge der Entscheidung für eine Operation leistet der EUMS die Identifizierung europäischer (multi)nationaler Streitkräfte für den Einsatz. Während Operationen unterstützt der EUMS das PSK und den EUMC beim Entwurf anfänglicher Planungsanweisungen und Missionsrichtlinien, beobachtet den Verlauf der Operation und erstellt zusammen mit dem jeweiligen Oberbefehlshaber der Operation diesbezügliche strategische Analysen, um das PSK bei seiner politischen Führungsrolle und das EUMC in seiner militärischen Leitungsrolle zu unterstützen. Das EUMS stellt in Zusammenarbeit mit dem Oberbefehlshaber ggf. Optionen zur Anpassung oder Beendigung der Operation bereit, welche über den Weg des EUMC und des PSK entsprechende Ratsentscheidungen beeinflussen.[323]

Im Mai 2000 wurde auf Grundlage eines Ratsbeschlusses der Ausschuss für zivile Aspekte der Krisenbewältigung quasi als ziviles Äquivalent zum EUMC eingerichtet.[324] Das CIVCOM funktioniert als Arbeitsgruppe des Rats, welche aus je einem Vertreter der Mitgliedstaaten und einem Vertreter der Kommission besteht. Seine Aufgaben umfassen die Unterbreitung von Empfehlungen und Stellungnahmen zu zivilen Aspekten des Krisenmanagement an das PSK und andere Ratsgremien, die Koordinierung von Bemühungen des Rats und der Kommission in den Bereichen Krisenprävention und -management, die Entwicklung ziviler Planziele und deren Umsetzung und in diesem Zusammenhang die Koordinierung der nationalen Behörden, welche mit Aufgaben des zivilen Krisenmanagements befasst sind, die Entwicklung von Prozeduren und *Common practises*

---

321 Die strategische Planung umfasst jene Planungsaktivitäten, welche beim Auftreten einer Krise einsetzen und dann enden, wenn die EU eine militärstrategische Option bzw. ein Set militärstrategischer Optionen angenommen hat, v.a. militärische Lagebeurteilung, Definition eines politisch-militärischen Rahmens und die Entwicklung militärstrategischer Optionen (vgl. Fußnote 1 der *Council Decision of 22 January 2001 on the establishment of the Military Staff of the European Union*, S. 1).

322 Diese partielle Abhängigkeit des EUMC von nationalen Informationen ist nicht unproblematisch, da erstens nur wenige Mitgliedstaaten über entsprechende Fähigkeiten verfügen, und zweitens jene, welche entsprechende Fähigkeiten aufweisen, nicht immer zur Bereitstellung ihrer Informationen für die EU bereit sind. Dies trifft v.a. für Großbritannien zu, welches aufgrund seiner engen Zusammenarbeit mit den USA mit Informationen von amerikanischer Seite versorgt werden, diese aber nicht ungehindert ihren europäischen Partnern zu Verfügung stellen wollen bzw. können.

323 Vgl. Council Decision of 22 January 2001 on the establishment of the Military Staff of the European Union, S. 1.

324 Vgl. Council Decision of 22 May 2000 setting up a Committee for civilian aspects of crisis management, S. 1.

für ziviles EU-Krisenmanagement sowie die Identifizierung von Möglichkeiten, zivile Krisenmanagementressourcen zu poolen bzw. die Gemeinschafts-, Unions- und mitgliedstaatlichen Ressourcen zu koordinieren.[325] Seine Aufgabenstellung in der Entscheidungsvorbereitung, -findung und Durchführung einer Operation bis hin zu ihrer Beendigung sind mit der Rolle des EUMC in eben diesen Phasen vergleichbar.

Darüber hinaus ist ein Koordinierungsmechanismus für nicht-militärische Aspekte des Krisenmanagements im Ratssekretariat für das Datenbankprojekt ziviler Fähigkeiten und die verschiedenen Fähigkeiteninitiativen verantwortlich. Auf Grundlage der Datenbankinformationen versorgt der Koordinierungsmechanismus in der Entscheidungs- und strategischen Planungsphase das PSK über den Weg des CIVCOM mit Informationen über für eine eventuelle Operation verfügbare zivile Fähigkeiten. Er funktioniert hierbei als säulenübergreifender Mechanismus und soll die Zusammenarbeit mit den relevanten Dienststellen der Kommission sicherstellen.

Weiterhin wurde auf dem ersten Treffen der europäischen Polizeichefs im Mai 2001 die Einrichtung eines Polizeistabs im Ratssekretariat beschlossen. Dieser berät das PSK und andere relevante Ratsgremien bzgl. der polizeilichen Aspekte des Krisenmanagements generell sowie im Falle der Planung und Durchführung von Polizeioperationen bzw. von Operationen mit einer Polizeikomponente.[326] Seine Aufgaben in der Entscheidungsvorbereitung und -findung und in der Operationsplanung und -durchführung bis hin zum Ende einer Operation sind mit der Rolle des EUMS im militärischen Bereich vergleichbar. Darüber hinaus beteiligt sich der Polizeistab an der Entwicklung von Krisenmanagementverfahren und -übungen im Polizeibereich. Er pflegt den Kontakt zu den für Polizeiangelegenheiten zuständigen Behörden in den Mitgliedstaaten, zu internationalen Polizeiorganisationen, den verantwortlichen Stellen in den Vereinten Nationen und laufenden Polizeimissionen.

Im Zuge der Einrichtung neuer permanenter ESVP-Gremien musste auch die Frage der Funktion des HR in Bezug auf diese Gremien geklärt werden. Mit Blick auf das PSK wurde dem HR im schlussendlichen Ergebnis der Verhandlungen von Nizza die für das Krisenmanagement sinnvoll erscheinende Übernahme des Vorsitzes des PSK in Krisensituationen nicht generell zugestanden,

---

[325] Vgl. Stewart, The EU's Conflict Prevention Policy, http://www.essex.ac.uk.ecpr/events/jointsessions/paperarchive/uppsala/ws7/Stewart.pdf, Zugriff am 20.1.2005, S. 21.

[326] Vgl. Stewart, The EU's Conflict Prevention Policy, http://www.essex.ac.uk.ecpr/events/jointsessions/paperarchive/uppsala/ws7/Stewart.pdf, Zugriff am 20.1.2005, S. 20.

sondern nur als Kompromiss gegenläufiger Positionen der Mitglieder als Kann-Bestimmung aufgenommen. Deutschland und Frankreich waren zugunsten des generellen Vorsitzes des HR im PSK eingetreten, während insbesondere die kleineren Mitgliedstaaten sich gegen eine solche Lösung gewehrt hatten, da sie befürchteten, dass eine Dominanz der Großen (Großbritannien, Frankreich und Deutschland, ggf. auch Italien) durch eine zu starke Rolle des HR umgesetzt werden könnte, und sie dadurch an Einfluss und Mitsteuerungsmacht im Bereich der ESVP verlieren würden.[327]

Die direkt dem HR unterstellte und in *Policy Unit* (PU) umbenannte PPEWU wurde ebenfalls ins ESVP-Institutionengeflecht eingebunden. Die aus Vertretern der Außenministerien, des Ratssekretariats und der Kommission zusammengesetzte *Policy Unit* (PU) leistet weiterhin durch Lageanalysen und Empfehlungen die politische Leitung und Beratung des HR und steht nun auch in Informationsaustausch mit dem PSK, dem EUMC und dem CIVCOM. Das der PU angegliederte SITCEN, welches hauptsächlich mit militärischem Personal besetzt ist und rund um die Uhr zur Verfügung steht, wird vom Militärstab mit Informationen versorgt, auf deren Grundlage es für den Militärausschuss und das PSK Analysen und Handlungsoptionen erarbeitet und die PU infomiert.[328] Während die PU und das integrierte Lagezentrum damit wichtige Informations-, Beratungs- und Kohärenzfunktionen erfüllen sollen, haben Kritiker jedoch wiederholt den Personalmangel und die Unterfinanzierung der PU bemängelt.[329]

Darüber hinaus stellen das SATCEN und das Institut für Sicherheitsstudien (EU ISS), welche im Rahmen der Entscheidung des Euopäischen Rats in Köln, WEU-Krisenmanagementfunktionen in den EU-Rahmen zu überführen, von der WEU übernommen und als autonome Agenturen dem Rat angegliedert wurden, dem SITCEN und dem EUMS zum Zwecke der Frühwarnung und der Krisenüberwachung Bilder[330], bzw. den Entscheidungsträgern der ESVP und hierbei hauptsächlich dem PSK unabhängige Forschungs- und Analyseergebnisse zur Verfügung.[331]

[327] Vgl. Regelsberger (2001), Die Gemeinsame Außen- und Sicherheitspolitik nach ‚Nizza', S. 158; vgl. ebenso: Müller-Brandeck-Bocquet (2002), Das neue Entscheidungssystem in der GASP der EU, S. 19/ 20.

[328] Vgl. Müller-Brandeck-Bocquet (2002), Das neue Entscheidungssystem in der GASP der EU, S. 20/ 21.

[329] Vgl. Stewart, The EU's Conflict Prevention Policy, http://www.essex.ac.uk.ecpr/events/jointsessions/paperarchive/uppsala/ws7/Stewart.pdf, Zugriff am 20.1.2005, S. 13/ 14.

[330] Es verfügte jedoch bislang noch nicht über eigene Fähigkeiten, sondern erwirbt relevante kommerzielle Satellitenbilder.

[331] Vgl. Stewart, The EU's Conflict Prevention Policy, http://www.essex.ac.uk.ecpr/events/jointsessions/paperarchive/uppsala/ws7/Stewart.pdf,

Auf dem Treffen des Europäischen Rats in Helsinki beschlossen die Staats- und Regierungschefs der EU-Mitgliedstaaten zudem für die laufende Durchführung einer Operation jeweils einen sog. Ausschuss der beitragenden Staaten einzurichten. Dieser Ausschuss ist kein permanentes Gremium, sondern wird nur im Falle und für die Zeit der Durchführung einer Operation gebildet. In diesem leisten Vertreter der teilnehmenden Staaten und ggf. des EUMC und/ oder CIVCOM das Tagesgeschäft der Operation und erstatten über ihren Verlauf an das PSK Bericht. Im Falle von evtl. anstehenden Anpassungen oder einer Beendigung der Operation wird der Ausschuss der beitragenden Staaten hinsichtlich seiner diesbezüglichen Meinung konsultiert, um, zusammen mit den vom PSK bereitgestellten Einschätzungen und Politikoptionen, eine entsprechende Entscheidung im Rat vorzubereiten.[332]

3.3.2 Festigung der intergouvernementalen Basiskonstruktion der ESVP

Die Bestimmung des VEU-Amsterdam, dass der Europäische Rat die Grundsätze und allgemeinen Leitlinien der GASP – auch bei Fragen mit verteidigungspolitischen Bezügen – bestimmt, wurde im VEU-Nizza übernommen.[333] Auch die im VEU-Amsterdam festgeschriebene Initiatorrolle des Europäischen Rats für die eventuelle Aufnahme der gemeinsamen Verteidigung in den Aufgabenbereich der EU/ ESVP wurde im VEU-Nizza bestätigt.[334]

Ebenso wird im VEU-Nizza die zentrale Rolle des Rats in der ESVP bekräftigt. Zum einen wird die in Maastricht und Amsterdam normierte Aufgabe des Rats, auf der Grundlage der vom Europäischen Rat festgelegten allgemeinen Leitlinien die für die Festlegung und Durchführung der GASP erforderlichen Entscheidungen zu treffen, bestätigt.[335] Zum anderen wurde im Zuge der sog. Zweckerfüllung der WEU dem Rat in Nizza auch die Beschlussfassungskompetenz bei allen Aspekten der Krisenbewältigung und der Ausführung der Petersbergaufgaben zugesprochen.[336]

Eine Ratsformation der Verteidigungsminister sieht der VEU-Nizza im Rahmen der ESVP dabei weiterhin nicht vor. Auf der Vertragskonferenz von Nizza wur-

---

Zugriff am 20.1.2005, S. 15.

[332] Vgl. From St. Malo to Nice (2001), S. 88.

[333] Vgl. Artikel 13 (1) VEU-Nizza.

[334] Vgl. Artikel 17 (1) VEU-Nizza.

[335] Vgl. Artikel 13 (3) VEU-Nizza.

[336] Vgl. Algieri (2001), Die Europäische Sicherheits- und Verteidigungspolitik: erweiterter Handlungsspielraum für die GASP, S. 167.

de lediglich die Möglichkeit der Teilnahme der Verteidigungsminister am Rat für Allgemeine und Auswärtige Angelegenheiten, wenn ESVP-Fragen anstehen, bestätigt.[337] Mangels einer offiziellen Ratsformation der Verteidigungsminister dienen seit der österreichischen Ratspräsidentschaft im zweiten Halbjahr 1998 ersatzweise informelle Treffen der Verteidigungsminister[338] der Abstimmung und Festlegung eines gemeinsamen Vorgehens in sicherheits- und verteidigungspolitischen Fragen unter den EU-Mitgliedstaaten.

Eine herausragende Rolle kann für je sechs Monate derjenige Mitgliedstaat, welcher die EU-Ratspräsidentschaften und den Vorsitz im Ministerrat innehat, einnehmen. Anand Menon schreibt den Ratspräsidentschaften sogar die eigentlich entscheidende Rolle bei der Weiterentwicklung und Umsetzung der ESVP zu.[339] Auch die *International Crisis Group* (ICG) hebt in ihrem Bericht zu den Krisenmanagementfähigkeiten der EU vom Juni 2001 die potenziell und in der Praxis oftmals auch tatsächlich prägende Rolle einzelner Nationalstaaten während ihrer Präsidentschaft hervor: "[...] the post gives each member government a good opportunity to add a distinctive flavour to external policy. This has been particulary evident in conflict prevention and crisis management."[340] Die Einfluss- bzw. Steuerungsmöglichkeit im Bereich der Außen-, Sicherheits- und Verteidigungspolitik der EU, welche den einzelnen Mitgliedstaaten aus dem Präsidentschaftssystem der EU erwächst, unterstreicht dabei, dass die Gestaltungsmacht im Bereich der ESVP bei den Nationalstaaten in der EU liegt.[341] Mit Blick auf die Weiterentwicklung und Umsetzung der ESVP kann aber die jeweils nur sechsmonatige Führung durch die jeweilige Präsidentschaft die Kontinuität bzw. Konsistenz der ESVP behindern.[342] Hinzu kommt, dass Gewicht, Erfahrung bzw. Expertise und politischer Wille in den Bereichen Sicherheit und Krisenmanagement unter den EU-Mitgliedstaaten stark variieren, d.h. Staaten zeitweise eine führende Rolle für die ESVP übernehmen sollen, welche dazu evtl. weder fähig noch willens sind, oder aber Staaten die Zeit ihres Vorsitzes ausgeprägt zur

---

337 Vgl. Algieri (2001), Die Europäische Sicherheits- und Verteidigungspolitik: erweiterter Handlungsspielraum für die GASP, S. 168. Schon im Schlussbericht des Europäischen Rats von Helsinki war eine angemessenene Beteiligung der Verteidigungsminister am Rat für Allgemeine und Auswärtige Angelegenheiten, wenn dieser Fragen der ESVP diskutiert, gefordert worden (vgl. From St. Malo to Nice [2001], S. 87).

338 Das erste informelle Treffen der Verteidigungsminister fand unter österreichischer Ratspräsidentschaft im Dezember 1998 in Wien statt.

339 Vgl. Menon (2003), Why ESDP is Misguided and Dangerous for the Alliance, S. 210: "Insofar as some kind of institutional leadership exists over the overall direction of the ESDP, it is exercised by the member state holding the presidency of the Council."

340 EU Crisis Response Capability (2001), S. 14.

341 Müller-Brandeck-Bocquet (2002), Das neue Entscheidungssystem in der GASP der EU, S. 13.

342 Vgl. Cameron/ Primatarova (2003), Enlargement, CFSP and the Convention, S. 6.

Durchsetzung ihrer eigenen Agenda im Bereich der Europäischen Sicherheits- und Verteidigungspolitik benutzen.[343]

Während der VEU-Nizza die Flexibilisierungsversuche des VEU-Amsterdam im Bereich der GASP fortsetzt[344], müssen Fragen mit sicherheits- und verteidigungspolitischen Bezügen gemäß der Bestimmungen des VEU-Nizza vom Rat weiterhin ausschließlich einstimmig gefasst werden[345]. Sowohl eine italienisch-deutsche Initiative, Vorstöße von sog. Koalitionen der Willigen in der Verteidigungspolitik und Rüstungskooperation in einem kleineren Kreis gemeinschaftskonform zu diskutieren, als auch eine spanische Initiative zur Einführung der verstärkten Zusammenarbeit in der ESVP mit einer einstimmigen Eintrittsschwelle waren zuvor am Widerstand Großbritanniens, Schwedens und Irlands gescheitert.[346] Flexibilität bietet weiterhin grundsätzlich nur die Möglichkeit, sich der Stimme zu enthalten, d.h. nicht an einer Operation teilzunehmen (und sich auch nicht an den Kosten zu beteiligen).[347] Dänemark nimmt weiterhin eine *Opt-in*-Klausel für sich in Anspruch, welche Dänemark automatisch von der Teilnahme an der Umsetzung einer Politik freistellt, wenn es sich nicht ausdrücklich dafür entscheidet.[348] Wie seine Vorgänger lässt der Vertrag von Nizza auch eine engere bilaterale oder multilaterale Zusammenarbeit im Rahmen der WEU und der NATO zu, solange sie nicht den vertraglich fixierten Bestrebungen der GASP und ESVP zuwiderläuft.

Die Kommission und das Europäische Parlament bleiben auch mit dem VEU-Nizza Randakteure in der ESVP. Auch wenn die Kommission seit dem VEU-Maastricht „in vollem Umfang an den Arbeiten im Bereich der GASP beteiligt"[349] ist, ermöglichen die konkreten Beteiligungsmechanismen der Kommission an der GASP und der ESVP der Kommission keinen entscheidenden Einfluss auf die Entwicklung sowie die Umsetzung der ESVP. Mit Blick auf die neu formierten Gremien der ESVP ist die Kommission nur im PSK (mit einem Vertreter) und im CIVCOM, nicht aber im EUMC und im EUMS vertreten. Das Europäische Parlament wird vom Vorsitz des Rats lediglich zu den wichtigsten Aspekten und Weichenstellungen der GASP angehört, wobei der Vorsitz darauf

---

[343] Vgl. Menon (2003), Why ESDP is Misguided and Dangerous for the Alliance, S. 210.

[344] Gemäß Artikel 23 (2) VEU-Nizza kann mit qualifizierter Mehrheit beschlossen werden, wenn der Rat auf Grundlage einer Strategie gemeinsame Aktionen oder Standpunkte oder einen (entsprechenden) Beschluss fasst oder einen Sonderbeauftragten ernennt.

[345] Vgl. Artikel 23 (2) VEU-Amsterdam und Artikel 23 (2) VEU-Nizza.

[346] Vgl. Regelsberger (2001), Die Gemeinsame Außen- und Sicherheitspolitik nach ‚Nizza', S. 160.

[347] Vgl. Artikel 23 (1) VEU-Nizza.

[348] Vgl. Missiroli (2004), ESVP – wie sie funktioniert, S. 68.

[349] Artikel J.9 VEU-Maastricht; vgl. ebenso: Artikel 27 VEU-Amsterdam und Artikel 27 VEU-Nizza.

achten muss, dass die Auffassungen des EP gebührend berücksichtigt werden und seinerseits das EP regelmäßig über die Entwicklung der GASP unterrichten muss.[350] Auch kann das EP Anfragen oder Empfehlungen an den Rat richten.[351] An den neuen Gremien der ESVP ist das EP in keiner Weise – sei es durch eine direkte Berichterstattungspflicht der Gremien an das EP oder direkte Anhörungsrechte des EP in den Gremien – beteiligt. Das EP ist damit im Institutionen- und Prozedurengeflecht der ESVP ein Randakteur. Zur Einflussnahme und Mitbestimmung ist das EP auf die Nutzung informeller Absprachen und sog. Interinstitutioneller Abkommen mit Rat und Kommission bzw. auf die Nutzung seines Haushaltsrechts[352] angewiesen. Letzteres bleibt aber im Bereich der ESVP nicht zuletzt auch mit Blick auf die Durchführung konkreter Operationen relativ unwirksam, da die Ausgaben für die operative Dimension von Missionen von den teilnehmenden Staaten bestritten werden und nur die administrativen Ausgaben für die Durchführung einer Mission aus dem GASP-Haushalt geschöpft werden[353].

Während auf dem Treffen des Europäischen Rats in Laeken am 14. und 15. Dezember 2001 angesichts der erzielten Fortschritte bei der Entwicklung von Strukturen und Fähigkeiten und unter dem Druck der Ereignisse die ESVP als (eingeschränkt) einsatzbereit deklariert wurde, wurde auf demselben Treffen gleichzeitig die Einberufung eines Verfassungskonvents angekündigt, welcher drei hauptsächliche Herausforderungen, darunter die Entwicklung der Union zu einem stabilisierenden Faktor in einer multipolaren Welt, in entsprechende Reformen umsetzen sollte.[354] Dieser Konvent nahm im Februar 2002 seine Arbeit auf und setzte sich u.a. die Überarbeitung bzw. (Neu)Bestimnung der Akteursprofile zum Zwecke der Verbesserung der Effizienz und Kohärenz der ESVP als Ziel.

Die mit sicherheits- und verteidigungspolitischen Fragen betraute Arbeitsgruppe des Konvents empfahl in diesem Zusammenhang erstens die Einrichtung des Amts eines Unions-Außenministers, in welchem die Posten des Hohen Repräsentanten der GASP und des Kommissars für Außenbeziehungen zu einem einzigen und damit zu einem klarer identifizierbaren und sichtbaren zuständigen Vertreter in den europäischen Außenbeziehungen verschmelzen sollten, der wiederum die Koordination und Kohärenz außen- und sicherheitspolitischer Handlungen der EU sicherstellen würde.[355] Der ursprüngliche deutsch-französische

---

350 Vgl. Artikel J.7 VEU-Maastricht, Artikel 21 VEU-Amsterdam und Artikel 21 VEU-Nizza.
351 Vgl. Artikel J.7 VEU-Maastricht, Artikel 21 VEU-Amsterdam und Artikel 21 VEU-Nizza.
352 Algieri/ Bauer (2005), Eine Frage der Macht, S. 242.
353 Mehr zur Finanzierung von ESVP-Operationen unter Punkt 4.4.5.
354 Vgl. From Nice to Laeken (2002), S. 114.
355 Vgl. The CER Guide to the Constitutional Treaty (2004), http://www.cer.org.uk/pdf/policybrief_constitution_july04.pdf, Zugriff am 1.4.2005, S. 6.

Vorschlag zur Einführung eines EU-Außenministers im Herbst 2002 stieß bei Großbritannien, welches ein solches Amt für zu zentralisiert, zu mächtig, und zu „europäisch" hielt, auf entsprechende Vorbehalte.[356] In Folge massiver Angriffe der konservativen britischen Presse auf das Verfassungsprojekt der EU in Vorwegnahme auf die Veröffentlichung des Verfassungsentwurfs verschärfte sich aus innenpolitischen Gründen der Widerstand der britischen Regierung und ihrer Vertreter im Konvent gegen einen europäischen Außenminister.[357] Sachlogisch beruhte der britische Widerstand v.a. auf der Befürchtung, dass ein Unions-Außenminister außer Kontrolle der Mitgliedstaaten stehen, eine zu eigenständige und zu europäische Kraft im Institutionengeflecht der EU für die Bereiche Außen- und Sicherheitspolitik und auch im Krisenmanagement darstellen und eine sog. „backdoor communautarisation"[358] in der Außen- und Sicherheitspolitik der EU befördern würde.[359] Im VVE einigten sich die Mitgliedstaaten letztendlich auf die Einführung des Amtes eines Außenministers der Union, welcher durch den Europäischen Rat mit qualifizierter Mehrheit mit Zustimmung des Präsidenten der Union ernannt würde und nach gleichem Verfahren auch seines Amtes wieder enthoben werden könnte.[360] Der Außenminister der Union würde die Gemeinsame Außen- und Sicherheitspolitik der Union leiten, durch seine Vorschläge zur Festlegung dieser Politik beitragen, sie im Auftrag des Rats durchführen sowie auch im Bereich der GASP handeln.[361] Der Außenminister würde zu diesem Zweck im Rat Auswärtige Angelegenheiten den Vorsitz führen und sicherstellen, dass die vom Europäischen Rat und vom Rat erlassenen Europäischen Beschlüsse durchgeführt würden.[362] Außerdem würde er die Union im Bereich der GASP vertreten.[363] Neben dem Rat würde auch der Unions-Außenminister das PSK ersuchen können, Stellungnahmen an den Rat zu richten[364], bei der Wahrnehmung politischer Kontrolle und strategischer Leitung von Krisenbewältigungsaufgaben würde das PSK unter der doppelten Verantwortung von Rat und Unions-Außenminister agieren[365]. Zivile und militärische Aspekte der Missionen würden vom PSK zusammen mit dem Unions-Außenminister unter

---

356 Vgl. Menon (2003), Britain and the Convention on the Future of Europe, S. 972.

357 Vgl. Menon (2003), Britain and the Convention on the Future of Europe, S. 975: "The picture for British negotiators was complicated immensely in May as the British right-wing press – anticipating publication of the full draft at the end of that month – launched a furious assault against both the government and the Convention. The flexibility and willingness to compromise that were so apparent earlier in the proceedings had been facilitated by the complete absence of attention to the Convention on the part of either the press or the parliamentary opposition. [...] Confronted with such pressures, it was hardly surprising that the tone of the British government to the Convention hardened."

358 Menon (2003), Britain and the Convention on the Future of Europe, S. 975.

359 Vgl. Menon (2003), Britain and the Convention on the Future of Europe, S. 977.

360 Vgl. Artikel I-28 (1) VVE.

361 Vgl. Artikel I-28 (2) VVE.

362 Vgl. Artikel III-296 (1) VVE.

363 Vgl. Artikel III-296 (2) VVE.

364 Vgl. Artikel III-307 (1) VVE.

365 Vgl. Artikel III-307 (1) VVE.

Aufsicht des Rates koordiniert.[366] Das *Centre for European Reform* (CER) schätzt mögliche Effizienz- oder Kohärenzgewinne durch die evtl. Einführung eines Unions-Außenministers insgesamt aber als relativ gering ein.[367]

Im Zuge der Überarbeitung bzw. (Neu)Bestimnung der Akteursprofile bestätigten die Staats- und Regierungschefs der EU-Mitgliedstaaten gleichzeitig in Artikel I-40 (2) VVE die Kompetenz des Europäischen Rats (d.h. ihre eigene), die strategischen Interessen der Union zu bestimmen und ihre außen- und sicherheitspolitische Ziele festzulegen. Artikel I-41 (2) VVE legt fest, dass, sobald der Europäische Rat dies einstimmig beschließt, die schrittweise Festlegung einer gemeinsamen Verteidigungspolitik im Rahmen der ESVP zu einer gemeinsamen Verteidigung führen würde. Der Europäische Rat empfiehlt in diesem Falle den Mitgliedstaaten, einen Beschluss in diesem Sinne im Einklang mit ihren verfassungsrechtlichen Vorschriften zu erlassen. In Artikel I-40 (4) VVE kamen die EU-Mitglieder darüber hinaus überein, dass, zusammen mit dem Ministerrat, der Europäische Rat das Forum, in dem die Mitgliedstaaten ihr Vorgehen zu allen außen- und sicherheitspolitischen Fragen abstimmen und festlegen, bilden sollte.[368] Zur Behebung bzw. zumindest Abmilderung der Problematik der mangelnden Konsistenz, Kontinuität, Einseitigkeit, Instrumentalisierung und evtl. beschränkter nationaler Ressourcen der halbjährlich wechselnden Einzel-Ratspräsidentschaften kamen die Mitgliedstaaten im VVE überein, sog. Teampräsidentschaften einzuführen.

Zudem werden in Artikel I-40 (2) VVE[369] und in Artikel III-297 (2) VVE[370] die im VEU-Nizza festgeschriebenen Aufgaben des Rats bestätigt und präzisiert. Artikel III-309 (2) VVE normiert darüber hinaus: „Der Rat erlässt die Europäischen Beschlüsse über Missionen [...]; in den Beschlüssen sind Ziel und Umfang der Missionen sowie die für sie geltenden allgemeinen Durchführungsbestimmungen festgelegt." Die informellen Treffen der Verteidigungsminister der EU-Mitgliedstaaten wurden auch im VVE nicht als offizielle Ratsformation formalisiert.[371]

[366] Vgl. Artikel III-309 (2) VVE.
[367] Vgl. The CER Guide to the Constitutional Treaty (2004), http://www.cer.org.uk/pdf/policybrief_constitution_july04.pdf, Zugriff am 1.4.2005, S. 6.
[368] In den vorangehenden Verträgen von Maastricht, Amsterdam und Nizza wurde nur der Rat als entsprechendes Forum explizit erwähnt.
[369] Der Rat gestaltet die GASP im Rahmen der vom ER festgelegten Leitlinien.
[370] Artikel III-297 (2) VVE: Wenn eine internationale Situation ein operatives Vorgehen der Union erfordert, erlässt der Rat die „erforderlichen Europäischen Beschlüsse", in welchen „die Ziele, der Umfang, die der Union zur Verfügung zu stellenden Mittel, sowie die Bedingungen und erforderlichenfalls der Zeitraum für die Durchführung der Aktion" festgelegt werden.
[371] Vgl. Algieri/ Bauer (2005), Eine Frage der Macht, S. 247.

Der Kommission wird im VVE zwar das Recht zugesprochen, im Kontext eines sog. Europäischen Beschlusses zusammen mit dem Unions-Außenminister ggf. den Rückgriff auf einzelstaatliche Mittel sowie Instrumente der Union vorzuschlagen[372] bzw. mit Blick auf die Anwendung der Solidaritätsklausel zusammen mit dem Unions-Außenminister einen Vorschlag zu machen, auf dessen Basis der Rat einen Europäischen Beschluss erlassen könnte[373], ansonsten erhält die Kommission im VVE aber keine weiterreichenden Mitgestaltungsrechte in der ESVP. Auch das offensichtliche Fehlen ernsthafter vertragsrechtlicher Kompetenzen des Europäischen Parlaments im Sinne einer genuinen Mitentscheidung bzgl. der Weiterentwicklung und Umsetzung der ESVP setzt sich im VVE fort. Das EP würde weiterhin lediglich zu den wichtigsten Aspekten und den grundlegenden Weichenstellungen der GSVP regelmäßig gehört, über ihre Entwicklung auf dem Laufenden gehalten[374] und mit Blick auf die Anwendungsbestimmungen für die Solidaritätsklausel hierzu ebenfalls nur unterrichtet[375].

Bei der über die Zeit zu beobachtenden Bestimmung von Akteuren und ihren Rollen bzw. Profilen für die ESVP stechen v.a. zwei Tendenzen ins Auge:

Auf der einen Seite wurden und werden die klare Ablehnung einer Vergemeinschaftung oder gemeinschaftlicher Einfallstore in die ESVP (z.B. durch eine signifikante Involvierung der Kommission) und Widerstände gegen zu starke supranationale Elemente (siehe v.a. Diskussionen um das PSK und den Unions-Außenminister) deutlich, welche sich der Kontrolle der Nationalstaaten entziehen und selbstständig europäische Politik betreiben könnten.

Auf der anderen Seite trugen andererseits die Mitgliedstaaten durch die Einrichtung des PSK, des EUMC, des EUMS, des CIVCOM und anderer neuer Gremien durchaus der Sachlogik der neuen Aufgaben und der Notwendigkeit von zentralisierten Expertengremien zur Entscheidungsvorbereitung und -durchführung bis zu einem bestimmten Grad Rechnung. Während zwar die tatsächliche Entscheidungskompetenz in der ESVP beim Rat sowie beim Europäischen Rat und damit bei den Mitgliedstaaten liegt, tragen diese neuen ESVP-Gremien, deren Expertise und Politikformulierung über nationale Interessensvertretung hinaus gehen kann, in ihrer beratenden Funktion v.a. zur Entscheidungsfindung des Rats bei und können sie beeinflussen.

---

[372] Vgl. Artikel I-41 (4) VVE.
[373] Vgl. Algieri/ Bauer (2005), Eine Frage der Macht, S. 241.
[374] Vgl. Artikel I-41 (6) VVE.
[375] Vgl. Algieri/ Bauer (2005), Eine Frage der Macht, S. 242.

3.3.3 Flexibilisierungsfragen

Laut Algieri und Bauer vom Centrum für Angewandte Politikforschung (CAP) wird die ESVP „dadurch charakterisiert, dass es sich um ein Integrationsprojekt handelt, zu dem nicht alle EU-Mitgliedstaaten stets den gleichen qualitativen und quantitativen Beitrag leisten [können]“[376]. Unterschiedliche sicherheits- und verteidigungspolitische Konzepte, variierende Fähigkeitenniveaus und –schwerpunkte und eine unterschiedliche Bereitschaft zur Vertiefung der Kooperation legen dabei die Schaffung von Möglichkeiten zur Gruppenbildung innerhalb des Vertragrahmens nahe.[377] Aber auch wenn die Logik der Handlungsfähigkeit evtl. Flexibilität erfordern würde[378], “it is hard to see a way in which all members can be persuaded to go along with what would in effect represent a creation a some kind of formal or informal directoire within the Union to manage defense policy”[379].

Einerseits erfordert internationales Krisenmanagement eine rasche Willensbildung, Entscheidungsfindung und Implementierung. Andererseits sind die EU-Mitgliedstaaten nicht alle gleich willens, zugunsten dieser Notwendigkeiten Mitbestimmungsrechte bei Entscheidungen über die Einleitung und Durchführung von Petersbergaufgaben teilweise oder ganz aufzugeben bzw. Mitbestimmungsrechte bei der formalen Weiterentwicklung der ESVP (strategisch, institutionell und prozedural) zugunsten einer angepeilten Integrationsdynamik eingeschränkt zu sehen. Darüber hinaus scheiden sich die Geister in der Antwort auf die Frage, ob Flexibilisierungsinstrumente tatsächlich die Dynamik einer weiteren Integration der EU als Ganzes stärken und damit zu einer Verbesserung der Handlungsfähigkeit der EU im Krisenmanagement führen oder eine möglicherweise mit Flexibilisierungsmaßnahmen einhergehende Kernbildung die EU spaltet und damit der Handlungsfähigkeit der EU als internationaler Akteur im Krisenmanagement abträglich ist.[380]

Unter Bezugnahme auf die oben aufgezeigten institutionellen und prozeduralen Defizite der ESVP stand neben der Verbesserung der europäischen militärischen

---

376 Algieri/ Bauer (2005), Eine Frage der Macht, S. 240.

377 Vgl. Algieri/ Bauer (2005), Eine Frage der Macht, S. 241.

378 Vgl. Algieri/ Bauer (2005), Eine Frage der Macht, S. 242: „Flexibilität und die Übertragung von Handlungsverantwortung auf eine Gruppe von Staaten sind wichtige Voraussetzungen, damit eine Union mit 25 oder mehr Mitgliedstaaten nicht zum sich selbst blockierenden System wird“.

379 Soetendorp/ De Wijk (2002), A Dutch policy reversal towards the ESDP, S. 92; vgl. hierzu ebenso: Menon (2003), Why ESDP is Misguided and Dangerous for the Alliance, S. 208/ 209.

380 Vgl. Schmidt (2003), Kerneuropa der Sicherheitspolitik, S. 242.

Fähigkeiten[381] und der unter Punkt 3.3.2 behandelten Bestimmung der Akteursprofile auch die Überholung der Formen der außen-, sicherheits- und verteidigungspolitischen Zusammenarbeit auf dem Reformprogramm des Europäischen Konvents.[382]

Die leitende Frage war hierbei: Wie kann der ESVP durch eine flexiblere Gestaltung zu einer besseren Handlungsfähigkeit verholfen werden, ohne dabei deren Kohärenz zu gefährden?[383]

Insbesondere im Bereich der Reform der Entscheidungs- und Durchführungsprozeduren, wo es um grundlegende Fragen der Macht- und Einflussverteilung zwischen den Mitgliedstaaten und zwischen Nationalstaaten und der EU-Ebene geht, versprach die Konventsmethode im Vergleich zu den bisher zum Zwecke der Vertragsrevision üblichen Regierungskonferenzen, dass anstelle nationaler Einflusssicherung und Interessensdurchsetzung vielmehr die Notwendigkeit verbesserter Handlungsfähigkeit entscheidungsleitend sein und sich durchsetzen können würde. Laut Maurer und Göler von der Stiftung Wissenschaft und Politik (SWP) führte erstens die Beteiligung am Konvent von Abgeordneten nationaler Parlamente, des Europäischen Parlaments sowie von anderweitigen Vertretern der Mitgliedstaaten und Beitrittskandidaten neben den üblichen Regierungsvertretern – in Abweichung zu den bisherigen Regierungskonferenzen – tatsächlich über weite Strecken zur Ersetzung oder zumindest zur Abmilderung der klassischen intergouvernementalen Verhandlungsmuster.[384] Zweitens ermöglichten die Aufteilung des Konventsprozesses in drei Phasen und v.a. die Arbeitsweise des Konvents während der sog. Anhörungsphase von Februar bis Oktober 2002 sowie der sog. Arbeitsphase von November 2002 bis Januar 2003 einen sach- und konsensorientierten Beratungsstil[385]: In der Anhörungsphase informierten sich die Konventsteilnehmer im Plenum zunächst über die im Konvent vertretenen Vorstellungen, Ziele, Werte und Prinzipien der EU-Integration und fügten die wichtigsten Punkte der Plenardiskussionen und konsensfähige Vorschläge zu einem ersten groben Entwurf zusammen.[386] In der Arbeitsphase konnten die Konventsteilnehmer, aufgeteilt in insgesamt elf Arbeitsgruppen, in jeweils überschaubarem Kreis auf Grundlage der vorher vom Konventspräsidium bestimmten Grundfragen und Leitprinzipien und relativ losgelöst von etwaigen nationalen Ausgangspräferenzen und aufbauend auf diesem ersten Entwurf Lösungskonzepte erarbeiten.[387] Die Ergebnisse der Arbeitsgruppe zu Sicher-

[381] Siehe hierzu Punkt 4.
[382] Vgl. Algieri/ Bauer (2005), Eine Frage der Macht, S. 230.
[383] Vgl. Koopmann (2004), Notwendige Fortschritte, verpasste Chancen, S. 78/ 79.
[384] Vgl. Maurer/ Göler (2004), Die Konventsmethode in der Europäischen Union, S. 5.
[385] Vgl. Maurer/ Göler (2004), Die Konventsmethode in der Europäischen Union, S. 5/ 6.
[386] Vgl. Maurer/ Göler (2004), Die Konventsmethode in der Europäischen Union, S. 15.
[387] Vgl. Maurer/ Göler, Die Konventsmethode in der Europäischen Union,. S. 17.

heits- und Verteidigungsfragen im Barnier-Schlussbericht stellten noch eine vergleichsweise breite Palette von Flexibilisierungsmöglichkeiten zur Option und verwiesen noch auf den besonderen Nutzen eines eventuellen Übergangs von der Einstimmigkeit zu anderen Entscheidungsverfahren, welcher in der Förderung einer Kultur der Solidarität unter den Mitgliedstaaten bestünde.[388]

In der abschließenden Phase des Konventsprozesses, der sog. Redaktions- bzw. Reflexionsphase von Februar bis Juni 2003, in welcher jene sensiblen institutionellen Reformfragen, welche noch nicht in den Arbeitsgruppen der Arbeitsphase behandelt worden waren, aufgegriffen wurden[389], übernahmen jedoch die Regierungsvertreter im Konvent eine vergleichsweise stärkere Rolle. Gleichzeitig bildeten die Regierungen außerhalb des Konvents verstärkt Koalitionen und starteten bi- und multilaterale Initiativen für den Konvent, was dazu führte, dass die nationalen Regierungsvertreter im Konvent weniger Handlungsspielraum hatten. Die vormals relativ offene Diskussion im Konvent wich deswegen zunehmend einer mit Regierungskonferenzen vergleichbaren Verhandlungskette und orientierte sich stärker an nationalen Positionen[390], was sich in dem letztlich aus dem gesamten Konventsprozess resultierenden Verfassungsentwurf widerspiegelt.

Der Entwurf eines Vertrags einer Verfassung für Europa

Im Verfassungsvertragsentwurf hielten die Konventsteilnehmer am Einstimmigkeitsprinzip im Rat bei sicherheits- und verteidigungspolitischen Bezügen (bei fortgesetzter Möglichkeit der konstruktiven Enthaltung) fest[391] und schlugen folgende – im Vergleich zum Barnier-Bericht reduzierten – Möglichkeiten der Flexibilisierung vor:

Gemäß Artikel I-40 (5) des Entwurfs kann der Ministerrat „zur Wahrung der Werte der Union im Dienste ihrer Interessen eine Gruppe von Mitgliedstaaten mit der Durchführung einer Mission im Rahmen der Union beauftragen". Gemäß Artikel III-210 des Entwurfs vereinbaren dabei die betreffenden Mitgliedstaaten, welche über die erforderlichen Fähigkeiten verfügen und sich an dieser Mission beteiligen wollen, im Benehmen mit dem Unions-Außenminister untereinander die Ausführung der Mission. Der Rat wird von den an der Durchführung der Mission beteiligten Mitgliedstaaten regelmäßig über den Stand der Mission unterrichtet und wird von den Mitgliedstaaten sofort befasst, wenn sich aus der

---

[388] Vgl. Koopmann (2004), Notwendige Fortschritte, verpasste Chancen, S. 79.
[389] Vgl. Maurer/ Göler (2004), Die Konventsmethode in der Europäischen Union, S. 6.
[390] Vgl. Maurer/ Göler (2004), Die Konventsmethode in der Europäischen Union, S. 19.
[391] Vgl. Artikel III-201 und Artikel III-210 (2) Entwurf einer Verfassung für Europa.

Durchführung einer Mission neue, weiter reichende Konsequenzen ergeben oder das vom Rat festgelegte Ziel der Mission, ihr Umfang oder ihre Modalitäten geändert werden müssen. Der Rat erlässt in diesen Fällen die erforderlichen Europäischen Beschlüsse.

Artikel I-40 (6) des Entwurfs normiert, dass jene Mitgliedstaaten, welche anspruchsvollere Kriterien in Bezug auf die militärischen Fähigkeiten erfüllen und im Hinblick auf Missionen mit höchsten Anforderungen untereinander festere Verpflichtungen eingegangen sind, eine sog. strukturierte Zusammenarbeit im Rahmen der Union begründen können. Diese Zusammenarbeit erfolgt nach Maßgabe von Artikel III-213 des Entwurfs, welcher wiederum auf die Bestimmungen eines entsprechenden Protokolls, welches die von diesen Mitgliedstaaten festgelegten Kriterien und Zusagen hinsichtlich der militärischen Fähigkeiten enthält, verweist. Laut Artikel III-213 müssen Mitgliedstaaten, die sich zu einem späteren Zeitpunkt an dieser Zusammenarbeit beteiligen wollen, den Europäische Rat von ihrer Absicht in Kenntnis setzen. Der Rat berät über den Antrag des entsprechenden Mitgliedstaats, wobei an der entscheidenen Abstimmung nur die Außenminister der an der strukturierten Zusammenarbeit beteiligten Mitgliedstaaten teilnehmen. Wenn der Rat Europäische Beschlüsse über den Gegenstand der strukturierten Zusammenarbeit erlässt, nehmen ebenfalls nur die Außenminister der an der strukturierten Zusammenarbeit beteiligten Mitgliedstaaten an den Beratungen und an der Abstimmung über diese Beschlüsse teil. Die Vertreter der anderen Mitgliedstaaten werden aber in regelmäßigen Abständen vom Außenminister der Union über die Entwicklung der strukturierten Zusammenarbeit informiert. Der Rat kann die an der strukturierten Zusammenarbeit beteiligten Mitgliedstaaten mit der Durchführung einer Mission nach Artikel III-210 (s.o.) im Rahmen der Union betrauen.[392]

Als spezielle Form der flexiblen Kooperation und als Antwort auf die heftig umstrittene Frage der Beistandsverpflichtung normierte Artikel I-40 (7) des Entwurfs in Anlehnung an den deutsch-französischen Vorschlag zu einer Europäischen Sicherheits- und Verteidigungsunion, dass im Rahmen der Union eine engere Zusammenarbeit im Bereich der gegenseitigen Verteidigung eingerichtet wird, solange der Europäische Rat keinen Beschluss zur Einführung einer gemeinsamen Verteidigung gefasst hat. Im Rahmen dieser Zusammenarbeit leisten im Falle eines bewaffneten Angriffs auf das Hoheitsgebiet eines an dieser Zusammenarbeit beteiligten Staates die anderen beteiligten Staaten gemäß Artikel 51 der UN-Charta alle in ihrer Macht stehende militärische und sonstige Hilfe und Unterstützung. Laut Artikel III-214 des Entwurfs können sich alle Mitglied-

---

[392] Gemäß Absatz 5 des Artikels gelten, unbeschadet der Absätze 1 bis 4, für die in diesem Artikel geregelte strukturierte Zusammenarbeit die entsprechenden Bestimmungen über die verstärkte Zusammenarbeit.

staaten an der engeren Zusammenarbeit auf dem Gebiet der gegenseitigen Verteidigung beteiligen. Falls sich ein Mitgliedstaat zu einem späteren Zeitpunkt beteiligen will, setzt er den Europäischen Rat davon in Kenntnis.

Da jedoch „Machtfragen [...] nicht durch einen mandatsfreien, inhalts- und zieloffenen Diskurs zu lösen [sind], sondern [...] eines zentralen Verhandlungs- und Entscheidungsgremiums [bedürfen], das kraft seiner Zusammensetzung und der Autorität seiner Akteure legitimiert ist, Souveränitätstransfers mit Änderungen in der Machtbalance der EU zu vereinbaren“[393] wurde der aus dem Konvent hervorgegangene Verfassungsentwurf auf zwei sukzessiven Treffen des Europäischen Rats weiterverhandelt und insbesondere in jenen Bereichen, in denen die Staats- und Regierungschefs der EU die Souveränität und politische Gestaltungsautonomie ihrer nationalen Regierungen angetastet sahen, verändert, bevor er im Juni 2004 vom Europäischen Rat angenommen wurde.[394] Im Zuge dieser zwischenstaatlichen Verhandlungen auf höchster Regierungsebene trugen entsprechend nationale Vorstellungen, Interessen und Machtpositionen zu Modifizierungen der Bestimmungen des Konventsentwurfs im Bereich der ESVP bei.

Die europäische Integration liegt im vitalen Interesse Deutschlands. Nicht zuletzt bietet sie Deutschland auch „den Rahmen zu optimaler Verfolgung bzw. Verwirklichung seiner außenpolitischen Grundinteressen[395]“.[396] Elfriede Regelsberger stellt fest, dass insbesondere im internationalen Krisenmanagement die Problemlösungsfähigkeit der EU vergleichsweise zu nationalen Optionen in Deutschland als relativ besser bewertet werde.[397] „Unter der Voraussetzung, dass funktionierende Entscheidungs- und Handlungsstrukturen gegeben sind“[398], verspreche das Agieren im Verbund mit den europäischen Partnern Deutschland hierbei „hohe Nutzenvorteile bei vertretbaren Kosten“[399]. Die Kosten versucht Deutschland durch eine „eigene aktive Politik der Mitwirkung und Ausgestal-

---

[393] Maurer/ Göler (2004), Die Konventsmethode in der Europäischen Union, S. 6.

[394] Vgl. Maurer/ Göler (2004), Die Konventsmethode in der Europäischen Union, S. 25.

[395] Wichard Woyke verweist hierzu auf das Weißbuch zur Sicherheit der BRD aus dem Jahr 1994, in welchem fünf zentrale Interessen als Grundlage deutscher Außenpolitik identifiziert wurden: Bewahrung von Freiheit, Sicherheit und Wohlfahrt der Bürger Deutschlands und der Unversehrtheit des Staatsgebiets; Europäische Integration, denn Demokratie, Rechtsstaatlichkeit und Wohlstand bedeuten Frieden und Sicherheit für Deurtschland; ein dauerhaftes, auf eine Wertegemeinschaft und gleichgerichtete Interessen gegründetes transatlantisches Bündnis mit den USA – deren Potenzial für die internationale Stabilität unverzichtbar ist; die Heranführung und Integration der MOE-Staaten/ Gestaltung einer umfassenden kooperativen Sicherheitsordnung; weltweite Achtung des Völkerrechts und der Menschenrechte (vgl. Woyke [2002], Von der Orientierungslosigkeit zur Konzeption, S. 20).

[396] Vgl. Woyke (2002), Von der Orientierungslosigkeit zur Konzeption, S. 14.

[397] Vgl. Regelsberger (2002), Deutschland und die GASP, S. 28.

[398] Regelsberger (2002), Deutschland und die GASP, S. 29.

[399] Regelsberger (2002), Deutschland und die GASP, S. 38.

tung der GASP zu minimieren, wobei die Interessen der anderen in großem Maße und vorab berücksichtigt werden. [...] Eine deutliche Gemeinschaftsorientierung wie ein ausgeprägter Sinn für realistische Lösungen prägen daher kontinuierlich die deutsche Strategie"[400]. Trotz immer wieder unterschiedlicher Vorstellungen bzgl. von Integrationsmodellen auch im Bereich der ESVP ist Frankreich Deutschlands wichtigster Partner in der Ausgestaltung der ESVP, wie sich dies auch in den deutsch-französischen Initativen während des Konvents zeigte.[401]

Florence Deloche-Gaudez attestiert Frankreich, dass seine Vision einer politischen europäischen Integrationsgemeinschaft mit dem Ziel eines international engagierten, handlungsfähigen und machtbewussten Europa teilweise in eklatantem Widerspruch mit seinen deutlich vorsichtigeren institutionellen Positionen stehe.[402] Während Frankreich als Anwalt einer europäischen Machtpolitik und Vorreiter einer von der NATO unabhängigen ESVP agiert, lehnt es in der ESVP eine Vergemeinschaftung aufgrund der damit verbundenen nationalstaatlichen Souveränitätsabgabe, die Ausweitung von Mehrheitsentscheiden sowie grundsätzlich jede bindende Regelung ab, welche die Unabhängigkeit der nationalen Entscheidung im Kern gefährden könnte. Vor dem Hintergrund der französischen Präferenz für intergouvernementale Zusammenarbeit einerseits und bei gleichzeitig starkem Interesse an der Handlungsfähigkeit der ESVP andererseits befürwortet Frankreich im Zweifelsfall, solange nicht der französische Gestaltungsanspruch gefährdet wird, aber durchaus Differenzierungs- und Flexibilisierungsmaßnahmen.[403] Hans Stark weist darauf hin, dass französische Initiativen zu Flexibilisierungs- bzw. Differenzierungsmaßnahmen in der ESVP, ebenso wie Initiativen zur Stärkung der außen-, sicherheits- und verteidigungspolitischen Rolle der EU allgemein, jedoch oft an mangelnder Mehrheitsfähigkeit litten, da Frankreich weiterhin bzw. immer wieder unter dem Verdacht stehe, die ESVP als Mittel zur sog. Gegenmachtbildung gegenüber den USA missbrauchen zu wollen.[404] In diesem Zusammenhang hat Frankreich durch die Osterweiterung evtl. an Gestaltungskraft in der ESVP verloren, da die MOE-Staaten Frankreich aus o.g. Gründen eher skeptisch gegenüber stehen, und das atlantisch ausgerichtete und der Kernbildung bzw. Vergemeinschaftung ablehnend gegenüberstehende Großbritannien eher als natürlichen Partner betrachten.[405]

---

[400] Regelsberger (2002), Deutschland und die GASP, S. 38.

[401] Vgl. Piepenschneider (2002), Die Stellung des vereinten Deutschlands in der Europäischen Union, S. 44.

[402] Vgl. Deloche-Gaudez (2002), Frankreichs widersprüchliche Positionen in der GASP, S. 120.

[403] Vgl. Deloche-Gaudez (2002), Frankreichs widersprüchliche Positionen in der GASP, S. 131/ 132.

[404] Vgl. Stark (2004), Frankreichs Außenpolitik zwischen Anpassungsdruck und Status Quo, S. 271.

[405] Vgl. Stark (2004), Frankreichs Außenpolitik zwischen Anpassungsdruck und Status Quo, S. 264.

Während des Konvents und bei den Verhandlungen des Verfassungsentwurfs strebten Deutschland und Frankreich an, einer variablen Gruppe europäischer Staaten, ein Voranschreiten in der ESVP innerhalb des EU-Rahmens zu ermöglichen. Peter Schmidt von der SWP ist der Meinung, dass die deutsch-französischen Vorschläge – hätten sich diese alle durchsetzen können – zu einem mehrschichtigen Kern mit Frankreich und Deutschland im Zentrum geführt hätten. Auch wenn alle deutsch-französischen Initiativen ihre Offenheit gegenüber weiteren Teilnehmern außerhalb Deutschlands und Frankreichs betonten und insbesondere der deutsche Außenminister Fischer dem Konzept eines abgeschlossenen Kerneuropas eine Absage erteilte, fasssten nicht alle EU-Mitglieder das deutsch-französische Zusammengehen als Integrationshilfe für die gesamte EU, sondern auch als eventuellen „Spaltpilz“[406] auf.[407]

Großbritannien hatte schon seit seinem EU-Beitritt 1972 immer wieder eine äußerst eingeschränkte Bereitschaft gezeigt, seine nationale Gestaltungsmacht bzw. Souveränität an europäische supranationale bzw. Gemeinschaftsinstitutionen abzutreten[408] ebenso wie seine im Vergleich zu allen anderen EU-Mitgliedern grundsätzlich größere Bereitschaft, von europäischen Verpflichtungen abzusehen[409], unter Beweis gestellt. Während des Konvents und in den folgenden Verhandlungen des Verfassungsvertragsentwurfs kämpfte Großbritannien wiederum gegen zu starke Kompetenzen bei zu zentralisierten Foren (Bsp. Unions-Außenminister) und gegen eine Flexibilisierung der Entscheidungsfindung, ebenso wie gegen all jene anderweitigen Flexibilisierungsinstrumente, welche auf irgendeine Weise eine konstante Kernbildung ermöglichen würden. Großbritannien wollte Flexibilisierungsinstrumente lediglich eingesetzt sehen, um einer Avantgarde-Gruppe ein Voranschreiten bei der Entwicklung von militärischen Fähigkeiten zu ermöglichen. Diese Kooperation sollte dabei aber keine Formierung eines konstanten Kerns begünstigen, sondern allen Mitgliedern bei entsprechender Anstrengung und Motivation offen stehen.[410] In genau diesem Punkt formierte sich im Zuge des Konvents eine beidseitig wahrgenommene Interessensgemeinschaft Großbritanniens mit den MOE-Ländern, mit dem Ziel, das „nightmare of a federal superstate“[411] zu verhindern.

Die Debatten des Konvents über mögliche Flexibilisierungsmaßnahmen zur Verbesserung der Effizienz der ESVP deckten v.a. auch das grundsätzliche Dilemma der MOE-Staaten auf. Die MOE-Staaten „seem to realise that a more effective union will be in their best interests yet hesitate in the face of possible in-

406 Schmidt (2003), Kerneuropa der Sicherheitspolitik, S. 255.
407 Vgl. Schmidt (2003), Kerneuropa der Sicherheitspolitik, S. 255.
408 Vgl. White (2002), British Foreign Policy, S. 32.
409 Vgl. Kirchner (2002), British Perspectives on CFSP and ESDP, S. 43.
410 Vgl. Zilmer-Johns (2004), The Convention, the IGC and the great powers, S. 58.
411 Menon (2003), Britain and the Convention on the Future of Europe, S. 971.

stitutional implications"[412]. Einige MOE-Staaten, v.a. die kleineren unter ihnen wie z.B. Litauen[413] sehen in der Teilnahme an der GASP und ESVP eine Chance, das eigene begrenzte internationale Gewicht zu verstärken. Vor diesem Hintergrund müssten sie an starken und effizienten ESVP-Strukturen interessiert sein. Die MOE-Staaten lehnen jedoch größtenteils signifikante Flexibilisierungsmaßnahmen wie z.B. die Einführung einer verstärkten Zusammenarbeit oder der qualifizierten Mehrheit als Entscheidungsregel, ab.[414] Diese Haltung resultiert nicht zuletzt daraus, dass erstens die MOE-Staaten erst kürzlich ihre Unabhängigkeit gewonnen haben und deswegen besonders unwillig sind, evtl. auf eine gleichwertige Mitentscheidung zu verzichten.[415] Zweitens spiegelt ihr Misstrauen gegen Flexibilisierungsmaßnahmen ihre Befürchtung wider, sie könnten bei der Politikformulierung marginalisiert werden, welche sich nicht zuletzt aus ihren Erfahrungen in der COMECON und im Warschauer Pakt, in welchen einige Staaten mehr Einfluss hatten als andere, speist.[416] V.a. wollen die MOE-Staaten aber deswegen ihre gleichberechtigten Mitspracherechte keinesfalls in Gefahr bringen, da sie gegen die Einführung einer gemeinsamen Verteidigung im Rahmen der ESVP sind und die Aufnahme einer solchen als Aufgabe der EU durch ihr gesichertes und wirksames Vetorecht verhindern würden wollen.[417] Auf der Plenardebatte im Mai 2003 äußerten die MOE-Staaten ihre Besorgnis über die mögliche Entstehung eines sog. Kerneuropas bzw. eines sog. Europas der zwei Geschwindigkeiten, bei welchen bestimmte Staaten dauerhaft außen vor bleiben könnten. Die meisten MOE-Staaten stimmten der Einrichtung von Flexibilitätsarrangements nur unter den Bedingungen der Inklusivität und der Transparenz zu.[418]

Auch die bündnisfreien EU-Mitgliedstaaten sehen die Aufgaben der ESVP ausschließlich innerhalb des Petersbergspektrums. Die Aufnahme der kollektiven Verteidigung in das Aufgabenspektrum der ESVP kommt für die Bündnisfreien weiterhin nicht in Frage.[419] Der Erhalt ihrer Rechte und Möglichkeiten, die Richtung mitzubestimmen, in welche sich die ESVP entwickelt, ist vor diesem Hintergrund das zentrale Anliegen der Bündnisfreien. Aus diesem Grunde setzen

---

412 Vgl. Missiroli (2002), Conclusions, in: Ders., Bigger EU, wider CFSP, stronger ESDP?, S. 61.

413 Vgl. Vitkus (2002), Lithuania, S. 17: „The Union's ambition to become a more substantial and visible actor on the world stage is also welcome. It is obvious that the voice of a small country like Lithuania will have a different echo if they are part and parcel of CFSP."

414 Vgl. z.B. Trzaskowski (2002), Poland, S. 24; eine diesbezügliche Ausnahme bildet hierbei evtl. die Tschechische Republik (vgl. Khol [2002], Czech Republic, S. 29).

415 Vgl. Missiroli (2002), Conclusions, in: Ders., Bigger EU, wider CFSP, stronger ESDP?, S. 61.

416 Vgl. Cameron/ Primatarova (2003), Enlargement, CFSP and the Convention, S. 10/ 11.

417 Vgl. z.B. Trzaskowski (2002), Poland, S. 24; ebenso: Hostnik (2002), Slovenia, S. 44.

418 Vgl. Cameron/ Primatarova (2003), Enlargement, CFSP and the Convention, S. 5.

419 Vgl. Ojanen/ Herolf/ Lindahl (2000), Non-Alignment and European Security Policy, S. 253.

sich die Bündnisfreien fast ausnahmslos für gleichberechtigte Beteiligungsmöglichkeiten für alle Mitglieder, unabhängig von Fähigkeiten, Gewicht oder institutioneller Affiliationen ein.[420] Denn: "[T]he creation of a common defence, in the sense of making collective self-defence part of the EU acquis applicable to all members, would by definition make non-alignment impossible"[421]. Eine Einführung von Mehrheitsentscheiden wird in diesem Zuge seitens der Bündnisfreien abgelehnt, ebenso die Einführung von Flexibilisierungsinstrumenten, sofern bzw. da diese eine signifikante und/ oder dauerhafte Minderung der gleichberechtigten Mitspracherechte der Bündnisfreien und/ oder eine hervorgehobene Rolle größerer Staaten auf Kosten kleinerer Mitglieder und der EU als Ganzes implizieren könnten.[422] Schweden, Finnland und Irland vertraten die o.g. Positionen auch kontinuierlich im Verfassungsprozess. Auch der vorübergehende Sinneswandel Österreichs während des Konvents zugunsten der Einführung einer verstärkten Zusammenarbeit für eine gemeinsame Verteidigung[423] wurde durch die Notwendigkeit der Rücksichtnahme auf innenpolitische und verfassungsrechtliche Befindlichkeiten innerhalb eines Jahres wieder relativiert, so dass die österreichische Außenministerin Ferrero-Waldner sich wieder mit ihren schwedischen und finnischen Kollegen solidarisieren und eine Beistandsklausel als nicht mit der Verfassung Österreichs vereinbar erklären musste.[424] Doch ähnlich wie die MOE-Staaten befinden sich die Bündnisfreien in einem Dilemma, da sie sich gleichzeitig bewusst sind, dass starke ESVP-Strukturen die Interessen der kleineren Staaten evtl. besser gegen die Ambitionen der großen EU-Mitglieder schützen können.[425]

Die Bestimmungen des VVE

Wie der Konventsentwurf nimmt der VVE Beschlüsse mit militärischen und verteidigungspolitischen Bezügen weiterhin von der Anwendung der qualifizierten Mehrheitsentscheidung aus.[426] Die Möglichkeit der konstruktiven Stimmenthaltung bleibt bestehen.[427]

---

[420] Vgl. Ojanen/ Herolf/ Lindahl (2000), Non-Alignment and European Security Policy, S. 23, 26 und 240.
[421] Ojanen/ Herolf/ Lindahl (2000), Non-Alignment and European Security Policy, S. 240.
[422] Vgl. Ojanen/ Herolf/ Lindahl (2000), Non-Alignment and European Security Policy, S. 25/ 26, 63 und 246.
[423] Siehe Punkt 2.4.
[424] Vgl. De Schoutheete (2004), La cohérence par la défense, S. 65/ 66.
[425] Vgl. Ojanen/ Herolf/ Lindahl (2000), Non-Alignment and European Security Policy, S. 246 und 63.
[426] Vgl. Artikel I-41 (6) und III-300 (4) VVE.
[427] Vgl. Artikel III-300 (1) VVE.

Während zwar alle im Konventsentwurf vorgeschlagenen Formen der Gruppenbildung von der Zustimmung aller EU-Mitglieder abhängig gemacht wurden und grundsätzlich allen Mitgliedstaaten offen standen, boten dennoch sowohl die strukturierte als auch die engere Zusammenarbeit evtl. Möglichkeiten der Bildung konstanter und/ oder abgeschlossener Kerngruppen. Während die strukturierte Zusammenarbeit ein starkes Element der Kernbildung enthielt, da der Kern selbst über die Kriterien bestimmen sollte, die für die Aufnahme neuer Teilnehmer maßgeblich würden, wäre die engere Zusammenarbeit aus politischen Gründen einer Reihe von Mitgliedern verschlossen geblieben.[428] Im Zuge der zwischenstaatlichen Verhandlungen des Verfassungsvertragsentwurfs wurden eventuelle Risiken einer Kernbildung in der ESVP reduziert. Die Möglichkeiten der differenzierten Zusammenarbeit und Gruppenbildung stellten sich in Folge im VVE als relativ eingeschränkter dar. Die VVE-Bestimmungen zur Flexibilisierung stellen dabei den kleinsten gemeinsamen Nenner der Mitgliedstaaten und nicht zuletzt das Ergebnis verschiedener Reformbereiche übergreifender (z.B. militärische Fähigkeitenentwicklung und Akteursprofilbestimmung) *Trade-offs* der Mitgliedstaaten dar.

Die Möglichkeit, dass zur Durchführung einer Mission „zur Wahrung der Werte der Union und im Dienste ihrer Interessen“ der Rat eine Gruppe von Mitgliedstaaten beauftragen kann, wurde im VVE beibehalten.[429] Die weiteren diesbezüglichen Bestimmungen in Artikel III-310 VVE decken sich mit den im Entwurf normierten Voraussetzungen und Pflichten einer solchen Zusammenarbeit, welche eine enge Involvierung des Unions-Außenministers und des Rats sicherstellen. Zusätzlich normiert Artikel III-310 VVE, dass die teilnehmenden Mitgliedstaaten den Rat nicht nur von sich aus regelmäßig über den Stand der Operation unterrichten, sondern auch auf diesbezügliche Anträge eines anderen, nicht beteiligten Mitgliedstaates reagieren müssen.[430]

Der Vorschlag des Verfassungsentwurfs zur strukturierten Zusammenarbeit rief dagegen Widerstände Großbritanniens, der bündnisfreien und MOE-Staaten auf den Plan, da die Bestimmungen des Verfassungsentwurfs dahingehend interpretiert werden konnten, dass eine kleine Zahl von EU-Mitgliedern einen „closed club with its own structures and the ability to decide its own operations“[431] bilden könnten. Da ein solcher „Club“ evtl. auch NATO-Mitglieder in der EU diskriminieren und den Zusammenhalt in der Allianzschwächen könnten, stießen entsprechende Bestimmungen auch in Washington auf starke Bedenken.[432]

[428] Vgl. Schmidt (2003), Kerneuropa der Sicherheitspolitik, S. 252/ 253.
[429] Artikel I-41 (5) VVE.
[430] Vgl. Artikel III-310 (2) VVE.
[431] Zilmer-Johns (2004), The Convention, the IGC and the great powers, S. 60/ 61.
[432] Haftendorn (2005), Das Atlantische Bündnis in der Anpassungskrise, S. 22.

Verhandlungen der Bestimmungen zwischen den großen Drei erzielten für den VVE einen Kompromiss, welcher als Rational der strukturierten Zusammenarbeit ausschließlich die Verbesserung der militärischen Fähigkeiten fixiert. Die strukturierte Zusammenarbeit kann in keinem Fall mehr auf militärische Operationen oder die Schaffung von militärischen Hauptquartieren angewandt werden. Das neue Protokoll definiert zudem die Aufnahmekriterien der strukturierten Zusammenarbeit so locker, dass letztendlich jeder interessierte Mitgliedstaat der strukturierten Zusammenarbeit beitreten kann. Die Zustim-mung Großbritanniens zu dieser Form der verstärkten Zusammenarbeit einerseits und das Zugeständnis Frankreichs und Deutschlands, von der Ermöglichung einer Avantgarde, welche über den Bereich der Fähigkeitenentwicklung hinausgehen würde, zunächst abzusehen, wurde durch jeweilige *Trade-offs* der drei Staaten v.a. zum ebenfalls umstrittenen Thema der Schaffung eines EU-eigenen Operations-Hauptquartiers in Tervuren erzielt.[433] Zugunsten der Zustimmung Großbritanniens zur strukturierten Zusammenarbeit und zum Unions-Außenminister gaben Frankreich und Deutschland dabei ihren Plan eines EU-eigenen Operations-Hauptquartier auf und einigten sich stattdessen auf die Verstärkung des EUMS durch eine kleine Einheit von Planungskräften, auf die sog. zivil-militärische Zelle[434].

Die im Entwurf vorgeschlagene Möglichkeit einer engeren Zusammenarbeit in Verteidigungsfragen kam damit im VVE aufgrund von Widerständen Großbritanniens, der MOE-Staaten und der Bündnisfreien nicht mehr zum Tragen. Lediglich eine Beistandsklausel in Artikel I-41 (7), welche die Mitgliedstaaten im Falle eines bewaffneten Angriffs auf das Hoheitsgebiets eines der Mitgliedstaaten nach Artikel 51 UN-Charta zu aller in ihrer Macht stehenden Hilfe und Unterstützung verpflichtet, was aber den besonderen Charakter der Sicherheits- und Verteidigungspolitik bestimmter Mitgliedstaaten unberührt lässt, wurde in den VVE aufgenommen.[435]

---

[433] Parallel zu der Arbeit bzw. den Verhandlungen einer europäischen Verfassung fand im April 2003 ein Gipfeltreffen Frankreichs, Deutschlands, Belgiens und Luxemburgs statt, auf dem die Vier, unter Ausschluss Großbritanniens, die Entwicklung eines eigenen OHQ forderten, was v.a. auf die empörte Ablehnung der USA und Großbritanniens ebenso wie anderer atlantisch orientierter EU-Mitglieder stieß.

[434] Mehr zur zivil-militärischen Zelle siehe Punkt 4.2.2.

[435] Vgl. The CER Guide to the Brussels Summit (2003), http://www.cer.org.uk/pdf/briefing_cer_igc.pdf, Zugriff am 1.3.2004, S. 6/ 7: Laut des *Centre for European Reform* war die Modifizierung der Artikels zu gegenseitigen militärischen Unterstützung ebenfalls Teil des o.g. Kompromisses. Die gegenseitige Beistandsklausel im Teil III des Verfassungsentwurfs wurde in der entsprechenden Form im VVE komplett gestrichen, der allgemeinere Artikel im Teil I wurde abgeschwächt und durch die Zusätze, dass die Mitglieder sich im Einklang mit Artikel 51 der UN-Charta beistehen werden und dass die NATO die Basis der kollektiven Verteidigung der Mitgliedstaaten und das Forum deren Implementierung darstellt, ergänzt. Dadurch wurden Großbritannien, das prinzipiell Rivalitäten zwischen

3.3.4 Supranationaler Intergouvernementalismus als Lösung?

Die intergouvernementale Konstruktion des Entscheidungssystems in den Bereichen Sicherheit und Verteidigung entwickelte schon bald nach Initiierung der ESVP im Juni 1999 eine neue Dimension[436], welche Howorth als „Brussels-based intergovernmentalism"[437] bezeichnet und in welcher die für die ESVP neu geschaffenenen Institutionen (PSK, EUMC, EUMS, CIVCOM etc.) quasi-supranationale Politik betreiben können. Der Prozess der Brüsselisierung bezieht sich – in seiner äußerlich sichtbaren Form – jedoch ausschließlich auf die neuen ESVP-Institutionen und damit auf die mittlere Arbeitsebene. Die ausschlaggebenden Politikentscheidungen im Bereich der Sicherheit und Verteidigung bleiben dagegen der Einstimmigkeit des Ministerrats bzw. die grundlegenden Richtungs- und Rahmenentscheidungen der Einstimmigkeit des Europäischen Rats unterworfen. Durch das Einstimmigkeit erfordernde Entscheidungssystem bleibt den einzelnen Mitgliedstaaten in jedem Fall ihre Souveränität in der Sicherheits- und Verteidigungspolitik auch auf EU-Ebene erhalten. Die Ratspräsidentschaft bietet dem jeweils ausführenden EU-Mitgliedstaat in diesem Zusammenhang die Möglichkeit, die ESVP in seinem Sinne weiterzuentwickeln und umzusetzen oder aber auch zu vernachlässigen. Die Entscheidungsmacht und politische Gestaltungsfähigkeit der EU im operativen Krisenmanagement geht also von den Mitgliedstaaten aus, nicht umgekehrt.[438] Als Bestandteil der GASP und als Politik, welche in den Kernbereich nationaler Souveränität fällt, bleibt die ESVP intergouvernemental organisiert. Die intergouvernementale Konstruktion der ESVP erfordert aber – nicht zuletzt angesichts der Erweiterung der EU auf 25 Mitgliedstaaten – in zunehmendem Maße Formen der Flexibilisierung, um die Handlungsfähigkeit der ESVP zu sichern und zu steigern und die Dynamik des ESVP-Entwicklungsprozesses zu verstärken. Vorschläge zur Einführung von signifikanten Flexibilisierungsmaßnahmen (z.B. eine engere Zusammenarbeit in der Verteidigung) erfuhren jedoch starke Exklusionsbefürchtungen v.a. der atlantisch orientierten, neutralen und kleinen Mitglieder sowie der damaligen Beitrittskandidaten und konnten sich deshalb nicht durchsetzen.[439] Mit Blick auf die angestrebte Effizienz der Entscheidungsstrukturen, welche z.B. Differenzen un-

---

der EU und der NATO vermeiden will, sowie andere kleinere Mitgliedstaaten, insbesondere die neuen Mitgliedstaaten der ersten Beitrittsrunde 2004, die ebenfalls transatlantisch orientiert sind, beruhigt und zufriedengestellt.

[436] Vgl. Howorth (2001), European Defence and the Changing Politics of the European Union, S. 787: "[T[he process of 'Brusselization' which forges an ever more coherent common approach to broad policy issues, has already taken the CESDP process beyond traditional intergovernmentalism".

[437] Howorth (2001), European Defence and the Changing Politics of the European Union, S. 787.

[438] Vgl. Meier-Walser (2003), Braucht Europa die NATO noch?, S. 379.

[439] Vgl. Petersohn/ Lang (2005), Die Zukunft der ESVP nach den gescheiterten Referenden, S. 2.

ter den EU-Mitgliedern in einer internationalen Krise vom Ausmaß des Irakkonfliktes vermeiden oder schlichten und zügig die sicherheitspolitische Beschlussfähigkeit der EU unter Beweis stellen können sollten, bedeuten die Maßgaben des VVE keinen wesentlichen Fortschritt.[440] Während in den Bereichen der Fähigkeitenentwicklung[441] und Durchführung von Missionen[442] der Trend in Richtung eines sog. offenen Gravitationsraums weist, ist die Einführung von Flexibilisierungsoptionen bei der Entscheidungsfindung auch mittel- bis langfristig nicht absehbar.[443]

3.4 Institutionelle und prozedurale Antworten auf den Imperativ der Vermeidung einer Abkopplung von der NATO und der Diskriminierung europäischer NATO-Mitglieder

Die erste amerikanische Reaktion auf die britisch-französische Erklärung von St-Malo erfolgte durch die US-Außenministerin Albright. In ihrem diesbezüglichen Artikel „The Right Balance Will Secure NATO's Future", welcher am 7.12.1998 in der *Financial Times* erschien nannte Albright die Erwartungen der USA an bzw. die Bedingungen amerikanischer Unterstützung für das ESVP-Projekt:

> "We welcome the call from Tony Blair [...] for Europeans to consider ways they can take more responsibility for their own security and defence. [...] We want a Europe that can act. We want a Europe with modern, flexible military forces that are capable of putting out fires in Europe's backyard and working with us through the alliance to defend our common interests. [...] We will examine all proposals on European defence and security with a simple question in mind: Does it improve our effectiveness in working together? [...] The key is to make sure that any institutional choice is consistent with basic principles that have served the Atlantic partnership well for 50 years. This means avoiding what I would call the Three Ds: decoupling, duplication, and discrimination."[444]

Decoupling bzw. Abkopplung bezieht sich dabei auf den seitens der USA befürchteten Effekt der ESVP, dass sich die europäische Entscheidungsfindung aus dem transatlantischen Politikforum der Allianz ausklinken und evtl. diesem sogar zuwiderlaufen könnte. *Duplication* bzw. Duplizierung beschreibt die unerwünschte Verdoppelung von Streitkräften, militärischen Fähigkeiten und insbe-

---

[440] Vgl. Koopmann (2004), Notwendige Fortschritte, verpasste Chancen, S. 80.
[441] Siehe Punkt 4.
[442] Siehe Punkt 5.
[443] Vgl. Petersohn/ Lang (2005), Die Zukunft der ESVP nach den gescheiterten Referenden, S. 4.
[444] Zitiert nach: From St. Malo to Nice (2001), S. 11.

sondere operativen Planungs- und Führungsfähigkeiten. *Discrimination* bzw. Diskriminierung bezieht sich auf den seitens der USA unerwünschten möglichen Ausschluss europäischer NATO-Mitglieder, die nicht der EU angehören, aus der Entscheidungsfindung und -durchführung der ESVP.[445]

Die folgenden Ereignisse im Kosovo und die dortige NATO-Operation, mit deren Verlauf sowohl die Amerikaner als auch die Europäer unzufrieden waren[446], steigerte einerseits die amerikanische Akzeptanz einer ESVP, wie auf dem Gipfel des Nordatlantik-Rates in Washington D.C. am 24.4.1999 deutlich wurde. Die Entscheidung für eine ESVP wurde offiziell von den USA und der gesamten NATO begrüßt, wenn auch begleitet von Forderungen nach der Entwicklung von Konsultationsmechanismen zwischen EU und NATO, aufbauend auf den Mechanismen, die bereits im Rahmen der ESVI zwischen der NATO und der WEU existierten, der Einhaltung der Leitprinzipien von Kooperation und Transparenz zwischen den beiden Organisationen sowie der weitestgehenden Einbeziehung der europäischen NATO-Mitglieder, die nicht der EU angehörten, in europäische Krisenreaktionsoperationen, aufbauend auf den existierenden ESVI Mechanismen.[447] Die Berlin-Plus-Vereinbarungen zwischen WEU und NATO vom NATO-Gipfel in Berlin 1996 wurden dabei auf die Beziehungen zwischen EU und NATO im internationalen Krisenmanagement übertragen bzw. ausgedehnt.[448] Andererseits wirkten die Erfahrungen des Kosovokonflikts und der NATO-Operation im Kosovo als Katalysator der Europäisierung der britisch-französischen Initiative von St. Malo und der Schaffung von EU-eigenen Strukturen zum Zwecke der Entscheidung über die und Durchführung der schon in Amsterdam normierten Petersbergaufgaben. Erstens hatte die widerwillige und begrenzte Bereitschaft der USA, im Rahmen der NATO in den Kosovokonflikt einzugreifen, nach Bosnien ein weiteres Mal verdeutlicht, dass die EU sich in Zukunft nicht mehr darauf verlassen können würde, dass die USA im Krisenfall auf europäischen Boden entscheidend einspringen würden. Zweitens war die NATO-Operation angesichts mangelnder europäischer Fähigkeiten militärisch von den USA dominiert gewesen, was den USA faktisch erlaubt hatte, ihren eu-

---

445 Vgl. From St. Malo to Nice (2001), S. 11.

446 Bozo (2003), The Effects of Kosovo and the Danger of Decoupling, S. 65: „For their part, the Americans deplore having borne an overly large share of the effort in an operation in which the European military contribution should have been greater, while complaining of having been prevented by the latter from conducting the strategy in a way that seemed best in their eyes. [...] the Europeans begrudge having had too small an influence upon the operation, with some of them (not always explicitely) believing that a more assertive Europe, and hence a more balanced Alliance, would have been in a better position to promote a strategy that was better than the American one."

447 Vgl. From St. Malo to Nice (2001), S. 30.

448 Vgl. Quille (2003), What does the EU agreement on Operational Planning mean for NATO?, http://www.isis-europe.org/ftp/download/eu%20plann%20cell-%20nn%20nn%20v5n8.pdf, Zugriff am 2.2.2006, S. 1.

ropäischen Verbündeten die Strategie des Eingreifens (Luftangriffe, entsprechende Auswahl der Ziele) vorzugeben.

In Köln beschlossen die EU-Mitgliedstaaten aufbauend auf den Vorschlägen von St. Malo und unter Berücksichtigung amerikanischer Erwartungen und Vorbehalte, dass die Union die Fähigkeit zu eigenständigem Handeln entwickeln müsse, um auf internationale Krisen unbeschadet von Maßnahmen der NATO reagieren zu können.[449] Diese Fähigkeit erfordere glaubwürdige militärische Mittel ebenso wie Strukturen, die es erlauben würden, über den Einsatz dieser Mittel zu entscheiden.[450] Zur effektiven wechselseitigen Konsultation, Kooperation und Transparenz zwischen NATO und EU sollten wirksame Mechanismen entwickelt werden.[451] Sowohl der NATO angehörende als auch neutrale[452] und bündnisfreie EU-Mitgliedstaaten sollten sich in vollem Umfang und gleichberechtigt an den EU-Operationen beteiligen können.[453] Europäische NATO-Mitglieder, die keine EU-Mitglieder sind, müssten – unbeschadet der grundsätzlichen Entscheidungsautonomie der EU – ebenfalls die Möglichkeit haben, sich umfassend an EU-Operationen zu beteiligen. Zu letzterem Zwecke müssten entsprechende Arrangements geschaffen werden, die auf den bereits existierenden WEU-NATO-Vereinbarungen aufbauen würden.[454] Darüber hinaus wurde der Rat ersucht, die Modalitäten der Integration der Funktionen der WEU, welche die EU benötigt um ihre neuen Aufgaben wahrnehmen zu können, bis Ende 2000 zu fixieren. Die WEU würde dann als Organisation ihren Zweck erfüllt haben.[455] Auf die strittige Frage der Übernahme von Artikel V der WEU in die EU wurde hierbei nicht näher eingegangen, sondern nur betont, dass bei der Gestaltung des künftigen Verhältnisses zwischen WEU und EU der unterschiedliche Status der Mitgliedstaaten in Bezug auf Garantien der kollektiven Verteidigung nicht berührt würde und die NATO das Fundament der kollektiven Verteidigung ihrer Mitglieder bliebe.[456] In Köln blieben damit die Fragen, wie der WEU-Vertrag in den rechtlichen Rahmen der EU eingefügt werden und auf welche Weise die europäischen NATO-Partner sich an der ESVP beteiligen könnten, offen.[457]

---

[449] Vgl. From St. Malo to Nice (2001), S. 41.
[450] Vgl. From St. Malo to Nice (2001), S. 41.
[451] Primosch (1999), Die gemeinsame europäische Sicherheits- und Verteidigungspolitik in der Perspektive des Europäischen Rates von Köln, S. 630.
[452] Die Aufnahme des Begriffs „neutral" erfolgte auf Anregen Österreichs (vgl. Primosch [1999], Die gemeinsame europäische Sicherheits- und Verteidigungspolitik in der Perspektive des Europäischen Rates von Köln, S. 630).
[453] Vgl. Primosch (1999), Die gemeinsame europäische Sicherheits- und Verteidigungspolitik in der Perspektive des Europäischen Rates von Köln, S. 629/ 630.
[454] Vgl. From St. Malo to Nice (2001), S. 45.
[455] Vgl. From St. Malo to Nice (2001), S. 42.
[456] Vgl. Primosch (1999), Die gemeinsame europäische Sicherheits- und Verteidigungspolitik in der Perspektive des Europäischen Rates von Köln, S. 630/ 631.
[457] Vgl. Churruca Muguruza (2000), Von Maastricht nach Köln, S. 185.

Die Clinton-Administration bezog in Folge des Schlussberichts des Europäischen Rats von Köln massiv gegen eine zu autonome Interpretation der ESVP, wie sie diese aus dem Wortlaut des Berichts herauslas, Stellung. Zum einen legten die in Köln verwendeten Formulierungen und aufgezeigten Pläne im Vergleich zur St. Malo-Initiative mehr Betonung auf den Aspekt der Autonomie.[458] Während erstens, gemäß des Wortlauts der Erklärung von St. Malo die EU nur dann eingreifen würde, wenn die NATO als Ganzes nicht beteiligt ist, hieß es in Köln nun, die EU würde unbeschadet von Maßnahmen der NATO in Krisen eingreifen[459]. Die Clinton-Administration argumentierte, dass letztere Formulierung für die USA nicht akzeptabel sei, da sie den Eindruck erwecke, dass internationales Krisenmanagement im Sinne von Nicht-Artikel-5-Missionen zur Prärogative der EU werden, und die NATO nur noch für Artikel-5-Operationen Verwendung finden würde.[460] Auch wenn dieser amerikanische Einwand auf den ersten Blick als Wortklauberei anmuten könnte, ging es hier um die fundamentale Frage, wie weit die Autonomie der ESVP gehen würde und insbesondere darum, ob die EU eine militärische Operation auch gegen den Willen der USA durchführen würde. Während Großbritannien die Ermöglichung einer Durchführung von EU-Operationen gegen den Willen der USA verhindern wollte und daher die Formulierung von St. Malo befürwortete, welche impliziert, dass die USA zuvor ihre Zustimmung zu einer EU-Operation gegeben haben würden, wollte Frankreich die Möglichkeit einer EU-Operation auch ohne Zustimmung der USA nicht von vorneherein ausschließen. Zweitens verstärkte die Ankündigung der Schaffung permanenter ESVP-Strukturen auf dem Treffen des Europäischen Rats in Köln und erste Ausführungen hierzu in Washington wieder den Eindruck, dass die EU sich zu einem von der NATO abgekoppelten Sicherheitsforum entwickeln könnte.[461] Der stellvertretende US-Außenminister Talbott wiederholte und explizierte in der Nachfolge des Treffens des Europäischen Rats in Köln in seiner Rede „America'a Stake in a Strong Europe" in London am 7.10.1999 die Prioritäten und Befürchtungen der USA in Bezug auf die ESVP:

> „Many Americans are saying: never again should the United States have to fly the lion's share of the risky missions in a NATO operation and foot by far the biggest bill. Many in my country, notably including members of Congress – are concerned that, in some future European crisis, a similar predominance of American manpower, firepower, equipment and resources will be neither politically nor militarily sustainable, given the competing commitments our nation has in the Gulf, on the Korean peninsula and elsewhere around the world. [...] The US is for ESDI. It's in our interest for Europe to be able to deal effectively with challenges to European security well before they reach the threshold of triggering U.S. combat involvment. [...] our support will be guided by the answers to two questions: first, will it work? Will it be able to do what it's supposed to do? Second, will it help keep the Alliance together and that means the whole Alliance,

[458] Vgl. Sloan (2003), NATO, the European Union, and the Atlantic Community, S. 174.
[459] Vgl. From St. Malo to Nice (2001), S. 41.
[460] Vgl. Moens (2003), ESDP, the United States and the Atlantic Alliance, S. 30.
[461] Vgl. Haine (2004), ESVP und NATO, S. 162.

> European and non-European, EU and non-EU? We would not want to see an ESDI that comes into being first within NATO but then grows out of NATO and finally grows away from NATO, since that would lead to an ESDI that initially duplicates NATO but that could eventually compete with NATO."[462]

Der britische NATO-Generalsekretär Lord Robertson versuchte im November 1999 die amerikanischen *Three Ds* in einer konstruktiveren Formulierung – den der *Three Is* – zu verpacken.: „Improvement in European defence capabilties", „inclusiveness and transparency for all Allies", „indivisibility of Trans-Atlantic security"[463] und versicherte, dass die Entwicklung der ESVP nicht weniger A-merika, sondern mehr Europa und somit eine Stärkung der NATO bedeuten würde.[464] Während im Vorfeld des Treffens des Europäischen Rats in Helsinki der damalige US-Verteidigungsminister Cohen in einer Rede vor deutschen Militärs am 1.12.1999 die Vorstellung der USA von einem Erstablehnungsrecht der NATO explizit machte – "NATO should have what I call a first option on any action that would be taken in the way of a military operation"[465] –, übten die USA insbesondere auf die britische Regierung massiv Druck aus, damit diese ihre europäischen Partner überzeugen sollte, das Konzept und die Formulierung europäischer Autonomie im Krisenmanagement, wie es in Köln formuliert worden war, in Helsinki fallen zu lassen und durch eine „less robust formula"[466] zu ersetzen.[467] Neben der Bestätigung und Formalisierung des Erstablehnungsrechtes der NATO forderten die USA zudem die schnellstmögliche Etablierung von Konsultationsmechanismen zwischen der NATO und der EU.[468] Unter anderem unter Bezugnahme auf den Bericht der französischen Nationalversammlung über die NATO-Operation im Kosovo vom 15.12.1999 und die Zusammenfassung der Lehren des Kosovokriegs durch das französische Verteidigungsministerium vom 20.11.1999, welcher ein möglichst hohes Maß an Entscheidungsautonomie für die 15 EU-Mitglieder empfahl[469], und aus der Befürchtung heraus, dass die USA zu großen Einfluss auf die Entwicklung der ESVP ausüben könnten, weigerte sich Frankreich jedoch, dass die EU mit der NATO Konsultationsmechanismen verhandeln solle, ohne dass die ESVP-Gremien eingerichtet und funktionsfähig gewesen wären.[470]

---

[462] Zitiert nach: From St. Malo to Nice (2001), S. 56.
[463] From St. Malo to Nice (2001), S. 63.
[464] Vgl. From St. Malo to Nice (2001), S. 63.
[465] Cohen zit. in: Howorth (2000), Britain, France and the European Defence Initiative, S. 47.
[466] Howorth (2000), Britain, France and the European Defence Initiative, S. 47.
[467] Vgl. Moens (2003), ESDP, the United States and the Atlantic Alliance, S. 30: "On the eve of the Helsinki European Council Summit, the Americans intervened 'at the highest level' by calling on Prime Minister Blair to persuade Jacques Chirac to put 'where the Alliance as a whole is not engaged' into the EU Council Conclusions."; vgl. ebenso: Howorth (2000), Britain, France and the European Defence Initiative, S. 46.
[468] Howorth (2000), Britain, NATO and CESDP, S. 391.
[469] Wosolsobe (2000), Frankreich, S. 224/ 225.
[470] Vgl. Sloan (2003), NATO, the European Union, and the Atlantic Community, S. 176/ 177.

Auf dem Treffen des Europäischen Rats in Helsinki wurde im finnischen Schlussbericht die umstrittene Kölner Formulierung tatsächlich wieder durch die aus der ESVI und der St. Malo-Erklärung bekannten Formulierung ersetzt. Darüber hinaus wurde betont, dass der NATO weiterhin eine wichtige Rolle bei der Krisenbewältigung zukommt, und die Entwicklung der ESVP die für die verbündeten Mitgliedstaaten geltenden Beistandsverpflichtungen nicht berührt wird.[471] Darüber hinaus hielt der Schlussbericht fest, dass die Modalitäten der ESVP in voller Konsultation, Kooperation und Transparenz mit der NATO entwickelt werden sollen und die Entwicklung geeigneter Mechanismen bzw. Strukturen sicherstellen soll, dass die europäischen NATO-Mitglieder, die nicht der EU angehörten und andere interessierte Staaten an Operationen unter der ESVP teilnehmen können. Wenn der Rat entscheidet, eine Operation mit Rückgriff auf NATO-Kapazitäten durchzuführen, können die Nicht-EU-aber-NATO-Mitglieder sich an dieser beteiligen. Im Falle einer Operation ohne Rückgriff auf NATO-Kapazitäten entscheidet der Rat über ihre Teilnahme. Über die Teilnahme zukünftiger Beitrittsstaaten und anderer potenzieller Partner im Krisenmanagement entscheidet ebenfalls der Rat. Alle Staaten, die ihre Teilnahme an einer Operation bestätigen, indem sie signifikante Beiträge leisten, haben dieselben Rechte und Pflichten bei der laufenden Durchführung der Operation wie die beteiligten EU-Staaten – jedoch „with full respect of the decision-making autonomy of the EU and the single institutional framework of the Union"[472]. Der Aspekt des institutionellen Verhältnisses zwischen EU und WEU blieb auch in Helsinki unbeleuchtet.[473] Insgesamt nahmen die ESVP-Beschlüsse von Helsinki auf amerikanische Bedenken u.a. darin Rücksicht, dass mögliche EU-geführte Operationen explizit davon abhängig gemacht wurden, dass die NATO als Ganzes nicht beteiligt ist. Gleichzeitig wurden erste Prinzipien für Konsultationen und die Zusammenarbeit mit Ländern, die nicht der EU angehören sowie für die Konsultation und Kooperation mit der NATO definiert. Die Helsinki-Schlussfolgerungen wurden von Washington in Folge dessen als mehrere Schritte in die richtige Richtung gutgeheißen.[474] Talbott sprach sogar von einem großen Fortschritt und einer Bestätigung des Beschlusses von Washington, wonach die NATO die „preferred institution to act wherever possible"[475], die ESVP der Allianz nachgeordnet wäre und die NATO (USA) ein „right of first refusal" hätte.[476]

---

[471] Vgl. Primosch (2000), Europäischer Rat von Helsinki, S. 213.
[472] From St. Malo to Nice (2001), S. 88.
[473] Vgl. Primosch (2000), Europäischer Rat von Helsinki, S. 213.
[474] Vgl. Kremer/ Schmalz (2001), Nach Nizza, S. 169.
[475] Talbott, The State of the Alliance: An American Perspective, Rede vor dem Nordatlantikrat am 15.12.1999, zit. in: Dembinski (2000), Perspektiven der Europäischen Sicherheits- und Verteidigungspolitik, S. 16.
[476] Vgl. Dembinski (2000), Perspektiven der Europäischen Sicherheits- und Verteidigungspolitik, S. 15/ 16.

Dennoch blieben amerikanische Sensibilitäten bestehen. Die Gründe für die amerikanische Zurückhaltung lagen dabei weniger in der häufig zitierten Gefahr für die globale amerikanische militärische Vormachtstellung, die evtl. von der ESVP ausgehen würde.[477] Eine Rolle spielten aber zum einen amerikanische Befürchtungen, dass die USA in Europa und in der NATO an Einfluss und Gestaltungsmacht einbüßen könnten. Zum anderen war die US-Administration besorgt, dass erstens die USA durch mangelnde Koordination zwischen NATO und EU über die ESVP evtl. ungewollt in einen Konflikt hineingezogen werden könnten[478] oder zweitens über die ESVP sog. versteckte Beistandsverpflichtungen an EU-Mitglieder eingehen würde, die nicht der NATO angehören.[479] Letztere Situation könnte eintreten, falls eine EU-geführte Petersbergmission in die Bedrohung des Territoriums bzw. der Sicherheit eines NATO-Mitgliedstaates eskalieren würde, so dass die USA vertraglich zum Beistand verpflichtet wären.[480]

Anfang 2000 wurde die Frage der EU-NATO-Konsultationsmechanismen zum *Sticking-point*: Frankreich weigerte sich als einziges Mitglied der EU weiterhin, Verhandlungen mit der NATO zu beginnen, bevor nicht die institutionelle Basis der ESVP konsolidiert war. Großbritannien überzeugte Frankreich schließlich in bilateralen Gesprächen von der Annahme eines Plans, welcher die Einrichtung von vier NATO-EU-Arbeitsgruppen vorsah, wovon eine die Einrichtung permanenter Konsultationsarrangements behandeln sollte. Diese sog. „Agenda for the engagement in dialogue“ gab Frankreich „a face-saving opportunity as nothing could be seen as agreed“[481], weswegen auf dem Treffen des Politischen Komitees am 19.4.2000 eine allseitige Einigung hierüber und damit ein Durchbruch erzielt wurde.[482] Die folgenden Diskussionen um Konsultationsmechanismen zwischen den Mitgliedern der beiden Organisationen einerseits und den beiden Organisationen als Ganzes andererseits spiegelten wiederum die entgegengesetzten Auffassungen der Briten und Franzosen über Natur und Zweck der ESVP wider:

Während Frankreich die ESVP vorrangig als EU-zentriertes Projekt betrachtete, zu welchem die EU als unabhängige Organisation auch per se ein Recht hatte, wollte Großbritannien mit der ESVP weniger die grundsätzliche Unabhängigkeit

---

477 Vgl. Schwarz (2002), Die Rolle Europas in der amerikanischen Außenpolitik, S. 173 ; vgl. ebenso: De Schoutheete (2004), La cohérence par la défense, S. 69.
478 Vgl. Hamilton (2004), American perspectives on the European Security and Defence Policy, S. 151: "Experience has shown that, when European rhetoric exceeds European reality, the US usually has to pick up the pieces."
479 Vgl. Kremer/ Schmalz (2001), Nach Nizza, S. 169.
480 Vgl. Dembinski (2000), Perspektiven der Europäischen Sicherheits- und Verteidigungspolitik, S. 15/ 16.
481 Howorth (2000), Britain, France and the European Defence Initiative, S. 46.
482 Vgl. Howorth (2000), Britain, NATO and CESDP, S. 392.

der EU in Sicherheits- und Verteidigungsfragen unter Beweis stellen, als vielmehr die Allianz stärken.[483] Großbritannien teilte die potenziellen Partner der ESVP vor diesem Hintergrund in zwei Gruppen ein – in NATO-Mitglieder und in Nicht-NATO-Mitglieder – und trat dabei v.a. für eine weitestgehende ESVP-Involvierung der europäischen NATO-Mitglieder, welche nicht der EU angehörten, ein, deren mit einer Auflösung der WEU einhergehende Statusverlust in europäischen Sicherheitsfragen so gut wie möglich kompensiert werden sollte. Dagegen erschien Großbritannien die Beteiligung der EU-Beitrittskandidaten, die nicht der NATO angehörten, als zweitrangig. Aus französischer Sicht konnten dagegen die Partner der ESVP in drei Gruppen aufgeteilt werden: EU-Beitrittskandidaten, die schon NATO-Mitglieder waren, EU-Beitrittskandidaten, die (noch) keine NATO-Mitglieder waren, und NATO-Mitglieder, die nicht der EU angehörten und auch keine EU-Beitrittskandidaten waren. Frankreich wollte hierbei ganz klar Konsultationen mit den beiden Gruppen von Beitrittskandidaten die Priorität vor eventuellen Abstimmungen mit Nicht-EU-aber-NATO-Mitgliedern einräumen.[484]

In Feira einigten sich die EU-Mitglieder, aufbauend auf der Arbeit der entsprechenden Arbeitsgruppen, aber über die ursprünglich anvisierte *Single inclusive structure* (15+15) zur Beteiligung aller in Frage kommenden Nicht-EU-Mitglieder hinaus, auf anhaltendes Drängen der Nicht-EU-aber-NATO-Mitglieder auf die Einrichtung eines zusätzlichen Konsultationsrahmens der 15 EU-Mitglieder und der sechs Nicht-EU-aber-NATO-Mitglieder (15+6).[485] Demnach sollten sich in der sog. Routinephase die EU-Mitglieder und die 15 betroffenen Länder, d.h. die nicht der EU angehörenden europäischen NATO-Mitglieder und die Bewerberländer, außerhalb von Krisenzeiten regelmäßig treffen (sog. 15+15-Format). Innerhalb dieses Arrangements sollten mindestens zwei Tagungen mit den nicht der EU angehörenden europäischen NATO-Mitgliedern stattfinden (15+6); weitere Treffen könnten auf Ebene der Vertreter im EUMC und der Militärsachverständigen stattfinden. Außerdem hätte jede Präsidentschaft die Möglichkeit, zusätzliche Treffen einzuberufen. Zudem könnten die Dialogpartner über ihre beim Militärstab akkreditierten Offiziere noch stärker in die ESVP eingebunden werden. In Krisenzeiten würden hinsichtlich der entsprechenden Konsultationsmechanismen zwei Phasen unterschieden: In der sog. voroperativen Phase, d.h. vor Beschlussfassung durch den Rat, würde der Dialog- und Konsultationsprozess auf allen Ebenen einschließlich der Ministerebene intensiviert und im Falle der Erwägung einer Option, welche den Rückgriff auf Mittel und Fähigkeiten der NATO erforderlich machen würde, der Konsultation mit den nicht der EU angehörenden europäischen NATO-Mitgliedern besondere Beachtung geschenkt. In der sog. operativen Phase könnten

[483] Vgl. Howorth (2000), Britain, NATO and CESDP, S. 393.
[484] Vgl. Howorth (2000), Britain, France and the European Defence Initiative, S. 41.
[485] Vgl. Tofte (2003), Non-EU NATO Members and the Issue of Discrimination, S. 144.

sich die nicht der EU angehörenden europäischen NATO-Mitglieder an einer Operation beteiligen, wenn es sich um eine Operation handele, bei der auf Fähigkeiten und Mittel der NATO zurückgegriffen würde. Falls nicht auf NATO-Fähigkeiten und -Mittel zurückgegriffen würde, könnten sie aufgrund eines Ratsbeschlusses eingeladen werden, an der Operation teilzunehmen. Mit der Entscheidung des Rates zum Eintritt in die operative Phase würden die Drittstaaten, welche sich grundsätzlich zur Beteiligung an der Operation bereit erklärt haben, in die militärstrategische Option miteinbezogen und könnten vom Rat zur Teilnahme an der Operation eingeladen werden. Im Ausschuss der beitragenden Länder würden bzgl. der betreffenden Operation Informationen aufbereitet, Durchführungsfragen erörtert sowie Stellungnahmen und Empfehlungen erarbeitet.[486]

Zwischen den beiden Organisationen als Ganzen solle eine sog. strategische Partnerschaft zur Krisenbewältigung auf der Basis von Dauervereinbarungen über die Konsultationen und die Zusammenarbeit EU-NATO, wobei die Unterschiedlichkeit der beiden Organisationen und deren jeweilige Entscheidungsautonomie zu respektieren seien, durch folgende Mechanismen gewährleistet werden: Je EU-Präsidentschaft mindestens ein Treffen zwischen EU und NATO auf Ministerebene; mindestens drei Treffen zwischen PSK und NAC; weitere Konsultationen z.B. im Rahmen von gemeinsamen Sitzungen der Militärausschüsse, Arbeitsgruppen, Teilnahme des NATO-Generalsekretärs an Ratssitzungen, Teilnahme des DSACEUR an Sitzungen des EUMC; zudem könne der HR zu NATO-Treffen eingeladen werden bzw. der Vorsitzende des EUMC an Tagungen des NATO-Militärausschusses teilnehmen.[487]

Die Vorschläge für die Konsultation mit den und die Beteiligung der nicht der EU angehörenden europäischen NATO-Mitglieder sowie der anderen EU-Beitrittskandidaten im Rahmen der militärischen EU-Krisenbewältigung sowie die Vorschläge für Dauervereinbarungen für Konsultation und Zusammenarbeit zwischen der EU und der NATO wurden in Nizza bestätigt. Angesichts der in den Vereinbarungen enthaltenen stark formalisierten, intensiven und umfassenden Kooperation zwischen der EU und der NATO sowie der stärkeren Einbindung der europäischen NATO-aber-nicht-EU-Mitglieder im Vergleich zu den EU-Beitrittskandiaten, welche (noch) nicht Mitglieder der NATO waren, konnten diese den europäisch ausgerichteten EU-Mitgliedern, allen voran Frankreich, nur abgerungen werden, indem gleichzeitig ein ausdrücklicher Verweis auf die vollständige Beachtung der Autonomie der EU-Entscheidungsverfahren sowie

[486] Vgl. Algieri (2001), Die Europäische Sicherheits- und Verteidigungspolitik: erweiterter Handlungsspielraum für die GASP, S. 185/ 186.
[487] Vgl. Algieri (2001), Die Europäische Sicherheits- und Verteidigungspolitik: erweiterter Handlungsspielraum für die GASP, S. 187.

darauf, dass die beiden Organisationen gleichberechtigt miteinander umgehen würden, aufgenommen wurden.[488] Außerdem wurde ganz klar zwischen einerseits autonomen Operationen, bei denen ein EU-Mitglied das Operations-HQ stellen würde, und andererseits Operationen, bei denen auf Mittel und Fähigkeiten der NATO zurückgegriffen und für die der DSACEUR verantwortlich sein würden, unterschieden.[489] Im Zuge dieser Unterscheidung wurde die Kontrolle der EU über die ESVP bekräftigt und „die amerikanische Forderung, den sechs europäischen NATO-Staaten ähnliche Mitwirkungsrechte an der ESVP einzuräumen, wie diese sie im Rahmen der WEU genossen, [...] weitgehend ignoriert“[490].

Die sechs nicht der EU angehörenden europäischen NATO-Mitglieder zeigten sich mit den Regelungen unzufrieden. Sie hatten auf eine Übernahme der weitreichenden WEU-NATO-Arrangements im Rahmen der ESVI, wie sie im Washington-Kommuniqué von 1999 gefordert wurde, gehofft. Die oben beschriebenen EU-NATO-Arrangements boten den Sechs dagegen jedoch lediglich eine Teilnahme am *Decision-shaping*, aber nicht im *Decision-making* der ESVP.[491] Sunniva Tofte konstatiert in diesem Zusammenhang, dass die Sechs hierbei auch nicht Teil der "particular institutional culture developing in the corridors of the buildings where the ESDP is taking shape"[492] und des „distinct discourse“[493] der ESVP sein werden, wobei der Austausch unter den EU-Mitgliedern, welche ständig im Bereich der GASP und in den Außenbeziehungen ebenso wie in anderen Politikbereichen zusammenarbeiten, naturgemäß intensiver ist, als es jegliche Ad-hoc-Konsultationen sein können. An diesem ständigen, vertraulichen Informationsfluss haben die Partner der ESVP nicht teil. Die Partner der ESVP treten nur im Krisenfall punktuell in die entsprechenden Diskussionen ein.[494] Eine vollwertige Beteiligung potenzieller Partner an der ESVP als Gesamtprojekt wird zudem durch die Tatsache ausgeschlossen, dass die ESVP neben der militärischen auch eine zivile Dimension besitzt, in welche z.T. auch Gemeinschaftsgremien der EU involviert sind, an welchen Nicht-EU-Mitglieder nicht teilnehmen können.[495]

---

[488] Vgl. Kremer/ Schmalz (2001), Nach Nizza, S. 170.
[489] Vgl. Haine (2004), ESVP und NATO, S. 180.
[490] Dembinski (2000), Perspektiven der Europäischen Sicherheits- und Verteidigungspolitik, S. 17.
[491] Vgl. Tofte (2003), Non-EU NATO Members and the Issue of Discrimination, S. 148.
[492] Tofte (2003), Non-EU NATO Members and the Issue of Discrimination, S. 148.
[493] Tofte (2003), Non-EU NATO Members and the Issue of Discrimination, S. 148.
[494] Vgl. Tofte (2003), Non-EU NATO Members and the Issue of Discrimination, S. 148.
[495] Vgl. Tofte (2003), Non-EU NATO Members and the Issue of Discrimination, S. 149/ 150.

Insbesondere die Türkei fühlte sich vom Beschlussfassungsprozess der ESVP ausgeschlossen und verkündete auf der Ministertagung der NATO im Dezember 2000, dass es die Berlin-Plus-Vereinbarungen blockieren werde.[496]

Patrick Fitschen und Seda Serdar bestätigen, dass die Türkei nach der fast vollständigen Verschmelzung der WEU mit der EU und der Aufgabe ihres Assoziationsstatus einen Rückschritt ihrer Einflussmöglichkeiten im Bereich der europäischen Sicherheitspolitik hatte hinnehmen müssen.[497] „Das Minus an Einflussmöglichkeiten innerhalb der ESVP war [...] für die Türkei höchst unbefriedigend, insbesondere vor dem Hintergrund der Tatsache, dass sich eine Vielzahl der realen und potenziellen europäischen Krisen- und Konfliktherde in unmittelbarer Nachbarschaft zur Türkei befindet."[498] „Falls die EU eine militärische Operation ohne Rückgriff auf NATO-Ressourcen in der Nachbarschaft der Türkei durchführt, kann Ankara nur nach Einladung der EU an der Mission teilnehmen. Bei einer EU-geführten Operation unter Einbeziehung von NATO-Kapazitäten kann die Türkei zwar auf Einladung an der Operation und den täglichen militärischen Konsultationen partizipieren, aber hat keinen Einfluss auf die entscheidende Frage, ob eine Operation überhaupt und, falls ja, in welchem Umfang sie durchgeführt wird."[499] Laut Fitschen und Serdar unterminierte die Entwicklung der ESVP in den Augen türkischer Politiker und der türkischen Öffentlichkeit auch die Kohärenz der NATO und damit wiederum die nationale Sicherheit der Türkei.[500] Unter Berücksichtigung dieser türkischen Bedenken vereinbarten die Türkei, Großbritannien und die USA im Dezember 2001 im sog. Ankara-Kompromiss, dass in spezifischen Fällen, in denen ein Nicht-EU-Mitglied seine Bedenken gegen eine Militäroperation unter EU-Führung in seiner unmittelbaren geografischen Nachbarschaft äußere oder seine nationalen Interessen gefährdet sehe, Konsultationen zwischen dem Europäischen Rat und dem betroffenen Alliierten durchgeführt würden. Auf der Grundlage dieser Konsultationen entscheide der Rat dann über die Teilnahme des betroffenen Staates an der anvisierten EU-Militäroperation. Zusätzlich wurde der Türkei das Zugeständnis gemacht, Zypern grundsätzlich nicht an Operationen der ESVP zu beteiligen. Darüber hinaus wurde – ohne (auf Ersuchen Griechenlands) die Türkei explizit zu erwähnen – zugesichert, dass ESVP-Operationen nicht im Bereich der Ägäis ausgeführt und sich unabhängig von der Art der Krise nicht gegen einen Bündnispartner richten würden sowie dass die Verpflichtungen der EU-Mitglieder gegenüber den NATO-Mitgliedern eingehalten würden. Das türkische Militär lehnte jedoch diese Regelungen ab[501] und informierte die NATO und die EU über die Notwen-

[496] Vgl. Haine (2004), ESVP und NATO, S. 163.
[497] Vgl. Fitschen/ Serdar (2004), Die ESVP und die Türkei, S. 123.
[498] Fitschen/ Serdar (2004), Die ESVP und die Türkei, S. 123.
[499] Fitschen/ Serdar (2004), Die ESVP und die Türkei, S. 125.
[500] Vgl. Fitschen/ Serdar (2004), Die ESVP und die Türkei, S. 121.
[501] Vgl. Haine (2004), ESVP und NATO, S. 166.

digkeit der Einhaltung einiger weiterer Bedingungen, falls die Türkei dem gesicherten Zugang der EU zu NATO-Fähigkeiten zum Zwecke EU-geführter Operationen zustimmen sollte: Eine stärkere Rolle für den Ausschuss der beitragenden Staaten; der automatische Zugang der NATO-Verbündeten zum Entscheidungsprozess der EU bei EU-geführten Operationen mit Rückgriff auf NATO-Mittel und -Fähigkeiten; die automatische Einladung der Türkei zur Teilnahme bei Operationen, welche in der unmittelbaren Nachbarschaft der Türkei durchgeführt werden sollten; ein Verbot des Einsatzes von EU-Streitkräften in bilateralen Auseinandersetzungen zwischen alliierten Staaten.[502] Durch verstärkten amerikanischen Druck und begünstigt durch die Regierungsübernahme Tayip Erdogans kam es schließlich auf Grundlage des Ankara-Kompromisses am 13.12. 2002 zur türkischen Einwilligung und grundlegenden Übereinkunft zwischen NATO und EU („EU-NATO Declaration on ESDP"[503]).

Diese „EU-NATO Declaration on ESDP" bestätigte erstens den gesicherten Zugang der EU zu NATO-Planungsfähigkeiten für EU-geführte Operationen und wiederholte zweitens die Kernprinzipien der strategischen Partnerschaft der EU und der NATO, insbesondere jene der effektiven gegenseitigen Konsultation, der Gleichberechtigung von EU und NATO sowie der Berücksichtigung der Entscheidungsautonomie beider Organisationen.[504] Um die vereinbarten Berlin-Plus-Verpflichtungen praktisch abzusichern, mussten jedoch in Folge der Erklärung vom 16.12.2000 noch einige Vereinbarungen ausgearbeitet und beschlossen werden. Dazu gehörten:

- ein „NATO-EU Agreement on Security of Information";
- ein Abkommen bzgl. des gesicherten Zugriffs der EU auf NATO Planungskapazitäten;
- ein Abkommen bzgl. der Verfügbarkeit von NATO-Mitteln und –Fähigkeiten für EU-geführte Operationen;
- ein Abkommen bzgl. Prozeduren für die Freigabe, Überwachung und Rückgabe von NATO-Mitteln und -Fähigkeiten (sog. „Model Contract");
- ein Abkommen bzgl. der *Terms of Reference* des DSACEUR und der europäischen NATO-Kommando-Optionen;

---

[502] Vgl. Tofte (2003), Non-EU NATO Members and the Issue of Discrimination, S. 140. Die Türkei wollte hierdurch insbesondere ausschließen, dass Griechenland (im Falle eines Beitritts des griechischen Zypernteils verstärkt durch eine zweite Stimme) im Falle eines bilateralen Konfliktes mit der Türkei, EU-Streitkräfte für ihre Zwecke in einen solchen Konflikt mit einbringen können würde (vgl. Tofte [2003], Non-EU NATO Members and the Issue of Discrimination, S. 140).
[503] Abrufbar unter http://www.nato.int/docu/pr/2002/p02-142e.htm.
[504] Vgl. EU-NATO Declaration on ESDP, S. 1.

- ein Abkommen bzgl. der EU-NATO-Konsultationsarrangements im Falle des Rückgriffs der EU auf Mittel und Fähigkeiten der NATO, welche in Nizza vom ER angenommen worden waren sowie
- ein Abkommen bzgl. Arrangements für eine kohärente und sich gegenseitig verstärkende Fähigkeitenentwicklung der beiden Organisationen.

Genannte Abkommen wurden im März 2003 durch ein Rahmenabkommen („Framework Agreement") zwischen den beiden Organisationen besiegelt.[505] Zentrale Elemente dieses Rahmenabkommens sind – mit Blick auf die vorangegangenen Streitigkeiten –, dass der EU für EU-geführte Operationen Zugang zu NATO-Planungskapazitäten gewährt wird, jedoch dem EU-Rückgriff auf andere NATO-Mittel und -Fähigkeiten in jedem Fall neu die Zustimmung des NAC vorangehen muss, d.h. auch die Türkei ein Vetorecht genießt.[506]

Mit der türkischen Blockierung der EU-NATO-Vereinbarungen war bis Ende 2002 gleichzeitig im Grunde die Handlungsfähigkeit der ESVP blockiert: Da mehrere europäische Regierungen eventuelle europäische Krisenbewältigungseinsätze von einer endgültigen Einigung über die Berlin-Plus-Vereinbarungen abhängig gemacht hatten („Nichts ist beschlossen, solange nicht alles beschlossen ist"), hätte die türkische Blockade im Krisenfall ein Einsatz der europäischen Krisenreaktionskräfte unmöglich gemacht und/ oder evtl. zu innereuropäischen Spaltungen geführt.[507] Im Speziellen konnte die Übernahme der NATO-Operation in Mazedonien durch die EU erst nach der endgültigen Annahme der Berlin-Plus-Vereinbarungen durch NATO und EU am 31.3.2003 erfolgen.[508]

Die verschiedenen EU-und-NATO-Mitglieder reagierten auf die amerikanische Herausforderung für die ESVP unterschiedlich, da sie mit Blick auf die europäische Sicherheitsarchitektur unterschiedliche Ziele verfolgten und mit den USA unterschiedliche Beziehungen pflegten.

Großbritannien, die Niederlande und Portugal waren der Auffassung, dass die hegemoniale Stellung der USA auch im Zuge des Aufbaus einer ESVP in der europäischen Sicherheit zur Bewältigung der sicherheitspolitischen Herausforderungen nötig ist und amerikanische Interessen, Erwartungen und Vorbehalte bei

---

[505] Vgl. Quille (2003), What does the EU agreement on Operational Planning mean for NATO?, http://www.isis-europe.org/ftp/download/eu%20plann%20cell-%20nn%20nn%20v5n8.pdf, Zugriff am 2.2.2006, S. 1/ 2.
[506] Vgl. Webber (2003), ESDP, Enlargement and the 'Third Country' Issue, S. 110/ 111.
[507] Vgl. Haine (2004), ESVP und NATO, S. 165.
[508] Vgl. Haine (2004), ESVP und NATO, S. 166.

der Ausgestaltung der ESVP berücksichtigt werden müssen, um eine Erosion der transatlantischen Partnerschaft zu verhindern. Im Zuge ihres handlungsleitenden Ziels, die Stellung der NATO nicht zu gefährden bzw. die transatlantische Sicherheitspartnerschaft zu stärken, waren sie an einer fundamentalen Neujustierung der transatlantischen Partnerschaft nicht interessiert und versuchten deswegen auch jegliche Schritte beim Aufbau der ESVP zu vermeiden, die in Richtung der drei Ds gewiesen hätten.[509]

Aus französischer Sicht war eine eine starke und autonome ESVP wünschenswert. Erstens würde diese zur Symmetrierung der transatlantischen Beziehungen und zu einer gleichberechtigten Partnerschaft beitragen. Zweitens entsprach eine starke und eigenständige ESVP der französischen Vorstellung eines *Europe puissance* und könnte drittens Frankreich zu einer Verbesserung seiner weltpolitischen Machtposition verhelfen.[510]

Deutschland, Belgien, Italien, Griechenland und Spanien nahmen – mit Variationen – „Sowohl als auch"-Positionen ein und bemühten sich, ihre atlantische Orientierung einerseits mit ihrer Unterstützung der Schaffung einer ESVP andererseits in Übereinstimmung zu bringen. Insbesondere Deutschland befand sich in einem ständigen transatlantischen Spagat zwischen der EU und den USA bzw. der NATO sowie einem innereuropäischen Spagat zwischen Frankreich und Großbritannien bzw. dem atlantischen Lager in der EU[511]: Während die EU für Deutschland der wichtigste Handlungsrahmen seiner Außenpolitik ist und Deutschland deswegen die Stärkung der EU als handlungsfähigen internationalen Akteur und der ESVP anstrebt[512], ist gleichzeitig für Deutschland die NATO der wichtigste Handlungsrahmen für seine bzw. die kollektive Verteidigung und die deutsche globale Sicherheitsprojektion.[513] Spannungen entstehen Deutschland darüber hinaus aus dem traditionell deutsch-amerikanischen Sonderverhältnis einerseits und der führenden Rolle Deutschlands im europäischen Integrationsprozess sowie der deutsch-französischen Partnerschaft andererseits.[514]

---

[509] Vgl. Masala (2004), Kerneuropa als Gegenmacht?, S. 109.
[510] Vgl. Masala (2004), Kerneuropa als Gegenmacht?, S. 111.
[511] Woyke (2002), Von der Orientierungslosigkeit zur Konzeption, S. 17.
[512] In der rot-grünen Koalitionsvereinbarung von 1998 heißt es, dass die GASP, inklusive ihrer sicherheits- und verteidigungspolitischen Dimension als privilegierte Handlungsebene weiterentwickelt werden soll (vgl. Regelsberger [2002], Deutschland und die GASP, S. 35)
[513] Michael Staack weist in diesem Zusammenhang darauf hin, dass eine mit seiner Rolle und seinem Einfluss innerhalb der EU vergleichbare Interessenspolitik in der NATO für Deutschland dabei aber nur bedingt möglich ist (vgl. Staack [2004], Nein zur Hegemonialmacht, S. 223).
[514] Vgl. Schmidt (1996), Deutsche Sicherheitspolitik im Rahmen von EU, WEU und NATO, S. 217.

Die damaligen MOE-Beitrittskandidaten reagierten zurückhaltend auf die ESVP. Sie befürchteten, die ESVP könne die Kohäsion der NATO unterminieren und die USA aus Europa vertreiben.[515] Als oberstes Leitprinzip der Entwicklung der ESVP teilten deswegen alle MOE-Beitrittskandidaten, dass die ESVP mit der NATO kompatibel und komplementär sein müsse. Das zentrale Interesse der MOE-Staaten nach amerikanischem Engagement in und für Europa (v.a. im Rahmen der NATO) hat seine Ursache v.a. darin, dass für die MOE-Staaten *Sicherheitsbefriedigung* Vorrang vor *Friedenssicherung* hat.[516] Die ESVP stellt vor diesem Hintergrund für keinen der MOE-Staaten eine Alternative zur NATO dar.[517] Das ausgeprägte o.g. zitierte Bedürfnis nach Sicherheitsbefriedigung findet sich v.a. bei all jenen, die eine Grenze mit Russland teilen (allen voran die baltischen Staaten und Polen). Im Zuge dieses Sicherheitsbedürfnisses sind die, wie Andreas Kasekamp Estland attestiert, „‚hard' security guarantees offered by NATO [...] much more attractive [...] than the ‚soft' ones provided by the EU"[518]. Alle MOE-Staaten fühlen sich zudem aufgrund amerikanischer Unterstützung nach dem Kalten Krieg, nicht zuletzt durch die Aufnahme einiger ehemaliger Warschauer Pakt-Länder in die NATO, den USA zu Dank verpflichtet und verbunden.[519] Die Frage nach eventuellen Auswirkungen auf die Beziehungen zu den USA ist somit ausschlaggebend für die Haltung der MOE-Staaten zur Schaffung autonomer Strukturen (und Fähigkeiten) und der Entscheidungs- (und Durchführungs-)Automonie der ESVP. Vor diesem Hintergrund forderten die MOE-Beitrittskandidaten schnellstmögliche und weitreichende Konsultationsarrangements mit der EU, welche ihnen von Anfang an größtmögliche Mitgestaltung erlauben würden, um die atlantische Ausrichtung zu sichern,. Während den meisten MOE-Staaten deutsch-französische Initiativen oder gar eine deutsch-französische Führungsrolle in der ESVP suspekt sind, betrachten sie dagegen Großbritannien als Garanten einer transatlantischen Orientierung europäischer Sicherheits- und Verteidigungsstrukturen und -politik, der die französische Vision der ESVP im Zaum hält und einen natürlichen Partner in der ESVP abgibt.[520] Die Teilhabe an den EU-Politikprozessen und -Aktivitäten kann jedoch evtl. Dipositionen, Interessen und Verhalten der MOE-Staaten modifizieren: Während sich erste Anzeichen hierfür schon in der Schlussphase des Konvents finden ließen[521], könnte insbesondere die Teilnahme an EU-Operationen und positive Er-

---

[515] In dieser Hinsicht war für Polen, die TR und Ungarn die ESVP zunächst nur im Sinne einer ESVI vorstellbar (vgl. Missiroli [2002], Conclusions, in: Ders., Bigger EU, wider CFSP, stronger ESDP?, S. 58/ 59).

[516] Vgl. Buch (2004), Die Osterweiterung der EU, S. 47/ 48.

[517] Vgl. Missiroli (2002), Conclusions, in: Ders., Bigger EU, wider CFSP, stronger ESDP?, S. 59.

[518] Kasekamp (2002), Estonia, S. 8.

[519] Vgl. Cameron/ Primatarova (2003), Enlargement, CFSP and the Convention, S. 9.

[520] Vgl. Holländer/ Schmidt (2005), Möglichkeiten der ESVP angesichts nationaler europäischer Politik, S. 24.

[521] Vgl. Staack (2003), Die neue Weltordnungspolitik der USA und das alte Europa, S. 30/ 31; Missiroli (2002), Conclusions, in: Ders., Bigger EU, wider CFSP, stronger ESDP?, S. 58.

fahrungen mit der ESVP-Praxis die Haltung der neuen Mitglieder zugunsten der ESVP beeinflussen[522].

Im Zuge des ordnungspolitischen Dissens mit Blick auf den Kampf gegen den Terrorismus und v.a. die Irakkrise formierten sich innerhalb der EU zwei hauptsächliche Gruppen.

Eine Gruppe um Großbritannien, welcher v.a. auch die damaligen MOE-Beitrittskandidaten zugerechnet werden konnten und welche weiterhin an der Aufrechterhaltung der amerikanischen Hegemonie in Europa und auf globaler Ebene festhielt. Durch eine Unterstützung ihres großen Verbündeten sahen sie zudem eine Chance zur ordnungspolitischen Mitgestaltung an der Seite der USA sowie zu ihrer Aufwertung in der amerikanischen Europapolitik[523] – auch wenn im Zuge der Irakkrise der britische Premier Blair in der Realität weder effektiven Einfluss auf den transatlantischen Partner ausüben noch eine europapolitische Führungsrolle übernehmen konnte.[524]

Frankreich und Deutschland betrieben dagegen eine dezidierte Nicht-Anlehnungspolitik während der Irakkrise. Während die Haltung Frankreichs hierbei weniger überraschte, war das deutsche Verhalten bemerkenswert, da es seiner traditionellen Vermittlungsposition zwischen Frankreich und USA sowie auch innerhalb der EU zuwiderlief und sich die deutsche *Defiance* zudem in den gemeinsamen französisch-deutsch-belgisch-luxemburgischen Vorschlag zur Einrichtung eines EU-eigenen HQ fortsetzte.[525] Diese deutsch-französische Annäherung in der Frage nach der Autonomie der ESVP gegenüber den USA und der NATO während des Irakkonflikts ist jedoch keineswegs irreversibel[526] und wird unter einer „großen" Koalition wieder revidiert werden können.

---

[522] Bsp. Ungarn: Hier fand v.a. nach dem unter den Berlin-Plus-Arrangements durchgeführten Mazedonien-Einsatzes eine Evolution hin zu einer konstruktiveren Haltung gegenüber der ESVP statt (vgl. Rózsa [2002], Hungary, S. 38).
[523] Vgl. Masala (2004), Kerneuropa als Gegenmacht?, S. 113.
[524] Vgl. Müller-Brandeck-Bocquet (2004), Großbritannien im Irak-Konflikt, S. 279.
[525] Vgl. Masala (2004), Kerneuropa als Gegenmacht?, S. 114.
[526] Vgl. Koopmann (2004), Notwendige Fortschritte, verpasste Chancen, S. 50.

3.5 Militärisch-zivile Zusammenarbeit und säulenübergreifende Kohärenz in der EU-Krisenbewältigung

Die Multiplizierung von EU-Instrumenten und -Aktivitäten in den Bereichen der Konfliktprävention und des Krisenmanagements insbesondere durch die ESVP und eine dementsprechende Vervielfältigung von in Krisenvorbeugung und -bewältigung involvierten Gremien auf Seiten des Rates – aber auch auf Seiten der Kommission – haben die Problematik der Politikfragmentierung zwischen und innerhalb der Säulen der Union verschärft, die problemadäquate Kombination bzw. Sequenzierung passender Instrumente komplexer gemacht sowie die zivil-militärische Koordination bzw. Zusammenarbeit als zusätzliche Aufgabe mit sich gebracht.

Jolyon Howorth konstatierte im November 2001 in einem Artikel im *Journal of Common Market Studies*: "Precisely because the EU prides itself on being the only security actor in the world which can deploy the entire range of policy instruments – civil and military – to address a given crisis, it is crucial that institutionally there be joined-up policy-making."[527]

Beim geforderten „joined-up policy-making" geht es erstens insbesondere um die zivil-militärische Abstimmung und Zusammenarbeit im Rahmen der ESVP, d.h. das Zusammenwirken ziviler und militärischer institutioneller Strukturen der ESVP und ziviler und militärischer Expertise innerhalb der verschiedenen Gremien der ESVP.

Darüber hinaus geht es zweitens um die unionsinterne säulenübergreifende Zusammenarbeit und Kohärenz in der Krisenvorbeugung und -bewältigung, d.h. das Zusammenwirken der ESVP und den der Kommission zur Verfügung stehenden Möglichkeiten zur strukturellen Konfliktprävention zum Zwecke einer effektiven, umfassenden und nachhaltigen europäischen Sicherheitsvorsorge und globalen Stabilisierung bzw. Befriedung.

Die ESVP ist nur eine Politik bzw. ein Instrument unter einer beträchtlichen Zahl von EU-Politiken und -Instrumenten zur Konfliktprävention und Krisenbewältigung (Diplomatie, Entwicklungszusammenarbeit, Assozierungs- und Beitrittspolitik etc.). Im Bedarfsfall sollte die Union in der Lage sein, rechtzeitig und mit einer auf die gegebene Situation zugeschnittenen Kombination aus ver-

---

[527] Howorth (2001), European Defence and the Changing Politics of the European Union, S. 777.

schiedenen Instrumenten zu reagieren.[528] Eine grundsätzliche Unterscheidung kann hierbei zwischen mittel- bis längerfristig angelegten strukturellen Instrumenten einerseits und kurzfristigen bzw. operativen Instrumenten andererseits vorgenommen werden. Im Zuge ihrer langjährigen Involvierung in strukturelle, langfristige Konfliktprävention hat die Kommission Strukturen und Expertise entwickelt, welche auch für die ESVP relevant sind und genutzt werden könnten.[529] Für die ESVP bzw. das kurzfristigere operative Krisenmanagement wurden jedoch neben den Kommissionskapazitäten neue Frühwarnungs-, Lagebeurteilungs- und Politikplanungskapazitäten geschaffen und separate Entscheidungsgremien festgelegt, die mit den vorhandenen Strukturen der Kommission nicht optimal verzahnt wurden.

Im Rahmen der GASP und ESVP liegt die letztendliche Entscheidungsmacht, ob und zu welchem Zeitpunkt eine Situation von der EU als Krise definiert wird, welcher Natur diese ist und ob und wie die EU im Rahmen der ESVP eingreift, in jedem Fall beim Rat und damit bei den Regierungen der Mitgliedstaaten. Frühwarnungs-, Situationsbewertungs- und Politikplanungsaktivitäten für das militärische operative Krisenmanagement werden so gut wie ausschließlich durch die institutionellen Strukturen der GASP bzw. ESVP bewerkstelligt. Im Falle operativen zivilen Krisenmanagements teilen sich die entsprechenden Kompetenzen stärker auf die verschiedenen zuständigen Gremien innerhalb des GASP- bzw. ESVP-Systems einerseits und relevante Kommissionsstrukturen andererseits auf.

Seit dem Vertrag von Maastricht besteht für die Außenbeziehungen der Union ein sog. Kohärenzgebot[530], welches angesichts der Aufteilung der Kompetenzen im Bereich der Außenbeziehungen auf die verschiedenen Säulen ein diesbezügliches institutionelles Zusammenwirken verpflichtend anmahnt:

---

[528] Vgl. *European Commission Conflict Prevention and Crisis Management Unit, Civilian instruments for EU crisis management*, S. 5: „Feira-type interventions will, by their nature, be exeptional and transitional measures that, in financial terms, are likely to constitute a relatively small part of the overall package of EC assistance to third countries in crisis. They must, therefore, be considered in the context of the wider conflict-prevention, relief, rehabilitation and long-term stabilisation and development assistance delivered under Community instruments in the period leading up to a crisis, during the crisis and post-crisis. They must also be seen in the context of the important non-financial instruments that the European Community has at its disposal."

[529] Vgl. Stewart, The EU's Conflict Prevention Policy, http://www.essex.ac.uk.ecpr/events/jointsessions/paperarchive/uppsala/ws7/Stewart.pdf, Zugriff am 20.1.2005, S. 3 und 13.

[530] Vgl. Artikel C des VEU-Maastricht.

„Die Union achtet insbesondere auf die Kohärenz aller von ihr ergriffenen außenpolitischen Maßnahmen im Rahmen ihrer Außen-, Sicherheits-, Wirtschafts- und Entwicklungspolitik. Der Rat und die Kommission sind für diese Kohärenz verantwortlich und arbeiten zu diesem Zweck zusammen. Sie stellen jeweils in ihrem Zuständigkeitsbereich die Durchführung der betreffenden Politik sicher."[531]

Gemäß der Verträge von Maastricht, Amsterdam und Nizza obliegt es zudem dem Rat, in der Gemeinsamen Außen- und Sicherheitspolitik und in der Gemeinsamen Sicherheits- und Verteidigungspolitik für ein einheitliches, kohärentes und wirksames Vorgehen der Union Sorge zu tragen.[532] Auch der VVE adressiert den Rat und die Kommission, für die Kohärenz der Unions-Außenbeziehungen zu sorgen.[533] Darüber hinaus weist der VVE dem Unions-Außenminister die Rolle als Wächter bzw. Garant der Kohärenz in den Unions-Außenbeziehungen zu: Er würde den Rat und die Kommission bei der Sicherstellung der Kohärenz und ihrer diesbezüglichen Zusammenarbeit unterstützen[534]; gemäß Artikel I-28 (3) und (4) VVE würde der Unions-Außenminister für die Kohärenz des auswärtigen Handelns der Union sorgen, den Vorsitz im Rat Auswärtige Angelegenheiten führen und die GASP nach außen hin repräsentieren. Gleichzeitig wäre der Unions-Außenminister einer der Vizepräsidenten der Kommission und innerhalb der Kommission mit deren Zuständigkeiten im Bereich der Außenbeziehungen und mit der Koordinierung der übrigen Aspekte des auswärtigen Handelns der Union betraut. Die im VVE vorgesehene Verschmelzung der beiden Ämter des HR und des Kommissars für Außenbeziehungen in das des Unions-Außenministers sollte dabei den Dualismus zwischen Rat und Kommission in den Außenbeziehungen institutionell aufheben und der EU in den Außenbeziehungen zu einer einheitlichen und besser hörbaren Stimme verhelfen. Dies könnte v.a. auch für europäische Krisenbewältigungsaktivitäten von Bedeutung sein.[535] Während durch ein vorläufiges Scheitern des Verfassungsvertrags die Einführung eines Außenministers zunächst nicht absehbar ist, zeigt doch die Einigung der Mitgliedstaaten und der Kommission auf ein solches gemeinsames Amt deren Bewusstsein von der Notwendigkeit eines gemeinsamen Vertreters in den europäischen Außenbeziehungen, welcher Kohärenz und Koordinierung derselben unterstützt.

Darüber hinaus bergen die verschiedenen entscheidungsvorbereitenden bzw. – begleitenden Gremien und Prozeduren im Bereich des operativen Krisenmanagements, also der ESVP, einige, wenn auch begrenzte, Möglichkeiten zur zivil-

[531] Artikel 3 VEU-Nizza.
[532] Vgl. Artikel J.8 (2) VEU-Maastricht, Artikel 13 (3) VEU-Amsterdam und Artikel 13 (3) VEU-Nizza.
[533] Vgl.Artikel III-292 (3) VVE.
[534] Vgl.Artikel III-292 (3) VVE.
[535] Algieri (2005), Von der Macht der Zeitumstände und der Fortführung eines integrationspolitischen Projekts, S. 214.

militärischen Abstimmung und säulenübergreifenden Zusammenarbeit.[536] Zum einen trägt der Hohe Vertreter der GASP, der gleichzeitig Generalsekretär des Rats ist, zur Vorbereitung und Formulierung von o.g. Entscheidungen bei.[537] Dabei wird er von der *Policy Unit* unterstützt. Als quasi persönliches Kabinett des bisherigen HR Solanas, welche diesem direkt unterstellt und im Ratssekretariat angesiedelt ist, leistet die PU die ständige politische Leitung und Beratung des HR. Insbesondere beobachtet und analysiert die PU für die GASP relevante Entwicklungen, identifiziert Prioritäten und eventuelle weitere Schwerpunkte der GASP, bewertet potenzielle Krisen zum Zwecke der Frühwarnung und verfasst in diesem Zuge Politikoptionen. Die Mitarbeiter der PU rekrutieren sich aus den nationalen Außenministerien, dem Generalsekretariat des Rats und der Kommission.[538] Informationen zur Frühwarnung und Lageüberwachung erhält die PU von dem ihr angegliederten SITCEN, welches größtenteils mit Militärs besetzt ist, ganzjährig rund um die Uhr zur Verfügung steht und u.a. von den Mitgliedstaaten und dem EUMS Informationen erhält bzw. auf Bilder, welche dem EU-Satellitenzentrum zur Verfügung stehen, zurückgreift. Die PU leistet ihre Frühwarnungsfunktion zudem mit zusätzlicher Hilfe der Berichterstattung der Kommissionsdelegationen und des ECHO[539]-Personals.[540] Die vielseitige Zusammensetzung der PU und die Vielfalt ihrer Informationsquellen (Mix zum einen aus nationaler und supranationaler und zum anderen aus ziviler und militärischer Expertise), beides insbesondere unter Einbeziehung des Gemeinschaftsorgans der Kommission, trägt potenziell ein Stück weit zur säulenübergreifenden Kohärenz bei. Trotz ihrer faktisch zentralen Rolle im Frühwarnungs-, Lagebeurteilungs- und Politikformulierungsprozess leidet die PU jedoch mit Blick auf eine adäquate Aufgabenerfüllung unter einer mangelnden personellen und finanziellen Ausstattung. PU-Analysen und -Empfehlungen tragen im Übrigen nicht nur direkt zur Information und Beratung des HR bei, sondern gleichzeitig erstattet die PU auch an das PSK und den EUMC Bericht.[541] Der HR wird nicht nur von der PU, sondern auch von dem PSK mit Information und Expertise versorgt,

---

[536] Der Hohe Repräsentant legte z.B. 2003 ein Papier vor (im Juli 2003 vom Europäischen Rat verabschiedet), welches – unter der Zielsetzung Ziel eines „kohärenten" und „umfassenden" EU-Krisenmanagements – den Entscheidungvorbereitungs-, Entscheidungs- und Entscheidungsdurchführungsprozess der ESVP bis hin zur Beendigung einer Operation elaboriert: *Council of the European Union, European security and defence policy – Contribution by the Secretary-General/ High Representative: procedures for coherent, comprehensive EU crisis management: reference framework for crisis management.*

[537] Vgl. From St. Malo to Nice (2001), S. 88.

[538] Vgl. Müller-Brandeck-Bocquet (2002), Das neue Entscheidungssystem in der GASP der EU, S. 20.

[539] ECHO steht kurz für European Community Humanitarian Aid Office.

[540] Vgl. Müller-Brandeck-Bocquet (2002), Das neue Entscheidungssystem in der GASP der EU, S. 20/ 21.

[541] Vgl. Stewart, The EU's Conflict Prevention Policy, http://www.essex.ac.uk.ecpr/events/jointsessions/paperarchive/uppsala/ws7/Stewart.pdf, Zugriff am 20.1.2005, S. 13/ 14.

welche das PSK vom EUMC und vom CIVCOM erhält und aufbereitet, auswertet und weiterentwickelt.

Das PSK ist mit hochrangigen Botschaftern besetzt, welche aufgrund ihrer langjährigen Erfahrung über Einblick sowohl in militärische als auch zivile Aspekte von Krisenmanagement/ Außenbeziehungen verfügen, ohne jedoch in spezifische Aspekte der jeweiligen Dimensionen vertieft zu sein. Bei der ihm aufgetragenen Analyse und Bewertung der internationalen Lage und der Prüfung von Entwürfen von Schlussfolgerungen des Rates wird es deswegen von der PU, dem EUMC und dem CIVCOM mit entsprechenden Informationen versorgt. Zu militärischen Aspekten des Krisenmanagements wird das PSK vom EUMC, in dem die militärische Expertise der Nationalstaaten – aber kein Vertreter der Kommission – versammelt ist, beraten. Zudem nimmt der Vorsitz des EUMC am PSK teil. Das EUMC greift dabei auf die militärische Expertise des EUMS zurück, welcher potenzielle Krisen überwacht und Lagebeurteilungen und Frühwarnung leistet. Der EUMS nutzt zu diesem Zwecke das EU-Satellitenzentrum und steht in engem Kontakt mit dem SITCEN. Der Vorsitzende des EUMC unterhält darüber hinaus auch direkten engen Kontakt mit dem HR und nimmt am Rat für Auswärtige und Allgemeine Angelegenheiten teil, wenn dieser über sicherheits- und verteidigungspolitische Fragen entscheidet. In den zivilen Aspekten des Krisenmanagements wird das PSK vom CIVCOM unterstützt. Dieses gehört wie das EUMC zu den Organen des Rates und ist nicht Bestandteil des Ratssekretariats. Dem CIVCOM gehören, im Gegensatz zum EUMC, neben je einem Vertreter der Mitgliedstaaten auch Angehörige des Ratssekretariats und der Kommission an, zudem wird es von der Generaldirektion E (Auswärtige und Politisch-Militärische Angelegenheiten) der Kommission (hier auch Lokalisierung der *Conflict Prevention und Crisis Management Unit* [CPCMU]) unterstützt. Zur fachlichen Unterstützung des CIVCOM existiert ein Koordinierungsmechanismus für nicht-militärische Aspekte des Krisenmanagements, welcher v.a. eine Datenbank zu den zivilen ESVP-Fähigkeiten betreut. Die zwei eben genannten ESVP Gremien sind auch mit der Sicherstellung säulenübergreifender Kohärenz im Bereich Krisenprävention und -bewältigung beauftragt. Das CIVCOM hat den Auftrag der Koordinierung von Bemühungen des Rats und der Kommission in den Bereichen Krisenprävention und -management, der Koordinierungsmechanismus für nicht-militärische Aspekte des Krisenmanagements soll die Zusammenarbeit mit den Dienststellen der Kommission sicherstellen und als säulenübergreifender Mechanismus funktionieren. Grundsätzlich gilt es hierbei jedoch zu bemängeln, dass der Ausschuss für ziviles Krisenmanagement und der Koordinierungsmechanismus für zivile Krisenprävention im Rat platziert wurden und die beiden Gremien ihre hierfür kompensatorisch gedachte säulenübergreifende Funktion aufgrund mangelnder finanzieller und personeller Ausstattung und Aufgabenüberlastung nur bedingt wahrnehmen können.[542] Pro-

---

[542] Vgl. Dembinski (2000), Perspektiven der Europäischen Sicherheits- und Verteidigungspo-

fessionelle Expertise bezüglich polizeilicher Aspekte des Krisenmanagements wird dem PSK und dem Rat von einem zusätzlich im Ratssekretariat eingerichteten Polizeistab geliefert.

Das PSK nutzt die so gewonnenen Informationen, Analysen und Bewertungen von militärischer und ziviler Seite für Stellungnahmen zur Festlegung von Politiken, welche es dem Rat für Auswärtige und Allgemeine Angelegenheiten vorlegen kann. Die im PSK gewonnenen Erkenntnisse, auf denen entsprechende Ratsentscheidungen zu Teilen aufbauen, basieren damit auf durchaus breiter, sowohl militärischer als auch ziviler Information, Analyse und Bewertung, welche aus den verschiedenen Gremien der zweiten Säule im PSK zusammengetragen und -geführt wird. Da das PSK sowohl dem EUMC als auch dem CIVCOM und den anderen Ausschüssen und Arbeitsgruppen Leitlinien vorgibt, deren Wirken überwacht und koordiniert und für Kommunikations- und Informationsaustausch mit allen für die GASP relevanten Akteuren sorgen soll, kann das PSK zudem umgekehrt ein gewisses Maß an Kohärenz der Arbeit in den verschiedenen ESVP-Gremien sicherstellen.[543] Dennoch muss kritisch bemerkt werden, dass im Bereich der Frühwarnung und Situationsbewertung innerhalb der zweiten Säule eine starke Streuung bzw. Fragmentierung von Expertise und Verantwortung bzw. einige Überschneidungen von Verantwortlichkeiten und Aufgaben herrschen (EUMS, PU, Generaldirektion Außenbeziehungen des Rats, SITCEN), was teilweise eine Tendenz zur bloßen parallelen Kompilation von Information anstelle gemeinsamer Auswertung nach sich zieht. Emma Stewart schätzt die Wahrscheinlichkeit, dass angesichts vier verschiedener Analyseeinheiten beim Rat im Krisenfall eine alle Informationen in Betracht ziehende Auswertung zur schnellen und bestmöglichen Politikentscheidung führt, als eher gering ein.[544] Die Fragmentierung von Expertise und Verantwortung bzw. Überschneidungen von Verantwortlichkeiten und Aufgaben zwischen der ersten und zweiten Säule und die Tatsache, dass Kommissionsexpertise bei der Entscheidungsfindung im Rat nur marginal über einen einzelnen Vertreter der Kommission im PSK und die in den vorbereitenden Gremien (CIVCOM, SITCEN) vertretenen Kommissionsangehörigen zum Tragen kommt, ist zudem sowohl der unionsinternen Kohärenz von Krisenpräventions- und -bewältigungstätigkeiten als auch der ausgewogenen Informiertheit der ESVP abträglich.[545]

---

litik, S. 38.

[543] Im VVE würde das PSK sogar den expliziten Auftrag erhalten, unter Leitung des Außenministers zusammen mit diesem für die Koordinierung der zivilen und militärischen Aspekte von Missionen Sorge zu tragen (vgl. Artikel III-309 (2) VVE).

[544] Vgl.Stewart, The EU's Conflict Prevention Policy, http://www.essex.ac.uk.ecpr/events/jointsessions/paperarchive/uppsala/ws7/Stewart.pdf, Zugriff am 20.1.2005, S. 16.

[545] Vgl. Stewart, The EU's Conflict Prevention Policy, http://www.essex.ac.uk.ecpr/events/jointsessions/paperarchive/uppsala/ws7/Stewart.pdf, Zugriff am 20.1.2005, S. 16.

Da der Rat durch die zivile Komponente der ESVP und eine zunehmende Anzahl ziviler Missionen immer stärker in den Kompetenz- und Politikbereich der Kommission eingriff, richtete die Kommission – in Reaktion auf die daraus resultierende verschärfte Kohärenzproblematik sowie Konkurrenzsituation – eine *Conflict Prevention and Crisis Management Unit* in der Generaldirektion Außenbeziehungen der Kommission ein. Die CPCMU ist verantwortlich für die Frühwarnung, Situationsanalyse und entsprechende Politikplanung der Kommission im Bereich der strukturellen Konfliktprävention. Diese Aktivitäten der CPCMU sind für die ESVP und GASP relevant und erfordern deswegen ihre Berücksichtigung im Vorfeld und im Zuge entsprechender Aktivitäten in der zweiten Säule. Eine direkte Schnittstelle zwischen dem Aufgabenbereich der CPCMU und den Strukturen und Aktivitäten der ESVP besteht darüber hinaus offziell darin, dass die CPCMU Expertise und Ausbildungsmöglichkeiten für ziviles Personal für ESVP-Missionen bereitstellen soll. In enger Zusammenarbeit mit dem Ratssekretariat und dem SITCEN erstellt die CPCMU zudem eine sog. *Watch-list* potenzieller Krisenländer, welche zu Beginn jeder neuen Präsidentschaft dem Rat bereitgestellt wird. Die CPCMU ist jedoch als zentrale Schnittstelle zwischen GASP- und ESVP-Politiken bzw. -Aktivitäten einerseits und Kommissionspolitiken und -aktivitäten andererseits im Bereich der Krisenprävention und Konfliktbewältigung personell und finanziell unzureichend ausgestattet und wird als Gremium kaum wahrgenommen. Sonstige unmittelbare Einflussmöglichkeiten der Kommission auf die Entscheidungsfindung im Rahmen der ESVP sind begrenzt und hatten sich in den bisherigen Verträgen auf eine „volle Beteiligung" der Kommission an der GASP beschränkt.[546] Im Krisenfall kann jedoch für die dienstübergreifende Koordinierung der Reaktion auf eine Krise ad hoc ein sog. *Crisis Response Co-ordination Team* (CRTC) geschaffen werden, welches sich aus der Kommission und den relevanten Dienststellen im Ratssekretariat (PU, EUMS, SITCEN) rekrutiert. Das Team soll gewährleisten, dass der Rat und die Kommission in der Lage sind, in den externen Aktivitäten der Union die Konsistenz sicherzustellen, und dass die Krisenplanung alle relevanten zivilen und militärischen Instrumente umfasst, wobei das Ziel der Tätigkeit eines CRTC die Ausarbeitung eines umfassenden zivil-militärischen Krisenmanagement-Konzepts für den jeweiligen Fall ist. Auch wenn ein solches CRTC im Einzelfall eine verbesserte zivil-militärische Koordi-

---

[546] Der VVE würde der Kommission darüber hinaus explizit das Initiativrecht zusprechen, zusammen mit dem Unions-Außenminister den Rückgriff auf einzelstaatliche Mittel sowie Instrumente der Union vorzuschlagen, wobei die letztendlichen Europäischen Beschlüsse zur GSVP, einschließlich der Beschlüsse über die Einleitung einer Mission jedoch wiederum einstimmig vom Rat erlassen würden (vgl. Artikel I-41 (4) VVE). Bemerkenswert (und vielleicht ausschlaggebend) ist in diesem Zusammenhang, dass, im Gegensatz zu früheren Regierungskonferenzen zu Vertragsreformen, in deren Rahmen die Kommission zuvor nicht an den institutionellen Reformen im Bereich der GASP/ ESVP beteiligt wurde, im Konvent die institutionellen Reformen zur Verbesserung der Kohärenz europäischen Krisenmanagements und Sicherheitspolitik unter Leitung eines der zwei Vertreter der Kommission im Konvent, Barnier, welcher den Vorsitz der Arbeitsgruppe Sicherheit und Verteidigung innehatte, stattfanden.

nation, Kombination und Kohärenz der Krisenreaktion sicherstellen kann, ist es durchaus kein gutes Zeichen, dass die innerinstitutionellen Verknüpfungen im Krisenfall durch ein solches Ad-hoc-Gremium erst hergestellt bzw. verstärkt werden müssen. Darüber hinaus wird, wie bereits erwähnt wurde, für die Dauer der Durchführung einer Operation ein Ausschuss der beitragenden Staaten eingerichtet, an welchem im Falle einer zivilen Operation bzw. zivilen Operationskomponente auch Kommissionsvertreter beteiligt sind. Im Falle einer kombiniert zivil-militärischen Operation sind aber in der Regel separate Ausschüsse für die Betreung und Überwachung der jeweiligen zivilen bzw. militärischen Komponente vorgesehen.

Insgesamt bestehen die Defizite dieser oben beschriebenen Gesamtkonstellation

(1) v.a. in unkoordinierten Aufgabenüberlappungen sowie in mangelnd gezielter und umfassender Interaktion sowohl zwischen den in die ESVP und GASP involvierten Ratsstrukturen als auch zwischen diesen einerseits und den für Krisenbewältigung und Konfliktprävention zuständigen Kommissionsstellen andererseits;

(2) in einer mangelnden personellen und finanziellen Ausstattung und/ oder Sichtbarkeit wichtiger Schnittstellen zwischen den Säulen (z.B. CPCMU) sowie einer mangelnden Ausstattung jener Gremien, die innerhalb der zweiten Säule kohärenzfördernd und koordinierend wirken könnten (z.B. PU);

(3) außerdem in der Säulenstruktur der EU[547], welche der Diskonnektion zwischen den intergouvernementalen Mechanismen der operativen Krisenreaktion einerseits und den Kommissionskapazitäten und -aktivitäten im Bereich der strukturellen Krisenprävention andererseits teilweise zugrunde liegt und diese festigt.[548]

Die Ursachen dieser Defizite liegen hierbei in

(1) institutionellen Pfadabhängigkeiten, d.h. den in den Säulen gewachsenen Aufgaben, Strukturen und Mechanismen;

---

[547] Phillipe de Schoutheete weist in diesem Zusammenhang darauf hin, dass der Verfassungsvertrag zwar die Säulenstruktur aufgelöst hätte, jedoch ohne die unterschiedlichen Entscheidungsmechanismen für die jeweiligen Bereiche aufzugeben (vgl. De Schoutheete [2004], La cohérence par la défense, S. 9).

[548] Vgl. Stewart, The EU's Conflict Prevention Policy, http://www.essex.ac.uk.ecpr/events/jointsessions/paperarchive/uppsala/ws7/Stewart.pdf, Zugriff am 20.1.2005, S. 23/ 24 und 29.

(2) den teilweise aus (1) resultierenden institutionellen Rivalitäten zwischen Kommission und Rat – sei es zur Verteidigung des Status quo oder im Zuge des Strebens nach Ausweitung von Gestaltungsmacht;

(3) dem Bestreben der Mitgliedstaaten, Krisenmanagementpolitiken so weit wie möglich im Griff zu behalten: "As a rule of thumb, it can be assumed that the more politically sensitive an enterprise is, the more insistent members states are that the Council have at least strong oversight."[549] Darüber hinaus ist das mehr oder weniger starke Bestreben nach Kohärenz und zivil-militärischer Ausgewogenheit eine Frage der jeweiligen Sensibilisierung der Mitgliedstaaten mit Blick auf die Kohärenzproblematik und der nationalen Krisenbewältigungskonzepte.

Die o.g. Defizite können der umfassenden und effektiven Frühwarnung, Lagebewertung und Entscheidung über geeignete Mittel zur Krisenbewältigung abträglich sein. Sie können eine schnelle und einheitliche Reaktionen auf Krisen sowie die Entwicklung langfristiger kohärenter Krisenpräventions- und -bewältigungsstrategien und -politiken behindern und damit die Effektivität und Nachhaltigkeit von ESVP-Maßnahmen beeinträchtigen sowie den oft zitierten Mehrwert der EU im internationalen Krisenmanagement mindern.

Die Verwischung der Grenzen zwischen äußerer und innerer Sicherheit, wie sie auch in der ESS festgestellt wurde, erfordert zudem eine verbesserte Koordinierung zwischen den beiden entsprechenden Politikfeldern (2. und 3. Säule).[550] Sowohl das Centrum für Angewandte Politikforschung[551] als auch der britische Experte Simon Duke[552] weisen darauf hin, dass Maßnahmen in den Politikbereichen Justiz und Inneres im Zuge der verstärkten Manifestierung des internationalen Terrorismus als Bedrohung der internationalen und europäischen Sicherheit institutionell, konzeptionell und praktisch mit den Instrumenten der ESVP verknüpft werden bzw. in das Gesamtsicherheitskonzept, aufbauend auf der ESS, integriert werden müssen. Der Verfassungsprozess mündete hierbei in der Aufnahme der sog. Solidaritätsklausel in den VVE, welche die Möglichkeit eröffnet, die militärischen Mittel der ESVP zum Zwecke des Schutzes der Zivilbevölkerung und der demokratischen Institutionen auf EU-Territorium bzw. zur Wiederherstellung der inneren Sicherheit und Ordnung in den EU-Mitgliedstaaten einzusetzen. Da die Solidaritätsklausel den Einsatz aller erdenklichen adäquaten Mittel in Reaktion auf einen terroristischen Anschlag auf einen bzw. in einem Mitgliedstaat fordert, können in logischer Konsequenz hierbei auch ei-

[549] EU Crisis Response Capability Revisited (2005), S. 41.
[550] Pastore (2001), Reconciling the Prince's Two ‚Arms', S. vi.
[551] Vgl. Centrum für Angewandte Politikforschung (2002), Reassessing EU foreign policy challenges and tasks in the post September 11 era, S. 38.
[552] Vgl. Duke (2002), CESDP and the EU Response to 11 September, S. 169.

ne diesbezügliche Koordination und Abstimmung militärischer und ziviler Maßnahmen gefragt sein. Die konzeptionelle und institutionelle Entwicklung von Koordinationsmöglichkeiten für die praktische Implementierung der Solidaritätsklausel im Ernstfall ist jedoch noch wenig vorangeschritten.

3.6 Zwischenergebnisse: Bestimmungsfaktoren und Praxistauglichkeit der institutionellen und prozeduralen ESVP-Strukturen

Die institutionellen und prozeduralen Strukturen der ESVP können als Ergebnisse bzw. *Outcome*-Variablen (1) der Sachlogik des gemeinsam bearbeiteten Politikfeldes[553], (2) des „andauernde[n] Anpassen[s] europäischer Außenpolitik an die Umstände internationaler Politik“[554] bzw. an die „Zeitumstände“[555] und (3) eines Aushandlungsprozesses der Mitgliedstaaten[556] verstanden werden. Die Bestimmungsfaktoren (1), (2) und (3) können hierbei folgendermaßen charakterisiert werden:

(1) Die sicherheits- und verteidigungspolitische Sachlogik erfordert eine „rasche, eindeutige und konsistente Willensbildung plus eine ebenso rasche, konsequente und [...] wirksame Implementierung“[557]. Die als Mehrwert des EU-Krisenmanagements proklamierte zivil-militärische und säulenübergreifende Kombination von Instrumenten stellt darüber hinaus eine besondere Herausforderung bei der Entwicklung problemadäquater institutioneller und prozeduraler Strukturen dar.[558]

(2) Die obenstehend zitierten Umstände der internationalen Politik umfassen Schockerlebnisse für die EU und ihre Mitgliedstaaten in Form internationaler Krisen, darüber hinaus die Existenz alternativer Organisationen zur Sicherheitsvorsorge und Krisenbewältigung bzw. die Leistungsfähigkeit bestehender Strukturen sowie Interessen und Politik der USA und anderer NATO-Mitglieder hinsichtlich der ESVP: Angesichts der Erfolglosigkeit

---

553 Vgl. hierzu Tams (1999), The Functions of a European Security and Defence Identity and its Institutional Form, S. 81.

554 Algieri (2005), Von der Macht der Zeitumstände und der Fortführung eines integrationspolitischen Projekts, S. 208.

555 Algieri bezeichnet die Umstände internationaler Politik in Anlehnung an Machiavelli als „Zeitumstände“: Algieri (2005), Von der Macht der Zeitumstände und der Fortführung eines integrationspolitischen Projekts, S. 225.

556 Vgl. Aspinwall/ Schneider (2001), Institutional research on the European Union, S. 1/ 2.

557 Seidelmann (2002), Das ESVP-Projekt und die EU-Krisenreaktionskräfte, S. 111.

558 Vgl. Stewart, The EU's Conflict Prevention Policy, http://www.essex.ac.uk.ecpr/events/jointsessions/paperarchive/uppsala/ws7/Stewart.pdf, Zugriff am 20.1.2005, S. 17.

vorangegangener Versuche, die transatlantische Lastenteilung in der europäischen Sicherheitsvorsorge ausgewogener zu gestalten (ESVI) bzw. die WEU als integralen sicherheitspolitischen Arm der EU zu nutzen (vgl. die Bestimmungen der Verträge von Maastricht und Amsterdam) und unter dem Eindruck entsprechender Erfahrungen im Kosovokonflikt bzw. der dortigen NATO-Operation *Allied Force* kamen sowohl die europäischen Regierungen als auch die amerikanische Administration zu dem Schluss, dass die EU eigene institutionelle und militärische Fähigkeiten brauchen würde, um eigenständig Aufgaben des internationalen Krisenmanagements wahrnehmen zu können. Die britisch-französische Einigung in St. Malo, dass die EU in der Lage sein soll, eigenständig Petersbergaufgaben übernehmen zu können – falls die NATO als Ganzes nicht involviert ist, sie zu diesem Zwecke entsprechende Strukturen zur Entscheidung und Durchführung sowie Fähigkeiten benötigt und die NATO nicht unterminieren, sondern vielmehr stärken sollte – diente als Ausgangspunkt transatlantischer und innereuropäischer Diskussionen. Amerikanische Vorbehalte verzögerten und erschwerten hierbei die Errichtung institutioneller und prozeduraler ESVP-Strukturen[559]: Da aus amerikanischer Sicht eine Abkopplung der ESVP von der NATO vermieden werden musste, forderten die USA nicht zuletzt dichte Konsultationsmechanismen zwischen den entstehenden ESVP-Strukturen und der NATO, möglichst gleichberechtigte Beteiligungsmöglichkeiten der europäischen NATO-aber-nicht-EU-Mitglieder an der ESVP sowie ein Erstablehnungsrecht für die NATO im internationalen Krisenmanagement.

(3) Darüber hinaus ging und geht es bei der Weiterentwicklung der EU in der Sicherheits- und Verteidigungspolitik „auch um Macht und Einfluss einzelner Staaten und Akteure der EU"[560]. Der Vertiefungsgrad und die Verregelungsmodi einer gemeinsamen Sicherheits- und Verteidigungs-politik werden dabei maßgeblich durch die Interessen der Mitgliedstaaten und deren Bereitschaft zur Öffnung dieser sensiblen Bereiche nationaler Souveränität bestimmt.[561] Es gilt die Regel, „dass internationale Organisationen nur so entwicklungs- und leistungsfähig sind, wie es die nationalen Interessen der Mitgliedstaaten zulassen"[562]. Die (Zwischen)-Ergebnisse der institutionellen und prozeduralen Ausgestaltung der ESVP beschreibt Jolyon Howorth treffend als „the result of a number of incremental or parallel initiatives and a succession of trade-offs between several competing agendas"[563]. Hierbei mussten und müssen erstens differierende Vorstellungen und Interessen der Mitgliedstaaten mit Blick auf das wünschenswerte

[559] Vgl. Andréani (2000), Why Institutions Matter, S. 83/ 84.
[560] Schmidt (2003), Kerneuropa der Sicherheitspolitik, S. 242.
[561] Vgl. Algieri/ Bauer (2005), Eine Frage der Macht, S. 229.
[562] Varwick (1997), Gemeinsam für Europa?, S. 285.
[563] Howorth (2001), European Defence and the Changing Politics of the European Union, S. 770.

Verhältnis zwischen Kohärenz (d.h. nicht zuletzt die Sicherung v.a. der eigenen Mitwirkungsrechte) einerseits und Effi-zienz der ESVP andererseits, zweitens unterschiedliche Erwartungen an die Rolle der EU in der Welt sowie variierende Stellenwerte der EU für die jeweilige nationale Politik und drittens Divergenzen bezüglich des wünschenswerten Grades an Autonomie der EU gegenüber der USA und der NATO im internationalen Krisenmanagement[564] in einem anhaltenden Aushandlungsprozess auf gemeinsame Nenner gebracht werden. Bilaterale oder multilaterale Initiativen und Kompromisse zwischen den sog. drei Großen Frankreich, Großbritannien und Deutschland erwiesen sich hierbei bis heute ausschlaggebend für die institutionelle und prozedurale Entwicklung der ESVP.

Mit Blick auf ihr Potenzial zur Zusammenführung mitgliedstaatlicher Interessen und deren schnelle Umsetzung in problemadäquates Handeln ist die intergouvernementale Konstruktion des ESVP-Entscheidungssystems nur bedingt praxistauglich. Eine strikt intergouvernementale Entscheidungskonstruktion ist aber angesichts der Natur der Politikfelder Sicherheit und Verteidigung und entsprechender Souveränitätsvorbehalte der Mitgliedstaaten bis auf Weiteres unumgänglich. Teilweise relativiert werden können die Defizite dieser Basiskonstruktion durch einen ständigen zentralisierten Unterbau (die verschiedenen ESVP-Gremien), welcher die kollektiven Entscheidungen der Mitgliedstaaten im Sinne europäischer Politikformulierung vorbereiten und die Umsetzung entsprechender Entscheidungen kontrollierend und aktiv mitgestaltend begleiten kann. Mit Blick auf die Ausschöpfung des oft proklamierten Mehrwerts der EU im internationalen Krisenmanagement ist dieser Unterbau, ebenso wie die oberste Entscheidungsebene, zu wenig mit den Kapazitäten und Instrumenten der Kommission im Bereich der strukturellen und langfristigen zivilen Krisenprävention und -bewältigung verzahnt.

Während die schwierigen Fragen der Mitbestimmung der NATO und Nicht-EU-aber-NATO-Mitglieder und anderer Partner mit dem Abschluss der Berlin-Plus-Vereinbarungen zu Beginn des Jahres 2003 nach langwierigen Verhandlungen geklärt werden konnten, ohne dass die EU signifikant an Entscheidungs- und Durchführungsautonomie eingebüßt hätte, harrt die Gretchenfrage – kann und soll die EU auch gegen etwaige Interessen der USA und anderer NATO-Mitglieder in internationale Krisen eingreifen? – weiterhin ihrer Beantwortung durch einen entsprechenden zukünftigen Präzedenzfall.

---

[564] Vgl. Howorth (2000), Britain, NATO and CESDP, S. 377; ebenso: Andréani (2000), Why Institutions Matter, S. 84.

4 KRISENREAKTIONSKRÄFTE UND -FÄHIGKEITEN DER ESVP

4.1 Ausgangslage und Bedeutung

Wie schon unter Punkt 3.2.2 erläutert, blieb die EU zur Durchführung eventueller Petersbergmissionen zunächst auf die WEU angewiesen. Die der WEU zugeteilten Streitkräfte waren dabei gleichzeitig der NATO assigniert. Sie sollten jedoch gemäß der Berlin-Plus-Vereinbarungen zwischen der WEU und der NATO von 1996, falls die NATO als Ganze nicht in eine Krise eingreift, nach dem Prinzip der *Separable but not separate forces* unter europäischer Verantwortung Kriseneinsätze durchführen können. Die WEU sollte dabei auf vorab identifizierte Mittel der NATO, und in diesem Zuge auch auf Planungs- und Führungsfähigkeiten der NATO zurückgreifen können.[565] Das Konzept der Alliierten Streitkräftekommandos (*Combined Joint Task Forces* – CJTF) bot in diesem Zusammenhang ein Instrument, mit dessen Hilfe die WEU operationell werden können sollte.[566] Während der Kosovokrise blieben jedoch nicht zuletzt aufgrund fortgesetzt inadäquater europäischer Streitkräfte und militärischer Fähigkeiten ein eigenständiges europäisches Krisenmanagement weitgehend unwirksam und der europäische Beitrag zur NATO-Intervention „marginal"[567].

Die von den EU-Mitgliedstaaten wahrgenommene Notwendigkeit eines Ausbaus ihrer militärischen Krisenreaktionskapazitäten, eindringliche amerikanische Appelle an die Europäer, als Beitrag zur Lastenteilung im Atlantischen Bündnis ihre militärischen Fähigkeiten zu verbessern[568] und die Erfahrung eines nur zögerlichen Eingreifens der Amerikaner wurden in Folge der NATO-Intervention im Kosovo ausschlaggebend für die britisch-französische Initiative von St. Malo und deren zentrale Forderung nach glaubwürdigen militärischen Krisenreaktionsfähigkeiten für die EU.

Auf dem Treffen des Europäischen Rats in Köln wurde diese Forderung auf EU-Ebene formuliert. Unter Rücksichtnahme auf die amerikanische Reaktion auf die Initiative von St. Malo, welche vor einer Duplizierung von Streitkräfteplanung, Kommandostrukturen und Anschaffungen im Ausrüstungsbereich warnte und die Europäer dazu aufforderte, ihre knappen Finanzmittel in die der NATO feh-

565 Vgl. Howorth/ Keeler (2003), The EU, NATO and the Quest for European Autonomy, S. 7 – 10.
566 Vgl. Haine (2004), ESVP und NATO, S. 158.
567 Eitelhuber (2003), Europäische Streitkräfte unter dem Zwang der Bescheidung, S. 14.
568 Beispielsweise in der Rede „America's Stake in a Strong Europe" des Vize-Außenministers Strobe Talbott in London am 7.10.1999.

lenden Fähigkeiten zu investieren[569], schlossen die EU-Mitgliedstaaten unnötige Duplizierungen von schon in der NATO existenten Fähigkeiten aus. Die Mitgliedstaaten stellten darüber hinaus von Anfang an klar, dass die ESVP nicht die Schaffung einer stehenden, integrierten europäischen Armee implizieren, sondern die EU für Operationen auf die Streitkräfte und Fähigkeiten ihrer Mitgliedstaaten und bestehende europäische multinationale Streitkräfteelemente zurückgreifen würde. Die Mitgliedstaaten nahmen außerdem eine Unterscheidung zwischen EU-geführten Operationen ohne Rückgriff auf NATO-Mittel einerseits und – in Anknüpfung an die Berlin-Plus-Arrangements von 1996 – EU-geführten Operationen unter Rückgriff auf NATO-Mittel andererseits vor.[570]

Gleichzeitig hatten die Kriege auf dem Balkan und die folgenden Bemühungen der Konfliktnachsorge bzw. Stabilisierung des Friedens auch die Nützlichkeit und Notwendigkeit ziviler schneller Eingreiffähigkeiten bei Friedenseinsätzen deutlich gemacht und inspirierten die zivile Fähigkeitenkomponente der ESVP. Neben kürzer zurückliegenden praktischen Erfahrungen der EU in Jugoslawien fußte die Entscheidung des Europäischen Rats für eine operatives ziviles Instrumentarium im Rahmen der ESVP auch auf der langen Tradition der EU in der strukturellen zivilen Krisenprävention und -bewältigung und ihrem erweiterten Sicherheitsbegriff.

Die Rationale der Fähigkeitenentwicklung im Zuge der ESVP, wie sie auf dem Treffen des Europäischen Rats in Köln Mitte 1999 gefordert wurde, können auf zwei Ebenen verortet werden[571]:

- Das erste Rational liegt in der von den USA und der NATO unabhängigen Durchführung von Operationen im gesamten Petersbergspektrum, d.h. in der Schließung der Lücke zwischen europäischen militärischen und zivilen Fähigkeiten einerseits und den aktuellen sicherheitspolitischen Herausforderungen bzw. dem der EU durch ihre Mitgliedstaaten zugewiesenen ESVP-Aufgabenspektrum andererseits.[572]
- Das zweite Rational liegt – im Zusammenhang mit der weiterhin angestrebten Möglichkeit der EU, im Krisenfall auf Mittel und Fähigkeiten der NATO zurückzugreifen – in der Einrichtung geeigneter Arrangements für den Rückgriff auf benötigte NATO-Kapazitäten sowie in der Interoperabilität bzw. Kooperabilität europäi-

---

[569] Vgl. Haine (2004), ESVP und NATO, S. 160.
[570] Vgl. From St. Malo to Nice (2001), S. 44.
[571] Vgl. Keohane (2004), ESDP and military reforms, S. 105.
[572] Vgl. Lindley-French (2004), Plugging the Expanded Petersberg Tasks Gap?, S. 202/ 203.

scher Streitkräfte und deren Ausrüstung mit jenen bzw. mit jener der USA.[573]

Die Formulierung problemadäquater Planziele, die Entwicklung der betreffenden militärischen und zivilen Fähigkeiten für die Durchführung von Aufgaben des (erweiterten) Petersbergspektrums, geeignete Arrangements für den Rückgriff auf NATO-Mittel und -Fähigkeiten sowie die tatsächliche Verfügbarkeit der Fähigkeiten im Krisenfall bilden dabei die notwendigen Voraussetzungen der Handlungsfähigkeit der EU im Bereich der ESVP.

4.2 Quantitative und qualitative Zielsetzungen

4.2.1 Militärische Krisenreaktionskräfte und -fähigkeiten

Im Zuge eines noch von der WEU durchgeführten „Audit of assets and capabilities for European crisis management operations“, dessen Ergebnisse im November 1999 veröffentlicht worden waren, wurden europäische Fähigkeitenlücken und die entsprechenden verbesserungswürdigen Bereiche detailliert ausgeführt. Der Bericht wies v.a. auf die Notwendigkeit der Stärkung der kollektiven Fähigkeiten für Krisenmanagementoperationen in den Bereichen Nachrichtengewinnung und strategische Planung und der Verbesserung der schnellen Verfügbarkeit, Verlegefähigkeit, strategischen Mobilität, Durchhaltefähigkeit, Überlebensfähigkeit, Interoperabilität und operativen Effektivität der Streitkräfte sowie auf den zu deckenden Bedarf an multinationalen (verlegbaren) Operations- und Streitkräfte-Hauptquartieren und Führungs- und Kommunikationsfähigkeiten (*Command, Control, Communications* – C3) hin.[574] Zur Verbesserung des Streitkräfte- bzw. Fähigkeitenpools der EU-Mitglieder schlug der Bericht die Formulierung sog. *Headline Goals* (HG) bzw. kollektiver Fähigkeitenziele vor.

Auf dem Treffen des Europäischen Rats in Helsinki im Dezember 1999 wurde unter Rückgriff auf o.g. Erkenntnisse und Vorschläge das *Helsinki Headline Goal* (kurz: HHG oder auch HG 2003) formuliert:

> „Für die Entwicklung der europäischen Fähigkeiten haben sich die Mitgliedstaaten ein Planziel gesetzt: Bis zum Jahr 2003 werden sie im Rahmen der freiwilligen Zusammenarbeit in der Lage sein, bei entsprechenden Operationen Streitkräfte bis zur Korpsgröße

---

[573] Vgl. Keohane (2004), ESDP and military reforms, S. 105.

[574] Vgl. From St. Malo to Nice (2001), S. 74/ 75.

> (d.h. bis zur Stärke von 15 Brigaden bzw. mit einer Stärke von 50.000 bis 60.000 Personen), die in der Lage sind, den im Vertrag von Amsterdam genannten Petersberg-Aufgaben, einschließlich von Aufgaben mit größten Anforderungen, in vollem Umfang gerecht zu werden, rasch zu verlegen und dann einsatzfähig zu halten. Diese Streitkräfte sollten militärisch durchhaltefähig sein und über die erforderlichen Fähigkeiten in bezug auf Streitkräfteführung und strategische Aufklärung, die entsprechende Logistik, andere Kampfunterstützungsdienste und gegebenenfalls zusätzlich Komponenten der See- und Luftstreitkräfte verfügen. Die Mitgliedstaaten sollten in der Lage sein, in dieser Größenordnung innerhalb von 60 Tagen die Streitkräfte in vollem Umfang zu verlegen und in diesem Rahmen in kleinerem Umfang Kräfte zur raschen Reaktion auf Krisen vorzusehen, die mit einem sehr hohen Bereitschaftsgrad verfügbar und verlegbar sind. Sie müssen in der Lage sein, einen solchen Einsatz für mindestens ein Jahr aufrechtzuerhalten. Dies wird zusätzlich bereitzustellende verlegbare Einheiten (und Unterstützungselemente) mit einem geringeren Bereitschaftsgrad erfordern, damit eine Ablösung der ursprünglichen Streitkräfte vorgesehen werden kann."[575]

Außerdem einigten sich die Mitgliedstaaten in Helsinki darauf, rasch kollektive Fähigkeitenziele (*Collective Capability Goals*) in den Bereichen Streitkräfteführung, strategische Aufklärung und strategischer Transport zu entwickeln.[576]

Das HG 2003 wurde von den Mitgliedstaaten also zunächst sehr allgemein formuliert und legte einen Schwerpunkt auf Bodentruppen und die entsprech-enden Fähigkeiten. Ursächlich hierfür war zum einen der Charakter der HHG als kleinster gemeinsamer Nenner der politischen Vorstellungen und der Fähigkeiten der Mitgliedstaaten.[577] Insbesondere Großbritannien und Frankreich legten im Vorfeld von Helsinki divergierende Auffassungen über notwendige Bereiche und Ausmaße europäischer Streitkräfte- und Fähigkeitenentwicklung an den Tag: Großbritannien wollte im Einklang mit den Vorstellungen der USA die Formulierung der Zielsetzungen der europäischen Fähigkeitenentwicklung an der Verbesserung der Kapazitäten der NATO als Ganzes orientieren, was Duplizierungen von NATO-Fähigkeiten ausschloss. Der Bericht der fran-zösischen Nationalversammlung über die Operationen im Kosovo vom 15.12.1999 und eine Zusammenfassung der Lehren des Kosovokrieges durch das französische Verteidigungsministerium vom 20.11.1999 argumentierten hinge-gen für ehrgeizigere Zielsetzungen der europäischen Fähigkeitenentwicklung und für die Duplizierung bestimmter NATO-Fähig-keiten.[578] Darüber hinaus trugen zum ande-

---

[575] Schlussfolgerungen des Vorsitzes, Europäischer Rat (Helsinki), 10. und 11. Dezember 1999, Anlage IV (Bericht des Vorsitzes über die Stärkung der Gemeinsamen Europäischen Sicherheits- und Verteidigungspolitik), http://www.consilium.europa.eu/ueDocs/cms_Data/docs/pressData/de/ec/00300-r1.d9.htm.

[576] Vgl. From St. Malo to Nice (2001), S. 84.

[577] Vgl. Yost (2003), The U.S.-European Capabilities Gap and the Prospects for ESDP, S. 97/ 98.

[578] Vgl. Wosolsobe (2000), Frankreich, S. 223 – 225; ebenso: Howorth (2000), Britain, NATO and CESDP, S. 389; vgl. ebenso: Yost (2003), The U.S.-European Capabilities Gap and the

ren die unter Punkt 2 erläutererte mangelnde Formulierung strategischer Ziele sowie die fehlende Präzisierung von Aufgaben dazu bei, dass das HHG relativ allgemein gehalten und ein Schwerpunkt auf Bodentruppen und -fähigkeiten gelegt wurde. Darüber hinaus waren die Planziele von Helsinki auch einer Taktik, durch nicht übermäßig anspruchsvolle Zielsetzung das Er-reichen der Vorgaben ohne unrealistisch großen budgetären Aufwand seitens der Mitgliedstaaten sicher zu stellen, geschuldet.[579]

Insgesamt stellte sich das HG 2003 damit v.a. als Kompromiss dar zwischen

(1) verschiedenen wahrgenommenen Sachanforderungen (v.a. mit Blick auf den Kosovokrieg),

(2) dem politischen Willen, den finanziellen Möglichkeiten und den unterschiedlichen Fähigkeiten der Mitgliedstaaten (orientiert am unteren Ende der Möglichkeiten) und

(3) Lastenteilungsforderungen und Duplizierungs- bzw. Abkopplungsvorbehalten der USA.

Zwei Monate nach dem Treffen des Europäischen Rats in Helsinki legte Großbritannien mit Blick auf die notwendige detailliertere Ausführung und Umsetzung des HHG in konkrete Fähigkeitenanforderungen auf dem Treffen der europäischen Verteidigungsminister in Sintra ein diesbezügliches *Food-for-thought*-Papier vor.[580] Das Papier forderte einen systematischen Ansatz bei der genaueren Ausarbeitung des HHG, welcher eine klare Verbindung zwischen den politischen Zielen der GASP, dem generellen Statement des HHG und einer detaillierten Auflistung von Kapazitäten und Streitkräfteelementen, die benötigt werden würden, um das HHG zu erreichen, schaffen sollte. Methodisch empfahl das Papier hierzu Folgendes:

- Eine Analyse und Darstellung des strategischen Umfelds und seiner Anforderungen. Der strategische Kontext erfordere hierbei v.a. die Möglichkeit zur kurzfristigen Streitkräfteentsendung bzw. -verlegung, weiterhin Fähigkeiten, um unter Bedingungen mangelhafter Infrastruktur operieren zu können, außerdem Möglichkeiten zur Aufrechterhaltung von Missionen über einen langen Zeitraum hinweg, ebenso Fähigkeiten im Zuge asymmetrischer Kriegsführung und schließlich Möglichkeiten zur Minimierung der Opfer auf Seiten der Intervenierenden, der betroffenen Zivilbevölke-

Prospects for ESDP, S. 97.

579 Vgl. Yost (2003), The U.S.-European Capabilities Gap and the Prospects for ESDP, S. 98.

580 Vgl. From St. Malo to Nice (2001), S. 94.

rung und des Gegners bzw. zur Begrenzung von Kollateralschäden. Vor diesem Hintergrund müsse die Ausarbeitung des HHG insbesondere Kriterien der Verlegefähigkeit, Durchhaltefähigkeit, Interoperabilität, Flexibilität, Mobilität, Überlebensfähigkeit und der Führungs- und Kontrolleffektivität Rechnung tragen.[581]

- Die Artikulation grundlegender Planungsannahmen, wobei das Papier als Zieldatum der Erreichung des HHG Juni bzw. spätestens Dezember 2003 ansetzte und vorschlug, die Ausführung anspruchsvoller Petersbergaufgaben als auf das nähere Umfeld der EU begrenzt und die Durchführung weniger intensiver und umfangreicher Petersbergaufgaben als weltweit möglich anzunehmen.
- Die Auswahl entsprechender Planungsszenarien, wobei auf schon von der WEU entworfene Petersbergszenarien zurückgegriffen werden könne.
- Die Identifizierung der notwendigen Streitkräftekapazitäten für diese Szenarien. Die EU benötige hierbei Zugang zu einem abrufbaren Pool an Kampftruppen und entsprechenden Unterstützungselementen, inklusive Marine- und Luftelementen.
- Die Entwicklung illustrativer *Force packages*, welche aus dem o.g. Pool für Einsätze rekrutiert werden könnten, über nachrichtendienstliche, Kommando- und Kontrollfähigkeiten verfügen und von logistischen und anderweitigen Unterstützungskapazitäten – auch zu Wasser und über die Luft – erhalten werden könnten. Die besagten Streitkräfte sollten in abgestufter Bereitschaft bereitstehen, wobei eine Entsendung in Korpsgröße innerhalb von 60 Tagen[582] bewerkstelligt werden und ein kleinere Eingreiftruppe noch schneller einsetzbar sein können solle. Eine *Force package* in Korpsgröße im oberen Bereich des Petersbergspektrums müsse im Einsatzgebiet mindestens ein Jahr operieren können. Zusätzlich werde ein Pool von verlegefähigen Streitkräften, welche Teile der ersten entsandten Streitkräfte ersetzen könnten, benötigt.
- Auf o.g. *Force packages* aufbauend, die detaillierte Definition aller Anforderungen, welche das HHG implizieren würde.[583]

Der Europäische Rat nahm in Lissabon im März 2000 das britische *Food-for-thought*-Papier als Grundlage des HHG-Prozesses an.

---

[581] Vgl. From St. Malo to Nice (2001), S. 103/ 104.
[582] Die 60 Tage beziehen sich auf den Zeitraum von einer entsprechenden Ratsentscheidung bis hin zur vollen Einsatzbereitschaft vor Ort einschließlich eines abgeschlossenen Autoritätstransfer zum *Operations Commander*.
[583] Vgl. From St. Malo to Nice (2001), S. 104 – 107.

Im Juni 2000 erfolgte in Feira die weitere Präzisierung des HHG. Unter Leitung der sog. *Headline Goal Task Force* (HTF) erstellten hierbei nationale Planungsexperten basierend auf drei Grundszenarien, welche

1. die gewaltsame Trennung von Konfliktparteien,
2. Konfliktverhütung und
3. humanitäre Hilfe und Evakuierung europäischer Staatsangehöriger

umfassten und von der WEU übernommen wurden, ein Verzeichnis generischer Fähigkeiten und übersetzten so das HHG in einen Katalog von Streitkräften und ihren spezifischen Fähigkeiten. Dieser Katalog führte hierbei 144 Fähigkeiten in den Kategorien Führungs-, Kontroll- und Kommunikationssysteme, Nachrichtengewinnung, Überwachung, (Ziel-)Aufklärung, Verlegefähigkeit, Mobilität, Einsatzeffektivität, Schutz- und Überlebensfähigkeit, Durchhaltefähigkeit sowie Logistik und allgemeine Unterstützung auf. Der Katalog wurde bis Herbst 2000 fertiggestellt und als Helsinki-Planziel-Katalog verabschiedet.[584]

Auf der Grundlage des Helsinki-Planziel-Katalogs präzisierten die Mitgliedstaaten, welche nationalen Beiträge sie zur Erreichung der vereinbarten Streitkräfteziele leisten können. Auf der ersten Beitragskonferenz zu den militärischen Fähigkeiten am 20. und 21.11.2000 in Brüssel verpflichteten sie sich, auf freiwilliger Basis entsprechende nationale Kontingente zur Erfüllung des Helsinki-Planziel-Katalogs bereit zu stellen. Diese nationalen Zusagen wurden im sog. Helsinki-Streitkräfte-Katalog zusammengefasst. Quantitativ ergab sich aus den Beiträgen der Mitgliedstaaten ein Pool von mehr als 100.000 Mann und von ca. 400 Kampfflugzeugen und 100 Schiffen.[585] Auf Grundlage der Einladung von Helsinki bzw. des expliziten Aufrufs des Europäischen Rats von Feira an die europäischen Nicht-EU-aber-NATO-Mitglieder sowie die EU-Beitrittskandidaten, zur Verbesserung der militärischen Fähigkeiten der EU beizutragen, leisteten diese ebenfalls Zusagen für Truppen- und Fähigkeitenbeiträge zum sog. Planziel Plus (*Headline Goal-plus*).[586] Auf dem Treffen des Europäischen Rats in Nizza im Dezember 2000 wurden die beiden o.g. Erklärungen über die Bereitstellung militärischer Fähigkeiten angenommen.

---

[584] Vgl. Schmitt (2004), Europas Fähigkeiten, S. 108.

[585] Diese zugesagten Mittel hatten jedoch schon vorher existiert und waren zudem gleichzeitig der NATO bzw. den Vereinten Nationen zugesichert. Zur Schließung der im Helsinki-Planziel-Katalog identifizierten Lücken wurden bis dahin kaum neue Anschaffungen getätigt (vgl. Keohane [2004], ESDP and military reforms, S. 106/ 107).

[586] Vgl. Schmitt (2004), Europas Fähigkeiten, S. 108.

Auf dem Treffen des Europäischen Rats in Laeken ein Jahr später, im Dezember 2001, erklärten die Staats- und Regierungschefs, dass die EU nun zu Operationen zur Krisenbewältigung in der Lage sei.[587] Um Aufgaben im gesamten Petersbergspektrum, d.h. auch in seinem anspruchsvolleren Bereich, übernehmen zu können, müsse die EU ihre Bemühungen um Fortschritte in mehreren Bereichen fortsetzen.[588] Die Erklärung, dass die ESVP einsatzbereit sei – auch wenn auf gewisse Einschränkungen und die Notwendigkeit weiterer Anstrengungen verwiesen wurde –, muss dabei zumindest teilweise als politische Entscheidung der europäischen Staats- und Regierungschefs in Folge der terroristischen Anschläge vom 11. September 2001 verstanden werden, um die Fähigkeit und Motivation der EU zur Zusammenarbeit mit den USA (und anderen Mitgliedern der internationalen Gemeinschaft) zur Bekämpfung der terroristischen Bedrohung zu bestätigen.

Im Mai 2003 erklärten die europäischen Verteidigungsminister, dass die EU im gesamten Spektrum der Petersbergaufgaben einsatzbereit sei, wobei Einschränkungen und/ oder Zwänge bei der Verlegezeit bestünden und ein hohes Risiko am oberen Ende des Spektrums von Größenordnung und Intensität des Einsatzes auftreten könne, insbesondere wenn Operationen gleichzeitig durchgeführt würden.[589] Auf dem Treffen des Europäischen Rats im Dezember 2003 wurde der in Helsinki eingeleitete Prozess offiziell abgeschlossen, ohne dass damit das HG 2003 erreicht worden wäre.[590]

Schon einen Monat zuvor, im November 2003, hatten sich die Verteidigungsminister geeinigt, ein neues *Headline Goal* zu formulieren, welches bis 2010 erzielt werden sollte.[591] Während das HG 2003 sich an den Anforderungen der Jugoslawienkriege bzw. insbesondere jenen des Kosovokrieges orientiert und in erster Linie quantitative Anforderungen berücksichtigt hatte, sollten im neuen *Headline Goal* 2010 die Zielformulierungen an die neuen strategischen Rahmenbedingungen und die europäische Sicherheitsstrategie angepasst werden. Hierbei sollten erkannte Defizite der europäischen Krisenreaktionskräfte und Lehren aus den ersten Kriseneinsätzen berücksichtigt und insbesondere der Notwendigkeit Rechnung getragen werden, sich der qualitativen Verbesserung der Fähigkeiten zu widmen und den im Zuge des HHG-Prozesses ermittelten Mangels an mobilen Spezialkräften, die einen hohen Bereitschaftsgrad aufweisen und in einem schwierigen Umfeld eingesetzt werden können, zu beheben.[592] Das HG 2010

---

[587] Vgl. From Nice to Laeken (2002), S. 110.
[588] Vgl. From Nice to Laeken (2002), S. 120.
[589] Vgl. From Copenhagen to Brussels (2003), S. 191 – 193.
[590] Vgl. EU Crisis Response Capability Revisited (2005), S. 24.
[591] Vgl. EU Crisis Response Capability Revisited (2005), S. 24.
[592] Vgl. *Headline Goal 2010*, S. 1; ebenso: ESDP developments and the Headline Goal 2010, http://www.assembly-weu.org/en/documents/sessions_ordinaires/rpt/2005/1898.html, Zugriff

wurde im Mai 2004 von den EU-Verteidigungsministern angenommen und auf dem Treffen des Europäischen Rats in Brüssel im Juni 2004 verabschiedet[593]:

Aufbauend auf den vorangegangenen Planzielen und unter Berücksichtigung der bestehenden Defizite verpflichteten sich die Mitgliedstaaten, bis 2010 zu schnellem und entschiedenem Handeln im gesamten erweiterten Petersbergspektrum in der Lage zu sein und hierbei über die Möglichkeit zu verfügen, gleichzeitig mehrere Operationen auf verschiedenen Aufgaben- und Intensitätsniveaus durchzuführen.[594] Die Interoperabilität, Verlegefähigkeit und Durchhaltefähigkeit würden im Zentrum der Bemühungen der Mitgliedstaaten stehen.[595] In diesem Kontext sei insbesondere die Fähigkeit der EU, innerhalb kürzester Zeit sog. *Force packages* in Krisengebiete zu entsenden, ein Schlüsselelement. Diese *Force packages* sollten sich weitestgehend an dem sog. *Battle-Group*-Konzept orientieren.[596]

Dieses Konzept sieht die Möglichkeit zur Verlegung von Gefechtsverbänden (englisch: *Battlegroups* – BG) von 1.500 Soldaten einschließlich geeigneter Unterstützungselemente innerhalb von 15 Tagen nach Einigung über ein Krisenmanagementkonzept vor. Die *Battlegroups* sollen in der Lage sein, entweder als selbstständig operierende Kraft oder im Rahmen einer umfassenderen Operation als Befähigungskräfte für die nachfolgenden Phasen Operationen hoher Intensität durchzuführen. Um eine Verlegung innerhalb von 15 Tagen sicherzustellen, müssen die *Battlegroups* in voller Sollstärke bereitstehen und entsprechend ausgerüstet, ausgebildet und vorbereitet sein. Außerdem müssen die Mitgliedstaaten, welche *Battlegroups* bereitstellen, auch entsprechende strategische Transportmittel zur Verlegung innerhalb von 15 Tagen assignieren. Die *Battlegroups* sollen vor allem, aber nicht ausschließlich, dazu dienen, auf Ersuchen der Vereinten Nationen hin zu handeln. Spezifisches bzw. naheliegendstes Einsatzgebiet sind scheiternde Staaten, welche gemäß der ESS auch eine der Hauptbedrohungen europäischer und internationaler Sicherheit darstellen. 2007 sollen sieben bis neun solcher *Battlegroups* bereitstehen und die Möglichkeit der Durchführung von zwei gleichzeitigen Operationen, welche *Battlegroups* involvieren, gewährleistet sein. Die Aufstellung der *Battlegroups* kann erstens durch einen einzelnen Mitgliedstaat als rein nationale BG, zweitens unter einer sog. Führungsnation bzw. Rahmennation, welche die Kerntruppen und -fähigkeiten stellt, die durch Nischenfähigkeiten anderer Staaten ergänzt werden, oder aber von mehreren

am 20.11.2005, S. 9.

[593] Vgl. ESDP developments and the Headline Goal 2010, http://www.assemblyweu.org/en/documents/sessions_ordinaires/rpt/2005/1898.html, Zugriff am 20.11.2005, S. 9.

[594] Vgl. Headline Goal 2010, S. 1.

[595] Vgl. Headline Goal 2010, S. 2.

[596] Vgl. Headline Goal 2010, S. 2.

Staaten zu gleichen Teilen als genuin multinationale BG erfolgen. In jedem Fall müssen die *Battlegroups* anspruchsvolle militärische Kriterien hinsichtlich ihrer Einsatzbereitschaft, Wirksamkeit und Verlegefähigkeit erfüllen.[597]

Das Beispiel des *Battle-Group*-Konzepts verdeutlicht ein weiteres Mal die Bedeutung konvergierender Interessen der großen und militärisch fähigeren Mitgliedstaaten und darauf aufbauender bilateraler Initiativen für die konzeptionelle und praktische Weiterentwicklung der ESVP[598]: Auf Grundlage einer zunächst britisch-französischen Initiative vom Februar 2003, mit dem Ziel, die EU zu befähigen, eine bestimmte Zahl von Land-, Luft-, und Seestreitkräften innerhalb von fünf bis zehn Tagen zu verlegen, präsentierten Frankreich und Großbritannien ein Jahr später, im Februar 2004, zusammen mit Deutschland ein überarbeitetes *Battle-Group*-Konzept, woraufhin dieser trilaterale Vorschlag im April 2004 durch die Billigung der Verteidigungsminister aller EU-Mitgliedstaaten in eine europäische Initiative umgewandelt wurde.[599] Besonders starkes Interesse an den *Battlegroups* legte hierbei die französische Regierung an den Tag. Frankreich sei mit der französisch geführten EU-Operation ARTEMIS in der Demokratischen Republik Kongo auch der politische und militärische Wegbereiter des *Battle-Group*-Konzepts, welches sich weitgehend an den Anforderungen an ARTEMIS orientierte, gewesen. Elemente des *Battle-Group*-Konzepts entsprächen dabei zentralen französischen außen- und sicherheitspolitischen Zielsetzungen, wie z.B. der Stärkung des UN-Sicherheitsrats als zentraler Friedenssicherungsinstanz bzw. der Intensivierung der Zusammenarbeit zwischen EU und UN und v.a. der Stärkung der selbstständigen Handlungsfähigkeit der EU im internationalen Krisemanagement, wobei beides wiederum einer Stärkung der Position Frankreichs auf der internationalen Bühne und/ oder innerhalb der Union zuträglich sein könne. Kempin weist in letzerem Zusammenhang darauf hin, dass mit dem Einsatz von *Battlegroups* die EU im Sinne Frankreichs ihre Handlungsfähigkeit im internationalen Krisenmanagement insbesondere auch relativ zur NATO beweisen und diese im Bereich der Petersbergaufgaben in den Schatten stellen können würde.[600]

In engem Zusammenhang mit den *Battlegroups* zu sehen sind die unter dem HG 2010 zum Zwecke der Unterstützung von zukünftigen Operationen angestrebte Aneignung von Kapazitäten im Bereich des strategischen Transports zu Luft, zu Wasser und zu Land, deren vollständige Effektivität und insbesondere die Entwicklung eines gemeinsamen europäischen Lufttransportkommandos sowie die Sicherstellung der Verfügbarkeit eines Flugzeugträgers und der dazugehörigen

---

[597] Vgl. Schmitt (2004), Europas Fähigkeiten, S. 116/ 117.
[598] Vgl. Grant (2004), Conclusion: the significance of European defence, S. 63/ 64.
[599] Vgl. Schmitt (2004), Europas Fähigkeiten, S. 116.
[600] Vgl. Kempin (2004), Frankreich und die EU-Battlegroups, S. 3/ 4.

Luftkomponente und Eskorte bis 2008. Zudem sollten durch die Bewerkstelligung der Kompatibilität und Vernetzung aller Kommunikationsausrüstungen und -mittel größere Effizienz bei EU-Operationen erzielt werden.[601] Darüber hinaus solle noch im selben Jahr, 2004, eine sog. zivil-militärische Zelle im EUMS eingerichtet werden, welche über die Fähigkeit verfügen solle, innerhalb kürzester Zeit ein Operationszentrum zur strategischen Führung einer Operation zu errichten[602], sowie eine europäische Rüstungsagentur (*European Defence Agency* – EDA)[603] etabliert werden. Die relevanten Gremien des Rats würden zusammen mit dieser EDA sowohl in quantitativer als auch in qualitativer Hinsicht in Folge entsprechend detailliertere Zielmarken in den Bereichen Interoperabilität, Verlegbarkeit und den anderen o.g. essenziellen Bereichen entwickeln. Alle der EU zugesagten Streitkräfte würden auf Grundlage ihrer Kampfkraft und Einsatzbereitschaft unter Bezugnahme auf die ihnen möglichen Aufgaben kategorisiert. Ebenso würde die EU einen Evaluierungsprozess einleiten, um die Fähigkeitenzusagen der Mitgliedstaaten mit Blick auf die qualitativen Anforderungen Interoperabilität, Verlegbarkeit und Durchhaltefähigkeit einzustufen.[604]

Im Vergleich zum HHG kann insbesondere die Zielsetzung der Aufstellung von oben beschriebenen *Battlegroups* im Rahmen des HG 2010 als positiv bewertet werden[605]: Die Erreichung dieses Zieles könnte erstens zur Behebung der hauptsächlichen Defizite europäischer Streitkräfte mit Blick auf internationale Kriseneinsätze z.B. in der schnellen Verlegefähigkeit und bei Spezialkräften bzw. *High-end*-Fähigkeiten, beitragen. Zweitens füllen die *Battlegroups* eine Lücke im internationalen Handlungsbedarf, nämlich die Bereitstellung gut ausgebildeter, spezialisierter Streitkräfteeinheiten für UN-Missionen. Everts und Keohane vom CER weisen hierbei darauf hin, dass sich die *Battlegroups* aus genau letzterem Grund tatsächlich als von besonderer Bedeutung für die Profilierung der EU erweisen könnten, da die EU hier einen von den USA und der NATO vernachlässigten Bereich für sich sich besetzen könne.[606] Gleichzeitig kann aber davon ausgegangen werden, dass auch die *Battle-Group*-Zielformulierungen nicht nur in Anlehnung an die objektiven Anforderungen des strategischen Umfeldes und unter der Prämisse der Behebung europäischer Fähigkeitendefizite, sondern ebenso auch unter Berücksichtigung der eingeschränkten materiellen Möglichkeiten der Mitgliedstaaten sowie deren Streben nach gleichberechtigter Mitwirkung trotz eingeschränkter Ressourcen entstanden: Die Möglichkeit multinationaler

---

[601] Vgl. Lindstrom, The Headline Goal (Updated November 2005), http://www.iss-eu.org/esdp/05-gl.pdf, Zugriff am 1.2.2006, S. 5; vgl. ebenso: *Headline Goal 2010*, S. 3.

[602] Siehe Punkt 4.2.2.

[603] Siehe Punkt 4.3.3.

[604] Vgl. Headline Goal 2010, S. 4.

[605] Vgl. EU Crisis Response Capability Revisited (2005), S. 23.

[606] Vgl. Everts/ Keohane (2004), Introduction, in: Centre for European Reform, A European Way of War, S. 5/ 6.

Battlegroups unter Beteiligung von zwei oder mehr Ländern bietet v.a. kleineren Ländern die Chance, ihre Truppen und Fähigkeiten zu poolen und auf diesem Wege einen sichtbaren Beitrag zur ESVP zu leisten und damit auch ihren Mitgestaltungsanspruch in Fragen der ESVP zu sichern. Jedoch muss hierbei kritisch darauf hingewiesen werden, dass ausgeprägt multinationale Zusammmensetzungen von *Battlegroups* in der Praxis Schwierigkeiten bei der Interoperabilität und damit für die Krisenkontrollwirksamkeit und Effizienz der betreffenden BG aufwerfen könnte: Als Faustregel gilt unter Militärexperten, welche sich hierbei u.a. auf die deutsch-französische Brigade beziehen, dass das Multinationalitäts-Prinzip nicht unter einer Einheitsstärke von 4.500 bis 5.000 (also die Größe einer Brigade) angewandt werden sollte, um die Funktionsfähigkeit der Einheit im Einsatz nicht zu gefährden.[607]

Nicht nur mit Blick auf die *Battlegroups*, sondern auch mit Blick auf die ERRF stellt das multinationale Organisationsprinzip, welches allen EU-Krisenreaktionskräften weitestgehend zu Grunde liegt, eine Schwachstelle dieser Krisenreaktionskräfte dar. Das Organisationsprinzip reflektiert zwar den politischen Intergouvernmentalismus der ESVP, welchem wiederum das Streben der Mitgliedstaaten nach Erhalt der souveränen Handhabung ihrer Reaktion und ihrer Streitkräfte im Krisenfall zugrunde liegt. Es hat aber zahlreiche Nachteile mit Blick auf die Kompatibilität militärischer Ausbildung, Ausrüstung und Führung, welche relativ kostspielig anderweitig zu kompensieren versucht werden müssen – z.B. im Falle der verschiedenen nationalen Ausbildungen durch gemeinsame Übungen.[608]

4.2.2 Planungs- und Führungsfähigkeiten

Die amerikanischen Warnungen an die Europäer, keine schon in der NATO verfügbaren Fähigkeiten zu duplizieren, bezogen sich v.a. auf die Entwicklung operativer Planungs- und Führungsfähigkeiten. Wie bereits unter Punkt 4.1 erwähnt, sind im Rahmen der ESVP jedoch zwei Arten von Operationen vorgesehen:

(1) EU-geführte Operationen mit Rückgriff auf NATO-Mittel. Die NATO eröffnet der EU hierbei im Rahmen des Berlin-Plus-Abkommens die Möglichkeit zur Nutzung von NATO-Planungskapazitäten und einiger

---

607 Vgl. ESDP developments and the Headline Goal 2010, http://www.assembly-weu.org/en/documents/sessions_ordinaires/rpt/2005/1898.html, Zugriff am 20.11.2005, S. 12.

608 Vgl. Seidelmann (2002), Das ESVP-Projekt und die EU-Krisenreaktionskräfte, S. 116/117.

ihrer anderen Fähigkeiten, v.a. im Bereich der Einsatzführung (Hauptquartiere [HQ], Kommunikationsmittel usw.).

(2) autonome EU-geführte Operationen ohne Rückgriff auf NATO-Mittel. Hier kann sich die EU auf Hauptquartiere von Mitgliedstaaten, welche diese im Streitkräftekatalog zugesagt haben, stützen. Im Krisenfall können die Mitgliedstaaten erstens ein Land designieren, welches den Nukleus für das Operations-HQ stellt, der dann multinational aufgestockt wird. Zur Verfügung stehen hierzu bislang HQ in Northwood (Großbritannien), Mont Valérien (Frankreich), Potsdam (Deutschland) und Larissa (Griechenland). Rom (Italien) soll in Kürze ebenfalls verfügbar sein. Die zweite Möglichkeit neben einem multinationalisierten nationalen HQ bietet das sog. Rahmennation-Konzept, bei dem ein Mitgliedstaat Planungs- und Führungsfähigkeiten aus einer Hand stellt.

Während die USA die Schaffung EU-eigener Hauptquartiere und Planungsstäbe als rote Linie definierten, welche nicht überschritten werden durfte, brachte die EU mit dem Verzicht auf eigenständige ständige europäische Planungs- und Kommandostrukturen zum Ausdruck, dass die ESVP nicht in Konkurrenz, sondern komplementär zur NATO angelegt ist.[609]

Die oben erstgenannte Möglichkeit, d.h. die Verwendung von Kapazitäten der NATO zur Planung und Führung EU-geführter Operationen, hat – um den Preis eingeschränkter Planungs- und Durchführungsautonomie – auch Vorteile: Sie sichert v.a. die indirekte Mitverantwortlichkeit der USA für die Operation und die Möglichkeit, evtl. zusätzliche Unterstützung durch andere NATO-Mittel und die USA relativ verlässlich erwarten zu können.[610] Nicht zuletzt vor diesem Hintergrund sind die Europäer durchwegs am Erhalt und an der Nutzung dieser Möglichkeit interessiert.[611]

Falls die EU jedoch Operationen ohne Rückgriff auf NATO-Mittel durchführen können will, was in der ESVP erklärtes Ziel ist, bieten multinationalisierte HQ oder das Rahmennation-Konzept nur suboptimale Lösungen zur Sicherstellung ausreichender und geeigneter Planungs- und Führungskapazitäten. Die Problematik der Verwendung von ad hoc multinationalisierten nationalen HQ verortet Phillipe de Schoutheete in der damit einhergehenden notwendigen Unterordnung der kleinen Staaten (ihrer Mittel etc.) unter ein mehr oder weniger multinationa-

---

[609] Vgl. Dembinski (2004), Der Irak-Krieg als Bewährungsprobe der gemeinsamen europäischen Außen- und Sicherheitspolitik, S. 100.
[610] Vgl. Schake (2003), The United States, ESDP and Constructive Duplication, S. 126/ 127.
[611] Vgl. Schake (2003), The United States, ESDP and Constructive Duplication, S. 128.

lisiertes HQ einer der großen Mitgliedstaaten sowie im Risiko kostspieliger innereuropäischer Duplizierungen, da die Bereitstellung nationaler HQ zur Durchführung EU-geführter Operationen den einzelnen Mitgliedstaaten einen Prestige- und Machtvorteil bietet.[612] Das Rahmennation-Konzept kann dagegen nur angewandt werden, wenn ein einzelner Mitgliedstaat fähig und willens ist, eine Operation zu planen, vorzubereiten und alle Führungsfähigkeiten aus einer Hand zu bieten, wodurch per se die Anwendbarkeit dieses Konzepts sehr eingeschränkt ist.

Schon im Juli 2002 hatte der belgische Premier Verhofstadt in einem Brief an Chirac und Blair die Einrichtung eines europäischen HQ, welches operative Planungs- und Führungsaufgaben übernehmen sollte, vorgeschlagen.[613] Aus belgischer Perspektive bleibt die NATO zwar das Instrument kollektiver Verteidigung für Europa, gleichzeitig wird die ESVP aber als essenzieller Bestandteil der Konstruktion Europas betrachtet. In einem Europa, das weniger der kollektiven Verteidigung bedürfe, als vielmehr Krisenmanagement im Sinne von Nicht-Artikel-5-Aufgaben und der Terrorismusbekämpfung betreiben müsse, solle die EU in den beiden letztgenannten Bereichen auch eigenständig handeln können, so die überwiegende belgische Auffassung. Die ESVP bietet einem relativ kleinen Staat wie Belgien zudem Vorteile bei dessen Verwirklichung seiner Sicherheit und Verteidigung und erhöht seine weltpolitische Gestaltungsmacht.[614]

Auf Einladung Verhoefstadts trafen sich die Staats- und Regierungschefs Frankreichs, Deutschlands und Luxemburgs schließlich am 29.4.2003 in Tervuren, was später als sog. Mini-Gipfel bzw. Pralinen-Gipfel bekannt wurde. Die vier Staats- und Regierungschefs schlugen auf dem Gipfel u.a. die Stärkung gemeinsamer operativer Planungskapazitäten vor, welche zwar in direkter Kooperation mit der NATO und in Verbindung mit SHAPE (Oberstes Hauptquartier der Alliierten Mächte in Europa – *Supreme Headquarters Allied Powers Europe*), aber mit dem Ziel eines multinationalen EU-HQ zur Planung und Durchführung von EU-Operationen ohne Rückgriff auf NATO-Mittel zu errichten, verfolgt werden sollte.[615] Deutschland wich hiermit von seinem bisherigen Mittelweg zwischen atlantischer und europäischer Orientierung ab[616] und zeigte sich zugunsten der Berücksichtigung innenpolitischer Erwägungen und der deutsch-französischen Partnerschaft bereit, „die von den USA markierte rote Linie [der Duplizierung von Planungs- und Führungsfähigkeiten; Verfasserin] zu überschreiten“[617]. Der Vorschlag des Vierer-Gipfels für ein EU-eigenes, ständiges HQ rief harsche Re-

---

612 Vgl. De Schoutheete (2004), La cohérence par la défense, S. 42.
613 Vgl. De Schoutheete (2004), La cohérence par la défense, S. 62.
614 Vgl. De Schoutheete (2004), La cohérence par la défense, S. 61.
615 Vgl. De Schoutheete (2004), La cohérence par la défense, S. 42/ 43.
616 Vgl. Staack (2004), Nein zur Hegemonialmacht, S. 225.
617 Dembinski (2004), Die Europäische Sicherheits- und Verteidigungspolitik, S. 168.

aktionen in Washington hervor[618]: Die USA lehnten die Einrichtung eines ständigen EU-HQ nicht nur als unnötige Duplizierung[619] ab, sondern bezeichneten ein solches auch als „größte Bedrohung für die NATO"[620]. Hinter dieser Reaktion standen die bekannten Befürchtungen einer eintretenden Abkopplung der EU von der NATO und der USA.[621] Auch einige der nicht am Gipfel beteiligten EU-Mitgliedstaaten, allen voran Großbritannien, kritisierten die Vorschläge zur Errichtung eines europäischen HQ als unnötige und schädliche Duplizierung von NATO-Fähigkeiten.[622] Sowohl der Zeitpunkt des Tervuren-Gipfels, welcher im Kielwasser der Entscheidung der USA für eine militärische Intervention im Irak, welche auch durch Großbritannien u.a. EU-Mitglieder unterstützt, aber v.a. von Frankreich und Deutschland scharf kritisiert wurde, als auch der Kreis der Teilnehmer, welcher aus eben diesen Irakkriegs-Gegnern bestand, schienen der Initiative eine zusätzlich explizit anti-amerikanische Spitze zu verleihen und verschärften deswegen die Reaktionen auf den Gipfel und seine Inhalte.[623] Trotz der anfänglich völligen Ablehnung der Vorschläge durch die USA, Großbritannien und andere atlantisch orientierte EU-Mitglieder ging die Kompromissfindung und teilweise Umsetzung der der Initiative zugrundeliegenden Idee einer größeren Autonomie der EU durch verbesserte eigene Planungs- und Führungsfähigkeiten relativ schnell vonstatten. Insbesondere Großbritannien betrieb intensive diplomatische Bemühungen und zeigte sich unter dem Rational, britische Gestaltungsmacht im Bereich der ESVP und der EU allgemein zu bewahren bzw. unter Beweis zu stellen, seinerseits zu Zugeständnissen bereit. Auf einem trilateralen Gipfel Deutschlands, Frankreichs und Großbritanniens im September 2003 in Berlin ging Großbritannien zunächst einen großen Schritt auf die Position der Vier zu[624], korrigierte diese jedoch im folgenden Monat auf Druck der USA hin und erteilte der Idee EU-eigener Kommandostrukturen wiederum eine Absage. Da Frankreich und Deutschland wussten, dass Großbritanniens Handlungsspielraum durch seine besonderen Beziehungen zu den USA in der Frage autonomer EU-Planungs- und Führungsfähigkeiten eingeschränkt war und dass außerdem ein zentrales ESVP-Vorhaben, wie es ein europäisches HQ wäre, ohne die Beteiligung bzw. Unterstützung Großbritanniens keinen Sinn machen würde, erklärten sich Deutschland und Frankreich wiederum ihrerseits zu Zugeständnissen bereit. Ende November 2003 fanden Deutschland, Frankreich und Großbritan-

---

[618] Vgl. De Schoutheete (2004), La cohérence par la défense, S. 44.
[619] Vgl. Haine (2004), ESVP und NATO, S. 167.
[620] Nicolas Burns (amerikanischer Botschafter bei der NATO) zit. in Schmitt (2004), Europas Fähigkeiten, S. 117.
[621] Vgl. Schake (2003), The United States, ESDP and Constructive Duplication, S. 128.
[622] Vgl. Schmitt (2004), Europas Fähigkeiten, S. 117.
[623] Vgl. Dembinski (2004), Der Irak-Krieg als Bewährungsprobe der gemeinsamen europäischen Außen- und Sicherheitspolitik, S. 101; vgl. ebenso: Dembinski (2004), Die Europäische Sicherheits- und Verteidigungspolitik, S. 169; vgl. ebenso: Schmitt (2004), Europas Fähigkeiten, S. 117.
[624] Vgl. Dembinski (2004), Der Irak-Krieg als Bewährungsprobe der gemeinsamen europäischen Außen- und Sicherheitspolitik, S. 101.

nien in Neapel schließlich eine trilaterale Kompromisslösung, welche im Dezember 2003 durch den Europäischen Rat gebilligt wurde.[625]

Im Einklang mit den diese Kompromisslösung fixierenden Ausführungen "European Defence: NATO/ EU consultation, planning and operations"[626] wurde nun mit der Einrichtung einer sog. zivil-militärischen Zelle begonnen. Die übergeordneten Ziele der zivil-militärischen Zelle lauteten auf

- die Verbesserung der EU-Krisenmanagementfähigkeiten,
- die Unterstützung der Koordination ziviler Krisenmanagementoperationen sowie auf
- die Herstellung von Kohärenz der zivilen und militärischen Strukturen unter dem Hohen Repräsentanten für die GASP.

Die *Terms of Reference*[627] der Zelle legten ihre Funktionen auf

- die militärstrategische Planung im Krisenfall unter Einbeziehung zivil-militärischer Schnittstellen oder möglicher ziviler Unterstützung,
- die zivile Krisenreaktionsplanung,
- die Planung kombiniert zivil-militärischer Operationen,
- die Erfassung von Doktrinen, Konzepten und *Lessons learned* aus zivil-militärischen Operationen und Übungen
- sowie auf die Unterstützung der Durchführung ziviler oder zivil-militärischer Operationen fest.

Die zivil-militärische Zelle solle innerhalb des EUMS angesiedelt sein und sich aus einem zivil-militärischen strategischen Planungsstab und einem ständigen Kern (ebenfalls bestehend aus militärischem und zivilem Personal) zusammensetzen. Auch mit Einrichtung der Zelle solle aber für autonome militärische EU-Operationen die Nutzung nationaler Hauptquartiere weiterhin die grundsätzlich erste Option darstellen. Nur wenn kein nationales HQ bestimmt werden könne

---

[625] Vgl. Schmitt (2004), Europas Fähigkeiten, S. 117.
[626] Abrufbar unter http://ue.eu.int/uedocs/cmsUpload/78414%20-%20EU-NATO%20Consultation,%20Planning-%20and%20Operations.pdf.
[627] Vgl. Council of the European Union, European Union Military Staff Terms of Reference and Organisation, abrufbar unter http://register.consilium.eu.int/pdf/en/05/st06/st06758.en05.pdf.

und/ oder ein zivil-militärisches Handeln der EU vorgesehen sei, könne der Rat auf Vorschlag des EUMC beschließen, auf die Kapazitäten der zivil-militärischen Zelle zurückzugreifen, insbesondere auf deren Fähigkeit, innerhalb kürzester Zeit ein Operationszentrum (OPCEN) einzurichten, welches in der Lage sein würde, Operationen in der Größenordnung der EU-Operation ARTEMIS zu planen und durchzuführen. Die Einrichtung eines ständigen HQ stehe hierbei nicht zur Diskussion. Mit dem formulierten Ziel der Verbesserung des beidseitigen Informations- und Konsultationsprozesses wurde darüber hinaus die Schaffung einer kleinen EU-Zelle im SHAPE, die eine bessere Vorbereitung von EU-Operationen unter Rückgriff auf NATO-Mittel ermöglichen soll, und die Einrichtung eines Verbindungselements der NATO im EUMS beschlossen.[628]

Der transatlantische und innereuropäische Streit um den Aufbau autonomer Planungs- und Führungsfähigkeiten war und ist Ausdruck eines kontinuierlichen Richtungsstreits, ob die ESVP eher als eine Art Reserveinstrument weiterentwickelt werden oder zu einer eigenständigen Rolle neben und mit der NATO befähigt werden soll. Gleichzeitig geht es bei der Frage EU-eigener Planungs- und Führungsfähigkeiten um zentrale militärische Fähigkeiten, deren Vorhandensein (oder Nicht-Vorhandensein) entscheidende Auswirkungen auf die Entscheidungs- und Durchführungsautonomie und damit auf die eigenständige Handlungsfähigkeit der EU im internationalen Krisenmanagement hat. Die Kompromisslösung der zivil-militärischen Zelle als Antwort auf die Frage eigenständiger europäischer Planungs- und Führungskapazitäten folgte dabei jedoch weniger einer militärischen Logik als einer diplomatischen.[629] Der symbolische Verdienst dieser Lösung scheint zwar zunächst in der erstmaligen Bestätigung durch alle Beteiligten (auch die USA), dass die EU zumindest ansatzweise eigene Planungs- und Führungsfähigkeiten benötigt, zu liegen. Jedoch wird mit der hauptsächlichen Betonung darauf, dass die Zelle kein stehendes HQ darstelle, gleichzeitig Bedeutung und Stellenwert der Zelle im Kontext eines europäischen Strebens nach autonomer Entscheidungs-, Planungs- und Handlungsfähigkeit wieder deutlich reduziert. Der tatsächliche praktische Wert der Zelle mit Blick auf die europäische Autonomie in Planung und Führung wird als begrenzt eingeschätzt.[630] Der Kompromiss zugunsten der zivil-militärischen Zelle in ihrer jetzigen Form und Funktion wurde von einigen Stimmen sogar als kontraproduktiv bewertet, da die Diskussion um tatsächlich eigenständige und in jedem Fall einsetzbare – da ständig in vollem Umfang bereitstehende – europäische Planungs- und Führungsfähigkeiten durch die Ersatzlösung der Zelle auf unabsehbare Zeit unterbunden sei. Gerrard Quille vom *International Security Information Service Europe* (ISIS Europe) charakterisiert die Entscheidung für die zivil-militärische Zelle in diesem Zusammenhang v.a. als „return to ‚basic principles' for the EU

---

[628] Vgl. Algieri/ Bauer (2005), Eine Frage der Macht, S. 244.
[629] Vgl. Haine (2004), ESVP und NATO, S. 167/ 168.
[630] Vgl. z.B. Webber (2003), ESDP, Enlargement and the ‚Third Country' Issue, S. 107.

with full complementary of capabilities but with an emphasis upon joint civilian/ military operations, filling gaps where NATO or the Member States are not involved"[631].

4.2.3 Zivile Fähigkeiten

Auf dem Treffen des Europäischen Rats von Helsinki stellten die europäischen Staats- und Regierungschefs die Weichen für den Aufbau der zivilen Komponente der ESVP.[632] Der Fokus in Helsinki auf diese zivile Komponente war nicht zuletzt der diesbezüglich engagierten finnischen Ratspräsidentschaft, welche vor dem Hintergrund der militärischen Bündnisfreiheit des eigenen Landes ein besonderes Interesse an der Einbringung ziviler Fähigkeiten in die ESVP hatte, zuzuschreiben. Die finnische Präsidentschaft legte in Helsinki gemäß des Mandats des Europäischen Rats von Köln einen Bericht zum zivilen Krisenmanagement vor.[633] Darin stellte sie fest, dass die EU und ihre Mitgliedstaaten bereits über beträchtliche Fähigkeiten in den Bereichen Polizei, humanitäre Hilfe, Wiederaufbau administrativer und rechtsstaatlicher Strukturen, Such- und Rettungseinsätze sowie Wahl- und Menschenrechtsbeobachtung verfügten. Eine kontinuierliche Überprüfung dieser Fähigkeiten sei aber dabei nötig, um Schwächen und Stärken zu identifizieren, um diese zu beheben bzw. auszubauen.[634] In einem entsprechenden Aktionsplan der finnischen Ratspräsidentschaft wurde insbesondere der Bedarf an schnellen Eingreifkapazitäten (v.a. im Polizeibereich) hervorgehoben. In diesem Zusammenhang wurde die Durchführung einer Inventur aller Mittel, welche im Rahmen einer schnellen zivilen Eingreifkapazität eingesetzt werden könnten, als notwendige Maßnahme zum Zwecke der Zielformulierung im Bereich der zivilen Fähigkeiten vorgeschlagen und in Folge eine Auflistung sowohl aller der Union als auch den Mitgliedstaaten zur zivilen Krisenbewältigung zur Verfügung stehenden Instrumenten erstellt.[635] Diese Mittel wurden – auch unter Berücksichtigung ihrer Verfügbarkeit und Qualität – in einer Datenbank unter Verwaltung eines neuen zivilen Koordinierungsmechanismus[636]

---

[631] Quille (2003), What does the EU agreement on Operational Planning mean for NATO?, http://www.isis-europe.org/ftp/download/eu%20plann%20cell-%20nn%20nn%20v5n8.pdf, Zugriff am 2.2.2006, S. 3.

[632] Vgl. Rummel (2003), Wie zivil ist die ESVP?, S. 1.

[633] Vgl. Weinlich (2003), Die zivile Komponente der Europäischen Sicherheits- und Verteidigungspolitik, S. 4.

[634] Vgl. From St. Malo to Nice (2001), S. 89.

[635] Vgl. Weinlich (2003), Die zivile Komponente der Europäischen Sicherheits- und Verteidigungspolitik, S. 4.

[636] Siehe Punkt 3.3.1.

im Ratssekretariat erfasst. Ebenso wurde eine Studie, welche *Lessons learned* berücksichtigen und konkrete Ziele der zivilen Reaktion auf Krisen definieren sollte, durchgeführt.[637]

Die portugiesische Präsidentschaft beschloss im ersten Halbjahr 2000 auf Grundlage der letztgenannten „Studie über konkrete Ziele im Bereich der nichtmilitärischen Aspekte der Krisenbewältigung" die Fähigkeiten der EU insbesondere innerhalb der Bereiche, in denen erstens die internationale Gemeinschaft bisher Schwächen aufweist, zweitens eine schnelle Reaktion besonderes notwendig und drittens der koordinierte Einsatz der Union und der Mitgliedstaaten besonders bedeutsam ist, auszubauen.

Als allgemeine Zielsetzungen der zivilen Krisenbewältigung formulierte der Europäische Rat in Santa Maria de Feira im Juni 2000 hierbei die Rettung von Menschenleben in Krisensituationen; die Aufrechterhaltung der elementaren öffentlichen Ordnung; die Verhinderung einer weiteren Eskalation von Krisen; die Erleichterung der Rückkehr zu einer friedlichen, stabilen und tragfähigen Gesamtsituation und die Bewältigung von nachteiligen Auswirkungen auf EU-Länder.[638]

Innerhalb dieses Rahmens identifizierte der Europäische Rat in Feira vier prioritäre Bereiche der Bereitstellung und Entwicklung ziviler Fähigkeiten, auf welche die EU-Mitgliedstaaten zunächst ihre Bemühungen konzentrieren sollten:

(1) Der Ausbau von Polizeikräften – bis 2003 sollten 5.000 Polizeibeamte für internationale Krisenbewältigungsaufgaben zur Verfügung stehen, wovon 1.000 Beamte innerhalb von 30 Tagen verlegbar sein sollten;

(2) Personal zur Stärkung der Rechtsstaatlichkeit;

(3) Personal zur Stärkung der Zivilverwaltung und

(4) Katastrophenschutzeinsatzkräfte und -fähigkeiten.

Mit Blick auf die letztgenannten drei Bereiche beschlossen die Staats- und Regierungschefs der EU-Mitgliedstaaten, die Formulierung konkreter Fähigkeitenziele erst noch weiter zu prüfen. Bezüglich der Methode der Ermittlung konkreter Ziele herrschte Konsesn darüber, dass ein *Bottom-up*-Ansatz zu verfolgen sei,

---

637 Vgl. From St. Malo to Nice (2001), S. 90.

638 Vgl. Weinlich (2003), Die zivile Komponente der Europäischen Sicherheits- und Verteidigungspolitik, S. 5.

welcher sich auf operative Erfordernisse konzentrieren und die politischen Anliegen des Europäischen Rats widerspiegeln sollte.[639]

Auf dem Treffen des Europäischen Rats in Göteborg im Juni 2001 wurden unter Rückgriff auf Vorarbeiten der schwedischen Ratspräsidentschaft die Planziele für die Bereiche Rechtsstaatlichkeit, Zivilverwaltung und Katastrophenschutz für das Jahr 2003 konkretisiert. Diese umfassen:

(1) Die Bereitstellung von bis zu 200 Experten im Rechtsstaatsbereich (Richter, Staatsanwälte, Strafvollzugsbeamte);
(2) die Bildung eines Personalpools von Zivilverwaltungsexperten und
(3) die Bereitstellung kurzfristig entsendbarer Katastrophenschutz-Teams von bis zu 2.000 Personen.

Auf einer Konferenz zur Handlungsfähigkeit im zivilen Krisenmanagement erklärten die EU-Außenminister im November 2002, dass die o.g. Planziele erreicht und in einigen Bereichen überschritten worden seien.[640]

4.2.3.1 Polizei

Für den Polizeibereich wurden die quantitativen Ziele schon in Feira festgelegt (s.o.). Der Europäische Rat von Nizza nahm im Dezember 2000 eine Unterscheidung zwischen zwei grundsätzlichen Arten von Polizeimissionen vor:

- Zum einen sind Einsätze zur Unterstützung lokaler Polizeikräfte, insbesondere durch Ausbildung, Beratung und Beobachtung lokaler Polizeikräfte mit dem Ziel, deren Verhalten und deren Fähigkeiten v.a. hinsichtlich Rechtsdurchsetzung und Wahrung von Menschenrechten an internationale Standards anzupassen, vorgesehen.
- Zum anderen ist an Einsätze zum Ersatz lokaler Polizeikräfte, mit dem Ziel, öffentliche Ordnung und Sicherheit wiederherzustellen,

---

639 Vgl. Weinlich (2003), Die zivile Komponente der Europäischen Sicherheits- und Verteidigungspolitik, S. 6/ 7.

640 Vgl. Weinlich (2003), Die zivile Komponente der Europäischen Sicherheits- und Verteidigungspolitik, S. 8.

wenn lokale Strukturen dies nicht leisten können, gedacht (sog. Substitutionsmissionen).[641]

Anhand dieser zwei grundsätzlichen Missionstypen wurden vier unterschiedlichen Szenarien für EU-Polizeieinsätze, welche die Zielvorgaben für und das Vorgehen bei Polizei-Einsätzen spezifizierten, entwickelt („Contribution on the development of police capabilities").

In Anlehnung an die Szenarien spezifizierte der Europäische Rat von Göteborg im Juni 2001 im Zuge eines in Folge des Treffens der Polizeichefs im Mai 2001 erstellten Polizeiaktionsplans sechs qualitative Entwicklungsgebiete der ESVP im Bereich Polizei: Die Planung und Durchführung von Polizeieinsätzen auf politisch-strategischer Ebene; das Erstellen von Konzepten und Systemen zur Befehligung und Kontrolle von Polizeieinsätzen auf operativer und politischer Ebene; die Entwicklung eines Rechtsrahmens für ESVP-Polizeieinsätze; das Treffen von Vorkehrungen, welche die Interoperabilität der an EU-Einsätzen teilnehmenden Polizeikräfte sichern; die Entwicklung eines Ausbildungsprogramms für Polizeibeamte im Krisenmanagementeinsatz sowie die Einigung auf Modalitäten für die Finanzierung von EU-Polizeieinsätzen.[642]

Auf der ersten *Police Capabilities Conference* unter Beteiligung der für die Polizeiangelegenheiten verantwortlichen nationalen Minister im November 2001 sicherten die Mitgliedstaaten zu, 5.000 Polizeikräfte, wovon 1.400 innerhalb von 30 Tagen entsandt werden könnten, bereitzustellen. Noch im selben Monat verkündete die belgische Ratspräsidentschaft, dass die EU-Mitgliedstaaten innerhalb von 30 Tagen 1.400 Polizeikräfte entsenden könnten.

Vor dem Hintergrund eines zu erwartenden steigenden Bedarfs an Polizeimissionen und zu erwartender wachsender Ansprüche an Polizeimissionen formulierten die nationalen Polizeichefs auf einer gemeinsamen Konferenz im Oktober 2004 mit Blick auf die qualitative Weiterentwicklung der bisher erhaltenen Zusagen nationaler Polizeikräfte und -fähigkeiten folgende Maßnahmen, um die Fähigkeit der EU, mehrere Polizeimissionen gleichzeitig durchführen zu können, sowie die schnelle Entsendefähigkeit von qualifizierten und adäquat ausgebildeten Polizeikräften zu verbessern: Die Entwicklung angemessener Planungs- und Unterstützungskapazitäten, die Einführung weiteren Trainings vor und während der Entsendung, die Verbesserung der Fähigkeit zur Einrichtung eines multinati-

[641] Vgl. Weinlich (2003), Die zivile Komponente der Europäischen Sicherheits- und Verteidigungspolitik, S. 158/ 159.
[642] Vgl. Weinlich (2003), Die zivile Komponente der Europäischen Sicherheits- und Verteidigungspolitik, S. 158.

onalen HQ, sowie die gegenseitige Teilnahme an nationalen Übungen; darüber hinaus Maßnahmen institutioneller Natur, v.a. die Einrichtung von Beschaffungsarrangements, von Kapazitäten zur Identifizierung von Personalbedarf in einer Krisensituation, die Verbesserung der Verbindung zwischen der Polizeikomponente und der Rechtsstaatlichkeitskomponente sowie das Sondieren und der Ausbau von Möglichkeiten, verstärkt die Bekämpfung von transnational organisiertem Verbrechen (*Transnational Organised Crime* – TOC) in den polizeilichen Aufgabenbereich zu integrieren.

Auf einem Treffen der EU-Verteidigungsminister in Nordwijk 2004 unterzeichneten zudem die EU-Mitglieder, welche über paramilitärische Polizeikräfte verfügen (Spanien, Frankreich, Italien, die Niederlande und Portugal) die Absichtserklärung[643], eine ab 2005 einsatzbereite 3.000 Mann starke sog. *European Gendarmerie Force* (EGF) aufzustellen. Diese solle innerhalb von 30 Tagen verlegbar und für drei verschiedene Einsatzarten ausgerüstet sein: Für Aufgaben der Konfliktprävention, für Aufgaben der Unterstützung einer militärischen Operation und für Stabilisierungsaufgaben nach einer militärischen Intervention.[644] Die Trennung von rein zivilen Polizeikräften würde im Rahmen der ESVP unter Berücksichtigung nationaler gesetzlicher Bestimmungen (vgl. Deutschland) aufrechterhalten.[645]

Die Formulierung quantitativer und qualitativer Ziele und der entsprechende Ausbau der Fähigkeiten wurden im Bereich Polizei vergleichsweise zu den anderen drei prioritären Bereichen vorrangig verfolgt. Dabei stellte und stellt erstens die Bedarfslage, die sich aus der prospektiven Analyse des weltweiten Konfliktlandschaft und der internationalen Nachfrageentwicklung ergibt, einen leitenden Faktor bei der Dimensionierung (Umfang und Qualität) der polizeilichen Eingreifkräfte der EU dar.[646] Als Motivationsfaktor kommt für die EU das explizite Interesse der Vereinten Nationen an den Fähigkeiten der EU für Polizei-Interventionen hinzu.[647] Über den betrachteten Zeitraum hinweg zeichnet sich eine Ausdehnung der von der EU in Erwägung gezogenen Polizeiaufgaben und der dementsprechenden Zielformulierungen im Polizeibereich ab, und zwar in Richtung zusätzlicher, über die innere Sicherheit hinausgehender Ordnungsfunktionen im Rahmen des sog. *Nation-building*.[648] Die EU legt in diesem Zusam-

---

[643] Abrufbar unter http://www.eurogendfor.org/documents/doc/DECLARATION%20OF%20INTENTS%2017.09.2004.doc.
[644] Vgl. EU Crisis Response Capability Revisited (2005), S. 23.
[645] Vgl. Weinlich (2003), Die zivile Komponente der Europäischen Sicherheits- und Verteidigungspolitik, S. 157/ 158.
[646] Vgl. Rummel (2005), Krisenintervention der EU mit Polizeikräften, S. 14.
[647] Vgl. Rummel (2005), Krisenintervention der EU mit Polizeikräften, S. 13.
[648] Vgl. Rummel (2005), Krisenintervention der EU mit Polizeikräften, S. 13.

menhang ein Interesse an den Tag, die internationale Bedarfslage als strategischen Vorteil wahrzunehmen, d.h. sich als Akteur zu profilieren, der mit seinen Polizeikräften eine zunehmend nachgefragte Dienstleistung anzubieten hat.[649] Bedeutung, auch mit Blick auf die transatlantische Sicherheitspartnerschaft, erlangen europäische Polizeikräfte auch als potenzieller Ersatz für militärisches Nichteingreifen seitens der EU:

> „Eine [...] Nachfrage nach EU-Polizeikräften ergibt sich in jenen Konfliktfeldern, in denen die USA vorwiegend militärisch intervenieren, im Verlauf der Krisenbewältigung aber auf die spezifischen Fähigkeiten der Europäer angewiesen sind, um langfristig stabilisierend wirken zu können. Afghanistan und der Irak sind hier prominente Beispiele. Die Europäer haben ihrerseits ein Interesse in solchen Fällen das zivile Instrumentarium dort anzubieten, wo sich die EU als Organisation militärisch nicht engagieren will oder sich die Mitgliedstaaten nicht auf ein solches Engagement verständigen können."[650]

4.2.3.2 Rechtsstaatlichkeit

Als weiterer prioritärer Bereich der zivilen Fähigkeitenentwicklung für die ESVP wurde in Feira die operative Unterstützung der Rechtsstaatlichkeit in Drittstaaten identifiziert. Eine Spezifizierung entsprechender Zielvorgaben erfolgte auf dem Treffen des Europäischen Rats in Göteborg im Juni 2001, bei dem die Bereitstellung von bis zu 200 nationalen Experten im Rechtsstaatlichkeitsbereich (Richter, Staatsanwälte, Strafvollzugsbeamte) in einem Pool, auf den die EU für internationale Missionen zurückgreifen können soll, angepeilt wurde.

Die konkreten Fähigkeitenziele, welche bis 2003 durch freiwillige Beiträge der Mitgliedstaaten umgesetzt werden sollten, lauteten auf

- die Identifizierung, Ausbildung und Bereitstellung von 200 Beamten (Richter, Staatsanwälte und Strafvollzugsbeamte), welche das Funktionieren der Strafrechtspflege (insbesondere auch im Zuge eines ESVP-Polizei-Einsatzes) garantieren sollen, und
- auf die Identifizierung von Beamten, die innerhalb von 30 Tagen zum Zwecke der kurzfristigen Ergänzung von polizeilichen Krisenreaktionseinheiten und von Erkundungsmissionen einsetzbar sind.

---

[649] Vgl. Rummel (2005), Krisenintervention der EU mit Polizeikräften, S. 15.
[650] Rummel (2005), Krisenintervention der EU mit Polizeikräften, S. 14.

Wie im Bereich der Polizei wird zwischen zwei Grundtypen von Einsätzen unterschieden:

- Einsätze zur Stärkung lokaler Strukturen, im Rahmen welcher mit dem Ziel, internationale Standards – insbesondere in Bezug auf Menschenrechte – zu erreichen und effiziente Abläufe zu ermöglichen, Aus- und Weiterbildungsaufgaben sowie Beratungs- und Überwachungsaufgaben durchgeführt werden, und
- Einsätze zur Wiederherstellung der Rechtsstaatlichkeit, im Rahmen welcher Exekutivaufgaben für eine bestimmte Übergangsphase übernommen werden, um die öffentliche Sicherheit und Ordnung zu gewährleisten.

Für beide Arten von Einsätzen entwarf das CIVCOM bis November 2002 Rahmenkonzepte, in welchen exemplarisch Aufgaben aufgezeigt und Ziele und Mittel definiert werden.

Auf der Beitragskonferenz zum Bereich Rechtsstaatlichkeit im Mai 2002 sagten die Mitgliedstaaten die Bereitstellung von 282 Beamten, wovon 60 innerhalb von 30 Tagen entsendbar sind, und von 43 Beamten für Erkundungsmissionen zu. Diese nationalen Zusagen, welche das in Göteborg formulierte Ziel sogar überschritten, wurden zur genaueren Erfassung in der Datenbank des Koordinierungsmechanismus für nicht-militärisches Krisenmanagement in drei verschiedene Kategorien eingeteilt: Justizsystem, Strafvollzugssystem und „Andere".[651]

4.2.3.3 Zivilverwaltung

Im Bereich der Unterstützung der Zivilverwaltung, dem dritten in Feira identifizierten prioritären zivilen Handlungsfeld der ESVP, ging im Vergleich zu den anderen prioritären Bereichen der Prozess der Zielformulierung (und in Folge auch die Fähigkeitenentwicklung) am langsamsten vonstatten. Mit der Begründung, der Bereich Zivilverwaltung umfasse ein zu breites und variierendes Aufgabenspektrum, als dass konkrete Zielkapazitäten vereinbart werden könnten, legten sich die Mitgliedstaaten bis Juni 2004 nicht auf eine konkrete Zahl bestimmter Experten fest.

---

[651] Vgl. Weinlich (2003), Die zivile Komponente der Europäischen Sicherheits- und Verteidigungspolitik, S. 223 – 225.

Statt dessen einigten sie sich, einen dynamischen Pool von Experten zu schaffen, der als solcher in der Datenbank beim Koordinationsmechanismus erfasst werden solle. Der Pool wurde hierbei in drei Kategorien eingeteilt: Allgemeine Verwaltungsfunktionen (u.a. Standesamt, Grundbuchamt, Wahlen, Zollverwaltung etc.); Sozialfunktionen (Sozialdienste, Gesundheitsdienste und ärztliche Versorgung) sowie Infrastrukturfunktionen (Wasser- und Energieversorgung, Telekommunikation, ständige Infrastruktur, Verkehr und Abfallbewirtschaftung).

Im ersten Halbjahr 2002 erarbeitete die spanische Präsidentschaft Leitlinien für Übergangsverwaltungen im Rahmen der Krisenbewältigung, inklusive eines Mustervorschlags für den organisatorischen, personellen und finanziellen Aufbau einer solchen Mission.

Unter dänischer Ratspräsidentschaft im zweiten Halbjahr 2002 initiierte das CIVCOM die Erstellung einer Inventurliste, in welcher erfasst wurde, in welchen internationalen Missionen Zivilverwaltungsexperten welcher Mitgliedstaaten welche Aufgaben übernehmen. Auf der Grundlage dieser Liste entschieden sich die Mitgliedstaaten wiederum, von einer quantitativen Zielsetzung weiterhin abzusehen, aber die Fähigkeiten insbesondere im Bereich allgemeiner Verwaltungsfunktionen auszubauen, woraufhin im November 2002 die dänische Ratspräsidentschaft die Mitgliedstaaten dazu aufrief, auf ihrer jeweiligen nationalen Ebene geeignete Verwaltungsexperten für potenzielle EU-Einsätze zu identifizieren[652].

4.2.3.4 Katastrophenhilfe

Im Bereich der Katastrophenhilfe, dem vierten als prioritär identifizierten zivilen ESVP-Handlungsfeld, wurde als Ziel der betreffenden Fähigkeitenentwicklung die Unterstützung von Trägern humanitärer Hilfe in Krisengebieten erklärt. Diese sollen im Bedarfsfall bei ihrer Aufgabe, das Überleben der von einer Katastrophe betroffenen Bevölkerung zu sichern, operativ von der EU unterstützt werden, z.B. bei der Bergung und Rettung, dem Aufbau von Flüchtlingslagern und Kommunikationssystemen sowie durch sonstige logistische Unterstützung.

---

[652] Vgl. Weinlich (2003), Die zivile Komponente der Europäischen Sicherheits- und Verteidigungspolitik, S. 263/ 264.

Auf dem Treffen des Europäischen Rats in Göteborg im Juni 2001

- sagten die Mitgliedstaaten die Bereitstellung von zwei bis drei Einschätzungs- und/ oder Koordinierungsteams – bestehend aus je zehn Experten und innerhalb von drei bis sieben Stunden einsetzbar – zu, und
- erklärten zum Ziel, kurzfristig einsetzbare Zivilschutzteams von bis zu 2.000 Experten und innerhalb von zwei bis sieben Tagen einsetzbare zusätzlich spezialisierte Fachleuten aus Behörden oder Nichtregierungsorganisationen bereitzustellen.

Die folgende belgische Ratspräsidentschaft (zweites Halbjahr 2001) entwickelte daraufhin drei Szenarien für mögliche Katastropheneinsätze und identifizierte als korrespondierende Aufgabenbereiche

- die Bewältigung von Flüchtlingsströmen,
- den Bevölkerungschutz im Fall von bewaffneten Konflikten oder terroristischen Angriffen (auch mit ABC-Waffen) sowie
- die Unterstützung im Falle von Epidemien und Hungersnöten, welche aus Krisensituationen resultieren.

Im Juni 2002 forderte die spanische Präsidentschaft in Folge der o.g Zielformulierung die Mitgliedstaaten auf, Fachleute zu benennen, die für internationale Krisenbewältigungseinsätze im Bereich Katastrophenschutz zur Verfügung gestellt werden können.

Die o.g. Ziele wurden bis zur Konferenz über die Handlungsfähigkeit im zivilen Krisenmanagement im November 2002 erreicht. Die bereitgestellten Fähigkeiten wurden nicht nur in der Datenbank des zivilen Koordinierungsmechanismus im Ratsekretariat erfasst, sondern auch an das Überwachungs- und Koordinierungszentrum der Kommission weitergegeben. Hintergrund hierfür ist, dass die Kompetenzen im Bereich Katastrophenschutz auf alle drei Säulen der Union verteilt sind. Seit Oktober 2001 existiert v.a. ein Katastrophenschutzmechanismus innerhalb der Kommission, welcher unter der Prämisse, dass er auch als Unionswerkzeug für operative Krisenbewältigungs-aufgaben außerhalb Europas benutzt werden können soll, durch eine Ratsentscheidung eingerichtet wurde.[653]

---

[653] Vgl. Weinlich (2003), Die zivile Komponente der Europäischen Sicherheits- und Verteidigungspolitik, S. 289/ 290.

4.2.3.5 Weitere Aufgabengebiete und neue Entwicklungen

Bereits die schwedische Präsidentschaft hatte im ersten Halbjahr 2001 angeregt, im Rahmen der zivilen Komponente der ESVP die kollektiven Fähigkeiten der Union z.B. auch in den Bereichen Kleinwaffenkontrolle, Abrüstung, DDR und Konfliktvermittlung auszubauen. Auch in den folgenden ESVP-Berichten der verschiedenen Präsidentschaften wurde wiederholt angemerkt, dass die Identifizierung zusätzlicher Bereiche zivilen Krisenmanagements weiter verfolgt werden solle.[654]

Im Aktionsplan für zivile Aspekte der ESVP vom Juni 2004 wurde unter Bezugnahme auf die ESS und im Sinne eines sog. multifunktionalen zivilen Krisenmanagements der Aufbau ziviler Fähigkeiten

- im Menschenrechtschutz;
- in der Sicherheitssektorreform;
- in der Mediation;
- in der Grenzkontrolle/ -überwachung;
- im Bereich DDR sowie
- in der Medienpolitik

als Ziel definiert. Die Mitgliedstaaten wurden in diesem Zuge aufgefordert, einen Fragebogen zu den ihnen zur Verfügung stehenden operativen zivilen Krisenbewältigungsfähigkeiten auszufüllen, welcher als Grundlage für die Überarbeitung des zivilen *Headline Goal* dienen würde. Erklärte Ziele der *Civilian Capabilities Conference* im November 2004 waren in diesem Zusammenhang die Überprüfung des Prozesses der Fähigkeitenentwicklung, die Identifizierung und Einschätzung kommender Herausforderungen und darauf aufbauend die Weiterentwicklung bzw. Überholung des zivilen HG.

Auf der Konferenz sagten die Mitgliedstaaten folgende Einsatzkräfte zu:

- 5.761 Polizeikräfte, wovon 1.400 innerhalb von 30 Tagen verlegbar sind;
- 631 Rechtsstaatlichkeits-Experten;

---

[654] Vgl. Weinlich (2003), Die zivile Komponente der Europäischen Sicherheits- und Verteidigungspolitik, S. 6.

- 562 Experten für die Zivilverwaltung;
- 4.988 Katastrophenschutz-Einsatzkräfte, inklusive zwei bis drei Einschätzungs- bzw. Koordinierungsteams bestehend aus je zehn Experten, die rund um die Uhr mobilisierbar sind und innerhalb von drei bis sieben Stunden verlegt werden können, darüber hinaus schnell verlegbare *Task forces* von bis zu 2.000 Personen und zusätzliche oder spezialisierte Einheiten, die innerhalb von zwei Tagen bis einer Woche verlegt werden können;
- 505 Personen für die Durchführung von Beobachtungsmissionen;
- Unterstützungspersonal für die EU-Sondergesandten in den Bereichen Menschenrechte, *Political Affairs* und SSR im Umfang von 391 Personen.[655]

In Angriff genommen werden müssten aufgrund bestehender Defizite – so die Erklärung der Außenminister – v.a. die Einrichtung von Planungs- und Unterstützungskapazitäten, Beschaffungsarrangements sowie von Arrangements für die Bereiche Logistik und Sicherheit des entsandten Personals, darüber hinaus die Sicherstellung der schnellen Einsatzbereitschaft ziviler Einsatzkräfte sowohl seitens der Mitgliedstaaten als auch der EU sowie die regelmäßige Überprüfung der zugesagten Fähigkeiten und deren Verfügbarkeit.

Auch solle das neue HG die Kapazität, innerhalb von 30 Tagen multifunktionale integrierte zivile Krisenreaktionskräfte, sog. *Civilian Response Teams* (CRT) zu entsenden, anpeilen. Analog zum Prozess weiterführender Zielformulierungen im Rahmen des neuen militärischen HG wurde als weitere Vorgehensweise die Formulierung grundlegender Annahmen im Bereich Planung durch die Entwicklung von Einsatzszenarien, die Erstellung einer sog. *Capabilities-Requirements*-Liste, die Identifizierung von Fähigkeitenlücken sowie die Erstellung einer entsprechenden Liste festgelegt.[656]

Der zivile Bereich war von Anfang an vom personellen und materiellen Volumen her deutlich kleiner ausgelegt als der militärische, wobei der geringere Umfang des zivilen ESVP-Instrumentariums zunächst aus der personell und finanziell weniger aufwendigen Natur ziviler Unterstützung resultiert.[657] Wie im Falle

---

[655] Vgl. ESDP developments and the Headline Goal 2010, http://www.assembly-weu.org/en/documents/sessions_ordinaires/rpt/2005/1898.html, Zugriff am 20.11.2005, S. 15.

[656] Vgl. ESDP developments and the Headline Goal 2010, http://www.assembly-weu.org/en/documents/sessions_ordinaires/rpt/2005/1898.html, Zugriff am 20.11.2005, S. 16.

[657] Vgl. Rummel (2003), Konfliktprävention: Etikett oder Markenzeichen europäischer Inter-

der militärischen Fähigkeiten stellen sich die Zielformulierungen im Bereich der zivilen Fähigkeiten hauptsächlich als Produkt einerseits der internationalen Herausforderungen und andererseits der Vorstellungen, Interessen und entsprechenden Fähigkeiten bzw. Erfahrungen der Mitgliedstaaten dar.

Spätestens seit der Balkankriege und angesichts einer Vielzahl von Krisen und Konflikten weltweit, welche keine klare Trennung in der Anwendung von militärischen und nicht-militärischen Ansätzen und Instrumenten für ihre Lösung mehr erlauben[658], teilen alle Mitgliedstaaten die grundsätzliche Auffassung, dass die EU ihre Fähigkeiten für operatives ziviles Krisenmanagement bündeln und weiterentwickeln muss. Besonders forciert wurden und werden die Beachtung der zivilen Aspekte der ESVP und die Weiterentwicklung der zivilen Krisenreaktionsfähigkeiten hierbei jedoch v.a. von den EU-Mitgliedern, welche nicht der NATO angehören und/ oder eine besondere Tradition internationaler gewaltfreier Konfliktlösung aufweisen (z.B. Schweden und Finnland).[659] Die Initiative für zivile Fähigkeitenentwicklung auf dem Treffen des Europäischen Rats in Helsinki spiegelte z.B. die Befürchtungen von EU-aber-nicht-NATO-Mitgliedern wider, dass die Entwicklung der ESVP zu sehr die Verbesserung militärischer Fähigkeiten in den Vordergrund stellen würde.[660] Seit der 2004-Erweiterungsrunde wird die Entwicklung ziviler Fähigkeiten zudem von einigen der kleineren neuen Mitgliedern als Chance, einen Beitrag zur ESVP zu leisten und Profil zu gewinnen, genutzt, nicht zuletzt aufgrund ihrer finanziellen Einschränkungen mit Blick auf Rüstung und Streitkräftereform (z.B. die baltischen Staaten).

Auch wenn einzelne Ratspräsidentschaften neue Ideen und Entwicklungsschübe in den zivilen Fähigkeitenbereich mit sich bringen können, birgt diese dem EU-System inhärente Vorgehensweise gleichzeitig den Nachteil der Fragmentierung und/ oder mangelnder fachlicher Grundlagen und/ oder der Vernachlässigung ziviler Fähigkeitenentwicklung. Zusätzlich erschwert die Tatsache, dass Aufgabenbereiche und konkrete Fähigkeiten im Bereich des zivilen Krisenmanagements in realen Krisensituationen stark variieren können und schwierig vorauszusehen sind, die entsprechende Zielformulierung.[661]

Der Faktor US-amerikanische Interessen wiegt beim Zielformulierungsprozess im zivilen Bereich im Vergleich zum militärischen Bereich kaum, da die EU mit der Entwicklung ziviler Krisenreaktionsfähigkeiten aus amerikanischer Sicht

ventionspolitik?, S. 22.

658 Vgl. Dwan (2003), Themes to be dealt with and challenges to be met, S. 44.

659 Vgl. Weinlich (2003), Die zivile Komponente der Europäischen Sicherheits- und Verteidigungspolitik, S. 4.

660 Vgl. Dwan (2003), Themes to be dealt with and challenges to be met, S. 44.

661 Vgl. Dwan (2003), Themes to be dealt with and challenges to be met, S. 44.

nicht in Konkurrenz mit der NATO treten und die USA deswegen dem Ausbau des zivilen Krisenreaktionsinstrumentariums im Rahmen der ESVP relativ indifferent gegenüberstehen. Vielmehr kann ein indirekter Einfluss amerikanischer (und internationaler) Defizite bei der zivilen Krisenbewältigung auf die EU-Ziele festgestellt werden, denn die EU betreibt die Formulierung von Fähigkeitenzielen im zivilen Bereich nicht zuletzt unter dem Rational, internationale Handlungslücken zu schließen und ihre Krisenmanagementattraktivität hierdurch zu erhöhen.

Dabei bleibt die Dimensionierung und Qualität der zivilen ESVP-Fähigkeiten hinter dem weltweit gestiegenen Bedarf an zivilen Krisenbewältigungsinstrumenten[662] und den Möglichkeiten der EU und ihrer Mitgliedstaaten zurück. Dies betrifft unter anderem ihre Eignung zur Verhütung von Konflikten und ihre Verbindung zur militärischen Komponente der ESVP.[663] Auch wenn die im zivilen HG 2008 anvisierten Verbesserungen letztere Defizite durchaus angehen (z.B. schnellere Entsendefähigkeit und verbesserte Möglichkeiten zivil-militärischer Koordination und ziviler Planung und Durchführung[664]), schöpften die auf der vorangegangenen Beitragskonferenz zu den zivilen Fähigkeiten zur Verfügung gestellten Einsatzkräfte und Fähigkeiten – an welchen sich in Folge das neue HG orientierte – bei weitem nicht das Potenzial der Mitgliedstaaten aus. Hierbei wird die Problematik der auch im militärischen Bereich angewandten Methode der Zielformulierung, bei welcher die Ziele stark in Abhängigkeit vorhandener nationalstaatlicher Fähigkeiten bzw. freiwilliger Beiträge definiert werden, sichtbar. Ein EU-Beamter bemängelte in diesem Zusammenhang: „Policy needs to be driven more by 'what is needed' than by 'what can we provide'“[665]. Damit stellen sich auch die Resultate in der zivilen Fähigkeitenentwicklung teilweise als, „like so much of the Union's policies, [...] a reflection of its structure and politics rather than an accurate reflection of crises needs“[666] dar.

[662] Bei etwa der Hälfte aller gegenwärtigen Friedenseinsätze der UN sind neben den militärischen inzwischen auch Polizeikräfte einbezogen und der Anteil der zivilen Experten pro Mission wächst (vgl. Rummel [2003], Wie zivil ist die ESVP?, S. 4).

[663] Vgl. Rummel (2003), Konfliktprävention: Etikett oder Markenzeichen europäischer Interventionspolitik?, S. 22.

[664] Vgl. Council of the European Union, Civilian Headline Goal 2008.

[665] Interview der *International Crisis Group* mit einem EU-Beamten vom September 2003, zit. in EU Crisis Response Capability Revisited (2005), S. 31.

[666] Vgl. Dwan (2003), Themes to be dealt with and challenges to be met, S. 44.

4.3 Fähigkeitenentwicklung

4.3.1 EU-interne Vorgehensweise zur Erreichung der militärischen Planziele

4.3.1.1 Der ECAP-Prozess

Der Europäische Rat fasste auf seinem Treffen in Helsinki im Dezember 1999 den Grundsatzbeschluss, dass die Fähigkeitsziele durch freiwillige koordinierte nationale und multinationale Anstrengungen erreicht werden sollten. Mit Hilfe von Konsultations- und *Review*-Mechanismen solle hierbei sichergestellt werden, dass die Mitgliedstaaten ihre Beiträge festlegen bzw. erfüllen und die Planziele erreicht und aufrechterhalten werden können.[667]

Den ersten Schritt im Prozess der Verbesserung der militärischen Fähigkeiten stellte die militärische Beitragskonferenz (*Capabilities Commitment Conference* – CCC) im November 2000 dar[668], auf welcher die Mitgliedstaaten ihre Beiträge definierten, die in einem sog. Streitkräftekatalog (*Force Catalogue*) erfasst wurden, und aus welcher eine Liste von 144 Einzelzielen, der sog. Planzielkatalog (*Requirements Catalogue*), resultierte.[669]

Auf dem Treffen des Europäischen Rats in Nizza im Dezember 2000 beschlossen die Mitgliedstaaten einen sog. *Capability Development Mechanism* (CDM) zum Zwecke der Evaluierung und erforderlichenfalls Überarbeitung der o.g. Planziele sowie zur Beobachtung des o.g. Streitkräftekatalogs, zur Ermittlung und Harmonisierung der nationalen Beiträge, zur Überprüfung der quantitativen und qualitativen Fortschritte bei der Erfüllung früherer Zusagen hinsichtlich Interoperabilität und Verfügbarkeit und nicht zuletzt zur Bestimmung potenzieller Schnittstellen mit der Planung im Rahmen der NATO und zur entsprechenden Nutzung der NATO-Planungsmechanismen, um dadurch unnötige Duplizierungen mit der NATO zu vermeiden.[670]

---

[667] Vgl. From St. Malo to Nice (2001), S. 85.
[668] Vgl. Schmitt (2004), Europas Fähigkeiten, S. 108.
[669] Vgl. Balis (2003), The State of European Defence and Security Poliy After the Laeken Summit, S. 31/ 32.
[670] Vgl. Balis (2003), The State of European Defense and Security Policy After the Laeken Summit, S. 34.

Eine erste vergleichende Analyse des Planziel- und des Streitkräftekatalogs im Zuge der Anwendung des CDM deckte enorme Lücken seitens der nationalen Zusagen auf.[671] Von den hierbei 38 identifizierten Fähigkeitslücken, welche im sog. Fortschrittskatalog des Helsinki-Planzielprozesses (*Helsinki Progress Catalogue*) festgehalten wurden, wurden 21 als erheblich eingestuft.

Auf der ersten Konferenz zur Verbesserung der Fähigkeiten (*Capabilities Improvement Conference* – CIC) im November 2001 überholten und präzisierten die Mitgliedstaaten ihre Beiträge, während gleichzeitig die Anforderungen an die benötigten operativen und strategischen Fähigkeiten genauer erfasst wurden. Durch Vergleich wurden wiederum die Lücken bei den nationalen Beitragszusagen ermittelt, und unter Berücksichtigung dieser Ergebnisse ein überarbeiteter Planziel-Katalog verabschiedet.[672]

Die Mitgliedstaaten verständigten sich in Folge auf einen Europäischen Aktionsplan zu den Fähigkeiten (*European Capabilities Action Plan* – ECAP), um die identifizierten Defizite zu beseitigen. Für den ECAP-Prozess wurden vier handlungsleitende Grundprinzipien fixiert:

(1) Die Verbesserung der Wirkungskraft und Effizienz der europäischen Verteidigungsanstrengungen durch Intensivierung der Zusammenarbeit der Mitgliedstaaten oder zwischen Staatengruppen,

(2) ein *Bottom-up*-Konzept für die europäische Zusammenarbeit im Verteidigungsbereich auf der Basis freiwilliger nationaler Zusagen,

(3) die Koordinierung zwischen der EU und der NATO und

(4) Transparenz und ein klares Erscheinungsbild für den ECAP-Prozess, um die Unterstützung der Öffentlichkeit für die militärische Fähigkeitenentwicklung zu sichern.[673]

Ab März 2002 arbeiteten 19 aus nationalen Experten zusammengesetzte Fachausschüsse, die sog. ECAP-Panels, Lösungsansätze zur Behebung der Defizite aus. Diese Panels traten unabhängig voneinander je unter der Leitung mindestens einer der Mitgliedstaaten zusammen. Am 1.3.2003 legten die Panels ihre Schlussberichte vor. Darin formulierten sie Optionen für die Beseitigung der ermittelten Defizite, v.a. für jene Fähigkeiten, über welche die Mitgliedstaaten noch nicht verfügten und welche folglich neu beschafft werden müssten. Während in einigen Fällen der Bedarf vorübergehend durch kurzfristige Lösungen

---

[671] Vgl. Schmitt (2004), Europas Fähigkeiten, S. 110.
[672] Vgl. Schmitt (2004), Europas Fähigkeiten, S. 109.
[673] Vgl. Schmitt (2004), Europas Fähigkeiten, S. 110.

wie Leasing oder Modernisierungmaßnahmen (sog. *Upgrading*) gedeckt werden könne, könne im Falle einiger Defizite, die auch strategische Fähigkeiten betreffen, eine langfristige Lösung nur über umfangreiche Beschaffungsprojekte erzielt werden.[674] Es blieb aber vorerst unklar, wie die benötigten Fähigkeiten letztendlich generiert werden könnten.[675]

Auf der Grundlage der Schlussberichte starteten die Mitgliedstaaten die zweite Phase („Way Forward for the ECAP") des ECAP-Prozesses, in welcher spezifische Maßnahmen zur Beseitigung der Defizite erarbeitet werden sollten. Im Zuge einer zweiten Beitragskonferenz im Mai 2003 setzten die Mitgliedstaaten für verschiedene Fähigkeitenbereiche anstelle der Panels Projektgruppen ein, die sich mit der Durchführung konkreter Projekte zur Behebung der Defizite in den ihnen zugeordneten Bereichen befassen sollten.[676] Hierbei sollten mögliche Lösungen durch Beschaffung oder auch durch Leasing, Multinationalisierung oder Rollenspezialisierung geprüft werden.[677] Die zweite Phase des ECAP-Prozesses führte als methodische Neuerungen zum einen das Konzept der sogenannten Rahmennationen, welche die Verantwortung für die Beschaffung einer bestimmten gemeinsamen Fähigkeit übernehmen sollten, ein. Durch die Übernahme von Verantwortung in den Projektgruppen sollten die Mitgliedstaaten zur Initiierung konkreter Programme zur Fähigkeitenbeschaffung bzw. -entwicklung quasi gezwungen werden, womit einer der konzeptionellen Mängel der ersten ECAP-Phase behoben werden sollte. Zum anderen wurde die neue Regelung eingeführt, dass die verantwortlichen Regierungen bis zur tatsächlichen Beschaffung bzw. Bereitstellung der anvisierten Fähigkeiten mit entsprechenden Interimslösungen die jeweilige Lücke füllen müssten.[678]

---

[674] Vgl. Schmitt (2004), Europas Fähigkeiten, S. 110/ 111.

[675] Vgl. Schmitt (2005), European Capabilities Action Plan (ECAP), http://www.iss-eu.org/esdp/06-bsecap.pdf, Zugriff am 1.2.2006, S. 2.

[676] Die Projektgruppen umfassten die Bereiche Luftbetankung, Suche und Rettung im Einsatz, Hauptquartiere, Schutz vor atomaren, biologischen und chemischen Waffen (ABC-Schutz), Spezialeinsatzkräfte, Abwehr ballistischer Flugkörper im Operationsgebiet, unbemannte Flugkörper, strategischer Lufttransport, weltraumgestützte Mittel, Fragen der Interoperabilität sowie Arbeitsverfahren für Evakuierungsoperationen und humanitäre Einsätze, strategische Seetransporte, ärztliche Versorgung, Unterstützungshubschrauber, Nachrichtengewinnung – Überwachung – Zielaufklärung und Aufklärung (*Intelligence Surveillance Target Acquisiton and Reconnaissance* – ISTAR) und Bodenüberwachung (vgl. Schmitt [2004], Europas Fähigkeiten, S. 111).

[677] Vgl. Schmitt (2004), Europas Fähigkeiten, S. 111.

[678] Beispielsweise werden A-400M-Transportflugzeuge, welche unter deutscher Verantwortung bis 2009 bereitgestellt werden sollen, vorläufig durch geleaste Transportflugzeuge aus der Ukraine und anderen Ländern ersetzt (vgl. Keohane [2004], ESDP and military reforms, S. 107).

Am Prinzip der freiwilligen Teilnahme der Mitgliedstaaten und am *Bottom-up*-Ansatz wurde aber nicht gerüttelt, was den Erfolg des ECAP-Prozesses a priori einschränkte. Mangels einer zentralen Leitungsinstanz kam es zu Abstimmungsproblemen zwischen und Motivationsproblemen innerhalb der Gruppen.[679] Da zudem budgetäre Vorgaben fehlten, erarbeiteten die Projektgruppen unter nationalstaatlicher Leitung angesichts budgetärer und innenpolitischer Zwänge keine umfangreichen und/ oder schnell wirksamen Beschaffungsprogramme. Auch die den Panels bzw. Projektgruppen zugrundeliegende Methode regelmäßiger Treffen nationaler Experten erwies sich als wenig innovativ und begrenzt produktiv.[680]

Eine konzeptuelle Überarbeitung des ECAP-Prozesses war nach der Vorlage des letzten Abschlussberichts der Projektgruppen im November 2003 angesichts der o.g. Defizite dringend notwendig. Der Europäische Rat beschloss auf seiner Tagung am 17.11.2003, "to breathe some further life into the process"[681] und "to firm up the process by endeavouring to insert timetables and systematically monitor progress"[682]. Als entsprechende Maßnahmen beschloss der ER die Ausarbeitung einer sog. ECAP-*Roadmap*, die regelmäßige Erstellung einer Übersicht über die Verbesserung der Fähigkeiten (sog. *Capability Improvement Chart*) sowie eines regelmäßigen einheitlichen Sachstandsberichts (sog. *Single Progress Report*). Die jeweiligen Ergebnisse müssen von jedem Ratsvorsitz am Ende seiner Amtszeit vorgelegt werden. Durch diese Vorgehensweise sollten v.a. eventuelle Widersprüche zwischen dem Freiwilligkeitsprinzip der ECAP-Projektgruppen einerseits und dem Gesamtinteresse der EU am Erreichen des Helsinki-Planziels andererseits aufgelöst werden.[683] Unzweckmäßigerweise wurden jedoch weder in Folge der Europäischen Sicherheitsstrategie und der damit einher gehenden Aktualisierung bzw. Erweiterung des Petersbergspektrums noch in Folge der Verabschiedung des neuen militärischen HG 2010 die vom ECAP-Prozess zu behebenden Defizite den neuen Anforderungen angepasst.[684]

---

679 Vgl. Schmitt (2004), Europas Fähigkeiten, S. 112.
680 Vgl. Lindley-French (2004), Plugging the Expanded Petersberg Tasks Gap?, S. 211/ 212.
681 Lindley-French (2004), Plugging the Expanded Petersberg Tasks Gap?, S. 213.
682 Lindley-French (2004), Plugging the Expanded Petersberg Tasks Gap?, S. 213.
683 Vgl. Schmitt (2004), Europas Fähigkeiten, S. 112.
684 Vgl. Lindley-French (2004), Plugging the Expanded Petersberg Tasks Gap?, S. 211/ 212.

4.3.1.2 Die ständige strukturierte Zusammenarbeit

Parallel hierzu hatte sich der Europäische Konvent das Reformziel gesetzt, die ESVP effizienter zu gestalten und in diesem Zuge auch die Fähigkeitenentwicklung zu fördern.

> „Die Frage, welche militärischen Mittel und Fähigkeiten langfristig in der ESVP benötigt werden, kann nur in Abhängigkeit von den politischen und militärischen Zielen und der damit eng zusammenhängenden Sicherheits- und Verteidigungsstrategie der EU beantwortet werden. Politische Ziele und Strategien entziehen sich jedoch bis zu einem gewissen Grad einer verfassungsrechtlichen Verankerung. [...] Für die Arbeit des Konvents am ESVP-Teil des Verfassungsentwurfs bedeutete dies, dass es im wesentlichen nur darum gehen konnte, günstige Rahmenbedingungen für die Optimierung der militärischen Fähigkeiten und der Effizienz von ESVP-Einsätzen herzustellen."[685]

So will die in den Artikeln I-41 (6) und III-312 VVE normierte sog. ständige strukturierte Zusammenarbeit jenen Mitgliedstaaten, die „anspruchsvollere Kriterien in Bezug auf die militärischen Kriterien erfüllen und [...] im Hinblick auf Missionen mit höchsten Anforderungen untereinander festere Verpflichtungen eingegangen sind" innerhalb des Vertragsrahmens und der Verfolgung des *Headline Goal* es ermöglichen, bei der Fähigkeitenentwicklung unter gegenseitiger Abstimmung schneller voranzuschreiten und ihre Rüstungskooperation zu intensivieren. Ein Protokoll enthält die von den betreffenden Mitgliedstaaten festgelegten Kriterien und Zusagen hinsichtlich der militärischen Fähigkeiten regelt, dass die ständige strukturierte Zusammenarbeit grundsätzlich allen Mitgliedstaaten offen steht, welche ihre Verteidigungsfähigkeiten durch die Entwicklung nationaler Beiträge sowie die Beteiligung an multinationalen Streitkräfteelementen, den hauptsächlichen europäischen Ausrüstungsprogrammen und den Aktivitäten der Verteidigungsagentur verstärkt verfolgen. Zudem müssen diese Mitgliedstaaten bis 2007 über die Fähigkeit verfügen, eigenständig oder im Rahmen einer multinationalen BG sämtliche in Artikel III-309 VVE angeführten Aufgaben durchzuführen, wobei die Entsendung innerhalb von fünf bis 30 Tagen bewerkstelligt und der Einsatz zunächst für 30 Tage, mit Option der Ausdehnung auf 120 Tage, erhalten werden können muss. Der Vertragstext und auch das Protokoll vermitteln aber abgesehen von diesen Vorgaben weder eine weiterführendere Definition der für eine Teilnahme zu erfüllenden Kriterien noch klare Statements zu Konzept und Implementierung der ständigen strukturierten Zusammenarbeit.[686] Diese Ungenauigkeit ist ein weiteres Mal einer bewussten politischen Entscheidung geschuldet, welche zum Ziel hat, die Bildung eines abgeschlossenen Kerns zu vermeiden und den Mitgliedern, die evtl. zwar

---

[685] Koopmann (2004), Notwendige Fortschritte, verpasste Chancen, S. 81/ 82.

[686] Vgl. ESDP developments and the Headline Goal 2010, http://www.assembly-weu.org/en/documents/sessions_ordinaires/rpt/2005/1898.html, Zugriff am 20.11.2005, S. 8.

nicht die Fähigkeiten, aber den politischen Willen haben, sich einer stärkeren Zusammenarbeit anzuschließen, dies auch zu ermöglichen.[687] Die ständige strukturierte Zusammenarbeit ist damit ein Flexibilisierungsinstrument, welches auf die Verbesserung der militärischen Fähigkeiten und die Erhöhung der Effizienz bei ESVP-Einsätzen abzielt, aber gleichzeitig der Offenheit gegenüber allen Mitgliedstaaten verpflichtet ist. Eine aus letzterer Verpflichtung resultierende breite Beteiligung der Mitgliedstaaten kann jedoch wiederum die andererseits angestrebte Effizienzwirkung gefährden. Durch die Zusammenarbeit verschiedener Gruppen von Mitgliedstaaten im Rahmen des *Battle-Group*-Konzeptes und mit Hilfe der Europäischen Verteidigungsagentur werden trotz des (vorläufigen) Scheiterns des VVE mittlerweile die zentrale Elemente der ständigen strukturierten Zusammenarbeit umgesetzt.

4.3.1.3 Der Weg zur Europäischen Verteidigungsagentur

Seit dem VEU-Amsterdam wurde in offiziellen Dokumenten und Erklärungen zur ESVP immer wieder auf die Notwendigkeit einer verstärkten Kooperation der EU-Mitgliedstaaten im Rüstungsbereich hingewiesen, welche die Fähigkeitenentwicklung für die gemeinsame Sicherheits- und Verteidigungspolitik schneller und kosteneffizienter vorantreiben könnte. Insbesondere im Zuge der angestrebten Behebung der identifizierten Defizite wurde die Notwendigkeit der Rüstungskooperation und einer gemeinsamen Rüstungspolitik zunehmend als logische Ergänzung der ESVP anerkannt.[688] Unter der Bedingung reduzierter oder zumindest stagnierender Verteidigungshaushalte in Europa und angesichts steigender Entwicklungskosten moderner Waffensysteme sind selbst die großen europäischen Staaten nicht mehr in der Lage, alle notwendigen Rüstungsgüter im Alleingang zu entwickeln und zu produzieren. Zudem beanspruchen die laufenden Streitkräftereformen in einigen Mitgliedstaaten und die steigende Zahl internationaler Einsätze einen großen Teil der ohnehin knappen Verteidigungsetats, so dass im Bereich Entwicklung und Beschaffung notgedrungen kostenökonomisch vorgegangen werden muss.[689] Angesichts der ESVP und ihrer ersten militärischen Operationen kommt zudem das Kriterium der Interoperabilität als militärisches Argument für eine verstärkte Rüstungskooperation bei Beschaffung und Entwicklung unter den EU-Mitgliedstaaten hinzu.[690] Parallelarbeit in den Mitgliedstaaten ist im Zuge der Fortentwicklung der ESVP auch grundsätzlich

---

687 Vgl. ESDP developments and the Headline Goal 2010, http://www.assembly-weu.org/en/documents/sessions_ordinaires/rpt/2005/1898.html, Zugriff am 20.11.2005, S. 8.
688 Vgl. Schmitt (2004), Rüstungszusammenarbeit in Europa, S. 221.
689 Vgl. Schmitt (2004), Rüstungszusammenarbeit in Europa, S. 216.
690 Vgl. Schmitt (2004), Rüstungszusammenarbeit in Europa, S. 221.

immer schwerer zu rechtfertigen, weil die breite Mehrheit der EU-Mitgliedstaaten weder die Mittel noch die Absicht hat, militärische Operationen ohne europäische Partner durchzuführen.[691]

Die bisherigen, außerhalb des vertraglichen Rahmens angesiedelten Rüstungskooperationsinitiativen, die *Western European Armaments Group* (WEAG), die *Organisation pour la coopération en matière d'armement* (OCCAR) und der *Letter of Intent* (LoI) konnten weder die Redundanz rüstungstechnologischer und -industrieller Kapazitäten in Europa noch die innereuropäische Fragmentierung in nationale Märkte und zu viele Rüstungsprogramme beheben[692]:

Die WEAG wurde Ende 1992 mit den Zielen der effizienteren Nutzung von Ressourcen durch eine bessere Harmonisierung des militärischen Bedarfs, die Öffnung der nationalen Rüstungsmärkte für den grenzüberschreitenden Rüstungswettbewerb, die Stärkung der rüstungsindustriellen Basis sowie die Zusammenarbeit in Forschung und Technologie gegründet. Die WEAG-Prinzipien der Einstimmigkeit und der gleichberechtigten Teilnahme aller Mitglieder führten jedoch zu einer relativ wirkungslosen Politik des kleinsten gemeinsamen Nenners und inbesondere die größeren waffenproduzierenden Länder bevorzugten in Folge die Teilnahme an vergleichsweise vorteilhafteren Arrangements außerhalb der WEAG.[693]

Die OCCAR kann ihre Aufgaben in der Bewerkstelligung und Abwicklung internationaler Rüstungsprojekte mit Hilfe internationaler Projektteams und vereinfachten Methoden und Verfahren effizienter wahrnehmen als traditionelle Programmbüros. Da jedoch die betreffenden Projekte weiterhin auf traditionellen zwischenstaatlichen Vereinbarungen beruhen, besteht der einzige Mehrwert der OCCAR im Grunde in der Senkung von *Overhead*-Kosten durch Vermeidung administrativer Mehrfachstrukturen.[694]

Gemäß des *Letter of Intent*, einer Absichtserklärung der Verteidigungsminister der sechs größten waffenproduzierenden Länder in Europa[695] vom Juli 1998, sollten die Rahmenbedingungen für grenzüberschreitende Kooperationen und Zusammenschlüsse der Rüstungsindustrien erleichtert werden, jedoch entschieden sich die beteiligten Staaten dazu, ihre existierenden nationalen Regeln sowie

---

[691] Vgl. Schmitt (2004), Europas Fähigkeiten, S. 120/ 121.
[692] Vgl. Rohde (2002), Instrumente der ESVP: Rüstungspolitik und Industrie, S. 153.
[693] Vgl. Schmitt (2004), Rüstungszusammenarbeit in Europa, S. 217/ 218.
[694] Vgl. Schmitt (2004), Rüstungszusammenarbeit in Europa, S. 218.
[695] Dies sind Deutschland, Frankreich, Großbritannien, Italien, Schweden und Spanien.

Verfahren lediglich miteinander vereinbar zu gestalten, anstelle neue gemeinsame Bestimmungen zu schaffen. Damit führte der LoI-Prozess nicht zu tiefgreifenden Reformen.[696]

Mangels Einbettung in den EU-Rahmen, aufgrund kaum meßbarer Effektivitätsgewinne und v.a. wegen der tiefsitzenden Vorbehalte der nationalen Regierungen, Kernstücke ihrer Souveränitätsansprüche im Bereich von Armee und Waffenproduktion abzugeben, blieben diese Initiativen weitestgehend ohne Wirkung.[697]

Die Hauptprobleme der Fähigkeitenentwicklung, der Behebung von Fähigkeitendefiziten und der Erreichung der Planziele liegen zudem v.a. bei der mangelnden Bereitstellung finanzieller Ressourcen seitens der Mitgliedstaaten zu eben diesem Zwecke sowie bei deren falschen Investitionsprioritäten.[698] Die Gründe hierfür liegen z.T. noch in der Erblast der Friedensdividende-Erwartungen nach dem Ende des Ost-West-Konflikts, welche in den meisten EU-Staaten zu einer Senkung der Verteidigungsausgaben um ein Drittel führten.[699] Die Reduktion bzw. Stagnation der Verteidigungsausgaben (bei gleichzeitig steigenden Kosten) hat dabei zu erheblichen Lücken bei den militärischen Fähigkeiten geführt. Die Beschränkungen der militärischen Ausgaben gingen und gehen dabei insbesondere zu Lasten der rüstungsindustriellen Basis, insbesondere in den Bereichen Forschung und Technologie[700], während für Personal und Infrastruktur weiterhin große Teile des Budgets aufgewandt werden.[701] Viele der zwar durchaus schon initiierten diesbezüglichen kostenintensiven Strukturreformen und der für die neuen Aufgaben notwendigen Beschaffungsmaßnahmen sind noch nicht abgeschlossen und budgetär nicht ausreichend abgesichert.[702]

Die Umwandlung der französischen und spanischen Wehrpflichtigenarmee in eine Berufsarmee und entsprechende Pläne Italiens können als Signale des Fortschrittes bewertet werden und mittelfristig in den betreffenden Ländern Gelder für die Beschaffung neuer Ausrüstung frei machen. In den meisten EU-Staaten finden Reformen statt, welche auf die Reduzierung territorialer Verteidigung

---

[696] Vgl. Schmitt (2004), Rüstungszusammenarbeit in Europa, S. 219.
[697] Vgl. Algieri/ Bauer (2005), Eine Frage der Macht, S. 232/ 233.
[698] Vgl. Balis (2003), The State of European Defence and Security Poliy After the Laeken Summit, S. 33.
[699] Vgl. Seidelmann (2002), Das ESVP-Projekt und die EU-Krisenreaktionskräfte, S. 117/ 118.
[700] Vgl. Schmitt (2004), Rüstungszusammenarbeit in Europa, S. 216.
[701] Vgl. Schmitt (2004), Europas Fähigkeiten, S. 120.
[702] Vgl. Seidelmann (2002), Das ESVP-Projekt und die EU-Krisenreaktionskräfte, S. 117/ 118.

und die Aufstockung für internationale Einsätze geeigneter Truppen abzielen. Außerdem beginnen sich einige kleinere Länder auf die Spezialisierung in sog. Nischenfähigkeiten zu konzentrieren (z.B. Tschechische Republik: ABC-Abwehr).[703] Vor dem Hintergrund angespannter Haushaltslagen in den meisten Mitgliedstaaten, nicht zuletzt aufgrund anderer EU-Projekte wie der Erweiterung und der Einführung des Euro (Stabilitätspakt) und der Erhöhung von Verteidigungsausgaben abgeneigter Öffentlichkeiten, die eher die Lösung von in ihren Augen drängenderen Problemen finanziert sehen wollen (z.B. Arbeitsmarktreformen)[704], ist hingegen nicht zu erwarten, dass innerhalb der EU die Verteidigungsausgaben kurz- bis mittelfristig flächendeckend erhöht werden können.[705] Lediglich Großbritannien hat seine Verteidigungsausgaben 2003 leicht erhöht, Frankreich hat den Anteil seiner Ausgaben für Beschaffungszwecke leicht vergrößert. Der deutsche Verteidigungshaushalt für den Zeitraum 2004 bis 2009 wurde hingegen wiederum gekürzt, so dass die Bundesrepublik nunmehr nur ca. ein Prozent seines Bruttosozialprodukts (BSP) für Verteidigungszwecke bereitstellt.[706] Die Problematik, eine ausreichende Finanzierung sicherzustellen wird im Falle der Europäischen Krisenreaktionskräfte und dringend benötigter militärischer Fähigkeiten für die Durchführung internationaler Krisenmanagementaufgaben im Rahmen der ESVP durch die besonders langfristige Aufbauperiode (verursacht durch Umfang der Ziele und langwierige Koordinationszwänge unter 25 Beteiligten) insofern noch erschwert, als dass sie einen kontinuierlichen politisch-budgetären Willen voraussetzt, der – unabhängig von wirtschaftlichen Entwicklungen und politischen Opportunitätskalküls – über mehrere Wahlperioden hinweg aufrechterhalten werden muss, auch trotz möglicher personeller Verluste oder politischer bzw. militärischer Fehlschläge im Rahmen der ESVP.[707] Die budgetäre Dimension ist jedoch entscheidend für die Handlungsfähigkeit und Zukunft der EU-Krisenreaktionskräfte und der ESVP als Ganzes.[708] Verschiedene Vorschläge zur Behebung mangelnder Verteidigungs- und Beschaffungsausgaben, wie z.B. die Einführung sog. Makro-Konvergenzkriterien, konnten sich aufgrund finanzieller Vorbehalte der Mitgliedstaaten nicht durchsetzen.[709] Vor diesem Hintergrund erscheint es umso wichtiger, dass die EU-Mitglieder ihre verfügbaren finanziellen Ressourcen koordiniert, kooperativ und sinnvoller investieren, kurz: „European governments need to extract more value out of each euro they spend on research, development and procurement".[710]

[703] Vgl. Keohane (2004), ESDP and military reforms, S. 111.
[704] Vgl. Chaco (2003), Implementing the Headline Goals, S. 55.
[705] Vgl. Keohane (2004), ESDP and military reforms, S. 115; vgl. ebenso: Schmitt (2004), Europas Fähigkeiten, S. 120.
[706] Vgl. Keohane (2004), ESDP and military reforms, S. 114.
[707] Vgl. Seidelmann (2002), Das ESVP-Projekt und die EU-Krisenreaktionskräfte, S. 118.
[708] Vgl. Seidelmann (2002), Das ESVP-Projekt und die EU-Krisenreaktionskräfte, S. 117/ 118.
[709] Vgl. Balis (2003), The State of European Defence and Security Poliy After the Laeken Summit, S. 36.
[710] Keohane (2004), ESDP and military reforms, S. 115/ 116.

Auch die Konstruktion des ECAP-Prozesses milderte die beiden Hauptprobleme der europäischen Fähigkeitenentwicklung – die mangelnden Investionen in Rüstungsvohaben auf nationaler Ebene und das Festhalten an nationalen Souveränitätsvorbehalten im Rüstungsbereich – nicht ab, geschweige denn konnte sie diese beheben.

Vor dem Hintergrund der o.g. Problemlagen schlugen der britische Premierminister und der französische Regierungschef im Februar 2003 parallel zu den Verfassungsverhandlungen die Einrichtung einer Verteidigungsagentur zur Entwicklung und Beschaffung von Fähigkeiten vor, welche es den EU-Mitgliedstaaten ermöglichen sollte, ihre Fähigkeitenanforderungen zu harmonisieren, Forschungs- und Entwicklungsaufgaben zu koordinieren und die Konvergenz nationaler Beschaffungsprozeduren zu befördern.[711] Auf Grundlage dieses britisch-französischen Vorschlags einigten sich die EU-Staats- und Regierungschefs auf die Einrichtung einer Europäischen Verteidigungsagentur und – ebenso wie der Konvent – auch darauf, diese im VVE zu normieren.[712] Bei ihrem Treffen in Thessaloniki im Juni 2003 beauftragten die europäischen Staats- und Regierungschefs die zuständigen Ratsgremien damit, die notwendigen Maßnahmen zu treffen, damit im Laufe des Jahres 2004 eine zwischenstaatliche Agentur für die Bereiche Entwicklung der Verteidigungsfähigkeiten, Forschung, Beschaffung und Rüstung geschaffen würde. Wenige Wochen später begann eine Ad-hoc-Vorbereitungsgruppe mit der Ausarbeitung eines Basiskonzepts für Aufbau und Auftrag der Agentur.[713]

In Anlehnung an den Schlussbericht der Arbeitsgruppe verabschiedete der Rat eine gemeinsame Aktion zur Gründung der Europäischen Verteidigungsagentur, in welcher als Hauptbereiche ihrer Arbeit

- die Entwicklung von Verteidigungsfähigkeiten für das Krisenmanagement,
- die Förderung und Verbesserung der europäischen Rüstungszusammenarbeit,
- die Ausarbeitung und Durchführung von Maßnahmen zur Stärkung der europäischen rüstungsindustriellen und -technologischen Basis und zur Schaffung eines international wettbewerbsfähigen Markts für europäische Verteidigungsgüter

---

[711] Vgl. Keohane (2004), ESDP and military reforms, S. 116.
[712] Vgl. Artikel I-41 (3) und Artikel III-311.
[713] Vgl. Schmitt (2004), Rüstungszusammenarbeit in Europa, S. 222.

- sowie die Verbesserung der Effektivität der europäischen Verteidigungsforschung und -technologie

festgelegt wurden[714], und setzte im Februar 2004 einen Aufbaustab für die Agentur (*Agency Establishment Team*) ein, welcher die Voraussetzungen für die operative Einrichtung und Arbeitsweise der Agentur schaffen sollte.[715]

Der angestrebte und potenzielle Mehrwert der Agentur einerseits besteht in der Erzielung von Synergieeffekten bei der Planung, Verwaltung und Nutzung von Programmen im operativen Bereich und mit Blick auf die industrielle und technologische Basis der ESVP. Da alle Mitgliedstaaten an den Aktivitäten der Agentur teilnehmen können, erhält die EU durch diese die Möglichkeit, von der Bedarfsermittlung bis zur Bedarfsdeckung eine einheitlichere Strategie zur Schaffung umfassender militärischer Fähigkeiten zu entwickeln.[716] Der tatsächliche Nutzen der EDA andererseits wird zum einen von der Leistung ihres Führungspersonals abhängen, erstens der ihres Leiters, dem Hohen Repräsentanten für die GASP, Solana, und zweitens der ihres Hauptgeschäftsführers, welchem weitreichende Kompetenzen mit Blick auf Entscheidungsvorbereitung, Koordination mit relevanten EU-Gremien und Durchführung des Arbeitsprogramms der Agentur zugestanden wurden. Zum anderen wird der Handlungsspielraum und praktische Nutzen der EDA von der Kooperationsbereitschaft der Mitgliedstaaten abhängen, wobei den im Lenkungsausschuss der Agentur vertretenen nationalen Verteidigungsministern im Vorfeld der ihnen aufgetragenen Entscheidungsfindung die entscheidende Koordinationsfunktion zukommt.[717] Mit Blick auf die Fähigkeitenentwicklung bietet die EDA durch ihre Einbettung in das institutionelle Gefüge der EU aber einen grundsätzlichen Vorteil gegenüber den bisherigen Kooperationsformen sowie durch einen hierbei vergleichsweise erhöhten „top-down impetus to force coordination and capability improvement“[718]

---

[714] Gemäß der schlussendlich im Dezember 2004 festgelegten Bestimmungen des VVE umfassen die Aufgaben der EDA im Speziellen die Mitwirkung bei der Bewertung und Ermittlung der aktuellen und geplanten militärischen Fähigkeiten der Mitgliedstaaten, die Harmonisierung des operativen Bedarfs und die Festlegung effizienter und kompatibler Beschaffungsverfahren, die Erstellung von Vorschlägen für multilaterale Projekte und Programme der Mitgliedstaaten sowie die Koordinierung spezifischer Kooperationsprogramme, die Koordinierung gemeinsamer Forschungsaktivitäten und die Stärkung der europäischen Rüstungsindustrie mit zweckdienlichen Maßnahmen und durch eine gezielte Verwendung von Verteidigungsausgaben (vgl. Algieri/ Bauer [2005], Eine Frage der Macht, S. 233).

[715] Vgl. Schmitt (2004), Rüstungszusammenarbeit in Europa, S. 224.

[716] Vgl. Algieri/ Bauer (2005), Eine Frage der Macht, S. 233.

[717] Vgl. Algieri/ Bauer (2005), Eine Frage der Macht, S. 234.

[718] EU Crisis Response Capability Revisited (2005), S. 25.

Potenzial zur Überwindung der zwei hauptsächlichen Probleme der HG-Methode bzw. des ECAP-Prozesses:

(1) der Abhängigkeit vom *Bottom-up commitment* der Mitgliedstaaten

(2) ohne Leitungs- und Sanktionierungsinstanz.

Dies gilt insbesondere mit Blick auf die Verwirklichung des neuen militärischen HG 2010, in dessen Zuge die Agentur die Aufgabe übernehmen wird, jährlich über die Fortschritte der einzelnen Mitgliedstaaten Bericht zu erstatten, diese zu evaluieren und hierdurch – um mangelhafte Leistung zu erhöhen – im Sinne einer *Name-and-shame*-Methode politischen Druck ausüben könnte.[719]

Der Entstehungsprozess der EDA unterstreicht erstens die Tendenz in der ESVP, dass kollektive politische Willensentscheidungen der EU-Staats- und Regierungschefs ausschlaggebende Triebkraft ihrer Entwicklung sind und vertragsrechtliche Bestimmungen hierbei oft eine nachfolgende bzw. zweitrangige Rolle spielen. Zweitens spiegelt der Entstehungsprozess der EDA bekannte Problemlagen des EU-Integrationsprozesses im sicherheits- und verteidigungspolitischen Bereich, und hier insbesondere die grundsätzlichen britisch-französischen Differenzen bzgl. der wünschenswerten Rolle europäischer Gremien in der ESVP, welche u.a. schon bei der Definition des PSK zum Tragen kamen, wider: Mit Blick auf die Reichweite der Kompetenzen der EDA gegenüber den EU-Mitgliedstaaten wollte auf der einen Seite Großbritannien den Einfluss der neuen Agentur auf nationale Streitkräftekonzeptionen und Beschaffungsprozesse ausschließen und mit der Agentur vielmehr lediglich eine Art Koordinationsstelle für die Stärkung der europäischen militärischen Fähigkeiten in Kooperation mit der NATO schaffen, während die französische Regierung auf der anderen Seite weitreichende Kompetenzen für die neue Agentur gegenüber nationalen Rüstungsbehörden anstrebte, so dass die Agentur in die Lage versetzt würde, die Rüstungskooperation auf europäischer Ebene durch klare Vorgaben auch über nationale Bedenken hinweg voranzutreiben.[720] Die bisherige personelle Besetzung der EDA bildet darüber hinaus v.a. das Bestreben interessierter und potenter Mitgliedstaaten, insbesondere Frankreichs und Großbritanniens, ihren Einfluss in der Agentur zu sichern, ab.

Auf der *Capabilities Committment Conference* in Brüssel am 22.11.2004 kamen die Mitgliedstaaten zu dem Schluss, dass die ECAP-Projektgruppen im Lichte

---

[719] Vgl. Keohane (2004), ESDP and military reforms, S. 117; vgl. ebenso: Algieri/ Bauer (2005), Eine Frage der Macht, S. 236.

[720] Vgl. Algieri/ Bauer (2005), Eine Frage der Macht, S. 234.

des HG 2010 und der Einrichtung der Europäischen Verteidigungsagentur reformiert werden sollten. Auch wenn der *Bottom-up*-Ansatz unersetzlich bliebe, hatten einige Projektgruppen angemerkt, dass durch eine zusätzliche Führung bessere Ergebnisse erzielt werden könnten. Die Mitgliedstaaten erteilten in Folge der EDA das Mandat, im Zusammenhang der Erarbeitung eines neuen Fähigkeitenkatalogs unter dem HG 2010 für jede der ECAP-Projektgruppen eine der folgenden vier Möglichkeiten zu prüfen:

- Implementierung der Vorschläge unter Koordinierung durch die EDA;
- Erneuerung der Bemühungen mit Hilfe eines detaillierteren Zeitplans gemäß der ECAP-*Roadmap*;
- Weiterführung der Arbeit als Expertengruppe, die dem EUMC assistiert;
- Beendigung der Arbeit derjenigen Projektgruppen, die ihre Ziele erreicht haben.[721]

Die meisten Projektgruppen sind mittlerweile in die EDA überführt worden bzw. sind im Begriff, in die Arbeit der EDA integriert zu werden.

4.3.1.4 Das Fehlen eines gemeinsamen Rüstungsmarkts

Die EU-Mitglieder hatten in dem sensitiven Souveränitätsbereich der Produktion, des Handels und der Beschaffung von militärischen Gütern trotz Aufbau der ESVP unter nationaler Kontrolle behalten und aus dem europäischen Integrationsprozess ausgeklammert.

Rechtlich basiert diese Politik auf Artikel 296 EGV, der es den Mitgliedstaaten erlaubt, die Regeln des gemeinsamen Marktes „soweit sie die Erzeugung von Waffen, Munition und Kriegsmaterial oder den Handel damit betreffen", nicht anzuwenden, wenn für sie nachweislich „wesentliche Sicherheitsinteressen" auf dem Spiel stehen, wobei die Mitgliedstaaten den unbestimmten Rechtsbegriff „wesentliche Sicherheitsinteressen" in der Regel sehr weit interpretiert haben.[722] Der Artikel 296 EGV wurde so die Grundlage für die Fragmentierung der europäischen Rüstungswirtschaft in nationale Märkte und divergierende oder sogar

[721] Vgl. Schmitt (2005), European Capabilities Actions (ECAP), http://www.iss-eu.org/esdp/06-bsecap.pdf, Zugriff am 1.2.2006, S. 4/ 5.
[722] Vgl. Schmitt (2004), Rüstungszusammenarbeit in Europa, S. 214.

gegeneinander gerichtete nationale Industriepolitiken, ist weiterhin zentrales Hindernis für eine Effizienzsteigerung europäischer Rüstungsprozesse[723] und stellt in Folge eine ernstzunehmende Einschränkung für die vollwertige Ausgestaltung der ESVP dar[724]. Der Schutzmechanismus des Artikel 296 findet sich im VVE in Artikel III-436 wieder[725], was zeigt, dass die Regierungen der EU-Mitgliedstaaten im Bereich von Produktion, Handel und Beschaffung militärischer Güter weiterhin eine protektionistische Politik verfolgen können und deswegen rechtlich absichern wollen.

Die Kommission hat in ihrer Funktion als Hüterin des Gemeinsamen Marktes wiederholt versucht, die Ausnahmeregelung für den Rüstungsbereich zumindest einzugrenzen.[726] Die nationalen Regierungen sind jedoch äußerst zurückhaltend, der Kommission hier Regelungskompetenzen abzutreten[727]: „Pooling resources means pooling sovereignty and the loss of national autonomy."[728]

Zuletzt hatte die Kommission im März 2003 diverse Maßnahmen angekündigt, mit denen sie einen Europäischen Markt für Rüstungsgüter erzeugen und so die Wirtschaftlichkeit deren Entwicklung, Produktion und Beschaffung in Europa verbessern wollte. Mit dem in diesem Zuge im September 2004 vorgelegten Grünbuch zur Beschaffung nicht-sensitiver Verteidigungsgüter verfolgt die Kommission das Ziel, dass die Beschaffung von *Dual-use* und nicht-sensitiven Rüstungsgütern durch die Verteidigungsbehörden vertragsgemäß im grenzüberschreitenden Wettbewerb stattfinden kann. Die durch den Artikel 296 EGV gedeckte Beschaffung sensitiver militärischer Ausrüstungsgegenstände ist dabei jedoch nicht Gegenstand des Grünbuchs.[729] Inwieweit mit dem Grünbuch eine Verbesserung der Lage erreicht werden kann, ist noch unklar, stellt dieses doch einen relativ begrenzten Versuch, die negativen Konsequenzen des Artikel 296 zu beheben, dar.[730] Ohne eine Überarbeitung des Artikels selbst wird die Schaffung eines europäischen Marktes für Verteidigungsgüter, welcher eine zentrale Voraussetzung für die umfassende Nutzung verteidigungs- und rüstungspolitischer Kooperationsmechanismen in der EU ist, nicht zu verwirklichen sein.[731]

---

[723] Vgl. Rohde (2005), Das Grünbuch zur Beschaffung nicht-sensitiver Rüstungsgüter, S. 2.
[724] Vgl. Algieri/ Bauer (2005), Eine Frage der Macht, S. 238.
[725] Vgl. Algieri/ Bauer (2005), Eine Frage der Macht, S. 238.
[726] Im November 1997 hat sie z.B. die Schaffung eines gemeinsamen Rüstungsmarktes vorgeschlagen und einen konkreten Aktionsplan zur Erreichung dieses Zieles vorgelegt. Diese Initiative konnte sich aber nicht durchsetzen (vgl. Schmitt [2004], Rüstungszusammenarbeit in Europa, S. 220).
[727] Vgl. Keohane (2004), ESDP and military reforms, S. 116/ 117.
[728] Brimmer (2002), Conclusion, in: Dies., The EU's Search For A Strategic Role, S. 171.
[729] Vgl. Rohde (2005), Das Grünbuch zur Beschaffung nicht-sensitiver Rüstungsgüter, S. 1.
[730] Vgl. Rohde (2005), Das Grünbuch zur Beschaffung nicht-sensitiver Rüstungsgüter, S. 1.
[731] Vgl. Algieri/ Bauer (2005), Eine Frage der Macht, S. 238.

4.3.2 Vermeidung von Duplizierungen und Sicherstellung von Interoperabilität mit der bzw. Kohärenz in der NATO

Die EU-Mitglieder, welche gleichzeitig der NATO angehören, und die USA haben ein gemeinsames Interesse an der Verbesserung europäischer militärischer Fähigkeiten.[732]

Schon vor dem Treffen des Europäischen Rats von Helsinki, auf welchem der europäische *Headline-Goal*-Prozess intiiert wurde, war im Rahmen der NATO die sog. *Defence Capabilities Initiative* (DCI) auf den Weg gebracht worden. Auf der Grundlage einer Liste von 58 Prioritäten, dem sog. Forderungenkatalog, welcher die Beschaffungsanstrengungen der Europäer leiten sollte, zielte die DCI darauf ab, die Interoperabilität in multinationalen Operationen generell und die militärischen Fähigkeiten insbesondere der europäischen Bündnispartner in fünf Kernbereichen zu verbessern: Im Bereich der Verlegefähigkeit und Mobilität, der Durchhaltefähigkeit und Logistik, der Einsatzwirksamkeit, der Überlebensfähigkeit und im Bereich der Führung.[733] Laut NATO-Generalsekretär Lord Robertson wurde die Verbesserung der europäischen Fähigkeiten in der Folgezeit jedoch nur am unteren Ende in Angriff genommen. Norbert Eitelhuber bestätigt, dass überwiegend nur jene Defizite, welche sich mit *No-cost*- bzw. *Low-cost*-Lösungen, z.B. durch die Optimierung von Planungsprozessen, beheben ließen, beseitigt worden wären, während ressourcen- bzw. finanzintensive Defizite bestehen blieben.[734] Damit stellte sich die *Defence Capabilities Initiative* der NATO bis zum Jahr 2002 als weitgehend unwirksam heraus.[735]

Auf dem NATO-Gipfel in Prag im November 2002 ersetzen die NATO-Mitglieder die DCI deswegen mit dem sog. *Prague Capabilities Commitment* (PCC), welches acht Anforderungen in kritischen Bereichen wie sichere Kommunikationsmöglichkeiten, präzisionsgesteuerte Waffen, Luft- und Seetransport und Luftbetankung vorgab. Durch die Begrenzung und Präzisierung der Anforderungen hoffte man, die Ziele eher verwirklichen zu können. Zudem sollten einzelne Regierungen Verantwortung für die Erreichung der betreffenden acht Zielvorgaben übernehmen.[736] Zusammen mit dem Berlin-Plus-Prozess sollte das PCC eine schnelle Lösung zur Überwindung der Defizite in o.g. Fähigkeitenbereichen bieten.[737] Im Mai 2003 wurde zudem zum Zwecke der Sicherstellung der Kohärenz, Transparenz und der gegenseitigen Verstärkung der Fähigkeitenent-

---

[732] Vgl. Schmitt (2004), Europas Fähigkeiten, S. 108.
[733] Eitelhuber (2003), Europäische Streitkräfte unter dem Zwang der Bescheidung, S. 23.
[734] Eitelhuber (2003), Europäische Streitkräfte unter dem Zwang der Bescheidung, S. 23.
[735] Keohane (2004), ESDP and military reforms, S. 105.
[736] Keohane (2004), ESDP and military reforms, S. 105/ 106.
[737] Lindley-French (2004), Plugging the Expanded Petersberg Tasks Gap?, S. 210

wicklungsinitiativen und -aktivitäten der NATO (PCC) und der EU (ECAP) eine NATO-EU-Arbeitsgruppe zu den militärischen Fähigkeiten (*NATO/ EU Capabilities Group*) eingesetzt, und als mögliche Bereiche der Zusammenarbeit zwischen der NATO und der EU in der Fähigkeitenentwicklung insbesondere ABC-Abwehr, medizinische Versorgung, unbemannte Flugkörper, strategischer Transport zur See und zur Luft und die Luftbetankung identifiziert.[738]

Darüber hinaus rief US-Präsident Bush auf dem Prag-Gipfel die Europäer auf, durch die Aufstellung einer sog. *NATO Response Force* (NRF), konzipiert als schnelle Eingreiftruppe der NATO für Missionen mit anspruchsvollen Anforderungen, ihre militärische Handlungsmacht zu stärken.[739] Die US-Regierung signalisierte mit dieser Aufforderung den Europäern, dass diese ihre Anstrengungen im Fähigkeitenbereich verstärken müssten, wenn die NATO weiterhin zentrales Element amerikanischer Sicherheits- und Verteidigungspolitik bleiben sollte.[740] Schon Ende 2003 hatten die Regierungen der europäischen NATO-Mitglieder 9.000 Truppen für die NRF assigniert (inkl. 1.700 französische Truppen, nur 300 amerikanische).[741] Insgesamt soll die NRF aus drei Komponenten, erstens einer Luftkomponente, die zu 200 Kampfeinsätzen täglich fähig ist, zweitens einer Landkomponente in Brigadegröße und drittens einer Seekomponente im maximalen Umfang der ständigen Flottenverbände der NATO, bestehen. Die NRF soll bis zu 21.000 Mann aus dem Pool der europäischen Streitkräfte mit hohem Bereitschaftsgrad umfassen und innerhalb von sieben bis 30 Tagen zu einem gemeinsamen Kampfeinsatz überall auf der Welt in der Lage sein.

Everts und Keohane vom CER schätzen den politischen Verpflichtungscharakter und die Antriebskraft der NRF für die europäische militärische Fähigkeitenentwicklung grundsätzlich als relativ stark ein.[742] Norbert Eitelhuber weist jedoch darauf hin, dass die Aufstellung einer NRF für sich allein noch keine Lösung der Fähigkeitendefizite und ebenso wenig der mangelnden autonomen Handlungsfähigkeit der EU im internationalen Krisenmanagement darstelle. Voraussichtlich werde sie es den europäischen Partnern ermöglichen, gemeinsam mit den USA an Kampfeinsätzen teilzunehmen und aufgrund der Rückgriffmöglichkeiten auf Ressourcen der amerikanischen Streitkräfte auch im Rahmen von Ad-hoc-Koalitionen einsetzbar bleiben, sollten einzelne Nationen einem Einsatz ihrer Truppen nicht zustimmen. Voraussichtlich müssten aber auch langfristig wesent-

---

[738] Vgl. Defence-Europe.org, NATO-EU Relations, http://www.wsibrussels.org/eu_nato_relations.htm, Zugriff am 20.2.2006.
[739] Keohane (2004), ESDP and military reforms, S. 110.
[740] Vgl. Everts/ Keohane (2004), Introduction, in: Centre for European Reform, A European Way of War, S. 5 und 12.
[741] Vgl. Haine (2004), ESVP und NATO, S. 168.
[742] Vgl. Everts/ Keohane (2004), Introduction, in: Centre for European Reform, A European Way of War, S. 5 und 12.

liche Kernfähigkeiten der NRF von den USA gestellt werden, weil sie nicht von europäischen Streitkräften substituierbar seien. Trotzdem sei die NRF-Initiative begrüßenswert, da sie dazu beitragen könne, die Initiativen der Allianz zur Verbesserung der militärischen Fähigkeiten zu koordinieren, zu konzentrieren und zu beschleunigen.[743] Durch die Konzentration der entsprechenden Beschaffungsprogramme auf spezifische, für die Transformation der Streitkräfte förderliche Fähigkeiten könnten zudem die Verteidigungsausgaben der Alliierten optimiert werden.[744]

4.3.3 Entwicklung ziviler Fähigkeiten

Die EU geht bei der Entwicklung ihrer zivilen Krisenreaktionsfähigkeiten im Rahmen der ESVP auf grundsätzlich dieselbe Art und Weise vor wie im Bereich der militärischen Fähigkeiten: "[S]etting quantitative EU targets that are to be met through the voluntary contributions of EU member states."[745] Diese Vorgehensweise impliziert dabei im zivilen Bereich – über die oben erläuterten im militärischen Bereich hinaus – im Detail einige weitere Herausforderungen, welche die Expertin Renata Dwan folgendermaßen zusammenfasst:

- "Many components of civilian crisis management do not lend themselves to quantitative personnel targets."[746]
- "[T]he diverse nature of personnel required in civilian crisis management challenges the intergovernmental nature of the contributions process."[747]
- "The other component of civilian crisis management capacity development has been the identification of subject areas for attention. However, the needs identified most strongly by the Brahimi Report and the problems encountered on a daily basis in crisis management operations concern less specific subject areas than particular processes that cut across a range of issues."[748]

Zudem muss die zwischenstaatlich verbleibende Entwicklung ziviler Fähigkeiten durch die Erstellung gemeinsamer Standards, Ausbildungsmodule und Trainings kompensiert werden, um die Interoperabilität der Einsatzkräfte sicherzustellen. Hinzu kommt außerdem, dass mindestens zwei oder sogar alle drei Säulen über Kompetenzen in den vier prioritären zivilen Bereichen verfügen, wobei unter der

---

[743] Eitelhuber (2003), Europäische Streitkräfte unter dem Zwang der Bescheidung, S. 6.
[744] Eitelhuber (2003), Europäische Streitkräfte unter dem Zwang der Bescheidung, S. 26/ 27.
[745] Dwan (2003), Themes to be dealt with and challenges to be met, S. 45.
[746] Dwan (2003), Themes to be dealt with and challenges to be met, S. 45.
[747] Dwan (2003), Themes to be dealt with and challenges to be met, S. 45.
[748] Dwan (2003), Themes to be dealt with and challenges to be met, S. 45.

Zielsetzung optimaler Ergebnisse die Kompetenz aus allen drei Säulen in die Fähigkeitenentwicklung eingebracht werden sollte. Zudem beansprucht die Kommission Mitwirkung bei der zivilen Fähigkeitenentwicklung, nicht zuletzt um ihren Kompetenzbereich nicht durch den Rat und die zwischenstaatlichen Instrumente der ESVP gemindert sehen zu müssen.

Im Bereich Polizei finden die Entwicklung von gemeinsamen Standards und Konzepten für Ausbildung und Training und die gemeinsamen Trainings selbst (anders als für die anderen prioritären Bereiche; s.u.) nicht innerhalb eines Gemeinschaftsprogramms statt, sondern werden von den Mitgliedstaaten, dem Polizeistab im Ratssekretariat und der Europäischen Polizeiakademie (*Collège Européen de Police* – CEPOL) organisiert und entwickelt. Die Einrichtung der Europäischen Polizeiakademie wurde im Dezember 2000 vom Rat beschlossen. Konzipiert als ein Netz bestehender Ausbildungseinrichtungen besteht ihre Aufgabe darin, europäische Polizeiführungskräfte für gemeinsame Einsätze in Bereichen grenzüberschreitender organisierter Kriminalität und im Bereich des zivilen Krisenmanagements zu schulen.[749] Im Rahmen ihrer Kompetenzen in der Dritten Säule (Justiz und Inneres) beteiligt sich die Kommission aber an der Ausarbeitung gemeinsamer Standards von EU-Polizeikräften und der Harmonisierung ihrer Ausbildung und Ausrüstung.[750]

Für die Bereiche Rechtsstaatlichkeit und Zivilverwaltung erfolgen Ausbildung und Training innerhalb des Pilotprojektes zum Training für zivile Aspekte der Krisenbewältigung (*EC Project on Training for Civilian Aspects of Crisis Management*)[751]. Dieses wurde auf Initiative der Kommission im Oktober 2001 zum Zwecke der Vernetzung nationaler Ausbildungs- und Schulungseinrichtungen für Personal im Bereich Rechtsstaatlichkeit und Zivilverwaltung, der Förderung der Kooperation in der Ausbildung in beiden Bereichen sowie zum Zwecke der Entwicklung von Ausbildungsmodulen und Duchführung gemeinsamer Pilotkurse begonnen und umfasst insgesamt 13 EU-Mitgliedstaaten als Projektpartner.[752] Für den Bereich zivile Verwaltung hat die Kommission – welche im Rahmen der Entwicklungszusammenarbeit auf einige Erfahrung insbesondere in diesem Bereich zurückgreifen kann – zudem ein Ausbildungsprogramm begonnen, welches

[749] Vgl. Weinlich (2003), Die zivile Komponente der Europäischen Sicherheits- und Verteidigungspolitik, S. 161.

[750] Vgl. Weinlich (2003), Die zivile Komponente der Europäischen Sicherheits- und Verteidigungspolitik, S. 157.

[751] Abrufbar unter http://www.zif-berlin.org/Downloads/Bereich_Training/EUProgramm-_290403.pdf.

[752] Vgl. Weinlich (2003), Die zivile Komponente der Europäischen Sicherheits- und Verteidigungspolitik, S. 225.

die nationalen Ausbildungskurse für Zivilverwaltungsexperten harmonisieren soll.[753]

Im Bereich Katastrophenschutz hat die Kommission unter der Zielsetzung, die Kompatibilität und Komplementarität von Einsatzteams zu gewährleisten, seit Mitte 2002 Schulung und Training von Personal übernommen.[754]

4.4 Verfügbarkeit im Ernstfall

4.4.1 Keine ständige EU-Streitmacht

Die europäischen Krisenreaktionskräfte konstituieren keine europäische Armee, sondern einen Pool von nationalen Streitkräften, auf den die EU im Falle eines einstimmigen Ratsbeschlusses zur Anwendung militärischer Gewalt in Reaktion auf eine internationale Krise zurückgreifen kann. Das HG impliziert damit weder die Schaffung einer ständigen EU-Streitmacht[755], noch eine verbindliche Zusage für eine zukünftige Krise[756]. Jede ESVP-Operation erfordert einen fallweisen Prozess der Identifizierung, Generierung und Bereitstellung von Einsatzkräften und Fähigkeiten einschließlich der Bildung der notwendigen militärischen Kommandostruktur.[757]

Über die tatsächliche Bereitstellung von Streitkräften und Fähigkeiten im Ernstfall entscheidet – wie seit der Initiierung der ESVP in Köln immer wieder betont wurde – jeder Mitgliedstaat von Fall zu Fall, was dem Interesse aller EU-Mitgliedstaaten und hierbei insbesondere dem der bündnisfreien und atlantisch orientierten EU-Mitglieder, die nationalen Souveränitätsrechte über ihre Streitkräfte im Falle geplanter ESVP-Interventionen zu behalten, entspricht. Umgekehrt steht damit die Handlungsfähigkeit der ESVP in direkter Abhängigkeit von

---

[753] Vgl. Weinlich (2003), Die zivile Komponente der Europäischen Sicherheits- und Verteidigungspolitik, S. 263.

[754] Vgl. Weinlich (2003), Die zivile Komponente der Europäischen Sicherheits- und Verteidigungspolitik, S. 291.

[755] Emil Kirchner stellt fest, dass auf diese Tatsache in fast jedem offiziellen Dokument bzw. jeder offiziellen Erklärung zur ESVP gebetsmühlenartig verwiesen wird. Selbst in den Schlussfolgerungen des ER von Nizza im Dezember 2003, also zu einem Zeitpunkt, wo die obige Botschaft schon längst bei allen Besorgten angekommen hätte sein müssen, wurde auf britischer Insistieren wieder aufgenommen, dass die ERRF keine Europäische Armee konstituiert (vgl. Kirchner [2002], British Perspectives on CFSP and ESDP, S. 45).

[756] Vgl. Schmitt (2004), Europas Fähigkeiten, S. 107.

[757] Vgl. Schuwirth (2002), Vielfalt in Einheit, S. 242.

dem politischen Willen und den Fähigkeiten der Mitgliedstaaten und ist in diesem Zusammenhang v.a. dem politischen Willen der großen Mitgliedstaaten, welche auch über die entsprechenden Fähigkeiten verfügen, unterworfen.[758] Damit ist die Handlungsfähigkeit der ESVP von den finanziellen Kosten-Nutzen-Kalkulationen bzw. den finanziellen Möglichkeiten der Mitgliedstaaten abhängig. Dies rückt wiederum die Finanzierungsregelungen für EU-Missionen als Faktor, welcher bei nationalen Entscheidungen über Streitkräfteentsendungen für EU-Operationen wiegen kann, in den Vordergrund.[759] Gleichzeitig ist die Handlungsfähigkeit der ESVP damit auch wesentlich von den von der jeweiligen Verfassung vorgegebenen innenpolitischen Entscheidungsprozessen bei der Entsendung von Streitkräften abhängig.[760]

Hinzu kommt die Problematik des sog. *Double-hatting* oder Mehrfach-*hatting* des *Single set of forces*, welches den Widerspruch zwischen politischer Zusage und realer Verfügbarkeit im Einsatzfall erhöht.[761] Beispielsweise greifen sowohl die ERRF und die BG als auch die NRF auf den gleichen Pool von Streitkräften und Fähigkeiten zurück. Diese Konstruktion birgt das Risiko einer Kontroverse um entsprechende Streitkräftezusagen im Falle gleichzeitiger NATO- und EU-Operationen. Da die EU mit Blick auf die Bereitstellung von grundsätzlich der ERRF und den BG zugesagten Streitkräften und Fähigkeiten weder über ausreichende Anreizmechanismen noch über Sanktionsmechanismen verfügt, können eventuelle Loyalitäts- und Zielkonflikte ggf. zulasten der ESVP gehen.[762] Ebenso könnte der Fall eintreten, dass der EU evtl. ihre fähigsten Einsatzkräfte nicht für autonome Operationen zur Verfügung stehen, falls diese z.B. schon unter NATO-Kommando im Einsatz sind.[763]

4.4.2 Rückgriff auf NATO-Mittel

Die Problemlage, die im Falle einer Entscheidung für eine EU-geführte Operation unter Rückgriff auf NATO-Mittel und -Fähigkeiten entstehen kann, ergibt sich aus dem Zusammenspiel der Vermeidung unnötiger Duplikationen bei der Fähigkeitenentwicklung für die ESVP und der Unwägbarkeiten bezüglich des

---

[758] Vgl. Schmitt (2004), Europas Fähigkeiten, S. 107.
[759] Siehe Punkt 4.4.6.
[760] Vgl. Siedschlag (2002), Nationale Entscheidungsprozesse bei Streitkräfteeinsätzen im Rahmen der Petersbergaufgaben der EU, S. 223.
[761] Vgl. Seidelmann (2002), Das ESVP-Projekt und die EU-Krisenreaktionskräfte, S. 116/117.
[762] Vgl. Seidelmann (2002), Perspektiven und Optionen für die Kompetenz- und Mittelverteilung zwischen EU, NATO und den Mitgliedstaaten, S. 209.
[763] Vgl. Haine (2004), ESVP und NATO, S. 169.

gesicherten Zugangs der EU zu NATO-Planungskapazitäten bzw. der Verfügbarkeit von vorab identifizierten NATO-Mitteln für EU-geführte Operationen.

Auf dem NATO-Gipfel vom April 1999 forderten die USA, dass unnötige Duplikationen beim Aufbau der militärischen ESVP-Kapazitäten vermieden würden. Hingegen sollten die 1996 getroffenen Berlin-Plus-Vereinbarungen weiterentwickelt werden. Die NATO sei hierbei bereit, Maßnahmen zu entwickeln, die den schnellen Zugriff der EU auf die kollektiven Mittel und Kapazitäten der NATO in den Fällen, in denen die NATO nicht als Ganzes involviert sei, sicherzustellen, wobei aber die Bedürfnisse der NATO hinsichtlich ihrer Operationsfähigkeit und der Integrität ihrer Befehlsstruktur berücksichtigt würden. Diese Maßnahmen würden insbesondere Kapazitäten zur Planung von Operationen betreffen, auf der Annahme der Verfügbarkeit bestimmter vorab identifizierter Kapazitäten und Mittel basieren, die Identifizierung einer Reihe von Befehlsoptionen (v.a. DSACEUR) umfassen und die Anpassung des NATO-Planungsprozesses an die Prämisse der Verfügbarkeit bestimmter Kapazitäten für EU-Operationen implizieren.[764] Unter Berücksichtigung dieser Forderungen und Vorbehalte bestätigten die EU-Mitglieder auf dem Treffen des Europäischen Rats in Helsinki und in folgenden Erklärungen und Dokumenten immer wieder, dass unnötige Duplizierungen vermieden werden sollten.[765] Die in Folge mühsam verhandelten Berlin-Plus-Vereinbarungen beinhalten nun alle o.g. Maßnahmen.

Eine EU-geführte Operation, die mangels EU-eigener Fähigkeiten auf NATO-Mittel und -Fähigkeiten zurückgreifen muss, bleibt jedoch in jedem Fall von der einstimmigen und nachhaltigen Zustimmung des NAC abhängig:

Erstens ist der Rückgriff auf vorher identifizierte Mittel und Kapazitäten nur durch einstimmige Zustimmung des NAC möglich. Jedes NATO-Mitglied hat hierbei ein Vetorecht.

Zweitens behält sich die NATO das Recht vor, bereitgestellte Mittel aus einer laufenden Operation wieder zurückzufordern.[766] Damit steht die Handlungsfähigkeit der ESVP in Abhängigkeit von den Interessenslagen von NATO-Staaten, die keine EU-Mitglieder sind, und hierbei insbesondere von amerikanischen Interessenslagen.[767] Die autonome Handlungsfähigkeit der EU im gesamten Pe-

---

[764] Vgl. From St. Malo to Nice (2001), S. 22/ 23.

[765] Vgl. From St. Malo to Nice (2001), S. 82.

[766] Vgl. Dembinski (2004), Die Europäische Sicherheits- und Verteidigungspolitik, S. 168.

[767] Vgl. Dembinski (2004), Die Europäische Sicherheits- und Verteidigungspolitik, S. 167. Die Berlin-Plus-Vereinbarungen blieben insbesondere hinter den französischen Forderungen nach einem garantierten Zugriff zurück. Die französische Regierung vermutete in den Verein-

tersbergspektrum ist damit in zweierlei Hinsicht nicht gegeben: Aufgrund fortgesetzter Abhängigkeit von NATO-Mitteln und -Fähigkeiten sind (noch) keine signifikanten EU-geführten Operationen im oberen Petersbergspektrum ohne Rückgriff auf NATO-Mittel und -Fähigkeiten möglich. Die militärische Abhängigkeit der EU von NATO-Kapazitäten zur Durchführung von EU-Operationen v.a. im oberen Petersbergspektrum schließt damit de facto militärische Einsätze der EU gegen den expliziten Willen v.a. der USA aus.

Die europäische Angewiesenheit auf NATO-Mittel und -Fähigkeiten kann also zur Handlungsunfähigkeit führen,

(1) falls die von der EU benötigten Fähigkeiten gerade für NATO-Operationen im Einsatz sind,

(2) falls der Zugriff im NAC aufgrund konkurrierender oder gegenläufiger Interessen, z.B. jene der USA, blockiert wird[768] oder

(3) wenn NATO-Mittel und -Fähigkeiten im Laufe einer EU-Operation wieder zurückgerufen werden, falls z.B. ein NATO-Mitglied mit dem Verlauf der EU-Operation nicht einverstanden ist[769].

Alternativ müsste im Fall (2) die EU als Preis für ihre Handlungsfähigkeit die Unterordnung unter operativ-militärische Vorgaben der amerikanischen Seite zahlen.[770] "A real assurance of availability would mean that the EU's crisis-management priorities would take precedence over other global responsibilities and interests of the US".[771] Dieser Fall ist jedoch nicht absehbar.

Eine mögliche Lösung des europäischen Dilemmas könnte durch sog. konstruktive Duplizierungen einiger der EU fehlenden NATO-Fähigkeiten erzielt werden. Dies geschieht mittlerweile schon, wenn auch in geringem und zögerlichem Maße im Bereich der Planungs- und Führungsfähigkeiten (vgl. zivil-militärische Zelle). Eine vollständigere Lösung des Dilemmas durch gezielte konstruktive Duplizierungen würde jedoch nur evtl. möglich, wenn erstens alle EU-Mitglieder darin übereinstimmen würden, dass bestimmte Duplizierungen tatsäch-

---

barungen angesichts des Vetorechts der USA im NAC bezüglich des Ob und Wie der Nutzung von NATO-Mitteln und -Fähigkeiten durch die Europäer und des Rechts eines einzelnen NATO-Mitglieds, den Rückruf der Fähigkeiten während einer Operation zu veranlassen, Potenzial für eine Amerikanisierung der ESVP (vgl. Dembinski [2004], Die Europäische Sicherheits- und Verteidigungspolitik, S. 167).

[768] Vgl. Meiers (2000), Der europäische Sicherheitspfeiler, S. 45.

[769] Vgl. Medcalf (2003), Cooperation with NATO and EU Candidate States, S. 110.

[770] Vgl. Meiers (2000), Der europäische Sicherheitspfeiler, S. 45.

[771] Schake (2002), Constructive Duplication, S. 16.

lich erstrebenswert sind und sie zweitens entsprechende finanziell abgesicherte Rüstungsanstrengungen unternehmen würden. Beide Voraussetzungen sind aber bislang nicht erfüllt.[772]

4.4.3 Beiträge von Drittstaaten

An allen bisherigen Operationen waren Drittstaaten beteiligt. Das Heranziehen von Mitteln aus Drittländern kann dabei durchaus vereinzelt Lösungen zum Auffüllen bzw. Kompensieren von Fähigkeitenlücken bzw. mangelnder Verfügbarkeit entsprechender Kräfte seitens der EU-Mitglieder bieten. Die Verfügbarkeit von Streitkräften bzw. Fähigkeiten von Drittländern für EU-Missionen kann aber nicht als gesichert gelten, da die Entsendung oder Bereitstellung solcher von den nationalen Entscheidungen dieser Drittländer abhängt. Erschwerend kam in diesem Zusammenhang bisher hinzu, dass die Finanzierung der Beiträge von Drittstaaten mangels detaillierter diesbezüglicher Vorgaben jeweils ad hoc verhandelt werden musste. Dies hatte meist in für die (zunächst) beitragswilligen Drittstaaten ungünstige Konditionen und zeitliche Verzögerungen von Operationen gemündet.

Da außerdem das HG letztlich auch auf autonome EU-geführte Operationen abzielt, können Beiträge anderer Staaten – ebenso wie gemeinsame Mittel und Fähigkeiten der NATO – nur als Ergänzung, nicht jedoch als Ersatz für fehlende europäische Kapazitäten betrachtet werden.[773]

4.4.4 Verfügbarkeit ziviler Fähigkeiten

Die tatsächliche Verfügbarkeit geeigneten zivilen Personals für eventuelle ESVP-Einsätze hängt erstens – wie dies auch für den Fall der Streitkräftentsendung für ESVP-Operationen zutrifft – von einer Entscheidung der nationalen Regierungen, sich überhaupt und in einem bestimmten Maße an einer ESVP-Mission zu beteiligen, ab.

Zweitens ist die Verfügbarkeit ziviler Experten für Kriseneinsätze zudem deren individueller Entscheidung unterworfen.[774] Dies kann die sichere und schnelle

[772] Vgl. Medcalf (2003), Cooperation with NATO and EU Candidate States, S. 111.
[773] Vgl. Schuwirth (2002), Vielfalt in Einheit, S. 240.
[774] Vgl. Hallergard (2003), The Council's Efforts in Building a Coherent EU Civilian Crisis

Verfügbarkeit evtl. benötigten zivilen Personals zusätzlich beeinträchtigen, zudem zivile Experten meist in einem Arbeitsverhältnis stehen, aus dem sie nicht unbedingt kurzfristig austreten können bzw. abkömmlich sind.

Carl Hallergard sieht vor diesem Hintergrund die diesbezügliche Hauptherausforderung der Mitgliedstaaten in der Verbesserung ihrer Fähigkeit, rechtzeitig qualifiziertes Personal in ausreichendem Umfang für Missionen bereit zu stellen[775] und empfiehlt hierzu folgende Schritte:

> "1) Creating incentives for the individual officials and experts concerned so that they apply for international assignements;
>
> 2) Creating the capacity to do without their services for the time period required [...];
>
> 3) Creating national readiness, by pre-identifying, training [...] and preparing staff, and registering them in national rosters and databases;
>
> 4) Reinforcing links between national ministries and authorities concerned, in order to ensure that national decision making and preparations run smoothly an swiftly when needed."[776]

Zudem ist die Herstellung eines direkten praktischen Zusammenhangs zwischen ausgebildeten Kräften und ihrer Bereitschaft bzw. Verfügbarkeit für Einsätze von zentraler Bedeutung, weswegen der Aktionsplan für zivile Aspekte der ESVP vom Juni 2004 vorsieht, dass unter dem *EC Project on Training for Civilian Aspects of Crisis Management* ausgebildete Einsatzkräfte für tatsächliche Entsendungen auch zur Verfügung gestellt werden sollten und zu diesem Zwecke ein entsprechender Mechanismus geschaffen werden müsse. Problematisch für die Handlungsfähigkeit der zivilen ESVP-Komponente bleibt jedoch auch dann noch das Prinzip, dass eine tatsächliche Bereitstellung der zugesagten Fähigkeiten der Entscheidung der Mitgliedstaaten und der individuellen Zusage des einzelnen Experten unterworfen ist.

4.4.5 Finanzierung von Einsätzen

Die Existenz geeigneter Finanzierungsmodalitäten für die Durchführung von Operationen ist ein zentrales Element der Handlungsfähigkeit der ESVP. Zum

---

Management Capability, S. 50.

[775] Vgl. Hallergard (2003), The Council's Efforts in Building a Coherent EU Civilian Crisis Management Capability, S. 51.

[776] Hallergard (2003), The Council's Efforts in Building a Coherent EU Civilian Crisis Management Capability, S. 51.

einen spielt hierbei die Klarheit und Handhabbarkeit entsprechender Regelungen eine Rolle: Die Abwesenheit eindeutiger und praxisorientierter Vorgaben kann zu langwierigen Ad-hoc-Verhandlungen für jeden neuen Krisenfall führen, was wiederum eine operative Kriseneaktion verzögern oder sogar scheitern lassen kann. Zum anderen ist die relative Aufteilung von Operationskosten zwischen EU-Haushalt und den Mitgliedstaaten von Relevanz. Werden die Mitgliedstaaten für ihr Engagement in finanzieller Hinsicht quasi „bestraft", kann dies angesichts der Abhängigkeit der Durchführung einer Mission von der Bereitstellung von Streitkräften, militärischen Fähigkeiten und/ oder zivilen Einsatzkräften durch die Mitgliedstaaten der praktischen Handlungsfähigkeit der ESVP abträglich sein.

Artikel 28 (2) des VEU-Amsterdam normiert, dass die Verwaltungsausgaben, die den Organen aus den Bestimmungen zur GASP und ESVP entstehen, zulasten des Haushalts der Europäischen Gemeinschaften gehen. Die operativen Ausgaben im Zusammenhang mit der Durchführung der Bestimmungen, so Artikel 28 (3) VEU-Amsterdam, gehen ebenfalls zu Lasten des Haushalts der Europäischen Gemeinschaften, mit Ausnahme der Ausgaben aufgrund von Maßnahmen mit militärischen und verteidigungspolitischen Bezügen und falls der Rat einstimmig etwas anderes beschließt. In Fällen, in denen die Ausgaben nicht zulasten des Haushalts der Europäischen Gemeinschaften gehen, werden sie nach einem Bruttosozialproduktschlüssel den Mitgliedstaaten zugeteilt, sofern der Rat nicht einstimmig etwas anderes beschließt. Dieses flexible Finanzierungssystem von Amsterdam sollte für den Fall zukünftiger Missionen möglichst viele Optionen offen halten und resultierte in dieser Eigenschaft aus einem interinstitutionellen Kompromiss zwischen Rat, Kommission und Parlament. Im VEU-Nizza wurde der Artikel 28 VEU-Amsterdam unverändert übernommen.

Die Problematik der o.g. Bestimmungen liegt jedoch in eben dieser Offenheit und hierbei darin, dass die Mitgliedstaaten sich bei jeder Operation neu über die Finanzierung bestimmter Ausgaben einigen und diesbezügliche Ad-hoc-Lösungen finden müssen, was die Durchführung von Missionen verzögern oder beeinträchtigen kann, weil entsprechende Verhandlungen langwierig sein und evtl. grundsätzlich interessierte Mitgliedstaaten nicht die Ressourcen zur Finanzierung der sog. individuellen Kosten aufbringen können. Darüber hinaus ist der GASP-Haushalt, welcher zur Finanzierung der gemeinsamen Kosten verwendet wird, wenig umfangreich. Er beläuft sich seit 1998 auf durchschnittlich 30 bis 45 Mio. Euro im Jahr und entspricht damit weniger als einem Prozent der für die externen Politikbereiche zur Verfügung stehenden Mittel, welche wiederum fünf Prozent des Gesamthaushaltes der EU ausmachen.[777] Zudem ist die in den o.g.

[777] Hölscheidt/ Brökelmann, Die Finanzierung der Gemeinsamen Außen- und Sicherheitspolitik, http://www.finanzreform.de/cms/upload/pdf/2004-02Holscheidt,DieFinanzierungder-

Bestimmungen ersichtliche strikte Trennung der Finanzierung zwischen „militärisch" und „zivil" wenig sinnvoll für den wahrscheinlichen Fall kombinierter Missionen.[778]

Auf Grundlage des Ratsbeschlusses vom 23.2.2004 über die Einrichtung eines Mechanismus zur Verwaltung der Finanzierung der gemeinsamen Kosten von EU-Operationen, welche militärische oder Verteidigungs-Implikationen haben, wurde am 1.3.2004 eine ständiger Mechanismus zur Finanzierung der gemeinsamen Kosten der EU-Missionen namens Athena eingerichtet. Der Mechanismus soll die Finanzierung der gemeinsamen Kosten von EU-Operationen vereinfachen und beschleunigen.

Kosten, die – sofern sie anfallen – über Athena finanziert werden, umfassen:

- Mehrkosten für verlegefähige oder feste Hauptquartiere für EU-geführte Operationen;
- Kosten für Transporte zum und aus dem Einsatzgebiet sowie Kosten für Transporte und Fahrten im Einsatzgebiet, ausgenommen Tagegelder;
- Verwaltungskosten einschließlich Kommunikationskosten, Kosten für lokales Personal, Instandhaltungskosten, Öffentlichkeitsarbeit sowie Repräsentationsfonds;
- Kosten für Unterkünfte und Infrastruktur;
- bei der Unterstützung der Einsatzkräfte generell anfallende Mehrkosten;
- Mehrkosten im Falle des Rückgriffs auf gemeinsame Mittel und Fähigkeiten der NATO, die für eine EU-geführte Operation zur Verfügung gestellt werden.

Weitere mit einer Operation im Zusammenhang stehende Kosten – wie gemeinsame Kosten für die Vorbereitungsphase einer Operation – können ebenfalls durch Athena finanziert werden.

Athena wird wiederum im wesentlichen durch die von den teilnehmenden Staaten zu leistenden Beiträge finanziert, ggf. können auch von beitragenden Drittstaaten Gelder bereitgestellt werden. Die Beiträge der Mitgliedstaaten werden

---

GASP04-01-04.pdf, Zugriff am 10.10.2005, S. 25 – 29.

[778] Vgl. Grevi/ Lynch/ Missiroli, ESDP operations, http://www.iss-eu.org/esdo/09-dvl-am.pdf, Zugriff am 2.2.2006, http://www.iss-eu.org/esdo/09-dvl-am.pdf, Zugriff am 2.2.2006, S. 16.

nach einem BSP-Schlüssel berechnet.[779] Verwaltet wird Athena durch einen Sonderausschuss, der sich aus einem Vertreter aus jedem teilnehmenden Mitgliedstaat zusammensetzt. Dieser Sonderausschuss genehmigt sämtliche Haushaltspläne zur Finanzierung der gemeinsamen Kosten von Operationen, Entscheidungen werden hierbei einstimmig gefällt und sind verbindlich.

Athena weist jedoch weiterhin einige Mängel auf, welche die vollständige Behebung früherer Finanzierungsprobleme verhindern: Die geforderte Einstimmigkeit im Sonderausschuss kann den Finanzierungsprozess verzögern[780] und der BSP-Schlüssel ist für die größeren Mitgliedstaaten wenig vorteilhaft, da diese quasi doppelt zahlen, falls sie durch eine umfangreichere und/ oder häufigere und/ oder wahrscheinlichere Teilnahme an ESVP-Operationen auch einige Ressourcen in die Finanzierung der individuellen Kosten stecken müssen, was wiederum evtl. ihre Finanzkraft übersteigt und/ oder ihren Finanzierungswillen untergraben kann.[781]

Die grundsätzliche Aufteilung der Kosten zwischen EU-Haushalt und Mitgliedstaaten im Zuge der Durchführung militärischer Operationen würde im VVE beibehalten (vgl. Artikel III-313 [1] und [2] VVE). Die Bestimmungen des Artikel III-313 (3) VVE, welche zur verbesserten finanziellen Absicherung der Durchführung von Missionen und zu deren Reaktionsschnelligkeit beitragen sollen, finden schon ohne des Inkrafttreten des VVE Anwendung: Zum Zwecke eines schnellen Zugriffs auf Haushaltsmittel zur Finanzierung von EU-Missionen außerhalb der Union zur Friedenssicherung, Konfliktverhütung und Stärkung der internationalen Sicherheit und im erweiterten Petersbergspektrum erlässt der Rat einen Europäischen Beschluss zur Festlegung besonderer Verfahren. Für die Finanzierung der Bereiche von ESVP-Operationen, welche nicht zulasten des Unionshaushaltes gehen, bilden die Mitgliedstaaten einen Anschubfonds. Falls die geplante Mission nicht aus dem Haushalt der Union finanziert werden kann, kann der Rat die Inanspruchnahme dieses Fonds beschließen.

Problematisch hat sich auch die Ad-hoc-Regelung der Finanzierungsmodalitäten der Beiträge interessierter Drittstaaten erwiesen. Bei den für die im Jahr 2003 gestarteten Operationen angewandten Mechanismen zur Finanzierung wurden die teilnehmenden Drittländer meist erst relativ spät in den Entscheidungsprozess eingebunden. Dadurch wurde es schwieriger, rechtzeitig die Deckung der Kosten einer Mission sicherzustellen. Das spät eingeleitete Mitteilungsverfahren führte z.B. im Fall der Operation CONCORDIA dazu, dass Kanada sich aus die-

---

779 Vgl. Lindstrom (2004), Im Einsatzgebiet, S. 149/ 150.
780 Vgl. Lindstrom (2004), Im Einsatzgebiet, S. 150.
781 Vgl. Missiroli (2004), Financing ESDP, S. 256.

ser zurück zog.[782] Mittlerweile hat die EU sog. *Framework Participation Agreements* und *Model Participation Agreements* entwickelt. Diese zielen darauf ab, Verzögerungen und evtl. Motivationsprobleme seitens beitragswilliger Drittstaaten zu minimieren und betreffen zum einen die Staaten, die voraussichtlich häufige und wichtige Partner in EU-Operationen sein werden, und versuchen zum anderen, Beiträge von Ländern, welche nur selten Partner der EU sein werden, einfacher zu gestalten. Mit Blick auf die Finanzierung der Teilnahme eines Drittstaats und dessen Beteiligung an den gemeinsamen Kosten einer Operation wird geregelt, dass der beteiligte Drittstaat die Kosten seiner Beteiligung sowie, falls der Rat nicht anders entscheidet, auch Teile der gemeinsamen Kosten tragen muss. Letzterer Beitrag wird auf der Basis des BSP des Staates im Verhältnis zu dem BSP der Mitgliedstaaten oder auf Grundlage des zahlenmäßigen Verhältnisses des vom Drittstaat entsandten Personals zu dem der Mitgliedstaaten errechnet, je nachdem welche Rechnung dem Drittstaat geringere Kosten verursacht. Falls das BSP des beitragenden Drittstaats geringer ist als das eines jeden einzelnen Mitgliedstaat oder der Drittstaat vitale Ausrüstung zur Mission beiträgt, wird diesem der Beitrag zu den gemeinsamen Kosten erlassen.[783]

4.5 Zwischenergebnisse: Ursachen und Konsequenzen europäischer Fähigkeitendefizite

Die Zielvorgaben des militärischen HG 2003 und 2010 stellten bzw. stellen einen Kompromiss dar zwischen:

(1) den Anforderungen der im VEU fixierten Petersbergaufgaben bzw. der in der ESS und im VVE erweiterten Petersbergaufgaben bzw. den sicherheitspolitischen Herausforderungen,

(2) den Vorstellungen und Fähigkeiten bzw. der Fähigkeit und politischen Bereitschaft der Mitgliedstaaten zur Fähigkeitenentwicklung und -bereitstellung und

(3) der von den USA abgelehnten Duplizierung von Fähigkeiten, welche im Rahmen der NATO schon zur Verfügung stehen und über die Berlin-Plus-Arrangements der EU bereit gestellt werden können.

Bezüglich der Zielformulierung im Bereich der zivilen Fähigkeiten sind amerikanische Interessen und/ oder Vorbehalte jedoch stark vernachlässigbar. Statt-

---

782 Vgl. Lindstrom (2004), Im Einsatzgebiet, S. 148.

783 Vgl. EU Crisis Response Capability Revisited (2005), S. 32.

dessen kann hier ein indirekter Einfluss amerikanischer sowie allgemein internationaler Defizite in der zivilen Krisenbewältigung festgestellt werden, da die EU im Bereich der zivilen Fähigkeitenentwicklung dem Rational folgt, internationale Handlungslücken zu schließen.

Mit Blick auf die Frage, ob die Planziele tatsächlich den Anforderungen, welche die autonome Durchführung von Aufgaben im gesamten Petersbergspektrum an die EU und ihre Mitglieder stellen würde, entsprechen, spielten und spielen im Zusammenspiel mit den o.g. Einflussfaktoren ([1], [2] und [3]) insbesondere die angewandten Verfahren zur Entwicklung und Überarbeitung der Planziele eine Rolle: Aufgrund der angewandten Methode der Zielformulierung, bei der die Ziele stark in Abhängigkeit von vorhandenen nationalstaatlichen Fähigkeiten definiert werden, bleibt die Dimensionierung und/ oder Qualität der militärischen und zivilen Einsatzkräfte und Fähigkeiten für die ESVP hinter diesen Anforderungen zurück.

Zwischen den Planzielen einerseits und den tatsächlichen Fähigkeiten der EU bzw. ihren Mitgliedstaaten andererseits bestehen z.T. noch erhebliche Differenzen, was oft als "capabilities-expectations gap"[784], „ambition gap“[785] oder „credibility gap“[786] bezeichnet wird. Ob vereinbarte Planziele erreicht werden, hängt dabei nicht zuletzt von den Mechanismen der Fähigkeitenentwicklung ab[787]: Sowohl im militärischen als auch im zivilen Bereich sind der angewandte *Bottom-up*-Ansatz und die Abwesenheit von Sanktionierungsmöglichkeiten der Zielerreichung wenig zuträglich. Im Bereich der militärischen Fähigkeitenentwicklung konnten zudem aufgrund defizitärer Rüstungskooperation und stagnierender Verteidigungsbudgets Defizite v.a. auf zentralen Gebieten wie z.B. dem strategischen Transport noch nicht ausreichend aufgefüllt werden.

Julian Lindley-French beschreibt den europäischen Fähigkeitenentwicklungsprozess durch die Mitgliedstaaten als sukzessive Ausbalancierung zwischen „what security and defence they need with what security and defence they can afford"[788], wobei der Schwerpunkt seiner Ansicht nach auf letzteren Aspekt fallen würde. Die Qualität der europäischen Eingreifkräfte, so Reinhardt Rummel, werde zudem in erster Linie dadurch geprägt, dass diese aus Teilstreitkräften gebildet werden, welche die Mitgliedstaaten nach eigenem Gutdünken und Ver-

784 Balis (2003), The State of European Defense and Security Policy After the Laeken Summit, S. 43.
785 EU Crisis Response Capability Revisited (2005), S. 22.
786 EU Crisis Response Capability Revisited (2005), S. 22.
787 Vgl. EU Crisis Response Capability Revisited (2005), S. 24: „Fundamental to the question of capabilities is the political question of how one decides to improve them".
788 Lindley-French (2004), Plugging the Expanded Petersberg Tasks Gap?, S. 210.

mögen freiwillig angeboten haben, und es wäre „ein Wunder, wenn dieser Aufbau ‚von unten' zu einer optimal zusammengesetzten Truppe führen würde, mit der die EU in Zukunft Kriseninterventionen eigenständig betreiben könnte“[789].

Mit Blick auf die fähigkeitentechnische Handlungsfähigkeit der ESVP im Krisenfall ist schließlich auch die Verfügbarkeit der vorhandenen Fähigkeiten ein zentraler Aspekt. Hier können sich für die Handlungsfähigkeit der ESVP mehrere Probleme ergeben. Zunächst muss beachtet werden, dass grundsätzlich zwei verschiedene Formen von Einsätzen europäischer Streitkräfte im Rahmen der ESVP möglich sind: Erstens EU-geführte unter Rückgriff auf NATO-Mittel und -Fähigkeiten und zweitens EU-geführte ohne Rückgriff auf NATO-Mittel und -Fähigkeiten.

Im Falle eines Rückgriffs auf NATO-Mittel besteht trotz der Berlin-Plus-Vereinbarungen kein gesicherter Rückgriff auf Fähigkeiten der NATO, falls diese entsprechende Fähigkeiten gerade selbst einsetzt oder ein NATO-Mitglied von seinem Vetorecht Gebrauch macht. Zudem ist jederzeit ein Rückruf der von der NATO bereitgestellten Mittel möglich. Durch das sog. *Double-hatting* (oder sogar *Triple-hatting*) der Streitkräfte und Fähigkeiten, welche die ERRF/ *Battlegroups* konstituieren, sind Streitkräfte und Fähigkeiten evtl. im Falle laufender oder gleichzeitiger NATO- oder UN-Einsätze nicht für die ESVP verfügbar. Die qualitative Abhängigkeit der europäischen Krisenreaktionskräfte von den Kapazitäten der NATO bzw. USA in den essenziellen Bereichen C3I (*Command, Control, Communications, Information*), weiträumiger Lufttransport und Logistik stellt dabei sowohl militärisch als auch politisch die ursprüngliche Sinn- und Zielsetzung der ESVP, also die unabhängige Durchführung von Krisenmanagementaufgaben im gesamten Petersbergspektrum und eine verbesserte Lastenteilung innerhalb der Allianz, in Frage.[790] Darüber hinaus ist die Bereitstellung im Krisenfall ausschließlich Sache der nationalen Entscheidungsträger. Dies gilt auch für die zivilen Fähigkeiten, wobei diese zudem oftmals schwieriger kurzfristig abrufbar sind.

Everts und Keohane gehen davon aus, dass für den Fähigkeitenbereich – außerhalb neuer Methoden der Fähigkeitenentwicklung (wie z.B. durch die EDA) – v.a. die Durchführung weiterer EU-geführter Operationen eine maßgebliche Rolle spielen wird: Die steigende Anzahl und die steigenden Anforderungen zukünftiger EU-Operationen könnten auf aussagekräftige Weise aufzeigen, welche Fähigkeiten und Streitkräfte für die alten und neuen Krisenmanagementaufgaben

---

789 Rummel (2002), Die ESVP als Instrument autonomen Handelns der EU, S. 175.
790 Vgl. ESDP developments and the Headline Goal 2010, http://www.assembly-weu.org/en/documents/sessions_ordinaires/rpt/2005/1898.html, Zugriff am 20.11.2005, S. 20.

besonders vonnöten seien und würden evtl. als Triebfeder militärischer Reformen in den EU-Mitgliedstaaten fungieren.[791]

[791] Vgl. Everts/ Keohane (2004), Introduction, in: Centre for European Reform, A European Way of War, S. 9; vgl. ebenso: Keohane (2004), ESDP and military reforms, S. 121.

5 BISHERIGE OPERATIONEN UND MISSIONEN

5.1 Zur Bedeutung und Bewertung von Operationen und Missionen

Ein Jahrzehnt nach der vorschnellen Ankündigung der „Stunde Europas“ in der Lösung des Konflikts in Bosnien und dem folgenden europäischen Versagen, die sukzessiven bewaffneten Konflikte auf dem Balkan zu stoppen, hat die EU mit der ESVP institutionelle und prozedurale Strukturen, militärische und zivile Fähigkeiten ebenso wie eine Sicherheitsstrategie entwickelt, welche der EU im Falle von sicherheitspolitischen Herausforderungen und Bedrohungen eine angemessene und autonome operative Krisenreaktionsfähigkeit sichern sollen. Nachdem die europäischen Staats- und Regierungschefs die ESVP schon im Jahr 2001 (wenn auch mit Einschränkungen) als einsatzbereit erklärt hatten, sind mittlerweile, beginnend im Jahr 2003, fünf ESVP-Einsätze[792] abgeschlossen worden und elf in ihrer Durchführung begriffen.[793] Diese bisherigen ESVP-Einsätze können als erste Testfälle zur Bewertung der realen Handlungsfähigkeit der ESVP herangezogen werden.

Um Tendenzen, Stärken und Einschränkungen der praktischen Anwendung der ESVP herauszufinden, soll die unter Punkt 5.2 folgende Analyse bisheriger Einsätze folgende Punkte umfassen:

- den Hintergrund bzw. Anlass;
- die Art, übergeordnete Zielsetzung und Aufgaben;
- eine grobe Risikoeinstufung des Einsatzes;
- den Umfang (zeitlich, räumlich, personell);
- die Beteiligung von EU-Mitgliedstaaten und Drittstaaten;
- den finanziellen Umfang und die Finanzierungsmodalitäten;
- wenn zu diesem Zeitpunkt schon möglich, *Outputs* bzw. *Outcomes*.

Die Untersuchung der Einsätze wird dabei zum einen der Frage nachgehen, wie die jeweiligen Operationen und Missionen in Bezug zu formalen Möglichkeiten der EU im operativen Krisenmanagement – also ihren institutionellen Strukturen

[792] Der Begriff „Einsätze“ umfasst militärische *Operationen* und zivile *Missionen*.
[793] Stand vom 26.8.2006.

und Verfahren, ihren Einsatzkräften und Fähigkeiten und ihrer strategischen Ausrichtung – zu setzen sind.

Zum anderen will sie klären, wie die Bestimmungsfaktoren, welche die Entwicklung der formalen Möglichkeiten vorantrieben und vorantreiben bzw. begrenzten und begrenzen, auch den tatsächlichen Einsatz der ESVP bestimmten und bestimmen.

Beurteilt werden sollen dabei eventuelle Schwachpunkte und Herausforderungen mit Blick auf die technische Durchführung, politische Abhängigkeiten und *Output*-Leistungen der Einsätze, ebenso wie ihre *Outcomes* mit Blick auf die übergeordneten Ziele der ESVP und den Handlungsbedarf bzw. die Sachanforderungen im Krisenkontext. Zudem sollen *Feedback*-Effekte der Einsätze auf die Entwicklung der ESVP (strategisch, institutionell bzw. prozedural, Fähigkeiten) evtl. nicht nur durch direkte Übertragung und Integration eventueller *Lessons learned* auf bzw. in den formalen Rahmen der ESVP, sondern auch über dem Wege der Modifikation der Bestimmungsfaktoren der Entwicklung der ESVP erörtert werden, insbesondere der nationalstaatlichen Interessen und evtl. der Interessen der USA.

5.2 Operationen und Missionen

EU-Polizeimission in Bosnien und Herzegovina (*EU Police Mission in BiH – EUPM*)

Die EUPM löste, unter Befürwortung und voller Unterstützung der internationalen Gemeinschaft[794], die Internationale Polizei-Einsatztruppe der Vereinten Nationen (*International Police Task Force* – IPTF) ab, welche seit Dezember 1995 vor Ort gewesen war.[795] Schon zum Zeitpunkt der Übernahme der EUPM strebte die EU mittelfristig an, auch die dortige militärische Operation der NATO zu übernehmen, um somit Krisenmanagement aus einer Hand leisten zu können.[796]

Nachdem der UN-Sicherheitsrat am 5.3.2002 offiziell die Übernahme der Polizeimission in Bosnien durch die EU absegnet hatte, traf der Rat am 11.3.2002

[794] Vgl. Nowak (2003), L'Union en action, S. 29.
[795] Vgl. Grevi/ Lynch/ Missiroli, ESDP operations, http://www.iss-eu.org/esdo/09-dvl-am.pdf, Zugriff am 2.2.2006, http://www.iss-eu.org/esdo/09-dvl-am.pdf, Zugriff am 2.2.2006, S. 1.
[796] Vgl. Rummel (2004), Soft-Power EU, S. 274/ 274.

die Entscheidung zur Durchführung der EUPM. Im Oktober einigten sich die EU und die bosnischen Autoritäten auf Bedingungen und Modalitäten der EUPM und am 1.1.2003 erfolgte die praktische Übernahme der Mission. Ausgestattet mit einem dreijährigen Mandat, sollte die EUPM bis 31.12.2005 abgeschlossen werden.[797] Mittlerweile wurde die EUPM bis Ende 2007 verlängert.

Das übergeordnete Ziel der EUPM lautet, wie schon im Falle der IPTF, auf den Beitrag zur Stabilität der Region durch den Aufbau lokaler Strukturen zur Rechtsdurchsetzung und die Wiederherstellung öffentlicher Ordnung und insbesondere den Aufbau und die Konsolidierung einer örtlichen Polizeigewalt. Dabei konzentriert sich die EUPM v.a. auf Beobachtungs-, Beratungs- und Überprüfungstätigkeiten und ist, anders als die IPTF, kaum mit exekutiven Aufgaben betraut.[798]

Die konkreten Ziele der Mission umfassen:

- den Aufbau von Unabhängigkeit und Rechenschaftspflicht der Polizei durch Entpolitisierung der Polizei, Stärkung der Position der Polizeidirektoren bzw. des Leiters der obersten Polizeibehörde, Überprüfung der Leistung dieser Amtsträger und Förderung der Transparenz;
- die Bekämpfung der organisierten Kriminalität und der Korruption durch die Verfolgung einer gemeinsamen Strategie mit dem Amt des HR, die Unterstützung der örtlichen Polizei in Bezug auf die operativen Fähigkeiten, die Stärkung der Ermittlungskapazitäten der örtlichen Polizei und die Förderung der Schaffung einer Polizeibehörde auf Staatsebene;
- die Sicherstellung der ordnungsgemäßen Finanzierung und der finanziellen Tragfähigkeit der örtlichen Polizei durch die Verbesserung ihrer Wirksamkeit und Effizienz, die Prüfung der örtlichen Polizeistellen mit Schwerpunkt auf deren haushaltstechnische Machbarkeit und die Unterstützung von Maßnahmen mit dem Ziel einer höheren Besoldung von Polizeibeamten;
- den Aufbau von Institutionen und Kapazitäten durch die Entwicklung von Managementkapazitäten, die Überwachung der Einführung von örtlichen Einstellungs- und Beförderungsverfahren, die Konsolidierung des staatlichen Grenzschutzes und des staatlichen Nachrichtenamtes.[799]

[797] Vgl. Lindstrom (2004), Im Einsatzgebiet, S. 132.
[798] Vgl. Rummel (2004), Soft-Power EU, S. 274.
[799] Vgl. Lindstrom (2004), Im Einsatzgebiet, S. 134/ 135.

Zu diesen Zwecken führt die EUPM sieben Hauptprogramme in den Bereichen Kriminalpolizei, Strafrechtspflege, Inneres, Polizeiverwaltung, öffentliche Ordnung und Sicherheit, staatlicher Grenzschutz sowie staatliches Nachrichtenamt durch.[800]

Auch wenn die EUPM (anfangs) bei der in Bosnien und Herzegovina lebenden Bevölkerung teilweise auf Skepsis bis Feindseligkeit stieß, wurde die EUPM in einem aus sicherheitspolitischer Sicht schon relativ stabilen operativen Umfeld begonnen.[801] Als Folgeeinsatz einer siebenjährigen UN-Mission gestaltete sich der Missionsstart (und die Durchführung) der EUPM grundsätzlich vergleichsweise einfacher als ein Ersteinsatz in der Krisenregion.[802] Die Arbeit der EUPM wurde dabei nicht zuletzt dadurch erleichtert, dass der *Head of Mission* der EUPM und viele seiner Mitarbeiter zuvor der IPTF angehört hatten.[803] Schon über acht Monate vor dem offiziellen Start der EUPM war zudem ein EU-Planungsteam in der Region gewesen, welches die Operation von langer Hand und in Ruhe vorbereiten konnte.[804] In der insgesamt neunmonatigen Planungsphase (April bis Dezember 2002), insbesondere bei bei der Vorbereitung des Operationskonzepts, wirkten neben dem 30-köpfigen Planungsteam auch Personal aus dem Generalsekretariat des Rats (u.a. aus dem Polizeistab) mit.[805] Schon zuvor hatte die EU durch zivile Kriseneinsätze in Mostar und Albanien Erfahrungen im operativen zivilen Krisenmanagement sammeln können.[806] Vor o.g. Hintergründen ging die EU bei ihrem ersten ESVP-Einsatz ein geringes Risiko eines Fehlschlags ein.[807]

Insgesamt wurden 536 Polizeikräfte und ziviles Unterstützungspersonal im Umfang von ca. 400 Personen entsandt.[808] 80 Prozent der entsandten Polizeikräfte stammen aus den EU-Mitgliedstaaten, wobei sich ausnahmslos alle EU-Mitglieder mit unterschiedlich umfangreichen Entsendungen beteiligen.[809] Größte Beitragsstaaten sind Frankreich und Deutschland mit je über 80 Polizeibeamten, gefolgt von Großbritannien, Italien, den Niederlanden, Finnland und Spanien mit je über 20 Polizeibeamten, mit weniger umfangreichen Entsendungen beteiligen sich Schweden, Dänemark, Griechenland, Belgien, Portugal, Öster-

[800] Mehr zu den verschiedenen Programmen vgl. Lindstrom (2004), Im Einsatzgebiet, S. 135/ 136.
[801] Vgl. Lindstrom (2004), Im Einsatzgebiet, S. 131.
[802] Vgl. Nowak (2003), L'Union en action, S. 4 und 29.
[803] Vgl. Rummel (2004), Soft-Power EU, S. 274.
[804] Vgl. Lindstrom (2004), Im Einsatzgebiet, S. 133.
[805] Vgl. Nowak (2003), L'Union en action, S. 25.
[806] Vgl. Nowak (2003), L'Union en action, S. 4 und 30.
[807] Vgl. EU Crisis Response Capabilities: An Update (2002), S. 9.
[808] Vgl. Lindstrom (2004), Im Einsatzgebiet, S. 136; ebenso: Grevi/ Lynch/ Missiroli, ESDP operations, http://www.iss-eu.org/esdo/09-dvl-am.pdf, Zugriff am 2.2.2006, S. 2.
[809] Vgl. Lindstrom (2004), Im Einsatzgebiet, S. 136.

reich, Irland und Luxemburg.[810] Die anderen 20 Prozent an entsandten Einsatzkräften werden von Drittstaaten gestellt, wobei sich Polen und die Türkei mit Entsendungen von je über zehn Polizeibeamten und alle anderen damaligen Beitrittskandidaten, die NATO-Mitglieder Island, Norwegen und Kanada ebenso wie Russland, die Ukraine und die Schweiz mit weniger umfangreichen Entsendungen von Polizeibeamten beteiligen.[811] In Sarajevo wurde ein multinationales Hauptquartier für die Operation, und darüber hinaus 24 Beobachtungseinheiten bei verschiedenen Polizeistrukturen in Bosnien und Herzegovina eingerichtet.[812]

Um die Finanzierungsmodalitäten der gemeinsamen Kosten der EUPM und insbesondere um die Finanzierungsmodalitäten der Durchführungskosten der EUPM ab Ende 2003 gab es im Vorfeld der EUPM heftiges Tauziehen, nicht zuletzt da zum Zeitpunkt der Entscheidung für die EUPM, außerhalb von Artikel 28 VEU-Nizza, welcher selbst relativ großen Interpretations- und Handlungsspielraum bot, keine weiteren Finanzierungsmodalitäten bindend vorgegeben waren bzw. keine Präzedenzfälle existierten. Die Einigung auf die Finanzierungsmodalitäten und die Finanzierung selbst erwiesen sich vor diesem Hintergrund und aufgrund unterschiedlicher Interessen der an der EUPM beteiligten Staaten quasi als schwierigster Teil der Mission.[813] Frankreich und Großbritannien forderten die Einrichtung eines Sonderfonds außerhalb des Gemeinschaftshaushalts, in welchen jedes Land gemäß seiner Wirtschaftskraft (gemessen am BSP) einbezahlen würde und welcher keine Beteiligung des Europäischen Parlaments erfordern würde. Berlin lehnte diese Sonderfonds-Lösung als für Deutschland inakzeptabel ab, da diese Lösung die Übernahme des größten Anteils der Kosten durch Deutschland und die Sprengung seines nationalen Finanzrahmens impliziert hätte. Zudem hegte Berlin die Befürchtung, dass die Einrichtung eines Sonderfonds zum Präzedenzfall für die Finanzierung künftiger EU-Kriseneinsätze würde und trat deswegen für die in Artikel 28 VEU-Nizza als Regelfall vorgesehene Methode der Finanzierung aus dem Gemeinschaftshaushalt ein. Die schlussendliche Einigung lautete darauf, dass für die Anlaufkosten im Jahr 2002 ein so großer Anteil wie möglich aus dem EU-Budget zu zahlen sei und man für die folgenden drei Jahre versuchen sollte, gemeinsam mit dem EP die Haushaltslinie für die GASP zu erhöhen.[814] Das EP billigte in Folge zugunsten der Finanzierung der EUPM eine Erhöhung des GASP-Haushalts für das Jahr 2003.[815] Das jährliche Budget für die EUPM betrug zunächst 38 Mio. Euro,

---

810 Vgl. Grevi/ Lynch/ Missiroli, ESDP operations, http://www.iss-eu.org/esdo/09-dvl-am.pdf, Zugriff am 2.2.2006, S. 2.

811 Vgl. Lindstrom (2004), Im Einsatzgebiet, S. 136; vgl. ebenso: Grevi/ Lynch/ Missiroli, ESDP operations, http://www.iss-eu.org/esdo/09-dvl-am.pdf, Zugriff am 2.2.2006, S. 2.

812 Vgl. Lindstrom (2004), Im Einsatzgebiet, S. 134.

813 Vgl. EU Crisis Response Capabilities (2001), S. 9.

814 Vgl. Ehrhart (2002), Testfall Balkan, S. 17.

815 Vgl. Nowak (2003), L'Union en action, S. 27.

wovon 20 Mio. aus dem Gemeinschaftsbudget geschöpft wurden.[816] Hierbei wurden die Anlaufkosten der EUPM für die Jahre 2002 und 2003 komplett aus dem Gemeinschaftshaushalt finanziert. Die weiteren Kosten für die folgenden Jahre wurden zwischen den beteiligten Staaten und dem Gemeinschaftshaushalt zu ungefähr gleichen Teilen aufgeteilt. Die mit der Entsendung und dem Unterhalt des Personals verbundenen Kosten tragen nach dem *Costs-lie-where-they-fall*-Prinzip die entsendenden Mitgliedstaaten.[817]

Die EU und ihre Mitgliedstaaten entschieden sich aufgrund verschiedener politischer Erwägungen dazu, die Aufgaben der IPTF zu übernehmen: An erster Stelle muss die „Absicht [...], die bislang nur auf dem Papier existierende ESVP mit Leben zu füllen“[818], erwähnt werden. Die EUPM sollte dabei demonstrieren, dass die EU bereit und fähig ist, internationale Lasten zur Sicherheitsgewährleistung zu übernehmen.[819] Die Entschlossenheit der EU, „not to leave the mission to the other main contender, the Organisation for Security and Cooperation in Europe (OSCE)“[820], begünstigte in diesem Zusammenhang zusätzlich die Übernahme der IPTF durch die EU. Der Einsatzort dieses ersten ESVP-Einsatzes, Bosnien, hat dabei eine symbolische Bedeutung: „Bosnia was the painful crucible of European foreign policy in the 1990s, demonstrating [...] its gravest weaknesses.“[821] Der zu Beginn der EUPM noch lediglich implizite strategische Beweggrund, nämlich mit der ESVP insbesondere in der unmittelbaren Nachbarschaft Frieden, Sicherheit und Stabilität zu unterstützen, wurde im Nachhinein dadurch, dass der HR Solana Bosnien als eine der vier prioritären Einsatzgebiete bzw. Aufgaben im Zuge der Implementierung der ESS identifizierte, bestätigt.[822] Die Durchführung einer ESVP-Mission in Bosnien bot sich zudem als sinnvolle Ergänzung anderer EU-Aktivitäten und ziviler Unterstützungsmaßnahmen in der Region, insbesondere der Kommissionsprogramme im westlichen Balkan (Stabilisierungs- und Assoziationsprozess und weiteren Aktivitäten der Gemeinschaft [z.B. CARDS[823]]), welche dort die Grundlagen funktionsfähiger und gerechter staatlicher Strukturen schaffen sollen, an.[824]

Die o.g. übergeordnete Zielsetzung der EUPM ist angesichts der politischen Situation in Bosnien und des als nicht übermäßig positiv einzuschätzenden Erfolgs der IPTF während ihrer siebenjährigen Präsenz vor Ort als relativ ambitioniert zu bewerten[825], zudem die EUPM im Vergleich zur IPF nur ein

[816] Vgl. Lindstrom (2004), Im Einsatzgebiet, S. 136.
[817] Vgl. Nowak (2003), L'Union en action, S. 26.
[818] Ehrhart (2002), Testfall Balkan, S. 16
[819] Vgl. Ehrhart (2002), Testfall Balkan, S. 16.
[820] Vgl. EU Crisis Response Capabilities (2001), S. 8.
[821] Vgl. EU Crisis Response Capability Revisited (2005), S. 49
[822] Vgl. EU Crisis Response Capability Revisited (2005), S. 49.
[823] Vgl. Nowak (2003), L'Union en action, S. 4.
[824] Vgl. Ehrhart (2002), Testfall Balkan, S. 16.

zu bewerten[825], zudem die EUPM im Vergleich zur IPF nur ein enger gefasstes und vergleichsweise reduziertes Mandat innehatte.[826] Fehlende Exekutivbefugnisse im Zuge des Mandats (kein *Armed policing*-Komponente und keine Ermittlungs-Aktivitäten) reduzierten hierbei von Vorneherein die Wirksamkeit und Durchsetzungsfähigkeit der EUPM.[827] Im Grunde kann die EUPM somit lediglich Rahmen, Führung und Unterstützung für die Verwirklichung der angepeilten Reformen und für die Arbeit der bosnischen Polizei bereitstellen, ohne dabei selbst substanzielle Aktivitäten zu unternehmen.[828] Die Durchführung der Mission litt v.a. in ihrer ersten Phase zudem unter geringeren budgetären und personellen Mitteln als ihre Vorgänger-Mission[829] und unter der Knappheit von für die Durchführung des Mandats auch qualifizierten Personals.[830] Als problematisch kann auch die Tatsache bezeichnet werden, dass die EUPM-Einsatzkräfte sich aus Polizeibeamten aus 34 Ländern, die unterschiedliche Ausbildungen genossen und zuvor nicht zusammengearbeitet hatten, zusammensetzt.[831] Nowak vom EU ISS trifft aber die Aussage, dass trotz dieser Mängel die EUPM einen Mehrwert für die anderen Aktivitäten der EU in der Region und umgekehrt der erweiterte Ansatz der EU einen Mehrwert für die Polizeimission darstelle.[832]

Als erster ESVP-Einsatz wurde die EUPM als quasi ausschlaggebender Test der Glaubwürdigkeit und Effektivität der ESVP gehandelt.[833] Als rein zivile ESVP-Operation, Nachfolgeoperation, wegen des relativ stabilen Umfelds und aufgrund der ungewöhnlich langen Vorbereitungsphase kann die EUPM aber keinesfalls einen Testfall für die Handlungsfähigkeit der ESVP generell abgeben.[834] Vielmehr stellt sie eine erste partielle Bewährungsprobe dar[835], aus welcher Lehren für zukünftige Missionen dieser Art gezogen werden können (vgl. z.B. PROXIMA).

---

825 Vgl. Nowak (2003), L'Union en action, S. 4.
826 Vgl. EU Crisis Response Capability Revisited (2005), S. 51.
827 Vgl. Nowak (2003), L'Union en action, S. 30.
828 Vgl. EU Crisis Response Capability Revisited (2005), S. 50.
829 Vgl. Nowak (2003), L'Union en action, S. 30.
830 Vgl. EU Crisis Response Capability Revisited (2005), S. 51. Wie Agnieska Nowak richtig feststellt, steht die Effektivität einer Mission jedoch in direkter Abhängigkeit zu den entsprechenden Fähigkeiten des entsandten Personals (vgl. Nowak [2003], L'Union en action, S. 26).
831 Vgl. Nowak (2003), L'Union en action, S. 31.
832 Vgl. Nowak (2003), L'Union en action, S. 29.
833 Vgl. Nowak (2003), L'Union en action, S. 4.
834 Vgl. Nowak (2003), L'Union en action, S. 29.
835 Vgl. Ehrhart (2002), Testfall Balkan, S. 16.

EU-Militäroperation CONCORDIA in der ehemaligen jugoslawischen Republik Mazedonien

Schon im März 2002 erklärten die EU-Staats- und Regierungschefs offiziell ihre Bereitschaft, die NATO-Operation in der ehemaligen jugoslawischen Republik Mazedonien zu übernehmen.[836] Einen Monat vor dieser Erklärung, im Februar 2002, hatte die EU ein sog. *Crisis Action Team* eingerichtet, welches die Anforderungen an eine eventuelle Operation abschätzen und ihre Modalitäten ausarbeiten sollte.[837] Eingeleitet wurde die Operation CONCORDIA schließlich durch die Gemeinsame Aktion des Rats vom 27.1.2003. Die Operation wurde dabei auf Ersuchen des mazedonischen Präsidenten und auf Grundlage einer UN-Sicherheitsrat-Resolution begonnen und war zunächst für sechs Monate geplant. Am 18. März 2003 löste die EU-Operation CONCORDIA die NATO-Operation im Feld ab.[838] Auf Ersuchen des mazedonischen Präsidenten wurde das Mandat durch einen Beschluss des Rates bis zum 15.12.2003 verlängert.[839]

CONCORDIA war die erste militärische Operation unter der ESVP und dem Berlin-Plus-Abkommen. Das übergeordnete Ziel von CONCORDIA bestand in der Gewährleistung eines sicheren Umfeldes und damit der Erleichterung der Umsetzung des Rahmenabkommens von Ohrid, mit welchem 2001 der Konflikt in Mazedonien beendet wurde.[840]

Im Vergleich zur zuvor in Bosnien gestarteten zivilen ESVP-Operation EUPM stellte die militärische Intervention in Mazedonien dabei ein größeres Risiko für die EU dar.[841] Wie die EUPM war CONCORDIA jedoch eine Nachfolgeoperation und hatte dadurch zum einen den Vorteil einer relativ langen Vorlauf- und Vorbereitungszeit. Zum anderen war das Einsatzgebiet schon von der NATO stabilisiert worden.

Im Rahmen von CONCORDIA wurden 350 Mann leicht bewaffnetes Militärpersonal entsandt. Ein Teil davon übernahm, gegliedert in 22 Einheiten, vor Ort Patrouillen, Aufklärungs-, Überwachungs-, Lagedarstellungs- und Verbindungsaufgaben. Acht stärkere Aufklärungs- und Verbindungselemente, welche über gepanzerte Fahrzeuge und Hubschrauber verfügen konnten, ebenso wie eine Staffel leichter Aufklärungs- und MEDEVAC-Hubschrauber, Fähigkeiten zur

[836] Vgl. EU Crisis Response Capabilities: An Update (2002), S. 9.
[837] Vgl. EU Crisis Response Capabilities: An Update (2002), S. 10.
[838] Vgl. Lindstrom (2004), Im Einsatzgebiet, S. 137.
[839] Vgl. Lindstrom (2004), Im Einsatzgebiet, S. 140.
[840] Vgl. Lindstrom (2004), Im Einsatzgebiet, S. 138.
[841] Vgl. EU Crisis Response Capabilities: An Update (2002), S. 10.

Kampfmittelbeseitigung und eine Einheit für den Abtransport von Kranken und Verwundeten übernahm dabei die Unterstützung.[842] Der Haupttruppensteller (mit 145 Soldaten) war Frankreich, weitere signifikante Beiträge leisteten Italien, Deutschland, Belgien und Griechenland. Großbritannien beteiligte sich nur mit drei Soldaten an dem Einsatz. Insgesamt beteiligten sich 13 der 15 EU-Mitgliedstaaten, exklusive Irland und Dänemark. Dazu kamen Drittstaatenbeiträge durch 14 Drittstaaten von insgesamt ca. 50 Soldaten, v.a. durch Polen und die Türkei, weiterhin Beiträge von je ein bis fünf Soldaten fast aller EU-Beitrittskandidaten und der NATO-aber-Nicht-EU-Mitglieder Norwegen, Island und Kanada.[843] Im Gegensatz zur EUPM waren die teilnehmenden Staaten (auch die Drittstaaten) bei der Operation CONCORDIA aufgefordert, neben ihre eigenen Durchführungskosten auch einen Prozentsatz der gemeinsamen Kosten zu tragen. Die teilnehmenden Staaten trugen dabei mehr als 80 Prozent der gemeinsamen Kosten, wobei sich der jeweilige Anteil der einzelnen Mitglieder nach der Höhe ihres Bruttoinlandsproduktes richtete.[844]

CONCORDIA war zudem der erste Einsatz unter dem Berlin-Plus-Abkommen, und griff auf NATO-Mittel in den Bereichen Planung, Kommando und Logistik zurück.[845] Die geplante Übernahme der NATO-Operation durch die EU wurde dabei zunächst durch die fortgesetzte Blockadehaltung der Türkei mit Blick auf das Berlin-Plus-Abkommen gefährdet. Aufgrund der fähigkeitentechnischen Abhängigkeit der EU von NATO-Mitteln für die Planung und Durchführung von CONCORDIA und dem Festhalten einiger EU-Mitglieder an dem Prinzip „Nichts ist beschlossen, solange nicht alles beschlossen ist" hing die Handlungsfähigkeit der EU von der entsprechenden offiziellen Einigung mit der NATO und dem gesicherten Rückgriff der EU auf einige derer Fähigkeiten und Mittel ab.[846] Das HQ der Alliierten Mächte in Europa (SHAPE) fungierte im Rahmen von CONCORDIA als Operations-HQ, der DSACEUR fungierte als Operations-Befehlshaber. Darüber hinaus wurden drei regionale Streitkräfte-HQ vor Ort eingerichtet. Als Haupttruppensteller stellte hierbei zunächst Frankreich den *Force Commander*, Ende September 2003 übernahm der portugiesische EUROFOR-Befehlshaber bis zum Ende der Operation am 15.12.2003 den Oberbefehl über die entsandten Streitkräfte. Darüber hinaus wurde im NATO-Regionalkommando in Neapel (früher AFSOUTH, z. Zt. *Joint Force Command Naples* – JFC Naples) ein EU-Kommando-Element eingerichtet, welches im Bedarfsfall für die Extrahierung von Truppen aus dem Krisengebiet zuständig gewesen wäre.

---

[842] Vgl. Lindstrom (2004), Im Einsatzgebiet, S. 139.
[843] Vgl. Lindstrom (2004), Im Einsatzgebiet, S. 139.
[844] Vgl. Lindstrom (2004), Im Einsatzgebiet, S. 140.
[845] Vgl. Lindstrom (2004), Im Einsatzgebiet, S. 138.
[846] Es kann davon ausgegangen werden, dass umgekehrt die angepeilte Missionsübernahme das letztendliche Zustandekommen des Berlin-Plus-Abkommens beförderte.

Die erste praktische Zusammenarbeit zwischen NATO und EU im Zuge der proklamierten strategischen Partnerschaft der beiden Organisationen im internationalen Krisenmanagement und der Berlin-Plus-Verfahren wies einige Schwächen auf, was nicht zuletzt am Präzedenzfall-Charakter von CONCORDIA lag: Die Übergabe der Operation von der NATO an die EU erfolgte quasi ohne Überlappung und Erfahrungsaustausch, wobei von der NATO gewonnene Information während ihres Einsatzes für die EU verloren ging. Umgekehrt wurde in Folge auch die NATO durch die EU unzureichend über die Details der Lage und Operation informiert.[847]

Während die offiziellen Politik-Vertreter CONCORDIA als überaus erfolgreich bewerteten, war das Land mit Abschluss der Operation im Dezember 2003 in der Realität keineswegs befriedet.[848] Der Übergang zur Polizeimission PROXIMA, welcher durch die mazedonische Regierung forciert wurde, wurde in diesem Zusammenhang von Experten als riskant frühzeitig kritisiert.

EU-Militäroperation ARTEMIS in Bunia, Demokratische Republik Kongo

Als erste militärische ESVP-Operation ohne Rückgriff auf NATO-Mittel und außerhalb Europas[849] wird ARTEMIS oft als Beispiel schneller und autonomer Handlungsfähigkeit der EU im operativen Krisenmanagement ebenso wie der globalen Reichweite der ESVP zitiert.

Der Konflikt in der Demokratischen Republik Kongo (DRK) verdeutlicht, mit welchen Herausforderungen sich die ESVP konfrontiert sehen kann, wenn – wie in der ESS mehrfach beteuert wird – die EU die Vereinten Nationen in ihrem Kampf gegen Bedrohungen des Friedens und der Sicherheit in der Welt unterstützen will. Der Krieg in der DRK ist dabei beispielhaft für Szenarien komplexer bewaffneter Konflikte, die u.a. mit dysfunktionalen staatlichen Strukturen, grenzüberschreitenden Rebellenbewegungen und regionaler Instabilität/ Destabilisierung Hand in Hand gehen und welche von Autoren wie Kaldor oder Münkler auch als „neue Kriege“[850] bezeichnet werden. Diese „neuen Kriege“ haben derzeit ihre Schauplätze v.a. im sub-saharischen Afrika, welches in der ESS als eines der Einsatzgebiete der ESVP beschrieben wird.

---

[847] Vgl. Matthiesen, Keine Erfolgsstory? Das überschätzte EU-Krisenmanagement in Mazedonien, http://www.bits.de/public/ndrinfo/sunds131203.htm, Zugriff am 2.2.2004.

[848] Vgl. Matthiesen, Keine Erfolgsstory? Das überschätzte EU-Krisenmanagement in Mazedonien, http://www.bits.de/public/ndrinfo/sunds131203.htm, Zugriff am 2.2.2004.

[849] Vgl. Reiter (2003), Der Kongoeinsatz der EU, S. 8.

[850] Vgl. Kaldor, New and Old Wars (1999); vgl. ebenso: Münkler, Die neuen Kriege (2002).

Vor diesem Hintergrund soll die Situation in der DRK zum Zeitpunkt des militärischen Eingreifens der EU als stellvertretendes Beispiel dieser „neuen Kriege" genauer beschrieben werden: Der Kongo war zunächst belgische Kolonie gewesen. Seine Dekolonialisierung erfolgte schnell und relativ gewaltfrei. Nach der Ermordung des ersten Staatschefs Lumumba im Auftrag westlicher Geheimdienste gelangte der Militär Mobutu an die Macht. Mobutus 22-jährige Diktatur hinterließ einen vollkommen heruntergewirtschafteten Staat, dessen Strukturen sich teilweise aufgelöst hatten und in dem wirtschaftliche und politische Ab- und Ausgrenzung mit ethnischen Trennlinien zusammenfielen. Mobutu wurde von Rebellen unter Laurent Desiré Kabila 1997 entmachtet. Kabila gelang es in der Folgezeit nicht, den Staatszerfall umzukehren, sondern betrieb seinerseits die Ausbeutung des Landes und den Aufbau einer neuen Diktatur; die zusätzliche Problematik seiner Herrschaft lag darin, dass er die Rebellion mit Unterstützung der benachbarten Staaten Uganda und Ruanda gewonnen hatte. Diese erwarteten von Kabila Dank in Form von politischer Mitsprache und Anteil an den umfangreichen natürlichen Ressourcen des DRK. Insbesondere Ruanda hatte sich durch die neue Herrschaft Kabilas auch die Lösung seines Sicherheitsproblems versprochen: Nach dem Völkermord 1994 von Hutu an Tutsi auf ruandischem Boden war ein großer Teil der Hutu-Völkermörder in den Kongo geflohen und destabilisierten von dort aus weiterhin Ruanda. Als Kabila diesen Erwartungen und Forderungen nicht entsprach, unterstützte die ruandische Regierung eine neue sich entwickelnde Rebellion auf kongolesischem Boden. Uganda, das ebenso wirtschaftliche als auch Sicherheitsinteressen durch Kabilas Herrschaft gefährdet sah, griff auf Seite Ruandas in den Krieg ein. Angola, Simbabwe und Namibia eilten ihrerseits Kabila zur Hilfe. Sie sahen ihre Interessen durch die Destabilisierung des Kongos durch die Rebellion und den Angriff Ruandas und Ugandas auf Kinshasa gefährdet. Im Laufe des Krieges spaltete sich die Koalition von Ruanda und Uganda auf. Ebenso zersplitterte die ursprünglich von Ruanda und Uganda unterstützte Rebellengruppe RCD in verschiedene Segmente, die dann je von Uganda oder Ruanda unterstützt wurden, und Uganda förderte eine weitere neue Rebellengruppe. Zu den Auseinandersetzungen der verschiedenen Rebellengruppen untereinander mit ugandischer und ruandischer Unterstützung – Uganda und Ruanda bauten je große militärische Präsenz auf, lieferten Waffen an die Rebellen und bildeten diese aus – kamen ethnische und Stammeskonflikte in den besonders umkämpften Gebieten im Osten des DRK hinzu. Außerdem machten sich im Kriegschaos sog.e Kriegsherren breit, die ebenfalls private Kämpfer beschäftigten. Hauptleidtragende dieses Kampfes um Macht und wirtschaftliche Vorteile durch die Eroberung rohstoffreiche Gebiete verschiedenster Konfliktparteien war die Zivilbevölkerung. 1999 wurde unter internationalem Druck und internationaler Vermittlung ein Friedensabkommen geschlossen, das aber von keiner der Parteien eingehalten wurde. Kabila wurde 2001 ermordet und sein Sohn, Joseph Kabila übernahm die Macht in Kinshasa; die internationale Gemeinschaft betrachtete diesen Machtwechsel als Chance, die Kriegsbeendigung endlich befördern zu können. Seitdem wurde der innerkongolesische Dialog geführt, welcher im Lusaka-Abkommen gefordert wurde um eine neue politische Ordnung zu etablieren, und eine Übergangsregierung errichtet. Seit Abschluss des Abkommens von Pretoria im Juli 2002 zwischen Ruanda und der Regierung in Kinshasa haben sich einige Kämpfer freiwillig demobilisieren und entwaffnen lassen und der Großteil der ausländischen involvierten Truppen ist abgezogen.

Um den Krieg dauerhaft zu beenden und nachhaltigen Frieden herzustellen, gilt es weiterhin jedoch:

(1) Funktionierende und stabile staatliche Institutionen aufzubauen und mittelfristig eine demokratische Ordnung zu schaffen;

(2) insbesondere die Rechtsstaatlichkeit wiederherzustellen, inklusive dem Aufbau von Polizei- und Sicherheitskräften und eines funktionierenden, flächendeckenden, zugänglichen Justizwesens;

(3) eine zentrale und lokale Administration wiederherzustellen;

(4) eine nationale Armee aufzubauen;

(5) die Demobilisierung, Entwaffnung und Reintegration von Kombattanten zu unterstützen/ durchzuführen;

(6) wirtschaftlichen Wiederaufbau zu leisten;

(7) den Aufbau einer Zivilgesellschaft zu fördern;

(8) innergesellschaftliche Wiederaussöhnung voranzutreiben und

(9) die Überwachung des Waffenstillstands (im Sinne von Friedenssicherung) zu leisten.

Die Verwirklichung der friedenkonsolidierenden und friedenssichernden Maßnahmen wird dabei durch anhaltende Kämpfe im Osten der DRK gefährdet. Deswegen wären gleichzeitig die Befriedung von Konfliktherden v.a. im Osten des Landes (im Sinne von Friedensschaffung bzw. Friedenserzwingung) und humanitäre Hilfsmaßnahmen bzw. die Sicherstellung des Schutzes der Zivilbevölkerung in den weiterhin bestehenden Kriegsregionen nötig.

Vor allem in der Provinz Ituri halten die Kämpfe an und stellen eine Gefahr für den eingeleiteten Friedensprozess dar (so auch der UN-Sicherheitsrat). In Ituri überlappen sich dabei lokaler und regionaler Konflikt. Die lokalen Fronten verlaufen im Großen und Ganzen entlang ethnischer Grenzen zwischen den Hema (Viehzüchter) und Lendu (Ackerbauern). Traditionell gab es zwischen diesen beiden Gruppen immer wieder Kämpfe um die Nutzung von Land. Das jetzige

Ausmaß an Hass und Gewalt wurde jedoch erst durch den regionalen Konflikt, der den lokalen Konflikt überlagert, herbeigeführt. Die externen Kriegsakteure Ruanda und Uganda und die entsprechenden Rebellengruppen unterstützten je die lokalen Gruppierungen der Hema und Lendu, um Kontrolle über die betreffenden Gebiete zu erlangen und zu erhalten. Die Kooperation Ugandas mit einigen lokalen Milizengruppen heizte in Ituri den lokalen Konflikt immer wieder an und es kam zu Massakern an der Zivilbevölkerung. Vor allem als im Sommer 2002 eine führende Hema-Miliz auf die ruandische Seite überlief, wurde der Konfliktaustrag verschärft. Ab Januar 2003 versuchte diese Hema-Miliz mit Hilfe Ruandas und einer anderen, von Ruanda unterstützten kongolesischen Rebellengruppe, Kontrolle über die ganze Provinz Ituri zu gewinnen, wurde im März aber von Uganda wieder zumindest aus Bunia vertrieben und ugandische Truppen positionierten sich an strategisch wichtigen Punkten in der gesamten Region. Uganda konnte die militärischen Aktivitäten der Milizen nicht stoppen.

Am 18.3.2003 wurde unter Vermittlung der MONUC (*Mission des Nations Unies en République Démocratique du Congo*) ein Waffenstillstandsabkommen zwischen Kinshasa, Uganda und sechs weiteren lokalen Gruppen unterzeichnet und eine Übergangsverwaltung eingesetzt. Danach zog sich Uganda zurück. Dadurch entstand ein Machtvakuum, welches von den Hema und Lendu genutzt wurde, um Bunia unter heftigen Kämpfen unter ihre Kontrolle zu bringen. Aus Erfahrung vorangegangener Kämpfe zwischen den Hema und Lendu-Gruppierungen, die immer mit massiven Menschenrechtsverletzungen, Vertreibung, Massenhinrichtungen und Zerstörung von Eigentum einhergingen, flohen große Teile der Zivilbevölkerung auf das dortige Gelände der MONUC. Diese konnte jedoch aufgrund fehlenden Mandats und geringen Abschreckungspotenzials nichts gegen die drohende humanitäre Katastrophe und den drohenden Völkermord tun. Präsident Kabila schickte zur Stabilisierung der Stadt und zum Schutz der Zivilbevölkerung eine ca. 700 Mann starke Polizeitruppe, die aber vor Ort sofort auseinander fiel.

Zu diesem Zeitpunkt forderten die Vereinten Nationen die internationale Gemeinschaft auf, ihr bei der Verhinderung des Völkermords und dem Schutz der Zivilbevölkerung durch die Bereitstellung einer *Interim Emergency Multinational Force* (IEMF) zu helfen, bis die Vereinten Nationen selbst neue Truppen organisiert haben würden. Auf Grundlage der UN-Sicherheitsrat-Resolution 1484 vom 30.5.2003, in welcher die Entsendung einer *Interim Emergency Multinational Force* nach Bunia autorisiert wurde, traf der Rat am 12.6.2003 die Entscheidung über die Einleitung einer militärischen Operation in der DRK.

Die Ziele der Entsendung lauteten auf

- o die Stabilisierung die Sicherheitsumstände in Bunia und die Verbesserung der dortigen humanitären Lage.
- o Außerdem sollte der lokale Flughafen sowie die Lager der Binnenflüchtlinge geschützt werden, falls die Situation es erfordern würde und zur Sicherheit der Zivilbevölkerung, des Personals der Vereinten Nationen und der humanitären Helfer in der Stadt beitragen werden.

Die IEMF sollte hierbei unter einem Kapitel VII-Mandat operieren. Zeitlich wurde das Mandat bis zum 1.9.2003 eingegrenzt. Bis dahin sollten die Vereinten Nationen neue Truppen organisiert und ihre Präsenz in Ituri aufgestockt haben.[851]

Erich Reiter weist darauf hin, dass die besonderen Herausforderungen der Operation v.a. darin bestanden, dass die Gegner zahlenmäßig überlegene, stark und modern bewaffnete, teilweise irreguläre Milizen unter starker Beteiligung von Kindersoldaten waren.[852] Darüber hinaus traf die EU schwierige Transport- und Infrastrukturverhältnisse an.[853]

Der Umfang der Operation belief sich auf 2.000 Truppen, wovon ca. 1.200 in Bunia stationiert waren. Als Rahmennation des Einsatzes stellte Frankreich das mit Abstand größte militärische Kontingent (ca. 1.700 Truppen), Schweden mit einer Stärke von 70 Mann das zweitgrößte und Großbritannien militärische Einheiten zur Logistik und Versorgung. Belgien und Deutschland trugen mit *Non-combat forces* (Lufttransport und medizinische Betreuung) zur Operation bei. Darüber hinaus leisteten die nicht-europäischen Drittstaaten Brasilien, Südafrika und Kanada vorübergehend militärische Unterstützung. Frankreich stellte als Rahmennation sein Pariser HQ als strategisches HQ (OHQ) zur Verfügung. Dieses wurde durch Vertreter verschiedener beteiligter Länder und des Generalsekretariats des Rats aufgestockt. In Entebbe, Uganda wurde ein operatives HQ (FHQ) und in Bunia selbst ein Vorposten desselben eingerichtet. Die EU-Mitglieder Österreich, Irland, Italien, die Niederlande, Portugal und Spanien und die Drittstaaten Ungarn und Brasilien stellten dabei Personal für das OHQ bzw. FHQ zu Verfügung.[854] Die gemeinsamen Kosten gingen zu Lasten der Mitgliedstaaten und wurden durch einen ad hoc eingerichteten Finanzierungsmechanismus verwaltet. Die für Personal und Gerät anfallenden Kosten, einschließlich

---

851 Vgl. Reiter (2003), Der Kongoeinsatz der EU, S. 7.
852 Vgl. Reiter (2003), Der Kongoeinsatz der EU, S. 8.
853 Vgl. Reiter (2003), Der Kongoeinsatz der EU, S. 9.
854 Vgl. Lindstrom (2004), Im Einsatzgebiet, S. 141.

Transport und Unterkünfte mussten nach dem Grundsatz „Die Kosten werden dort getragen, wo sie anfallen" die beteiligten Staaten finanzieren (gemäß Artikel 28 des VEU-Nizza).[855]

Die anfangs erwähnte positive Bewertung von ARTEMIS mit Blick auf die Handlungsfähigkeit der ESVP ist nicht völlig von der Hand zu weisen. Die Reaktion der EU auf die offzielle Anfrage des Generalsekretärs der Vereinten Nationen an die internationale Staatengemeinschaft im Mai 2003 für eine IEMF erfolgte schnell und wurde innerhalb kürzester Zeit umgesetzt. Einen Monat nach der Anfrage der Vereinten Nationane im Juni und 17 Tage nach der entsprechenden Ratsentscheidung für eine Durchführung konnte die IEMF ihre Arbeit vor Ort beginnen.[856] Das Rahmennation-Konzept hat sich dabei als zweckmäßig erwiesen, Planung und Durchführung konnten, dank der Rahmennation Frankreich, ohne die NATO bewältigt werden.[857] Positiv ist auch zu bewerten, dass die EU mit ARTEMIS einer Anfrage der Vereinten Nationen nachkam, damit deren Handlungsunfähigkeit überbrücken konnte, und dabei auch eine Lücke auffüllen konnte, welche die Außen- und Interventionspolitik der USA (Washington hatte die Anfrage Annans für eine IEMF verneint), in Krisengebieten, die dringendst einer Intervention bedürfen, hinterlässt.[858] ARTEMIS war damit mit Blick auf die institutionellen und prozeduralen Entscheidungsarragements der ESVP ebenso wie mit Blick auf strategische Zielsetzungen der ESS „on its face, successful"[859] und konnte auch die zur autonomen Durchführung der Operation benötigten Fähigkeiten aufbringen. Mit Blick auf die Outputs der Operation wurden die gesetzten Ziele erfüllt: Ein Völkermord in Bunia selbst konnte mit Hilfe der IEMF verhindert werden; der UN wurde durch die Entsendung der IEMF Luft verschafft, um die nötigen Verbesserungen der MONUC im Gebiet zu treffen.

[855] Vgl. Lindstrom (2004), Im Einsatzgebiet, S. 143.

[856] Vgl. EU Crisis Response Capability Revisited (2005), S. 46.

[857] Die NATO wurde hierbei im Vorfeld nicht eingehend konsultiert, um zu diskutieren, welche der beiden Organisationen – NATO oder EU – einen Einsatz übernehmen sollte. Obwohl das eigenmächtige Handeln der EU ohne vorangegangene Erstablehnung der NATO im Fall ARTEMIS gegen das zuvor viel diskutierte und von den USA als Bedingung ihrer Unterstützung der ESVP normierte Primat der NATO verstieß, stieß das Vorgehen der EU nur auf relativ milde, Kritik seitens der USA. Der Grund für die gemäßigte amerikanische Kritik an der europäischen Eigenmächtigkeit im Fall ARTEMIS lag darin, dass der Kongo außerhalb der zentralen amerikanischen sicherheitspolitischen Interessen lag/ liegt.

[858] Die USA konzentriert sich derzeit im Rahmen des Kampf gegen den Terrorismus hauptsächlich auf Krisengebiete, die in irgendeiner Form mit terroristischen Aktivitäten (z.B. Sudan) in Verbindung gebracht werden können. Vor allem ist die USA seit Somalia mit Beiträgen zu (militärischen) UN-Einsätzen äußerst zurückhaltend und verweigert damit als militärisch potentestes Land der Welt den Vereinten Nationen eine für ihre praktische Handlungsfähigkeit essenzielle Unterstützung.

[859] Vgl. EU Crisis Response Capability Revisited (2005), S. 46.

Auf einen zweiten Blick muss jedoch konzediert werden, dass ARTEMIS ein zeitlich, räumlich und mandatstechnisch sehr begrenzter Einsatz war und nur deswegen überhaupt durchgeführt wurde und praktisch durchgeführt werden konnte.[860] Ob die institutionellen und militärischen Fähigkeiten der ESVP zu einer schnellen Reaktion bei einer umfangreicheren Operation ausgereicht hätten, ist unwahrscheinlich. Vergleicht man die *Outputs* der Operation mit den Anforderungen und dem Handlungsbedarf zum einen in der gesamten DRK und zum anderen in Ituri und Bunia (beides s.o), stellt sich die Leistung von ARTEMIS als (weniger als) ein Tropfen auf den heißen Stein dar. In der restlichen Provinz Ituri gingen Kämpfe und Morden ungehindert weiter. Obwohl die Bevölkerung von Bunia während der Stationierung der IEMF effektiv beschützt wurde, flohen zahlreiche Bewohner frühzeitig in andere Gebiete, da sie nach dem Abzug der EU-Truppen verstärkte Übergriffe befürchteten.[861] Wenn auch die Begrenztheit des Auftrags und der zeitlichen Dimension durch die zentrale Bedeutung einer ersten autonomen außereuropäischen ESVP-Operation – diese musste unbedingt erfolgreich durchgeführt werden – erklärt werden muss, so rechtfertigt genau diese Konzeption ebenso Kritik. Im Grunde wären ca. 10.000 Truppen nötig gewesen, um nicht nur Bunia, sondern der gesamten von Menschenrechtsverletzungen und bewaffneten Rebellenübergriffen betroffenen Provinz Ituri zu helfen. Genau diese sicherheitspolitisch sinnvolle Aktion konnte aber u.a. angesichts der Notwendigkeit, einen Erfolg heimzubringen, europäischen (französischen) Befürchtungen eines eventuellen *Mission creep*[862] und französischen negativen Erinnerungen an die Operation *Turquoise* in Ruanda 1994 eben nicht durchgeführt werden.[863]

Das Zustandekommen der Operation ARTEMIS in der besagten Form war dabei auf verschiedene Gründe zurückzuführen:

Zum einen spielte das mehrjährige Engagement der EU für den Friedensprozess bzw. die Kriegsbeendigung in der DRK (z.B. durch den EU-Sondergesandten [*EU-Special Representative* – EU-SR] für die Region der Großen Seen Ajello; auch hat die EU einen Großteil der Kosten des sog. Innerkongolesischen Dialogs im Frühjahr 2002 in Pretoria aufgebracht[864]) eine Rolle.

---

[860] Vgl. EU Crisis Response Capability Revisited (2005), S. 46.

[861] Vgl. Reiter (2003), Der Kongoeinsatz der EU, S. 11.

[862] Vgl. Reiter (2003), Der Kongoeinsatz der EU, S. 9/ 10: Ein evtl. aus einer Mandatsausweitung (z.B. aufgrund evtl. Massaker und Menschenrechtsverletzungen in der Umgebung des Einsatzgebietes und daraus entstehendem öffentlichen Druck) resultierender Buschkrieg mit Kindersoldaten wäre dabei zum einen riskant und wenig erfolgsversprechend, zum anderen „nicht nach dem Geschmack des europäischen Publikums" gewesen.

[863] Vgl. EU Crisis Response Capability Revisited (2005), S. 47.

[864] Der sog. Innerkongolesische Dialog ist einer der Hauptbausteine des im Friedensabkommen von Lusaka vorgesehenen Friedensprozesses; er soll eine politische Neuordnung für das

Zweitens liegt die Zusammenarbeit mit und Unterstützung der Vereinten Nationen bei ihrer Arbeit für die internationale Sicherheit und den Weltfrieden im Interesse der EU, welches in der ESS auch explizit als strategisches Ziel formuliert wird.[865] Außerdem rechtfertigten humanitäre und strategische Ziele die Intervention.

Auch wenn eine weitere Destabilisierung Afrikas (oder großer Teile davon) sicher nicht im Interesse Europas gelegen ist[866] und die Entstehung nichtstaatlicher Mächte in Zentralafrika als Muster für andere Fälle nicht wünschenswert ist aus der Sicht Europas, ist jedoch aus dem Kongo-Konflikt weder eine unmittelbare noch mittelbare Bedrohung für Europa abzuleiten. Die Anfrage des UN-Sicherheitsrats für eine zeitlich, räumlich und aufgabentechnisch begrenzte IEMF bot der EU vielmehr v.a. eine optimale Chance, die Einsatzbereitschaft der EU im internationalen militärischen Krisenmanagement zu demonstrieren.[867]

Insbesondere die französische Regierung sah in der Aufforderung des UN-Sicherheitsrats eine Profilierungsmöglichkeit für die ESVP und v.a. für Frankreich, und setzte sich massiv dafür ein, dass dieser Einsatz von der EU durchgeführt und die Truppe von Frankreich geführt würde.[868] Vor dem Hintergrund der französischen (und deutschen) Kritik der amerikanischen Irak-Politik (unilaterales Vorgehen und Marginalisierung der Vereinten Nationen) konnte Frankreich mit ARTEMIS sein Engagement für multilaterales Handeln und die Unterstützung der Vereinten Nationen publikumswirksam unterstreichen.[869] Zudem versprach ARTEMIS für die EU (in französischen Augen) „a golden opportunity [...] to show that it could under some circumstances operate autonomously outside NATO and Berlin Plus"[870]. Frankreich hoffte dabei auch dem politischen Ziel näher zu kommen, autonome Einsätze ohne die NATO zur Selbstverständlichkeit werden zu lassen.[871] Innerhalb Frankreichs argumentierten zwar der militärische Sachverstand unter Verweis auf absehbare logistische Probleme und unter Forderung nach amerikanischer Unterstützung gegen eine autonome EU- bzw. französisch-geführte Operation, konnten sich aber gegen die o.g. politischen Ziele bzw. politische Logik nicht durchsetzen, nicht zuletzt, da die Außen-

---

Land hervorbringen.

[865] Im Kielwasser der Operation ARTEMIS verfassten die EU und die Vereinten Nationen eine gemeinsamen Erklärung zur Verbesserung und Weiterentwicklung ihrer Zusammenarbeit im Krisenmanagement (vgl. Punkt 2).

[866] Vgl. Ehrhart (2004), Staatszerfall, Gewaltkonflikte und „Nation-building" als politische Herausforderung für die EU, S. 57.

[867] Vgl. Reiter (2003), Der Kongoeinsatz der EU, S. 7.

[868] Vgl. Reiter (2003), Der Kongoeinsatz der EU, S. 7/ 8.

[869] Vgl. EU Crisis Response Capability Revisited (2005), S. 47.

[870] EU Crisis Response Capability Revisited (2005), S. 47.

[871] Vgl. Reiter (2003), Der Kongoeinsatz der EU, S. 8.

und Sicherheitspolitik auch verfassungsrechtlich die *Domaine reservée* des französischen Staatspräsidenten ist.[872] Kritische Stimmen bemängeln vor diesen Hintergründen, dass die EU nichts mehr war als ein Feigenblatt für eine essenziell französische und im französischen Interesse gelegene Operation.[873]

Die letztendliche positive (oder negative) Einschätzung der Operation mit Blick auf den Mehrwert der ESVP wird und muss schlussendlich von *Follow-up*-Aktivitäten der EU zur Befriedung und zum Wiederaufbau der Region und darüber hinaus der finanziellen und technischen Unterstützung der EU für die *African Peace Facility* (APF) zur Stärkung afrikanischer Krisenmanagementfähigkeiten abhängen, und wird auch mittlerweile schon durch das fortgesetzte Engagement im Rahmen der ESVP (EUPOL KINSHASA und EUSEC DRK; zur Bewertung dieser Missionen siehe weiter unten), das geplante militärische Engagement zur Absicherung der kongolesischen Parlamentswahlen im Sommer 2006 und Aktivitäten der Kommission unter dem Europäischen Entwicklungsfonds (*European Development Funds* – EDF) teilweise aufgewertet.[874]

EU-Polizeimission PROXIMA (EUPOL PROXIMA) und *EU Police Advisory Team* (EUPAT) in der ehemaligen jugoslawischen Republik Mazedonien

Auf Anfrage des mazedonischen Premiers vom September 2003 leitete der Rat am 29.9.2003 durch eine Gemeinsame Aktion die Entsendung einer einjährigen Polizeimission (PROXIMA) in Nachfolge der vorangegangenen militärischen Mission (CONCORDIA) ein.[875] Die Einsatzkräfte nahmen am 15.12.2003 ihre Arbeit auf.

Die Voraussetzungen für die Ablösung der militärischen Mission durch die Polizeimission PROXIMA waren durchaus noch prekär. Die EU gab jedoch dem Druck der makedonischen Regierung nach, welche den Einsatz von internationalen Polizisten innenpolitisch leichter vertreten konnte als den Einsatz von fremden Soldaten (Soldaten anderer Nationen kommen in jedem Land schnell in den Ruf einer Besatzungsmacht und disqualifizieren quasi die Problemlösungsfähigkeit der Regierung des Einsatzlandes).[876] Während an der evtl. verfrühten Ablösung des militärischen Einsatzes durch PROXIMA durchaus aus sachlogischer

---

[872] Vgl. Reiter (2003), Der Kongoeinsatz der EU, S. 11.
[873] Vgl. EU Crisis Response Capability Revisited (2005), S. 47.
[874] Vgl. EU Crisis Response Capability Revisited (2005), S. 47/ 48.
[875] Vgl. Lindstrom (2004), Im Einsatzgebiet, S. 143.
[876] Vgl. Matthiesen, Keine Erfolgsstory? Das überschätzte EU-Krisenmanagement in Mazedonien, http://www.bits.de/public/ndrinfo/sunds131203.htm, Zugriff am 2.2.2004.

Sicht Kritik angebracht ist, stellt diese gleichzeitig auch grundsätzlich auf positive Weise die Fähigkeit der ESVP zur Anpassung ihrer Interventionsmittel an die veränderte Natur der Konfliktlage und operativen Erfordernisse im Einsatzgebiet heraus und zeigt die Konsequenz und Flexibilität der EU in ihren einmal eingegangenen Sicherheitsverpflichtungen.[877]

Wie schon CONCORDIA fand auch PROXIMA im weiteren Kontext des Engagements des HR Solana in der Region und den Aktivitäten des EU-SR in Skopje statt. Das übergeordnete Ziel von PROXIMA lautete darauf, ein Umfeld zu wahren, das der Umsetzung des Rahmenabkommens von Ohrid förderlich ist, und darüber hinaus, Mazedonien näher an die EU zu binden und eine eventuelle Integration vorzubereiten. Die Querschnittsaufgabe bestand in der Überwachung, Betreuung und Beratung der nationalen Polizeikräfte, um diese im Kampf gegen organisiertes Verbrechen zu unterstützen und auf das Niveau europäischer Polizeistandards zu bringen.[878]

Im Speziellen waren die EU-Polizeikräfte mit folgenden Aufgaben betraut:

- Konsolidierung von Recht und Ordnung einschließlich der Bekämpfung organisierter Kriminalität;
- Durchführung der umfassenden Reform des Innenministeriums einschließlich der Polizei;
- Übergang zu und die Schaffung einer Grenzpolizei;
- Unterstützung der Vertrauensbildung in der Bevölkerung durch die örtliche Polizei;
- Intensivierung der Zusammenarbeit mit den Nachbarstaaten im Polizeibereich.[879]

Insgesamt waren 200 Einsatzkräfte (uniformierte Polizei und internationales ziviles Personal) aus EU-Mitgliedstaaten und Drittstaaten vor Ort.[880] Die Mitgliedstaaten, welche Polizeikräfte oder anderweitiges Personal stellten, trugen die dadurch entstehenden Kosten, einschließlich der Gehälter, Zulagen und Kosten für die Reisen in das und aus dem Einsatzgebiet; Teile der Anlaufkosten und Betriebskosten wurden aus dem Gemeinschaftshaushalt finanziert.[881]

---

[877] Vgl. Lindstrom (2004), Im Einsatzgebiet, S. 132.
[878] Vgl. Lindstrom (2004), Im Einsatzgebiet, S. 143.
[879] Vgl. Lindstrom (2004), Im Einsatzgebiet, S. 144.
[880] Vgl. Lindstrom (2004), Im Einsatzgebiet, S. 143.
[881] Lindstrom (2004), Im Einsatzgebiet, S. 144.

Die EU und die beteiligten Mitgliedstaaten versuchten, gezogenen Lehren aus der ersten Phase der Polizeimission in Bosnien (diese interpretierte z.B. ihr Mandat im Zweifelsfall eher enger als weiter, was in der ersten Phase den Erfolg der EUPM schmälerte) bei der Gestaltung der Mission PROXIMA Rechnung zu tragen.[882] Im Gegensatz zu einigen Fällen im Zuge der EUPM, "Proxima [...] appears to have carried out its mandate imaginatively and well"[883]. Wie die EUPM wies aber auch das Mandat für PROXIMA den „Geburtsfehler" auf, dass die EU-Polizisten in Konfliktsituationen nicht selbst eingreifen durften.[884] Zudem wurde der Erfolg vertrauensbildender Maßnahmen, welche die Polizeikräfte durchführen sollten, (anfangs) durch die Absenz von internationalen robusten Sicherheitskräften beeinträchtigt.[885]

Die *International Crisis Group* bewertet insgesamt Verlauf und Ergebnisse von PROXIMA als zufriedenstellend, was aber laut der ICG nicht zuletzt daran lag, dass die Mission ein „more permissive environment than its Bosnian counterpart"[886] vorfand und während ihrer Durchführung die Lage vor Ort relativ ruhig blieb. Jedoch: „serious doubts have been expressed about whether it would have stood up in the event hostilities had recommenced"[887]. Die Mission wurde am 14.12.2005 abgeschlossen und durch eine kleinere, sechmonatige Übergangsmission, das *EU Police Advisory Team* (EUPAT), ersetzt.

EUPAT umfasste nur noch ca. 30 Polizeiberater, welche die (Fort-)Entwicklung eines effizienten und professionellen Polizeidienstes, welcher gemäß europäischer Polizei-Standards arbeitet, bis zum 14.6.2006 unterstützten. Unter Leitung des EU-Sonderbeauftragten für Mazedonien und in Partnerschaft mit der Gastregierung leisteten die EU-Polizeiexperten die Supervision und Anleitung der makedonischen Polizeikräfte, unter besonderer Beachtung bestimmter Schlüsselkriterien in den Schwerpunktbereichen Grenzpolizei, Herstellung bzw. Wahrung des öffentlichen Friedens und der öffentlichen Ordnung, Bewerkstelligung der Rechenschaftspflicht der Polizei, und Bekämpfung von Korruption und des organisierten Verbrechens. Im Anschluss an EUPAT hat di Europäische Kommission mit eigenen Projekten entsprechende Unterstützungsarbeiten übernommen.[888]

---

[882] Vgl. EU Crisis Response Capability Revisited (2005), S. 49.
[883] EU Crisis Response Capability Revisited (2005), S. 48.
[884] Vgl. Matthiesen, Keine Erfolgsstory? Das überschätzte EU-Krisenmanagement in Mazedonien, http://www.bits.de/public/ndrinfo/sunds131203.htm, Zugriff am 2.2.2004.
[885] Vgl. Matthiesen, Keine Erfolgsstory? Das überschätzte EU-Krisenmanagement in Mazedonien, http://www.bits.de/public/ndrinfo/sunds131203.htm, Zugriff am 2.2.2004.
[886] EU Crisis Response Capability Revisited (2005), S. 48.
[887] EU Crisis Response Capability Revisited (2005), S. 48.
[888] Vgl. Website der österreichischen Ratspräsidentschaft (erstes Halbjahr 2006), http://www.ue2006.at/de/Policy_Areas/General_Affairs_and_External_Relations/ESDP/ESD

EU-Mission zur Stützung der Rechtsstaatlichkeit in Georgien (EUJUST THEMIS)

EUJUST THEMIS wurde auf Anfrage der georgischen Regierung für den Zeitraum vom 16.6.2004 bis 16.7.2005 nach Tiblisi entsandt. Den Kontext der Mission bildeten v.a.:

(1) die Europäische Nachbarschaftspolitik (ENP), im Einklang mit dem strategischen Ziel der ESS, einen Ring verantwortungsvoll regierter Staaten an der Ostgrenze der EU sicherzustellen;

(2) das Partnerschaftsabkommen der Europäischen Kommission mit Georgien von 1999, welches mit Hilfe des TACIS-Programmes umgesetzt wird;

(3) das Länderstrategiepapier für Georgien für den Zeitraum 2003 – 2006, welches die Zusammenarbeit und Unterstützung im Bereich Rechtsstaatlichkeit als einen Schwerpunkt benannt hat;

(4) die Entsendung eines Sonderbeauftragten für den Südkaukasus im Juli 2003.[889]

Thematisch stellt EUJUST THEMIS in Georgien die erste Mission (Stützung der Rechtsstaatlichkeit) ihrer Art und geografisch die erste außerhalb des westlichen Balkans und Afrikas dar.[890] Ziel der Mission war, Georgien bei der Erstellung und Durchführung der Reform seines Justizsystems, insbesondere des Strafrechtssystems zu helfen; so sollte die georgische Justiz auf den Stand internationaler und europäischer Menschenrechtsstandards gebracht werden; darüber hinaus sollte die Mission laufende georgische Reformbemühungen des Strafrechtssystems erhellen und anleiten und die Entwicklung entsprechender Gesetzgebung unterstützen.

Im Speziellen umfassten die Aufgaben

- die Anleitung der georgischen Regierung bei der Formulierung einer Reformstrategie für ihr Strafrechtssystem,
- die Unterstützung der betreffenden georgischen Autoritäten in ihrer Koor-

---

P_Operations.html, Zugriff am 20.2.2006.

[889] Vgl. Grevi/ Lynch/ Missiroli, ESDP operations, http://www.iss-eu.org/esdo/09-dvl-am.pdf, Zugriff am 2.2.2006, S. 5.

[890] Vgl. Monaco (2004), Another first for the ESDP: The Rule of Law Mission to Georgia, http://www.isis-europe.org/ftp/Download/ESR%2023-Georgia.pdf, Zugriff am 20.1.2006, S. 1.

dinierungsfunktion in den Bereichen Justizreform and Korruptionsbekämpfung,

- die Unterstützung bei der Formulierung neuer Gesetzgebung je nach Bedarf, z.B. bei der Ausarbeitung eines Strafgesetzbuches und
- die Unterstützung der georgischen Regierung bei der internationalen und regionalen Kooperation im Strafrecht.[891]

Zu diesen Zwecke wurden 13 Staatsanwälte und Richter aus sieben EU-Mitgliedstaaten entsandt und zwei Mio. Euro bereit gestellt.

Die Mission EUJUST THEMIS hat die Durchführung ihres Mandats im Juli 2005 erfolgreich abgeschlossen und die Zustimmung der georgischen Behörden zu einer Strategie für die Reform der Strafrechtspflege erwirkt. Auch für EUJUST THEMIS gilt jedoch, wie schon für ARTEMIS und einige weitere der untenstehenden ESVP-Einsätze, dass diese nur einen kleinen, initialen Baustein der eigentlich vor Ort benötigten umfassenderen Unterstützung lieferte.[892] Um die volle Umsetzung der o.g. Strategie für die Reform der Strafrechtspflege sicherzustellen, beschloss die EU im Nachgang zu EUJUST THEMIS, das Team des Sonderbeauftragten für den Südkaukausus für einen Zeitraum von sechs Monaten zu verstärken. Das verstärkte Team leistete vom 1.9.05 bis 28.2.06 entsprechende Folgemaßnahmen, weitere Kontinuität der EU-Unterstützung für Georgien im Bereich Rechtsstaatlichkeit sollen nun entsprechende Programme der Europäischen Gemeinschaft gewährleisten.

EU-Militäroperation ALTHEA in Bosnien und Herzegovina (EUFOR ALTHEA)

Schon auf dem Gipfel von Kopenhagen im Dezember 2002 hatte die EU ihre Bereitschaft, eine Militäroperation in Bosnien in Nachfolge der *Stabilisation Force in Bosnia and Herzegovina* (SFOR) zu führen, geäußert. Zu diesem Zeitpunkt hätte jedoch eine Übernahme der SFOR, selbst unter Rückgriff auf NATO-Mittel und –Fähigkeiten, die militärischen und institutionellen Fähigkeiten der EU und ihrer Mitgliedstaaten im operativen militärischen Krisenmanagement noch bei weitem überschritten.

---

[891] Vgl. Grevi/ Lynch/ Missiroli, ESDP operations, http://www.iss-eu.org/esdo/09-dvl-am.pdf, Zugriff am 2.2.2006, S. 5.

[892] Vgl. Monaco (2004), Another first for the ESDP: The Rule of Law Mission to Georgia, http://www.isis-europe.org/ftp/Download/ESR%2023-Georgia.pdf, Zugriff am 20.1.2006, S. 1.

Im April 2004 gaben die Verteidigungsminister der EU-Mitgliedstaaten grünes Licht für die Übernahme einer solchen Militäroperation in Bosnien und nannten als Zieldatum den Dezember 2004.[893] In Folge der Entscheidung der NATO auf dem Gipfel von Istanbul im Juni 2004, die SFOR-Operation zum Abschluss zu bringen, leitete der Rat mit einer Gemeinsamen Aktion am 12.7.2004 den Prozess der Übernahme ein. Auf Grundlage einer einstimmigen UN-SR-Resolution vom 22.11.2004[894], welche die EU zur Durchführung von ALTHEA mandatierte, traf der Rat am 25.11.04 die Entscheidung zur Durchführung der Operation ALTHEA, deren Umsetzung am 2.12.2004 startete.[895]

Ähnlich wie zuvor die SFOR hat EUFOR als Kernaufgabe die fortgesetzte Einhaltung des Dayton-Abkommens sicherzustellen. Zu diesem Zwecke soll die EUFOR im Speziellen

- durch Abschreckung die fortgesetzte Einhaltung des Dayton-Abkommens gewährleisten,
- zur Sicherheit in Bosnien und Herzegovina beitragen und
- die Bemühungen des EU-Sondergesandten Ashdown und der internationalen Gemeinschaft in der Bekämpfung der organisierten Kriminalität und der Implementierung der zivilen Aspekte des Abkommens von Dayton unterstützen.[896]

Mit 7.000 Soldaten im Feld ist ALTHEA die bislang bei weitem größte Operation. Die EUFOR besteht im Grunde aus den gleichen Truppen wie sie in der SFOR engagiert waren, exklusive der US-Komponente.[897] SHAPE dient als strategisches HQ, der DSACEUR hat die Rolle des *Operations Commander* übernommen, das *JFC Naples* ist im Bedarfsfall verantwortlich für die Extrahierung von Truppen aus dem Krisengebiet. Neben der Bereitstellung von Kommandokapazitäten für die EU-Ablöse-Operation erhält die NATO zudem eine kleine Präsenz im Land, welche der bosnischen Regierung in ihrer Bekämpfung des

---

[893] Vgl. EU Crisis Response Capability Revisited (2005), S. 51.

[894] Wie schon im Falle der EUPM erfuhr die EU in ihrem Bestreben zur operativen Verantwortungsübernahme die Unterstützung der internationalen Gemeinschaft. Zentral für die Übernahme der SFOR-Mission durch die EU war hierbei natürlich die diesbezügliche amerikanische Unterstützung. Vor dem Hintergrund zunehmender anderweitiger amerikanischer sicherheitspolitischer Prioritäten und Aufgaben begrüßten die USA die Verantwortungsübernahme der EU für Sicherheit und Stabilität in Europa in Form von ALTHEA.

[895] Vgl. Grevi/ Lynch/ Missiroli, ESDP operations, http://www.iss-eu.org/esdo/09-dvl-am.pdf, Zugriff am 2.2.2006, S. 6.

[896] Vgl. Grevi/ Lynch/ Missiroli, ESDP operations, http://www.iss-eu.org/esdo/09-dvl-am.pdf, Zugriff am 2.2.2006, S. 6/ 7.

[897] Vgl. EU Crisis Response Capability Revisited (2005), S. 51.

internationalen Terrorismus und des international organisierten Verbrechens beistehen soll.

Den *Force Commander* der EUFOR stellt Italien.[898] Insgesamt beteiligen sich 33 Staaten an ALTHEA, davon 22 EU-Mitglieder und elf Drittstaaten.[899] Großbritannien und Deutschland sind die größten Truppensteller, weitere signifikante Beiträge leisten Frankreich, Italien, die Niederlande und Spanien. Die traditionell militärisch neutralen EU-Mitglieder Österreich, Irland, Finnland und Schweden nehmen ebenfalls an ALTHEA teil.[900] Die gemeinsamen Kosten (im Umfang von 7.1 Mio. Euro) der Operation werden durch den kurz zuvor neu eingerichteten Finanzierungsmechanismus Athena verwaltet (Beiträge von Mitgliedstaaten gemäß BSP-Schlüssel). Für die den jeweiligen beitragenden Staaten anfallenden Kosten für ihre Entsendungen gilt wie gehabt das *Costs lie where they fall*-Prinzip.[901]

Die Operation übertrifft dabei in jeder Hinsicht die Anforderungen im Rahmen laufender oder abgeschlossener ESVP-Operationen (Umfang, Dauer, Aufgabenstellung, Risiko). Nicht zuletzt impliziert ALTHEA hierbei auch eine weitaus größere Herausforderung für die EU-NATO-Zusammenarbeit als CONCORDIA. Die Festlegung der Befehlskette für EUFOR und der Arbeitsteilung zwischen EU und NATO im Rahmen der Operation erforderten im Vorfeld von ALTHEA arbeitsintensive Verhandlungen.[902] Angesichts fortgesetzter bosnischer Skepsis gegenüber der EU ist jedoch eine funktionierende und enge Kooperation mit der NATO und die diesbezügliche Unterstützung der USA für Glaubwürdigkeit, Akzeptanz und Erfolg der Operation notwendige Bedingung.[903] Neben der Herausforderung einer funktionierenden EU-NATO Kooperation steht die Operation auch vor der Herausforderung, komplexe zivile und militärische Konzepte und Aktivitäten in Bosnien problemadäquat zu koordinieren und ALTHEA in ein Gesamtkonzept für Bosnien und Herzegovina bzw. die Region zu integrieren.[904] Werden diese Herausforderungen erfolgreich gemeistert, wird ALTHEA

---

[898] Stand vom 26.2.2006.

[899] Diese umfassen Albanien, Argentinien, Bulgarien, Kanada, Chile, Marokko, Neuseeland, Norwegen, Rumänien, Schweiz und die Türkei (vgl. Grevi/ Lynch/ Missiroli, ESDP operations, http://www.iss-eu.org/esdo/09-dvl-am.pdf, Zugriff am 2.2.2006, S. 7).

[900] Vgl. Grevi/ Lynch/ Missiroli, ESDP operations, http://www.iss-eu.org/esdo/09-dvl-am.pdf, Zugriff am 2.2.2006, S. 7.

[901] Vgl. Grevi/ Lynch/ Missiroli, ESDP operations, http://www.iss-eu.org/esdo/09-dvl-am.pdf, Zugriff am 2.2.2006, S. 7.

[902] Vgl. EU Crisis Response Capability Revisited (2005), S. 51.

[903] Vgl. EU Crisis Response Capability Revisited (2005), S. 52; vgl. ebenso: Grevi/ Lynch/ Missiroli, ESDP operations, http://www.iss-eu.org/esdo/09-dvl-am.pdf, Zugriff am 2.2.2006, S. 7.

[904] Vgl. EU Crisis Response Capability Revisited (2005), S. 52; ebenso: Grevi/ Lynch/ Missiroli, operations, S. 8.

in bedeutsamem Maße zu „the EU's political engagement, its assistance programmes and its ongoing police and monitoring missions with a view to helping BiH make further progress towards European integration in the context of the Stabilisation and Association Process"[905] beitragen können. Die Übernahme der Operation unterstreicht dabei "the rising role of the EU as a primary European security provider, with ever more responsibility in particular for stability in the Western Balkans. [...] The contrast with European policy a decade ago, in 1994, could not be greater"[906].

EU-Polizeimission in Kinshasa, Demokratische Republik Kongo (EUPOL KINSHASA) und EU-Mission zur Reform des Sicherheitssektors in der DRK (EUSEC RD CONGO)

Unterstützungsmaßnahmen der internationalen Gemeinschaft in der DRK im Bereich zivile Polizei finden allesamt unter der Schirm der Zivilpolizei-Komponente der MONUC statt. Während einzelne EU-Staaten Beiträge zur Unterstützung der Aktivitäten der Vereinten Nationen leisten, übernimmt auch die EU als Ganzes durch eine säulenübergreifende Mission (erste und zweite Säule) zum Zwecke des Aufbaus einer sog. *Integrated Police Unit* (IPU) einen Teil der internationalen Lasten der Friedenskonsolidierung in der DRK.[907] Die Schaffung einer integrierten und funktionsfähigen nationalen zivilen Polizei IPU ist eine der Vorgaben des Pretoria-Abkommens zwischen der kongolesischen Übergangsregierung und der Regierung von Ruanda vom Dezember 2002 und Bestandteil des *Memorandum on Security and the Army* vom Juni 2003. Die IPU soll einen Beitrag zur Gewährleistung und Konsolidierung der Sicherheit in der DRK im Zuge des Friedens- und Transitionsprozesses, und v.a. im Kontext der für Juli 2005 angesetzten Wahlen[908] leisten und dabei als eine Art vertrauensbildende Maßnahme zwischen den (ehemals) verfeindeten Mitgliedern der Übergangsregierung wirken.[909]

---

[905] Grevi/ Lynch/ Missiroli, ESDP operations, http://www.iss-eu.org/esdo/09-dvl-am.pdf, Zugriff am 2.2.2006, S. 7.

[906] Grevi/ Lynch/ Missiroli, ESDP operations, http://www.iss-eu.org/esdo/09-dvl-am.pdf, Zugriff am 2.2.2006, S. 7.

[907] Vgl. Pauwels, EUPOL ‚Kinshasa': testing EU co-ordination, coherence and committment to Africa, http://www.isis-europe.org/ftp/Download/ESR25-DRC%20final.pdf, Zugriff am 6.2.2006, S. 1.

[908] Diese wurden mittlerweile auf einen späteren Zeitpunkt (Juli 2006) verschoben.

[909] Pauwels, EUPOL ‚Kinshasa': testing EU co-ordination, coherence and committment to Africa, http://www.isis-europe.org/ftp/Download/ESR25-DRC%20final.pdf, Zugriff am 6.2.2006, S. 2.

Der Aufbau der IPU umfasst, wie in einer entsprechenden Gemeinsamen Aktion des Rats vom Mai 2004 festgelegt wurde, drei Phasen:

(1) Rehabilitierung und Ausstattung eines Ausbildungszentrums für die IPU und Aufbau der IPU,

(2) Ausbildung der IPU und

(3) deren anschließende Einweisung, Beratung, Supervision und Begleitung während ihrer anfänglichen Tätigkeit, v.a. um sicherzustellen, dass die IPU im Einklang mit ihrer Ausbildung und internationalen *Best practises* agiert.[910]

Die ersten beiden Phasen wurden von der Kommission mit Geldern des EDF und Beiträgen der Mitgliedstaaten bewerkstelligt. Mit einer "Joint Action on the European Union Police Mission in Kinshasa (DRC) regarding the Integrated Police Unit (EUPOL KINSHASA)" leitete der Rat am 9.12.2004 die ESVP-Mission EUPOL KINSHASA zum Zwecke der Durchführung der dritten Phase des Aufbaus der IPU ein.[911] Die geplante Dauer der Mission belief sich auf ein Jahr (bis 31.12.2005)[912], wurde aber mittlerweile verlängert.

Insgesamt wurden 30 Experten entsandt (19 Polizeibeamte, vier internationale Zivilbeamten, sechs lokale Mitarbeiter), für die gemeinsamen Kosten in der Planungsphase und für die Implementierungsphase im Jahr 2005 wurden, zusätzlich zu den ebenfalls weiterlaufenden EDF-finanzierten Aktivitäten, weitere 4.3 Mio. Euro aus dem Gemeinschaftshaushalt bereit gestellt. Neben Portugal, welches den *Head of Mission* stellte, leisteten Belgien, Deutschland und Ungarn Beiträge in Form von Material (für das Ausbildungszentrum) und Polizeibeamten. Die Niederlande, Großbritannien, Luxemburg, Irland, Dänemark und Schweden leisteten finanzielle Beiträge.[913] Natalie Pauwels von ISIS Europe weist darauf hin, dass – ganz im Gegensatz zur Operation ARTEMIS – das PSK über eineinhalb Jahre gebraucht hat, um sich auf die Durchführung einer ESVP-Polizeimission in Kinshasa zu einigen. Die innereuropäischen Differenzen, welche zur Langwierigkeit dieses Entscheidungsprozesses beitrugen, betrafen dabei v.a. die grundsätzliche Frage der Form, in welcher das Engagement der EU in dieser

---

[910] Vgl. Grevi/ Lynch/ Missiroli, ESDP operations, http://www.iss-eu.org/esdo/09-dvl-am.pdf, Zugriff am 2.2.2006, S. 8.
[911] Vgl. Grevi/ Lynch/ Missiroli, ESDP operations, http://www.iss-eu.org/esdo/09-dvl-am.pdf, Zugriff am 2.2.2006, S. 8.
[912] Vgl. Grevi/ Lynch/ Missiroli, ESDP operations, http://www.iss-eu.org/esdo/09-dvl-am.pdf, Zugriff am 2.2.2006, S. 9.
[913] Vgl. Grevi/ Lynch/ Missiroli, ESDP operations, http://www.iss-eu.org/esdo/09-dvl-am.pdf, Zugriff am 2.2.2006, S. 9.

dritten Phase des Aufbaus einer IPU stattfinden sollte, und resultierte gleichfalls teilweise aus der politischen und budgetären Zögerlichkeit einiger Mitgliedstaaten, eine zivile ESVP-Mission in Afrika (und nicht nur in der unmittelbaren Nachbarschaft wie z.B. in Bosnien oder Mazedonien) durchzuführen.[914] Die säulenübergreifende Mission zum Zwecke des Aufbaus der IPU stand und steht dabei vor einigen praktischen und normativen Herausforderungen: Erstens rekrutieren sich die Polizeikräfte der neuen IPU aus verfeindeten Rebellengruppen und Kabila-freundlichen Kräften, deren tiefsitzende Feindschaft der genuinen Integration der IPU – auch längerfristig – Schwierigkeiten bereiten kann; zweitens ist es durchaus fragwürdig, Waffen in ein (Nach-)Bürgerkriegsland zu liefern, wie dies im Zuge der Ausrüstung der IPU geschieht, selbst wenn diese für friedliche und sicherheitsförderliche Zwecke vorgesehen sind; drittens ist der Zweck ziviler Kriseneinsätze üblicherweise bevorzugtermaßen der Schutz der Zivilbevölkerung – die IPU soll aber dagegen v.a. die Sicherheit der nicht demokratisch legitimierten, teilweise der Kriegsverbrechen schuldigen Regierungsteilnehmern gewährleisten.[915] Mit Blick auf die dritte Phase der IPU-Unterstützung durch die EU stellt grundsätzlich sich die Frage, ob eine ESVP-Mission tatsächlich die beste Form für ein solches EU-Engagement ist, welche nicht eindeutig zu bejahen ist.[916]

Es steht dabei außer Frage, dass eine funktionsfähige integrierte nationale Polizei (IPU) nicht zuletzt von zentraler Relevanz für die sichere Durchführung der Parlamentswahlen in der DRK ist. Für die Phase der Wahlen wurde die Misison um 38 weitere Polizeiexperten vorübergehend aufgestockt. Die Maßnahmen der EU zur Unterstützung der IPU und EUPOL KINSHASA ergänzen zudem auch das europäische Engagement für die Sicherheit und friedliche Transition in der DRK/ Region der Großen Seen u.a. in Form der Bemühungen des EU-Sonderbeauftragten für die Region der Großen Seen (seit Ende 2000 präsent) und der ESVP-Operation ARTEMIS (Juli bis September 2003) sowie entsprechende Bemühungen der VN. Die Fortführung des Engagements der EU für die DRK und die Koordination mit den Vereinten Nationen müssen damit auch zu den Hauptkriterien der Bewertung des Erfolgs der EUPOL KINSHASA zählen.

---

914 Vgl. Pauwels (2005), EUPOL ‚Kinshasa': testing EU co-ordination, coherence and committment to Africa, http://www.isis-europe.org/ftp/Download/ESR25-DRC%20final.pdf, Zugriff am 6.2.2006, S. 2.

915 Vgl. Pauwels (2005), EUPOL ‚Kinshasa': testing EU co-ordination, coherence and committment to Africa, http://www.isis-europe.org/ftp/Download/ESR25-DRC%20final.pdf, Zugriff am 6.2.2006, S. 3.

916 Vgl. Pauwels (2005), EUPOL ‚Kinshasa': testing EU co-ordination, coherence and committment to Africa, http://www.isis-europe.org/ftp/Download/ESR25-DRC%20final.pdf, Zugriff am 6.2.2006, S. 3.

Am 8.6.2005 starteten die EU auf offizielle Anfrage der kongolesischen Regierung und in Folge einer Gemeinsamen Aktion des Rats vom 2.5.2005 eine weitere zivile Mission in der DRK, die „EU advisory and assistance mission for DRC security reform" (EUSEC RD CONGO), welche ein Jahr dauern sollte, mittlerweile aber ebenfalls verlängert wurde. Diese erste ESVP-Mission im Bereich militärischer Sicherheitssektorreform (vgl. erweitertes Petersbergspektrum in der ESS und dem VVE) soll ebenfalls die Transition der DRK unterstützen und wie auch EUPOL KINSHASA in enger Kooperation mit anderen internationalen Partnern vor Ort und in Koordination mit Kommissionsprogrammen vor Ort und in der Region stattfinden.[917]

Die Aufgaben von EUSEC RD CONGO umfassen die Beratung und Unterstützung jener kongolesischen Autoritäten, welche mit Fragen innerer und äußerer Sicherheit befasst sind, die praktische Unterstützung beim Aufbau einer integrierten kongolesischen Armee und die Förderung von Sicherheitspolitiken in der DRK, welche mit der Wahrung von Menschenrechten vereinbar sind, und demokratischen Standards bzw. Standards guter Regierungsführung entsprechen[918].

Zur Implementierung der Ziele und Koordination der Mission wurde ein Leitungsbüro in Kinshasa eingerichtet, welches mit kongolesischem Personal besetzt ist, das aber nicht in einem Arbeitsverhältnis mit der kongolesischen Regierung steht. Diese unterstützen die Arbeit der acht durch EU-Mitgliedstaaten bzw. EU-Institutionen bestimmten und bereitgestellten Experten, welche den Schlüsselposten des offiziellen kongolesischen Sicherheitssektors beigestellt sind (persönliches Büro des Verteidigungsministers, allgemeiner militärischer Stab – hier wurden fünf Experten abgestellt, die sog. *National Commission for Disarmament, Demobilisation and Re-assignment* und das sog. *Joint Operational Committee).* Für die gemeinsamen Kosten wurden 1.6 Mio. Euro aus dem Gemeinschaftshaushalt bereitgestellt.[919]

Während die EU mit der EUSEC RD CONGO ihr operatives Engagement in der DRK (s.o.) fortführt, was als positiv zu bewerten ist, bestätigt die Wahl des Rahmens für dieses fortgesetzte Engagement – nämlich wiederum den der Europäischen Sicherheits- und Verteidigungspolitik – evtl. einen Trend „towards

---

[917] Vgl. Grevi/ Lynch/ Missiroli, ESDP operations, http://www.iss-eu.org/esdo/09-dvl-am.pdf, Zugriff am 2.2.2006, S. 10.

[918] Für letztere Aufgabe können die entsandten Experten auf das bereits im Vorfeld der Operation entworfene allgemeine Operationskonzept "General Concept for setting up a mission to provide assistance for security sector reform in DRC", welches am 12.4.2005 vom Rat abgesegnet worden war, zurückgreifen.

[919] Vgl. Grevi/ Lynch/ Missiroli, ESDP operations, http://www.iss-eu.org/esdo/09-dvl-am.pdf, Zugriff am 2.2.2006, S. 10/ 11.

transferring responsibility for SSR initiatives from the first to the second pillar“[920]. Es darf angenommen werden, dass dieser Trend bzw. diese Entscheidung „is based less on functionality and improving the coherence of EU action, and has in fact more to do with the politics of EU integration“[921].

Integrierte EU-Mission zur Stützung der Rechtsstaatlichkeit im Irak (EUJUST LEX)

Aufgrund der Ergebnisse einer gemeinsamen Rats- und Kommissions-*Fact-finding mission* zum Zwecke der Sondierung von Handlungsbedarf und -möglichkeiten in den Bereichen Polizei und Rechtsstaatlichkeit im Irak stellte der Europäische Rat von Brüssel im November 2004 die Dringlichkeit der Stärkung des Strafrechtssystems im Irak, v.a. mit Blick auf die Einhaltung der Menschenrechte, fest. Hierauf wurde Ende November 2004 ein Expertenteam[922] zur Aushandlung über eine entsprechende EU-Mission mit den irakischen Autoritäten entsandt. Auf Einladung des irakischen Übergangsregierung und auf Grundlage des Berichts des Expertenteams vom Januar 2005 entschied der Rat am 21.2.2005, unter dem Namen EUJUST LEX eine integrierte Polizei- und Rechtsstaatlichkeitsmission durchzuführen. In einer entsprechenden Gemeinsamen Aktion wurde der Beginn der Planungsphase für Anfang März 2005 und der Beginn der operativen Phase für Juli 2005 festgelegt.[923]

Gourlay und Monaco heben hervor, dass EUJUST LEX die erste sog. integrierte Rechtsstaatlichkeitsmission ist.[924]

---

920 Pauwels (2005), EUPOL ‚Kinshasa': testing EU co-ordination, coherence and committment to Africa, http://www.isis-europe.org/ftp/Download/ESR25-DRC%20final.pdf, Zugriff am 6.2.2006, S. 3.

921 Pauwels (2005), EUPOL ‚Kinshasa': testing EU co-ordination, coherence and committment to Africa, http://www.isis-europe.org/ftp/Download/ESR25-DRC%20final.pdf, Zugriff am 6.2.2006, S. 3.

922 Dieses bestand aus einem Vertreter der Kommission, einem des Ratssekretariats und vier Vertretern aus den Mitgliedstaaten.

923 Vgl. Grevi/ Lynch/ Missiroli, ESDP operations, http://www.iss-eu.org/esdo/09-dvl-am.pdf, Zugriff am 2.2.2006, S. 12.

924 Vgl. Gourlay/ Monaco (2005), Training civilians and soldiers to improve security in Iraq, http://www.isis-europe.org/ftp/Download/ESR25-Iraq%20final.pdf, Zugriff am 2.2.2006, S. 2.

Die Mission erhielt das Mandat,

- sich der dringendsten Bedürfnisse des irakischen Strafrechtssystems anzunehmen und
- v.a. eine engere und verbesserte Zusammenarbeit zwischen den verschiedenen Akteuren des Systems zu fördern,
- die Managementkapazitäten von Beamten in leitenden Positionen bzw. mit großem Potenzial in den Bereichen Polizei, Justiz, Strafvollzug, ebenso wie Fähigkeiten und Prozeduren im Bereich polizeiliche Ermittlung zu verbessern.[925]

Hierfür soll eine von der irakischen Regierung als sog. kritische Masse definierte Zahl von 770 Personen (Ermittlungsrichter und leitende Polizei- und Strafvollzugsbeamten, mit einem Anteil von in der Strafermittlung tätigen Polizeibeamten) ausgebildet werden. Die Auswahl der betreffenden Personen führt die EU gemeinsam mit den irakischen Autoritäten durch, wobei bei der Auswahl die Kriterien (1) „senior officials" (2) „with an appropriate functional" und (3) „geographic spread"[926] als vorrangig identifiziert wurden. Die Ausbildungsdauer für die jeweiligen Personen(gruppen) umfasst je einen Monat. Die einmonatigen Kurse begannen im Juli 2005 und werden bis Ende Juni 2006 fortgesetzt.[927] Die Ausbildungsaktivitäten finden jedoch nicht auf dem Gebiet des Irak statt, sondern entweder in angrenzenden Ländern oder innerhalb der EU.[928]

An den EU-Ausbildungsaktivitäten beteiligen sich acht EU-Mitgliedstaaten, darunter Frankreich, Deutschland und Spanien, welche, in Linie mit ihrer Gegnerschaft der militärischen Intervention im Irak durch die USA-geführte Koalition der Willigen „the security challenges and political cleavages associated with NATO training efforts in Iraq[929]"[930] zu vermeiden suchen. Zum Zwecke der Durchführung von EUJUST LEX wurde ein Koordinierungselement im Ratssek-

---

[925] Vgl. Gourlay/ Monaco (2005), Training civilians and soldiers to improve security in Iraq, S. 1.

[926] Vgl. Gourlay/ Monaco (2005), Training civilians and soldiers to improve security in Iraq, S. 1.

[927] Vgl. Gourlay/ Monaco (2005), Training civilians and soldiers to improve security in Iraq, S. 2.

[928] Vgl. Grevi/ Lynch/ Missiroli, ESDP operations, http://www.iss-eu.org/esdo/09-dvl-am.pdf, Zugriff am 2.2.2006, S. 12.

[929] Auch die NATO führt Ausbildungsaktivitäten aus, welche sich jedoch an militärisches Personal richten, und im Irak selbst stattfinden (vgl. Grevi/ Lynch/ Missiroli, ESDP operations, http://www.iss-eu.org/esdo/09-dvl-am.pdf, Zugriff am 2.2.2006, S. 12).

[930] Gourlay/ Monaco (2005), Training civilians and soldiers to improve security in Iraq, http://www.isis-europe.org/ftp/Download/ESR25-Iraq%20final.pdf, Zugriff am 2.2.2006, S. 2.

retariat und ein Liaison-Büro auf dem Gelände der britischen Botschaft in Bagdad eingerichtet. Die Aufgaben dieser Büros bestehen in der Koordination mit den irakischen Behörden, der Auswahl des zu trainierenden irakischen Personals, der Entwicklung des Training-Curriculums, und, in Zusammenarbeit mit den EU-Mitgliedstaaten, der konkreten Ausgestaltung und Implementierung des Projektes.[931]

Die gemeinsamen Kosten der Mission umfassen die Ausgaben für das Liaison-Büro als solches, die Reisekosten der irakischen Teilnehmer sowie der einigen Missionspersonals. Hierfür wurden 10 Mio. Euro aus dem EU GASP-Budget bereit gestellt. Ausbildungsfazilitäten und Ausbilder werden von den Mitgliedstaaten gestellt und je von diesen finanziert, ebenso werden das von den Mitgliedstaaten entsandte Missionspersonal für das Büro in Bagdad und ein Teil des Missionspersonals in Brüssel (Koordinierungsbüro im Ratssekretariat) von den Mitgliedstaaten finanziert.[932] EUJUST LEX soll dabei explizit der Unterstützung und Ergänzung der Bemühungen der Vereinten Nationen im Irak dienen und synergetisch mit den Bemühungen der EU-Mitgliedstaaten im Irak wirken.[933] Die Kommission fasst zudem *Follow-up-* Programme bzw. -Projekte ins Auge.[934]

Wie schon im Falle einiger der o.g. ESVP-Einsätze gilt auch für die ESVP-Mission EUJUST LEX: „Good for ESDP, not enough for Iraq“[935]. Einerseits: “The mission planning, and use of a small expert team with multi-functional expertise, was certainly a positive development and should help to ensure that the mission adds value to other EC and member state efforts and those of other international organisations […].”[936] Andererseits: “Judged against the scale of the need, however, the effectiveness of the response remains uncertain. The Iraqi rule of law and criminal justice system needs to be built from scratch. […] While

---

931 Vgl. Gourlay/ Monaco (2005), Training civilians and soldiers to improve security in Iraq, http://www.isis-europe.org/ftp/Download/ESR25-Iraq%20final.pdf, Zugriff am 2.2.2006, S. 1/ 2.

932 Vgl. Gourlay/ Monaco, Training civilians and soldiers to improve security in Iraq, http://www.isis-europe.org/ftp/Download/ESR25-Iraq%20final.pdf, Zugriff am 2.2.2006, S. 1/2.

933 Vgl. Grevi/ Lynch/ Missiroli, ESDP operations, http://www.iss-eu.org/esdo/09-dvl-am.pdf, Zugriff am 2.2.2006, S. 12/13.

934 Vgl. Grevi/ Lynch/ Missiroli, ESDP operations, http://www.iss-eu.org/esdo/09-dvl-am.pdf, Zugriff am 2.2.2006, S. 13.

935 Vgl. Gourlay/ Monaco (2005), Training civilians and soldiers to improve security in Iraq, http://www.isis-europe.org/ftp/Download/ESR25-Iraq%20final.pdf, Zugriff am 2.2.2006, S. 2.

936 Gourlay/ Monaco (2005), Training civilians and soldiers to improve security in Iraq, http://www.isis-europe.org/ftp/Download/ESR25-Iraq%20final.pdf, Zugriff am 2.2.2006, S. 2.

the EU's focus on providing training on how the criminal justice system should work as a whole is necessary, it is certainly not sufficient and sustainble."[937]

EU-Unterstützungsaktion für AMIS II, Darfur, Sudan

Im Jahr 2004 zog die Krise im Sudan die internationale (Medien)-Aufmerksamkeit auf sich. Auf die fortgesetzte humanitäre Notlage, die politische Krise und die potenziell negativen Auswirkungen auf die regionale Stabilität reagierte die EU mit einem zweifachen Ansatz:

Erstens unterstützte die EU die *Monitoring Mission* der Afrikanischen Union (AU), AMIS I, zur Überwachung des am 4.4.2004 geschlossenen Waffenstillstandes und unterstützt in Folge die am 20.10.2004 erweiterte Mission (AMIS II), welche als Aufgabe nicht nur die Einhaltung des Waffenstillstandes (AMIS I) hat, sondern ebenso die Unterstützung vertrauensbildender Maßnahmen, den Schutz der zivilen und humanitären Interventionen und die Einhaltung aller Abkommen im Zusammenhang mit dem Konflikt. Gemäß der Gemeinsamen Aktion vom 18.7.2005 laufen Unterstützungsmaßnahmen der EU für AMIS als ESVP-Aktivität und umfassen die Bereitstellung von Planungs- und technischer Unterstützung, von zusätzlichen militärischen Beobachtern, strategischem und taktischem Transport, Training von AU-Kontingenten und Beobachtern. Um AMIS II logistische Unterstützung zu leisten und die operativen Kapazitäten der AU zu verbessern, wurden 80 Mio. Euro aus der EU-finanzierten *African Peace Facility* mobilisiert; acht Militärexperten und ein ziviler Polizei-Experte unterstützten das Management von AMIS II im AU-HQ in Addis Abeba, zudem leisten von europäischen Regierungen abgestellte zivile Polizeibeamten sog. *In-Mission-Training* für AU-Polizeikräfte. Zweitens unterstützte die EU die Bemühungen zur Herbeiführung eines Friedensabkommens und einer politischen Lösung des Konflikts und ernannte in diesem Zuge einen EU-SR für den Sudan, welcher den Auftrag hat, die maximale Effektivität der Unterstützungsmaßnahmen der EU für die AU-Mission sicherzustellen und u.a. die Verletzung von Menschenrechten in die Friedensverhandlungen, bei welchen er als Vertreter der EU vor Ort in Abuja (Nigeria) präsent ist, einzubringen.[938]

Die EU verwirklicht mit ihrer politischen, finanziellen und technischen (logistischen) Unterstützung des ersten großangelegten Einsatzes der neu gegründeten

---

[937] Gourlay/ Monaco, Training civilians and soldiers to improve security in Iraq, S. 2.

[938] Vgl. Grevi/ Lynch/ Missiroli, ESDP operations, http://www.iss-eu.org/esdo/09-dvl-am.pdf, Zugriff am 2.2.2006, S. 13.

AU ihr in der ESS und dem Strategiepapier „ESDP in Africa" angepeiltes strategisches Ziel des Engagements zur Unterstützung von Regionalorganisationen.[939] Während diese Art der Hilfe zur Selbsthilfe mittel- und langfristig sicherlich eine notwendige Maßnahme ist, erfordert der Konflikt im Sudan aus humanitären Gründen und angesichts der fortgesetzten Fähigkeitendefizite der AU im regionalen Krisenmanagement aber schon längst eine direkte Intervention der internationalen Staatengemeinschaft unter Beteiligung der EU-Staaten, oder aber auch in Form einer EU-geführten militärischen Operation. Mangels politischen Willens und fehlender Fähigkeiten (Logistik, Kommunikation, etc.) ergreift die EU, anders als in der DRK, aber keine diesbezüglichen Initiativen. Zudem muss die Zusammenarbeit mit der ebenfalls vor Ort tätigen NATO als unbefriedigend bewertet werden.

EU-Beobachtermission in Aceh, Indonesien (*Aceh Monitoring Mission* – AMM)

Die indonesische Regierung und die Rebellen des *Free Aceh Movement* (GAM) schlossen – „begünstigt" durch die Tsunami-Krise im Dezember 2004 – am 15.8.2005 ein Friedensabkommen (*Memorandum of Understanding*), wobei die dem Abkommen vorausgehenden Verhandlungen von der Kommission finanziell unterstützt worden waren. Braud und Grevi heben in diesem Zusammenhang hervor, dass die Identifizierung und Gewinnung eines für alle Konfliktparteien akzeptablen internationalen Partners zur Überwachung des Friedensabkommens als essenzielle Voraussetzung für den nachhaltigen Erfolg des Friedensschlusses identifiziert wurde.[940]

Die UN kam, wie Braud und Grevi vom EU ISS feststellen, aufgrund ihres vorangegangenen, teilweise suboptimalen Engagements in Osttimor nicht mehr als Partner in Frage. Die Durchführung einer Überwachungsmission durch die ASEAN allein war aufgrund politischer Sensibilitäten keine geeignete Lösung. Ende Juni 2005 führte die EU eine diesbezügliche *Assessment*-Mission vor Ort in Aceh durch, am 18.7.2005 äußerte sich der Rat positiv, aber weiterhin zurückhaltend zur Möglichkeit der Durchführung einer EU-Überwachungsmission in Zusammenarbeit mit der ASEAN und beauftragte die kompetenten ESVP-Gremien mit der Fortführung entsprechender Planungsaktivitäten. Vor allem das PSK zeigte sich jedoch im Gesamten wenig begeistert von der Perspektive einer ESVP-Mission in Asien. Während einige der im PSK vertretenen Mitgliedstaa-

---

[939] Vgl. Grevi/ Lynch/ Missiroli, ESDP operations, http://www.iss-eu.org/esdo/09-dvl-am.pdf, Zugriff am 2.2.2006, S. 13.
[940] Vgl. Braud/ Grevi (2005), The EU mission in Aceh, S. 5.

ten (Finnland, Schweden, die Niederlande[941] und Frankreich) die Durchführung einer Mission forcierten, vermittelte eine „silent majority“[942] im PSK den Eindruck, dass die Mehrzahl der Mitgliedstaaten eine Mission in Asien nicht als drängende Aufgabe bzw. Priorität der ESVP betrachteten. Während zum einen die wenigsten Staaten über die Situation in dem über 10.000 km entfernten Krisengebiet Bescheid wussten und vielmehr die Nachbarschaft oder auch Afrika als vorrangiges Einsatzgebiet der ESVP betrachteten, schien eine Überwachungsmission in Aceh zudem auch relativ große Risiken eingehen zu müssen. Die damalige britische Ratspräsidentschaft lieh jedoch der Idee einer AMM, nach anfänglichem Zögern, ihre volle Unterstützung, und zwar aus der Erwägung mehrerer Gründe, die insgesamt zu einer positiven Kosten-Nutzen-Kalkulation zugunsten der AMM führten:

> „First, it would demonstrate that, nonwithstanding the rejection of the Constitutional Treaty and the budgetary stalemate, ESDP was still up on its feet and able to deliver. Second, a mission in Indonesia would match the vision of those who regarded the Union as a global player, not limited to stabilising its neighbourhood but nurturing more ambitious goals. Third, the mission would offer a test case for the functioning of the newly established CivMil Cell. In addition, with a view to events on the ground, it was quite clear that the absence of credible and impartial monitors would lead to a breakdown of the peace agreement and the resumption of hostilities.“ [943]

Braud und Grevi verorten die Vorbereitungsphase der AMM auf zwei parallelen Schienen. Zum einen gingen die Brüssel-basierten Akteure die politischen, rechtlichen und finanziellen Frage einer eventuellen Mission an, zum anderen bereiteten Teams (aus Vertretern der interessierten Mitgliedstaaten, EU-Institutionen und der ASEAN) vor Ort eine entsprechende Mission vor. Nach der o.g. Ratserklärung vom 18.7.2005 war dabei schnell klar, dass aufgrund Zeitmangels die vorgesehen ESVP-Prozeduren zu schwerfällig sein würden, um sicherstellen zu können, dass die AMM am 15.8., sprich zum für die Unterzeichnung des Friedensabkommens vorgesehenen Zeitpunkt, in vollem Umfang vor Ort ihre Arbeit aufnehmen können würde. Gleichzeitig lag auf der Hand, dass ein Vakuum zwischen Friedensschluss und Überwachungsmission die eindeutige Gefahr barg, den Friedensprozess frühzeitig zusammenbrechen zu lassen. Vor diesem Hintergrund arbeiteten Ratssekretariat und Kommission zusammen ein Konzept für eine sog. *Initial Monitoring Presence* (IMP) aus, welche die Zeit zwischen Friedensschluss und Einrichtung der AMM in ihrem vollen Umfang überbrücken würde. Dies geschah, ohne dass zuvor der Rat ein offizielles Mandat erteilt gehabt hätte, sondern vielmehr aufgrund der Arbeit und Erkenntnisse der Teams, die vor Ort die Durchführung der AMM vorbereiteten.

---

[941] Die Niederlande sind die ehemalige Kolonialmacht der Region.
[942] Braud/ Grevi (2005), The EU mission in Aceh, S. 22.
[943] Braud/ Grevi (2005), The EU mission in Aceh, S. 22.

Durch die frühzeitige Ernennung erfahrener und hoher Ratssekretariatsbeamten als *Head of Mission* der AMM bzw. als Leiter der *Technical Assessment Mission* (TAM) wurde die schnelle und professionelle Vorbereitung der AMM erleichtert. Die zuletzt genannte TAM wurde nach der Ratserklärung vom 18.7.2005 unverzüglich in das Krisengebiet entsandt. Unter Beteiligung von EU-Personal, Vertretern der Mitgliedstaaten und der ASEAN spielte die TAM aus schierer Notwendigkeit heraus letztendlich eine bestimmende Rolle bei der Vorbereitung und Planung der AMM.[944] Vor dem Hintergrund dieser bereits laufenden Vorbereitung konnte Solana anlässlich des offiziellen Friedensschlusses am 15.8.2005 öffentlich erklären, dass die EU, zusammen mit der ASEAN, die Entsendung einer AMM zum 15.9. anstrebte. Das Ratssekretariat kündigte darüber hinaus auch die Entsendung einer IMP am gleichen Tag (15.8.) an, welche 50 Beobachter aus der EU und ASEAN umfassen und mit der Vertrauensbildung im Zuge des *Memorandum of Understanding* beauftragt sein würde.

Die Generierung entsprechender Einsatzkräfte für die IMP verlief reibungslos, die der benötigten finanziellen Mittel für die IMP gestaltete sich dagegen äußerst schwierig. Noch während der ersten Augusthälfte lag weiterhin im Unklaren, wie diese Vorphase ebenso wie die folgende umfangreichere Mission finanziert werden sollten. Angesichts des großen Zeitdrucks mussten schnelle temporäre Lösungen gefunden werden.[945] In Banda Aceh wurde ein Konto eingerichtet und die Mitgliedstaaten wurden aufgefordert, auf dieses zur Finanzierung der Mission (IMP) einzuzahlen, wobei die britische Ratspräsidentschaft und Finnland die größten Beiträge leisteten.[946] In Brüssel war währenddessen ad hoc eine Planungszelle im Ratssekretariat eingerichtet worden, welche die Vorbereitung und Planung der AMM unterstützen sollte.[947]

Im Rahmen des Friedensabkommens wurde eine entsprechende Überwachungsmission mit einigen, wie Braud und Grevi feststellen, sensiblen Aufgaben beauftragt, welche fast unverändert in das robuste Mandat der AMM, welches in der Gemeinsamen Aktion des Rats vom 9.9.2005 dargelegt wurde, übernommen wurden:

---

[944] Z.B. wurde der CONOPS durch TAM-Personal vor Ort entworfen, anschließend dem PSK bzw. dem Rat vorgelegt, welche den CONOPS dann in Brüssel absegneten.

[945] Z.B. statteten die entsendenden Mitgliedstaaten ihr Personal mit je 7.000 Euro Bargeld aus, so dass diese ihre Ausgaben vor Ort begleichen können würden.

[946] Vgl. Braud/ Grevi (2005), The EU mission in Aceh, S. 21 – 24.

[947] Die britische Ratspräsidentschaft hatte indessen darauf bestanden, dass die zivil-militärische Zelle mit der Planung der Mission betraut werden sollte, die Zelle war jedoch zu diesem Zeitpunkt noch nicht voll funktionstüchtig, so dass o.g. Ad-hoc-Lösung durch eine entsprechende Zusammenarbeit von Personal der Generaldirektion E IX und schon vorhandenen Personals der zivil-militärischen Zelle arrangiert wurde (vgl. Braud/ Grevi [2005], The EU mission in Aceh, S. 27).

- o Überwachung der Demobilisierung der GAM-Kämpfer;
- o Überwachung und Unterstützung des Einsammelns und der Zerstörung der Waffen der GAM;
- o Überwachung des Rückzugs irregulärer militärischer und polizeilicher Einsatztruppen der indonesischen Regierung;
- o Überwachung der Reintegration von aktiven GAM-Mitgliedern;
- o Überwachung der Menschenrechtssituation und Unterstützung der Wahrung der Menschenrechte als Querschnittsaufgabe im Zuge der Erfüllung der anderen genannten Aufgaben;
- o Überwachung der Gesetzgebung und des politischen Prozesses;
- o Rechtssprechung im Falle umstrittener Amnestiefälle, Ermittlung und Rechtssprechung im Fall von Beschwerden und berichteten Verletzungen des *Memorandum of Understanding*;
- o Errichtung und Aufrechterhaltung guter Beziehungen mit den Konfliktparteien.

Hierbei stellen zum einen die Zerstörung von Waffen besondere Ansprüche an Ausbildung und Ausrüstung der AMM, zum anderen ist die Betrauung der AMM mit der Überwachung der Menschenrechtssituation (wenn auch nur als Querschnittsaufgabe) und des politischen Prozesses politisch besonders sensibel. Die Sicherheit des AMM-Personals wird durch indonesische Regierungstruppen gewährleistet. Um die erfolgreiche Erfüllung o.g. Mandats sicherzustellen, "[t]he AMM has been organised in such a way as to ensure both a capillary presence on the ground and mobility across the region to ensure the implementation of the Memorandum of Understanding."[948] Es existiert ein Hauptquartier in Banda Aceh, welches den HoM, vier Berater desselben, eine Operations-Abteilung, inklusive einer Berichterstattungs- und Analyseeinheit, eine Entwaffnungskomponente, ein Presse- und Informationszentrum, ein Sicherheitsbüro, eine Einheit zur medizinischen Versorgung, diverse Unterstützungsdienste und insgesamt 57 Personen umfasst. Zudem wurden elf sog. Bezirks-Büros (*District offices*) eingerichtet, deren Leitung zwischen EU und ASEAN zu gleichen Teilen verteilt wurde, und vier mobile Entwaffnungsteams, bestehend aus je neun Personen, welche sich hauptsächlich aus EU-Personal zusammensetzen, eingesetzt. Insgesamt umfasst das AMM-Personal 231 Personen. Die Leitungsposten in der AMM sind zwischen der EU und der ASEAN aufgeteilt, so dass diese immer im Zusammenwirken beider Organisationen ausgeführt werden. Für die Mission war zunächst eine sechsmonatige Laufzeit veranschlagt (bis zum 15.3.2006), die

---

[948] Braud/ Grevi (2005), The EU mission in Aceh, S. 28

aber nochmals verlängert wurde.[949] Das Risiko angesichts der Fragilität des Friedensprozesses und des vor Ort herrschenden instabilen politischen und Sicherheits-Umfelds ist nicht unbeträchtlich.[950]

In der Kommissions-Generaldirektion „Außenbeziehungen" wurde sofort nach der offiziellen Erklärung Solanas, dass eine EU-Überwachungsmission in Aceh angepeilt würde, mit der Arbeit an einem Finanzierungsvorschlag für die AMM begonnen, welcher, wie Braud und Grevi erörtern, aus mehreren Gründen zu erbitterten Kontroversen zwischen der Kommission und der Rechtsabteilung des Ratssekretariats führte und die Interessensdivergenzen bzw. sog. *Turf battles* zwischen Ratsstrukturen und Mitgliedstaaten einerseits und der Kommission andererseits verdeutlichte. Die Frage der Finanzierung (wer und wie) ist direkt mit der Frage der politischen Kontrolle und strategischen Leitung der betreffenden Mission selbst verbunden. Nachdem gemäß des o.g. Vorschlags die Kommission weitestgehend die Finanzierung der Mission aus ihrem Haushalt für Außenbeziehungen übernommen hätte (und nicht der GASP-Haushalt für die gemeinsamen Kosten der Mission aufgekommen wäre), wehrten sich die Mitgliedstaaten (und die Rechtsabteilung des Ratssekretariats) gegen den Vorschlag, da sie befürchteten, dass die Kommission im Zuge des Finanzierungsvorschlags eine Übernahme von politischen und strategischen Funktionen mit Blick auf die AMM und zukünftige Einsätze (Präzedenzfall) anstreben und sukzessive die Kontrolle und Leitung von ESVP-Einsätzen aus der Hand der Nationalstaaten und der ESVP-Gremien übernehmen würde. Rechtlich wurde die Ablehnung des Vorschlags damit begründet, dass ein Krisenmanagementeinsatz, die in den Bereich der ESVP/ GASP fallen würde, nicht, wie im Vorschlag vorgesehen, mit Mitteln des RRM und des *Asia and Latin America Programme* der Kommission finanziert werden könnte, da dies gegen die budgetären Regeln (Artikel 28 (3)) für die Durchführung einer Beobachtungsmission, wie sie unter Titel V VEU fallen würde, verstieße. Im Gegenzug erstellten Beamten des Ratssekretariats einen Finanzierungsvorschlag, welcher das GASP-Budget, inklusive überschüssiger Gelder anderer Einsatzbudgets, als Finanzierungsquelle bestimmte. Auch dieser Vorschlag schien angesichts eines grundsätzlich knappen GASP-Budgets und des Widerwillens einiger Mitgliedstaaten, die AMM überhaupt durchzuführen, dazu prädestiniert, auf Probleme zu stoßen, wurde aber, nicht zuletzt dank einer entschiedenen Parteinahme des HR Solana für die Operation und Aufforderung an die Mitgliedstaaten, die AMM zu unterstützen, schließlich abgesegnet. Da letztendlich von den für die gesamte AMM angesetzten 15 Mio. Euro nur neun Mio. aus dem GASP-Budget finanziert werden konnten, wurden die Mitgliedstaaten aufgefordert, die restlichen fünf Mio. aufzubringen. Insgesamt trugen

[949] Vgl. Grevi/ Lynch/ Missiroli, ESDP operations, http://www.iss-eu.org/esdo/09-dvl-am.pdf, Zugriff am 2.2.2006, S. 14.
[950] Vgl. Grevi/ Lynch/ Missiroli, ESDP operations, http://www.iss-eu.org/esdo/09-dvl-am.pdf, Zugriff am 2.2.2006, S. 14.

sieben Mitgliedstaaten zur Deckung dieser Kosten bei, allen voran Schweden. Darüber hinaus wurde eine weitere Mio. durch bilaterale Beiträge und Nicht-EU-Mitglieder (Norwegen und Schweiz, welche sich an der AMM auch mit der Entsendung von je drei Beobachtern beteiligten) bereitgestellt. Im Anschluss an diese Finanzierungsaktivitäten wiesen jedoch insgesamt zehn EU-Mitglieder darauf hin, dass die Finanzierungsmodalitäten der AMM nicht den Regelfall für das diesbezügliche Vorgehen bei zukünftigen Missionen abgeben würden.[951] Die Entscheidung, dass zivile ESVP-Missionen grundsätzlich aus dem GASP-Budget finanziert werden müssen, könnte aber eine Art Präzedenzfall für die Finanzierung zukünftiger ziviler Missionen darstellen.[952]

Die AMM fügt sich als zentrale Komponente[953] in ein multiples Engagement der EU in Aceh[954] ein. Der Mehrwert der AMM besteht in der Koordinierung von EU-Instrumenten zum Wiederaufbau der von dem Tsunami im Dezember 2004 zerstörten Region einerseits und der Unterstützung des politischen Prozesses der innerindonesischen Aussöhnung durch Hilfestellung bei der Reintegration ehemaliger irregulärer Kombattanten und dem Aufbau einer lokalen Administration andererseits.[955] Konzeptionell sind AMM und Kommissionsbemühungen gut abgestimmt: „[T]he Commission's efforts and the AMM mandate can only be regarded as complementary and mutually reinforcing."[956] Auch die praktische Abstimmung und Zusammenarbeit vor Ort werden vom EU-Institut für Strategische Studien als gut bezeichnet.[957]

Die AMM ist die erste ESVP-Mission in Asien, „reflecting the growing commitment of the Union to supporting peace and stability well beyond its neighbourhood, in partnership with other regional organisations"[958]. Die EU war dabei

---

[951] Vgl. Braud/ Grevi (2005), The EU mission in Aceh, S. 24 – 27.

[952] Vgl. Braud/ Grevi (2005), The EU mission in Aceh, S. 36.

[953] Vgl. Braud/ Grevi (2005), The EU mission in Aceh, S. 3.

[954] Erstens waren die EU und ihre Mitglieder der größte Geldgeber nach der Tsunami-Katastrophe; zweitens hatte die Kommission schon vor dem Tsunami die Verhandlungsversuche zwischen Regierung und Rebellen unterstützt; drittens hatte die Gemeinschaft zwischenzeitlich die Finanzierung einer Beobachtungsmission durch eine internationale Nichtregierungsorganisation übernommen; viertens stellte die Kommission im März 2005 Gelder aus dem RRM für die Unterstützung der Involvierung lokaler „stakeholder" in den Wiederaufbau-Masterplan bereit, einen Monat später für die Unterstützung von Verhandlungen; fünftens investierte die Kommission im Sommer, parallel zu TAM bzw. zur Vorbereitung der AMM, nochmals 30 Mio. für den Wiederaufbau (vgl. Braud/ Grevi [2005], The EU mission in Aceh, S. 29).

[955] Vgl. Braud/ Grevi (2005), The EU mission in Aceh, S. 3.

[956] Braud/ Grevi (2005), The EU mission in Aceh, S. 29.

[957] Braud/ Grevi (2005), The EU mission in Aceh, S. 30.

[958] Grevi/ Lynch/ Missiroli, ESDP operations, http://www.iss-eu.org/esdo/09-dvl-am.pdf, Zugriff am 2.2.2006, S. 14.

der einzige für alle Seiten akzeptable externe Akteur zur Überwachung des Friedensabkommens, woraus evtl. eine „telling recognition of the international credibility of EU intervention under ESDP“[959] abgeleitet werden könnte. Die EU zeigte sich dabei fähig, innerhalb weniger Wochen eine entsprechende Mission zu Stande zu bringen.[960] Die AMM demonstrierte hierbei – ihrer anhaltenden Verfassungs- und Haushaltskrise zum Trotz – die Handlungsfähigkeit der EU im internationalen Krisenmanagement, was umgekehrt teilweise auch als Ziel der britischen Ratspräsidentschaft und anderer Mitgliedstaaten dazu führte, dass die Mission reaktionsschnell stattfinden konnte.[961] Die Kooperation mit fünf ASEAN-Staaten im Rahmen der AMM stellt einen Schritt der EU auf ihr deklariertes Ziel (u.a. in der ESS), mit Regionalorganisationen zum Zwecke eines effektiven Multilateralismus zusammenzuarbeiten und diese zu unterstützen, dar.[962] Betrachtet man die AMM im Zusammenhang mit den „ongoing efforts to strengthen the civilian crisis management capabilities of the Union, the AMM seems to go in the right direction“[963], wobei die Nützlichkeit integrierten Krisenmanagements bestätigt und die Notwendigkeit reaktionsschnellerer institutioneller und prozduraler Strukturen zu Vorbereitung, Planung und Finanzierung ziviler Krisenmanagementmissionen und der Bedarf an verbesserten logistischen Unterstützungskapazitäten unterstrichen wurde.[964] Das Zustandekommen der AMM war dabei insgesamt auf schnelle und kreative prozedurale und finanzielle Lösungen seitens der EU und ihren Mitgliedstaaten angewiesen.[965]

Doch während einerseits die erfolgreiche Ad-hoc-Lösung als Beweis der Fähigkeit der EU und ihrer Mitgliedstaaten zur schnellen Reaktion trotz inadäquater institutioneller, prozeduraler und finanzieller Voraussetzungen verbucht werden kann, bieten diese Ad-hoc-Lösungen aber auf längere Sicht keine nachhaltige Sicherstellung adäquater und schneller europäischer Krisenreaktion. Während die praktische Zusammenarbeit zwischen Kommission und ESVP-Mission im Feld zwar gut läuft, gab es jedoch zudem im Vorfeld der AMM interinstitutionelle Auseinandersetzungen (zwischen Rat und Mitgliedstaaten auf einer Seite

---

959 Braud/ Grevi (2005), The EU mission in Aceh, S. 3.
960 Vgl. Braud/ Grevi (2005), The EU mission in Aceh, S. 3.
961 Vgl. Grevi/ Lynch/ Missiroli, ESDP operations, http://www.iss-eu.org/esdo/09-dvl-am.pdf, Zugriff am 2.2.2006, S. 13.
962 Vgl. Braud/ Grevi (2005), The EU mission in Aceh, S. 3.
963 Diese Bemühungen umfassen u.a. ein Konzept für Beobachtungsmissionen (Oktober 2003), im Einklang mit welchem die AMM verläuft; der zivile Aktionsplan vom Juni 2004 identifizierte das Einsatzfeld „Beobachtungsmissionen“ als einen zusätzlichen Bereich im Rahmen des zivilen ESVP-Instrumentariums, zu welchem die Mitgliedstaaten Fähigkeiten bereitstellen sollten, und im November 2004 sagten die Mitgliedstaaten auf der Konferenz zu zivilen Fähigkeiten entsprechendes Personal im Umfang von 505 Personen zu (vgl. Braud/ Grevi [2005], The EU mission in Aceh, S. 33).
964 Vgl. Braud/ Grevi (2005), The EU mission in Aceh, S. 33/ 34.
965 Vgl. Braud/ Grevi (2005), The EU mission in Aceh, S. 5.

und der Kommission auf der anderen Seite) um die Vorrechte der jeweiligen Akteure im operativen Krisenmanagement, wobei die o.g. geforderte effektive Zusammenarbeit zeitweise gefährdet wurde.[966]

Insgesamt konnte die AMM bisher durch die Konsolidierung der Rechtsstaatlichkeit zur Verbesserung der Menschenrechtssituation in Aceh beitragen, wobei das Vertrauen in der Bevölkerung in die Rechtsstaatlichkeit, z.B. dass Menschenrechtsverletzungen durch die indonesischen Regierungstruppen verfolgt werden, mittlerweile gestiegen ist.[967] Hierbei kommt der AMM ihre dezentrale Organisation (*District offices*) und die damit gute Erreichbarkeit für die Bevölkerung zugute. Auch hat die indonesische Regierung gemäß des Abkommens bis Oktober 2005 über 15.000 Truppen aus der Region abgezogen.[968] Insgesamt kann die AMM bisher als Erfolg bewertet werden und „has so far provided an effective contribution in ending years of fighting and paving the way to sustainable peace“[969]. „At the same time, the success of the AMM should be assessed with a more critical eye, and put into perspective. The size and the financial burden of the mission are modest, although not negligible by ESDP standards. The difficulty in launching the mission is a telling reminder of the shortcomings undermining the long-term sustainability of ESDP.“[970]

EU-Mission zur Unterstützung des Grenzschutzes am Grenzübergang Rafah, Palästinesische Gebiete (*EU Border Assistance Mission at Rafah*– EU BAM RAFAH) und EU-Mission zur Unterstützung des Grenzschutzes zwischen Moldau und Ukraine (EUBAM)

Im Sinne des erweiterten Petersbergspektrums und in Einklang mit der regionalen Schwerpunktsetzung in der ESS (u.a. Naher Osten und östliche Nachbarschaft) führt die EU mittlerweile je eine Überwachungsmission am Grenzübergang Rafah in den Palästinensischen Gebieten und an der moldauisch-ukrainischen Grenze durch.

Ein am 15.11.2005 zwischen Israel und der Palästinensischen Autonomiebehörde geschlossenes Übereinkommen über die Öffnung des internationalen Grenzübergangs Rafah vom Gaza-Streifen nach Ägypten, dessen Umsetzung das politische Klima in der Region verbessern soll, sah u.a. vor, dass für die Dauer eines

[966] Vgl. Braud/ Grevi (2005), The EU mission in Aceh, S. 6.
[967] Vgl. Braud/ Grevi (2005), The EU mission in Aceh, S. 34.
[968] Vgl. Braud/ Grevi (2005), The EU mission in Aceh, S. 32.
[969] Braud/ Grevi (2005), The EU mission in Aceh, S. 3.
[970] Braud/ Grevi (2005), The EU mission in Aceh, S. 36.

Jahres rund 70 EU-Beobachter den Zutritt und Verkehr an diesem Grenzübergang überwachen würden. Die entsprechende ESVP-Mission, EU BAM RAFAH, wurde am 25.11.2005 eröffnet. Die EU leistet damit, neben ihrem direkten politischen Engagement für die Lösung des Nahostkonfliktes (im Rahmen des Nahost-Quartetts), den Kommissionsprogrammen für die Palästinensischen Gebiete (die EU ist hier bei weitem der größte Geldgeber der internationalen Entwicklungszusammenarbeit) und ihrer weiter unten erläuterten ESVP-Polizeiunterstützungsmission in Palästina, einen zusätzlichen Beitrag zur Stabilisierung der Region und zum Nahost-Friedensprozess.[971]

Seit 1.12.2005 führt die EU zudem eine Beobachtungsmission an der ukrainisch-moldauischen Grenze (*Border Assistance Mission* – BAM) durch. Für die Dauer von 18 Monaten wird durch unangekündigte Besuche von anfänglich 50 EU-Beobachtern entlang der ukrainisch-moldauischen Grenze deren Sicherung unterstützt und die ukrainisch-moldauische Zusammenarbeit in Grenzangelegenheiten gefördert. Die EUBAM soll auch helfen, bessere Voraussetzungen für eine Lösung des Konflikts in Transnistrien zu schaffen.[972]

Im Zuge des strategischen Ziels „Sicherheit in der Nachbarschaft der EU" stellt die ESS fest, dass die Erweiterung der EU die Union näher an Krisengebiete heranbringt, dass die Sicherheit der EU mit der Stabilität ihrer Nachbarregionen zusammenhängt und dass Instabilität in der östlichen Nachbarschaft der EU ein Sicherheitsproblem für die Union darstellt. Für den Fall der Konflikts um Transnistrien stellt Nicu Popescu zunächst fest: „There is no apparent urgency for the EU to become involved with this conflict: there is no fighting, people are not dying and terrorists are not being trained in Transnistria."[973] Jedoch können auf den zweiten Blick negative Auswirkungen und „soft security challenges"[974] des Konflikts für die Sicherheit der EU erkannt werden. Transnistrien bietet v.a. Nährboden für illegalen Waffen-, Menschen- und Drogenhandel, transnational organisiertes Verbrechen, Geldwäsche und Schmuggel. Die Situation, oberflächlich relativ ruhig, könnte sich zudem jeden Augenblick verschlechtern und in offenen Konflikt ausbrechen. Der Krisenherd Transnistrien befindet sich dabei in relativer Nähe zur EU, nach Erweiterung der Union durch Rumänien (2007 oder 2008) würde er sich nur 100 km von der EU-Außengrenze befinden. Gleichzeitig ist der Konflikt der am besten lösbare in der erweiterten östlichen

---

[971] Vgl. Website der österreichischen Ratspräsidentschaft (erstes Halbjahr 2006), http://www.ue2006.at/de/Policy_Areas/General_Affairs_and_External_Relations/ESDP/ESDP_Operations.html, Zugriff am 2.2.2006.
[972] Vgl. Website der österreichischen Ratspräsidentschaft (erstes Halbjahr 2006), http://www.ue2006.at/de/Policy_Areas/General_Affairs_and_External_Relations/ESDP/ESDP_Operations.html, Zugriff am 2.2.2006.
[973] Popescu (2005), The EU in Moldova, S. 5.
[974] Popescu (2005), The EU in Moldova, S. 5.

Nachbarschaft der EU (z.B. im Vergleich zu Süd-Ossetien oder Tschetschenien).[975] Während die bisherigen Konfliktlösungsmechanismen, die von der OSZE mitgetragen wurden, für Transnistrien versagt haben und in den Augen der beteiligten Konfliktparteien unglaubwürdig und damit wertlos geworden sind[976], hat sich für die EU auch aus einigen anderen Gründen in den vergangenen Monaten ein *Window of opportunity* zur Lösung des Konflikts ergeben[977]: Die Unterminierung bestehender Konfliktlösungsmechanismen durch die transnistrische Führung hat die moldauische Regierung veranlasst, verstärkt auf die Involvierung anderer externer Akteure, v.a. der EU (sowie der USA) zur Konfliktlösung zu drängen. Während Russland bis vor kurzem ebenfalls bestehende Konfliktlösungsmechanismen unterminierte, bietet die Initiierung des europäisch-russischen Sicherheitsdialogs und die Verabschiedung eines Fahrplans für einen „Common external security space" im Mai 2005 kaum Spielraum für russische Obstruktionen mit Blick auf eine Involvierung der EU im Krisenmanagement in Transnistrien.[978] Die Eliminierung des Transnistrien-Problems als potenzieller Störfaktor der Beziehungen zwischen EU und Russland liegt nun im beiderseitigen Interesse.[979] Ebenso ist die Ukraine nach dem Regierungswechsel und vor dem Hintergrund des von der neuen Regierung angestrebten EU-Beitritts zu konstruktiver Mitwirkung an der Lösung des Transnistrien-Konflikts bereit.[980] „With [...] NATO looking beyond Europe towards global responsibilities, and the United States deeply involved in the Middle East, the obvious candidate to drive the conflict resolution process is the EU."[981]

Bislang hat die EU v.a. diplomatische Instrumente (Entsendung eines Sonderbeauftragten für Moldau im März 2005, mit dem Auftrag, zur Lösung des Konflikts beizutragen und die Rolle der EU hierbei zu stärken bzw. sichtbar zu machen), Sanktionen (Reisesanktionen für die transnistrischen Regierungseliten) und handelspolitische Instrumente angewandt, welche allesamt zwar durchaus nützlich, aber nicht ausreichend sind.[982] Die Ergänzung durch die EUBAM stellt eine sinnvolle Ergänzung der o.g. Bemühungen dar, da sie zum einen die Sicherheitsrisiken für die EU, welche von dem Konflikt um Transnistrien bzw. Transnistrien selbst ausgehen, reduziert, und zum anderen die Position der transnistrischen Regierungseliten schwächt und untergräbt.[983] Dennoch bietet auch die EU BAM per se keine nachhaltige und langfristige Lösung der Transnistrien-Problematik, sondern nur einen Zwischenschritt, bis Moldau und die Ukraine

[975] Vgl. Popescu (2005), The EU in Moldova, S. 5.
[976] Vgl. Popescu (2005), The EU in Moldova, S. 29.
[977] Vgl. Popescu (2005), The EU in Moldova, S. 6.
[978] Vgl. Popescu (2005), The EU in Moldova, S. 30.
[979] Vgl. Popescu (2005), The EU in Moldova, S. 36.
[980] Vgl. Popescu (2005), The EU in Moldova, S. 34.
[981] Popescu (2005), The EU in Moldova, S. 31.
[982] Vgl. Popescu (2005), The EU in Moldova, S. 6, 31 – 33.
[983] Vgl. Popescu (2005), The EU in Moldova, S. 37.

zusammen die Grenzkontrollen übernehmen können, weswegen die EU eine Polizeimission in Moldau durchführen sollte, mit dem Ziel, die moldauischen Kapazitäten zur Rechtsdurchsetzung zu verbessern und ein integriertes Grenzkontrollsystem aufzubauen, welches im Stande sein würde, Moldaus Grenzen, inklusive des transnistrischen Abschnitts, zu sichern.[984]

Eine solche Mission wäre, wie auch PROXIMA, ein direkter Beitrag zur Stabilisierung der Krisenregion.[985]

EU-Polizeimission in den Palästinensischen Gebieten (EUPOL COPPS)

Auf ihrem Treffen am 17. und 18. Juni 2004 bekräftigten die EU-Staats- und Regierungschefs ihre Bereitschaft, die Palästinensische Autonomiebehörde bei der Übernahme eigener Verantwortung für Recht und Ordnung in den Palästinensischen Gebieten zu unterstützen und betonten hierbei insbesondere ihren Unterstützungswillen in den Bereichen zivile Polizei und Rechtsdurchsetzungskapazitäten. Der HR Solana legte daraufhin Anfang 2005 ein Aktionsprogramm für Palästina in den Bereichen Sicherheit, Reformen, Wahlen und Wirtschaft vor, welches vom ER angenommen und verabschiedet wurde. In Folge eines Briefwechsels zwischen dem EU-Sondergesandten für den Friedensprozess im Nahen Osten, Marc Otte, und dem palästinensischen Premierminister wurde im April 2005 im Büro des EU-Sondergesandten ein *European Union Coordinating Office for Palestinian Police Support* (EU COPPS) eingerichtet. Zusammen mit der palästinensischen Polizei und der Autonomiebehörde erarbeitete EU COPPS ein auf drei Jahre angelegtes *Palestinian Civil Police Development Programme*. In dessen Rahmen hat das Koordinierungsbüro die Aufgaben übernommen, die palästinensische zivile Polizei mit Blick sowohl auf deren unmittelbaren operativen Bedarf als auch ihre längerfristig angelegte Transformation zu unterstützen. Diesbezüglich berät EU COPPS den palästinensischen Polizeidirektor und seine höchsten Beamten sowie den Innenminister und dessen Stab. EU COPPS stellt darüber hinaus auch den ständigen Kontakt zu lokalen und internationalen an der Reform beteiligten Akteure und Geber sicher.

Im Juli 2005 bekräftigten die EU-Außenminister den fortgesetzten Willen der EU, die palästinensischen Kapazitäten, Ordnung, Sicherheit und Recht zu wahren, nachhaltig zu stärken, und beschlossen in Folge, zu diesem Zwecke im Rahmen o.g. Aktivitäten ergänzend auch eine ESVP-Polizeimission durchzu-

[984] Vgl. Popescu (2005), The EU in Moldova, S. 6/ 7.
[985] Vgl. Popescu (2005), The EU in Moldova, S. 39.

führen. Seit 1.1.2006 engagiert sich die EU mit einer auf eine Dauer von mindestens drei Jahre angelegten Polizeimission (EUPOL COPPS) in den Palästinensischen Gebieten für den Aufbau einer tragfähigen und effektiven Polizeistruktur unter palästinensischer Eigenverantwortung, die im Einklang mit internationalen Standards steht. Das Hauptquartier der Mission wurde in Ramallah, im Gebäude des palästinensischen Innenministeriums, eingerichtet, weitere Präsenzen befinden sich in Gaza Stadt und in der West Bank. Der personelle Umfang der Mission beläuft sich auf insgesamt 33 Experten, die unbewaffnet sind und über keine exekutiven Befugnisse verfügen, sondern Beratungsfunktionen übernehmen. Die Experten sind von den Mitgliedstaaten entsandt.

Die Aufgaben von EUPOL COPPS umfassen im Speziellen:

- Unterstützung der palästinensischen zivilen Polizei bei der Umsetzung des o.g. *Palestinian Civil Police Development Programme*, und zwar durch Beratung und Unterweisung, insbesondere von höheren Beamten auf Bezirksebene und in der Hauptdirektion;
- Koordinierung der Unterstützungsleistungen der einzelnen EU-Mitgliedstaaten und bei Bedarf und auf Anfrage auch der internationalen Unterstützung für die palästinensische Polizei;
- Beratung bezüglich Strafrechtsfragen, insofern diese die Zuständigkeiten der zivilen Polizei berühren.[986]

Die gemeinsamen Kosten für das erste Missionsjahr belaufen sich auf 6.1 Mio. Euro, Einzelprojekte unter dem Dach von EUPOL COPPS werden von den jeweiligen Mitgliedstaaten und anderen internationalen Gebern finanziert. Dänemark finanziert z.B. zusammen mit Norwegen ein *Police Communication*-Projekt, Italien unterstützt ein UN-verwaltetes Drogenkontroll-Programm unter dem Dach von EUPOL COPPS usw..[987]

Die politische Kontrolle und strategische Führung der Mission liegt beim PSK (unter Verantwortung des Rats). Der HR gibt dem HoM über den Weg des EU-Sondergesandten Otte entsprechend Weisung für die Führung der Mission.

[986] EU Council Secretariat, Factsheet: European Union Police Mission for the Palestinian Territories (EUPOL-COPPS), http://www.consilium.europa.eu/uedocs/cmsUpload/051222-EUPOL-COPPS.pdf, EU COPPS/ Palestinian National Autority – Ministry of the Interior, EU COPPS & Palestinian Civil Police Development Programm 2005-2008: Factsheet, http://www.consilium.europa.eu/uedocs/cmsUpload/EUCOPPShandoutFeb2006.pdf.
[987] Vgl. Grevi/ Lynch/ Missiroli, ESDP operations, http://www.iss-eu.org/esdo/09-dvl-am.pdf, Zugriff am 2.2.2006, S. 15.

Die ESVP-Mission EUPOL COPPS steht bei der Erfüllung ihrer Aufgaben in enger Zusammenarbeit mit den Aufbauprogrammen der Europäischen Gemeinschaften und anderweitigem internationalen Engagement für die Reformierung des palästinensischen Sicherheitssektors einschließlich einer Strafrechtsreform. Sie fügt sich ergänzend in den Kontext eines schon lange existierenden Engagements der EU für Frieden und Prosperität in Palästina ein, welches, wie z.T. oben schon erwähnt, EDF-Programme und -Projekte zur Unterstützung von *Institution-building* und makroökonomischen Reformen, Nothilfe, Engagement im Nahost-Quartett zur Herbeiführung des Friedens und die Aktivitäten des EU-SR Otte für den Friedensprozess im Nahen Osten (seit Juli 2003) umfasst.[988] Die ESVP-Mission kann dabei auf Infrastruktur, Personal und Erfahrungen der EU (der Kommission) und ihrer Mitgliedstaaten zurückgreifen und ergänzt die Aktivitäten anderer EU-Akteure und der EU-Mitgliedstaaten vor Ort, woraus für beide Seiten ein Mehrwert erwachsen kann.

EUFOR RD CONGO

Am 30.7.2006 wurden in der Demokratischen Republik Kongo zum ersten Mal seit 1961 wieder nationale Wahlen abgehalten (Parlamentswahlen und erste Runde der Präsidentschaftswahlen).[989]

Die internationale Gemeinschaft betrachtete die friedliche und erfolgreiche Durchführung dieser Wahlen schon lange als zentrales, wenn nicht gar entscheidendes Element eines gelingenden Transitionsprozesses und der dauerhaften Befriedung und Demokratisierung der DRK und entschloss sich aufgrund dessen, diese besonders abzusichern. Zum einen wurde die Gefahr von Unruhen in der Bevölkerung, angestachelt v.a. durch die Präsidentschaftskandidaten und/ oder in Reaktion auf evtl. Repressalien des Amtsinhabers Kabila, kurz vor und während der Wahlen gesehen. Zum anderen existiert das Risiko, dass einige der Kandidaten, die meist ehemalige Rebellenführer sind, die Ergebnisse der Wahlen nicht anerkennen, dem demokratischen Prozess wieder den Rücken kehren und aus Protest bzw. zur Verfolgung ihrer Interessen erneut zu den Waffen greifen. Aufgrund der oben beschriebenen Wichtigkeit, welche auch die EU den Wahlen beimisst und angesichts des vergangenen und bestehenden vielfältigen Engagements der EU für einen friedlichen und nachhaltigen Transitionsprozess

---

[988] Vgl. Grevi/ Lynch/ Missiroli, ESDP operations, http://www.iss-eu.org/esdo/09-dvl-am.pdf, Zugriff am 2.2.2006, S. 15.

[989] In einem zweiten Wahlgang (vss. 29.10.2006) werden die zweite Runde der Präsidentschaftswahlen (hier wird gemäß der Ergebnisse des ersten Wahlgangs eine Stichwahl zwischen Amtsinhaber Kabila und seinem Vizepräsidenten, dem ehemaligen Rebellenführer Bemba notwendig) und Provinzwahlen abgehalten.

der DRK sowie massive finanzielle Investitonen in die Schaffung der technischen Voraussetzungen, überhaupt Wahlen durchführen zu können, beschloss die EU, die Wahlen – in Unterstützung der MONUC – militärisch abzusichern und durch eine zusätzliche Truppenpräsenz v.a. in der Hauptstadt Kinshasa evtl. Störungen des Wahlprozesses abzuschrecken bzw. beheben zu können. Grundlage des entsprechenden EU-Einsatzes EUFOR RD CONGO ist die Resolution des Sicherheitsrats der Vereinten Nationen 1671 vom 25.4.2006, in welcher eine Operation mit Ziel der Absicherung der Wahlen, u.a. durch die Wahrnehmung folgender Aufgaben autorisiert wird:

- MONUC unterstützen, um die Situation zu stabilisieren, in dem Falle, dass MONUC bedeutsame Schwierigkeiten in der Ausführung ihres Mandats im Rahmen ihrer Befähigungen hat[990];
- im Rahmen ihres Einsatzes für den Schutz von Personen vor gewalttätigen Aktionen sorgen, unbeschadet der Verantwortung der Regierung der DRK;
- zur Sicherung des Flughafens in Kinshasa beitragen;
- die Sicherheit und Bewegungsfreiheit des Personals sowie den Schutz der Einrichtungen der EUFOR RD CONGO sicherstellen;
- begrenzte Operationen durchführen, um Personen zu evakuieren, die sich in Gefahr befinden.

Nachdem der Rat am 29.5.2006 den Operationsplan und die *Rules of Engagement*[991] der Operation gebilligt hatten, erfolgte am 12.6.2006 die formelle EU-Entscheidung zum Operationsbeginn.

Nachdem der Truppen- und Fähigkeitengenerierungsprozess sich durchaus zäh gestaltet hatte, umfasst EUFOR RD CONGO nun eine Gesamtstärke von 2.088 Einsatzkräften aus insgesamt 17 EU-Mitgliedstaaten, der Türkei und der Schweiz. Wesentliche Truppensteller sind Deutschland und Frankreich. Die übrigen Soldaten werden v.a. durch Spanien, Polen, Belgien, Schweden, Niederlande und Portugal gestellt. Das Operations-Hauptquartier der EU-geführten EUFOR RD CONGO wird durch Deutschland in Potsdam bereitgestellt und

---

[990] Die MONUC ist seit 1999 in der DRK, umfasst inzwischen 16.700 Mann aus 47 Nationen, hat ihr FHQ in Kinshasa, ihr Operationsschwerpunkt liegt jedoch im Osten der DRK mit größtem Truppenkörper in (14.000 Mann) in Kisangani; die Aufgaben der MONUC bestehen laut ihres Mandats in der Unterstützung/ Koordinierung des Transitionsprozesses der DRK, SSR, DDR, Schutz der Zivilbevölkerung, Überwachung des Waffenembargos, zuletzt auch Sicherung und Schutz des Verfassungsreferendums; robuste Mandatserfüllung v.a. in den östlichen Krisenregionen (Kivus).

[991] Regeln für den Einsatz militärischer Gewalt

wurde multinational besetzt. Die EU-Kräfte im Einsatz werden durch ein multinationales FHQ in Kinshasa geführt.

Um einer evtl. Lageverschärfung begegnen zu können, steht zur Verstärkung der in der DRK stationierten Kräfte eine sog. „On Call Force“ in Libreville, Gabun zur Verfügung. Die Gliederung in Vor-Ort-Kräfte in Kinshasa und „On-Call“-Kräfte mit hoher Mobilität und rascher Verfügbarkeit in Libreville soll hierbei dem Befehlshaber der EU-Operation (*Operations Commander*), General Viereck (deutsch) und dem Befehlshaber des EU-Einsatzkontingents (*Force Commander*), Generalmajor Damay (französisch) die Flexibilität bieten, die Operation einer evtl. Lageverschärfung anzupassen. Bis zum 30.7.2006, dem Wahltag, wurde schrittweise die volle Operationsstärke und Einsatzbereitschaft vor Ort in Kinshasa und in Libreville erreicht. Die Dauer des Einsatzes ist auf vier Monate begrenzt (30.11.2006). Der Einsatzraum der EUFOR RD CONGO umfasst das gesamte Territorium der DRK mit Ausnahme der Ostprovinzen Orientale, Maniema, Nord- und Süd-Kivu.[992]

Die militärischen Maßnahmen zur Absicherung der Wahlen werden im Sinne eines umfassenden EU-Ansatzes durch die temporäre Aufstockung der laufenden EU-Polizeimission EUPOL KINSHASA um zusätzliche 38 Polizeibeamten ergänzt. Die EU-Polizeimission soll zur besseren Koordinierung der kongolesischen Polizeikräfte im Umfeld der Wahlen beitragen. Zu dem umfassenden Ansatz der EU für den Kongo gehört auch die EU-SSR-Mission EUSEC RD CONGO, welche zur erfolgreichen Integration der ehemaligen Rebellengruppen in die Forces Armées Congolaises (FAC) beitragen soll, und damit schon weit vor dem Wahltermin einen Anfang gemacht hat, das Risiko eines Rückgriffs von Wahlverlierern auf ihre jeweiligen Milizen Schritt für Schritt zu entschärfen.

Die Wahlen selbst verliefen – trotz der instabilen Sicherheitslage im Osten des Landes und eines heißen Wahlkampfes in der Hauptstadt – weitestgehend ruhig. Nach Bekanntgabe des Wahlergebnisses, welches eine Stichwahl zwischen Kabila und Bemba nötig macht[993], kam es jedoch drei Tage lang zu Unruhen in der Hauptstadt. Die bewaffnenten Auseinandersetzungen spielten sich hierbei v.a. zwischen der Präsidentengarde Kabilas und einigen Truppen der FAC, die aus Bembas Rebellenreihen stammen und diesem immer noch loyal sind, ab. Es gab

[992] Vgl. Factsheet EUFOR RD CONGO: The Mission, http://www.consilium.europa.eu/uedocs/cmsUpload/The_mission.pdf, Website des Bundesministerium der Verteidigung, http://www.bmvg.de/portal/a/bmvg/sicherheitspolitik/europaeische_union/missionen_eu/eufor_rd_congo?yw_contentURL=/C1256F1200608B1B/W26PAJ54476INFODE/content.jsp.

[993] Kabila erhielt – bei einer Wahlbeteiligung von ca. 70 Prozent einen Stimmenanteil von 44.81 Prozent, Bemba 20.03 Prozent

14 Tote und einige Verletzte. Die Wahlergebnisse spiegeln hierbei die tiefe politisch-ethnische Spaltung des Landes wider, welche evtl. auch im Nachgang der zweiten Wahlrunde, in welcher notgedrungen eines der beiden Lager den Wahlverlierer abgeben wird, problematisch werden könnte.

Die Kämpfe wurden durch Aufrufe des Armeesprechers („We're all members of the same army"[994]), UN-Vermittlung eines Waffenstillstandes zwischen Kabila und Bemba und evtl. nicht zuletzt durch eine schnelle Verlegung von EU-Truppen aus Libreville nach Kinshasa (ca. 260 deutsche, irische, niederländische, portugiesische, französische und schwedische Soldaten), begleitetet durch telefonische Vermittlungsbemühungen Solanas mit Kabila und Bemba. Nicht nur durch die schnelle Verlegung weiterer EU-Truppen nach Kinshasa bei der kürzlichen Lageverschärfung, sondern auch durch einen Evakuierungseinsatz konnten die EU-Truppen bislang ihr Mandat effektiv wahrnehmen. Zusammen mit Kräften der MONUC evakuierten sie europäische und internationale Diplomaten aus Bembas Anwesen, als es im unmittelbarer Nähe zu Kampfhandlungen kam, während Bemba mit Vertretern der internationalen Gemeinschaft Gespräche führte.

Die Frage nach einer Exit-Strategie der EU wurde bislang v.a. durch die Führungsnation des Einsatzes, Deutschland, durch wiederholten Verweis auf die viermonatige Mandatierung der Operation und ihr damit feststehendes Ende am 30.11.2006 beiseite geschoben. Dieses Argument könnte jedoch als Antwort in dem Moment an Schlagkraft verlieren, in dem es in Vorbereitung des zweiten Wahlgangs und/ oder nach dem zweiten Wahlgang zu massiven und anhaltenden gewaltsamen Unruhen in der DRK kommt.

Die EU versucht mit der Entsendung der EUFOR RD CONGO ein weiteres Mal durch einen zeitlich und personell eng begrenzten Einsatz der selbst verkündeten Verantwortung für Sicherheit weltweit, für den afrikanischen Kontinent und für die Stärkung und Unterstützung der Vereinten Nationen[995] Rechnung zu tragen und die eigene Handlungsbereitschaft und Reaktionsfähigkeit unter Beweis zu stellen. Auf den zweiten Blick ist die Operation EUFOR RD CONGO und die

---

[994] Zitiert in: „U.N. rescues diplomats in Congo. Runoff to pit president against ex-rebel leader", http://edition.cnn.com/2006/WORLD/africa/08/21/congo.elections.ap/index.html.

[995] Mit Blick auf die Unterstützung der Vereinten Nationen entspricht EUFOR RD CONGO, wie auch schon die Operation ARTEMIS knapp drei Jahre zuvor, dem sog. „Bridging model", welches in dem Dokument „EU-UN co-operation in Military Crisis Management Operations – Elements of Implementation of the EU-UN Joint Declaration" als ein Form der Zusammenarbeit EU-VN genannt wird, und welche aufgrund seines geringeren Verpflichtungscharakters und besseren Steuerbarkeit gegenüber anderen Modellen der Zusammenarbeit EU-VN im militärischen Krisenmanagement von den Mitgliedstaaten der EU favorisiert wird.

Gruppe der beteiligten Staaten in sich nicht widerspruchsfrei: Beispielsweise wird einerseits v.a. durch die Führungsnation u.a. aus innenpolitischen Gründen das absehbare, festgelegte Ende und die weitgehende Risikofreiheit des Einsatzes für deutsche Soldaten vor Ort (da die meisten Truppen ja in Libreville stationiert sind) betont, andererseits wird die Operation als der zentrale Beitrag schlechthin zu Frieden und Demokratie in der DRK und durchaus riskanter Einsatz herausgestellt. Für eine Bewertung der Outputs und der Outcomes der Operation ist es noch zu früh. Fest steht aber auf jeden Fall, dass erstens der Einsatz im Zusammenhang mit dem anderweitigen Engagement der EU im Kongo, v.a. in Form der beiden zivilen ESVP-Missionen, aber auch in Form von EDF-finanzierten Projekten, bewertet werden muss, und zweitens die Operation EUFOR RD CONGO als Lehrstunde für Formen der Zusammenarbeit mit der MONUC sowie die zivil-militärische Zusammenarbeit verschiedener paralleler EU-Engagements im gleichen Krisengebiet ehrlich aufgearbeitet werden sollte.

5.3 Die ESVP im Praxis-Test

5.3.1 Tendenzen

Den Hintergrund bisheriger ESVP-Einsätze stellte meist ein vorangegangenes und auch während und/ oder nach den Operationen bzw. Missionen weiterhin bestehendes sonstiges politisches, entwicklungspolitisches und/ oder wirtschaftliches Engagement der EU und/ oder ihrer Mitgliedstaaten in der betreffenden Region dar (z.B. Balkan, DRK, Naher Osten, östliche Nachbarschaft). Zudem fanden bzw. finden einige zivile und militärische ESVP-Einsätze im Sinne einer Verantwortungsübernahme oder Übernahme von Lasten anderer Organisationen, insbesondere den Vereinten Nationen und der NATO, statt (z.B. EUPM, CONCORDIA, ARTEMIS). Den unmittelbaren Anlass bot in einigen Fällen eine initiative, konkrete Anfrage des betroffenen Landes (z.B. PROXIMA, EUJUST THEMIS, EU BAM RAFAH) oder der Vereinten Nationen (z.B. ARTEMIS, EUFOR RD CONGO) um Unterstützung durch die EU.

Mittlerweile umfasst die praktische Anwendung der ESVP ein breites Spektrum an Engagements: Militärische Operationen mit und ohne Rückgriff auf NATO-Mittel, Polizeimissionen, Missionen zur Stützung der Rechtsstaatlichkeit, zur Unterstützung von SSR und Überwachungsmissionen. Hierbei sind bislang mehr als doppelt so viele zivile Missionen wie militärische Operationen durchgeführt worden bzw. noch in ihrer Durchführung begriffen (Tendenz steigend), mittlerweile auch im erweiterten Petersbergspektrum. Die zivilen ESVP-Instrumente für zwei der auf dem Treffen des Europäischen Rats in Feira 2000 als prioritär normierten vier Aufgabenbereiche der ESVP, die Stützung der Zivilverwaltung und der Katastrophenschutz, wurden jedoch noch nicht angewandt. In einigen Fällen wurden bzw. werden mehr als eine ESVP-Operation, entweder sukzessive oder parallel, in dem betreffenden Land bzw. der betreffenden Region durchgeführt, welche hierbei darüber hinaus z.T. Kommissionsaktivitäten, Aktivitäten im Rahmen der zweiten Säule der EU (GASP), Aktivitäten der Mitgliedstaaten und/ oder der internationalen Gebergemeinschaft ergänzen sollen (z.B. Bosnien [EUPM und ALTHEA], Mazedonien [CONCORDIA, PROXIMA, EUPAT], DRK [ARTEMIS, EUPOL KINSHASA, EUSEC RD CONGO, EUFOR RD CONGO] und Palästina [EU BAM RAFAH, EU COPPS]). Zudem sind einige der zivilen Missionen als sog. integrierte Missionen konzipiert, in welchen Experten aus verschiedenen Bereichen zivilen Krisenmanagements zusammenwirken (EUJUST THEMIS, EUJUST LEX, AMM).

Das praktische Einsatzgebiet der ESVP stellt sich mittlerweile als weltweit dar (Naher Osten, Afrika, Asien), umfangreichere Einsätze konzentrieren sich jedoch auf das nähere EU-Umfeld (EUPM, ALTHEA), was zum einen eine „nascent willingness to ‚go global'"[996] und zum anderen ein fortgesetztes „commitment to security in its periphery"[997] der EU im operativen Krisenmanagement signalisiert. Grevi, Lynch und Missiroli vom EU ISS stellen jedoch fest, dass alle bisherigen Einsätze bislang "limited in scope"[998] und die ESVP bislang noch "untested across the full spectrum of peace support operations"[999] seien. Die bisherige praktische Anwendung der ESVP v.a. außerhalb der unmittelbaren Nachbarschaft zeigt die Tendenz zu zeitlich, räumlich und aufgabentechnisch relativ eng begrenzten Einsätzen, dies aber oft im Rahmen eines weiter gefassten politischen und entwicklungspolitischen Engagements der EU (s.o.) im betreffenden Land (z.B. ARTEMIS, EUJUST THEMIS, die EU BAM an der moldauisch-ukrainischen Grenze und in Rafah und die AMM in Indonesien). Die erste militärische Operation, CONCORDIA, ebenso wie die bislang umfangreichste militärische Operation, ALTHEA, wurden als Berlin-Plus-Einsätze, also unter Rückgriff auf NATO-Mittel und -Fähigkeiten, durchgeführt. ARTEMIS wurde autonom durchgeführt, war hierbei aber zeitlich und räumlich sehr begrenzt und erfuhr zudem das außergewöhnlich starke politische und finanzielle Engagement eines der militärisch potentesten Mitgliedstaaten der EU, Frankreich, welcher als sog. Rahmennation die Planung und den größten Teil der Durchführungsmittel leistete, und war trotzdem teilweise auf kanadische strategische Transportmittel

[996] Grevi/ Lynch/ Missiroli, ESDP operations, http://www.iss-eu.org/esdo/09-dvl-am.pdf, Zugriff am 2.2.2006, S. 16.
[997] Grevi/ Lynch/ Missiroli, ESDP operations, http://www.iss-eu.org/esdo/09-dvl-am.pdf, Zugriff am 2.2.2006, S. 16.
[998] Grevi/ Lynch/ Missiroli, ESDP operations, http://www.iss-eu.org/esdo/09-dvl-am.pdf, Zugriff am 2.2.2006, S. 16.
[999] Grevi/ Lynch/ Missiroli, ESDP operations, http://www.iss-eu.org/esdo/09-dvl-am.pdf, Zugriff am 2.2.2006, S. 16.

angewiesen. EUFOR RD CONGO ist die zweite autonome militärische EU-Operation, wiederum in Unterstützung der VN und zeitlich und bezüglich der Aufgabenstellung (Unterstützung der Absicherung der Wahlen) relativ eng begrenzt. Ein unter einem Dach kombinierter zivil-militärischer Einsatz wurde bislang noch nicht durchgeführt. Jedoch wurde im Zuge der Unterstützung einer IPU in der DRK eine säulenübergreifende, dreiteilige Polizeimission durchgeführt, in deren Rahmen zunächst die Kommission Aufgaben wahrnahm und deren Ergebnisse mit Hilfe einer anschließenden ESVP-Mission (EUPOL KINSHASA) konsoldiert werden sollten.

Das Gros der ESVP-Einsätze fand unter breiter Beteiligung der EU-Mitgliedstaaten statt, jeder Mitgliedstaat hat schon an mindestens einem Einsatz teilgenommen. Umfang und Frequenz der Beteiligung ergeben sich ansonsten je nach strategischer Kultur, sicherheitspolitischen Prioritäten und Fähigkeiten (zivil oder militärisch, Afrika oder Balkan etc.). Sogar das *Opt-out*-Land Dänemark beteiligte sich durch die Nutzung eines jeweiligen *Opt-in* an zivilen ESVP-Missionen. Erwartungsgemäß waren bzw. sind Frankreich, Deutschland und Großbritannien oft stärkste oder unter den stärksten Beitragstaaten bei ESVP-Einsätzen. Die bisherige praktische Anwendung der ESVP erfuhr auch eine relativ breite Drittstaatenbeteiligung, vor der 2004-Erweiterungsrunde v.a. durch die damaligen Beitrittskandidaten, nach der 2004-Erweiterungsrunde weiterhin durch die nächsten Beitrittskandidaten, aber auch durch Regionalmächte (z.B. Südafrika im Falle von ARTEMIS), nicht-europäische NATO-Mitglieder (Kanada) und, besonders erwähnenswert im Falle der Operation ALTHEA, Marokko.

Die Einsatzrisiken variierten und variieren von Fall zu Fall (EUJUST THEMIS am unteren Ende des Spektrums, ALTHEA, AMM und ARTEMIS am oberen). Bislang wurden im Rahmen der ESVP jedoch noch keine militärischen *High-end*-Einsätze durchgeführt. Die *High-end*-Afghanistaneinsätze, an der sich einige EU-Mitgliedstaaten beteiligten bzw. beteiligen, erfolgten bzw. erfolgen im Rahmen einer US-geführten Koalition der Willigen bzw. unter dem Schirm der NATO. Die Inkaufnahme eines potenziell hohen Risikos im Falle von ARTEMIS erfolgte hauptsächlich auf Frankreichs eigene Gefahr und unter geringer bzw. wenig signifikanter Beteiligung anderer EU-Staaten. Die Tendenz bzw. fast als Taktik zu bezeichnende Praxis der EU, im Zuge der ESVP oftmals schon zuvor etablierte Operationen bzw. Missionen von anderen Organisationen (NATO, UN) zu übernehmen bzw. Folgeeinsätze durchzuführen, reduziert grundsätzlich die Einsatzrisiken der betreffenden ESVP-Einsätze (EUPM, CONCORDIA, ALTHEA). Für die verschiedenen Fälle der bisherigen Anwendung der zivilen ESVP-Instrumente gilt, dass die entsprechenden zivilen ESVP-Missionen eher Beratungs-, Ausbildungs- und Überwachungsaufgaben als riskantere exekutive Aufgaben übernommen haben/ übernehmen (EUPM,

PROXIMA, EUJUST THEMIS, EUJUST LEX etc.). Registriert werden muss auch, dass die EU-Trainingsaktivitäten im Zuge der integrierten Mission zur Stützung der Rechtsstaatlichkeit im Irak EUJUST LEX außerhalb der Gefahrenzone (im Gegensatz zu den NATO-Ausbildungsprogrammen im Land selbst) durchgeführt werden. Eine Ausnahme stellt die AMM in Indonesien dar, welche vergleichsweise sensible Aufgaben im einem relativ instabilen Krisengebiet verantwortlich gezeichnet hat.

5.3.2 Mögliche Wirkung, Schwachpunkte und Herausforderungen des formalen Handlungsrahmens der ESVP

5.3.2.1 Strategischer Rahmen

Die ersten ESVP-Einsätze fanden schon vor Formulierung einer expliziten sicherheitspolitischen Strategie für die EU (ESS) statt (EUPM, CONCORDIA, PROXIMA, ARTEMIS). Dabei hatten sich aber auch schon vor der Formulierung der ESS implizit und explizit sicherheitspolitische Prioritäten (Ansätze, Aufgaben, geografische Schwerpunkte, Zeitraum) herauskristallisiert, welche, über Artikel 17 VEU-Amsterdam hinaus, nicht zuletzt in den militärischen und zivilen *Headline Goals* ihren Ausdruck gefunden hatten. Unzureichend gestaltete sich dieser gemeinsame strategische Rahmen jedoch v.a. durch das Fehlen einer gemeinsamen Bedrohungsidentifizierung, expliziter strategischer Zielformulierungen, einer präzisen Definition entsprechender Aufgaben und einer entsprechenden Zuordnung von Mitteln. Während einerseits davon ausgegangen werden könnte, dass die EU-Mitgliedstaaten sich nicht zuletzt vor diesem Hintergrund entweder lediglich auf die Übernahme schon quasi vordefinierter Einsätze einigen konnten oder die EU als sicherheitspolitischer Akteur marginalisiert wurde bzw. die EU-Mitgliedstaaten Einsätze im Rahmen der ESVP unterließen (z.B. Afghanistan oder Haiti), steht andererseits fest, dass in diesem Zusammenhang neben und stärker als die mangelnde Einigung und Klärung strategischer Fragen v.a. die Fähigkeitenlage und der politische Wille der EU bzw. ihrer Mitgliedstaaten eine Rolle spielten und eine schnelle und einmütige Entscheidung für die richtige Reaktion und deren Durchführung auch mit dem jetzigen Strategiedokument, der ESS, nicht zwingend in Folge einer Krise erzielt hätte werden können bzw. in zukünftigen Fällen werden können wird.[1000]

[1000] Zudem beinhaltet die ESS lediglich eine politische, nicht aber eine rechtliche Bindung für die EU-Mitgliedstaaten.

Auch wenn gilt, dass die Inhalte der ESS keine Neuerfindung der europäischen Außen- Entwicklungs- und Sicherheitspolitik darstellten, sondern lediglich schon vorhandene gemeinsame Vorstellungen und Ziele, ebenso wie die außen- und entwicklungspolitische Praxis der EU und die ersten praktischen Erfahrungen der ESVP (u.a. ARTEMIS) explizierten, kann die der ESS zeitlich folgende Interventionspraxis der EU aber z.T. durchaus in kausalen Zusammenhang mit

- der in der ESS erfolgten Identifizierung von Bedrohungen (Terrorismus, die Verbreitung von MVW, regionale Konflikte, Scheitern von Staaten, organisierte Kriminalität);
- ihren strategischen Zielsetzungen (Abwehr von Bedrohungen weltweit [Verteidigungslinie oftmals im Ausland, vor Ausbruch einer Krise handeln, Kombination von Instrumenten erforderlich], Stärkung der Sicherheit in unserer Nachbarschaft [verantwortungsvoll regierte Länder in der Nachbarschaft, Lösung des Nahost-Konflikts], wirksamer Multilateralismus [Stärkung und tatkräftige Unterstützung der Vereinten Nationen, neben zivilen Mittel zur Stärkung der Weltordnung militärische Gewalt als letztes Mittel, Stärkung und Zusammenarbeit mit Regionalorganisationen]);
- ihrer Aufgabenformulierung (aktiver, kohärenter und handlungsfähiger, Zusammenarbeit mit Partnern [u.a. NATO] und erweitertes Petersbergspektrum) gesehen bzw. gebracht werden.

Dem in der ESS explizierten und bekräftigten weltweiten Anspruch der EU-Krisenmanagementinstrumente inklusive der ESVP wird mittlerweile v.a. in Afrika (drei verschiedene ESVP-Einsätze in der DRK) – wobei hier schon vor der ESS im Interesse Frankreichs der Einsatz ARTEMIS erfolgt war – Asien (AMM) und im Nahen Osten (EU BAM RAFAH, EUPOL COPPS) Rechnung getragen.

Dieser geografisch umfassende Ansatz fällt dabei z.T. mit der Implementierung der strategischen Ziele zusammen: Erstens mit der Abwehr bzw. Bekämpfung v.a. neuer Bedrohungen (im erweiterten Petersbergspektrum) durch Stützung staatlicher Strukturen in fragilen bzw. zerfallenden Staaten (Einsätze in Palästina und der DRK) und die Unterstützung von Sicherheitssektorreformen (EUSEC RD CONGO), zweitens mit der Kontrolle regionaler Konflikte durch Unterstützung von Grenzkontrollen (EU BAM RAFAH) und die Überwachung und Beobachtung (EUBAM an der moldauisch-ukrainischen Grenze), und drittens mit der Bekämpfung der organisierten Kriminalität z.B. durch die Stärkung von Polizeistrukturen (schon vor der ESS im Programm der ESVP: PROXIMA). Dagegen hat die EU noch keinen Anti-Terrorismus-Einsatz (im Sinne der Unterstützung von Drittstaaten bei deren Bekämpfung des Terrorismus) oder Einsätze, welche unter die Solidaritätsklausel[1001] fallen würden, durchgeführt.

Mit Einsätzen wie der EUBAM an der ukrainisch-moldauischen Grenze und EUJUST THEMIS in Georgien hat die ESVP mittlerweile jedoch zudem viertens – im Einklang mit dem an zweiter Stelle genannten strategischen Ziel der EU – zur Stärkung der Sicherheit in der Nachbarschaft und guter Regierungsführung in den östlich angrenzenden Ländern beigetragen. Ebenso engagiert sich die EU fünftens mittlerweile neben den Kommissionsaktivitäten und politisch-diplomatischen Maßnahmen in der zweiten Säule (Teilnahme im sog. Nahost-Quartett) auch mit Hilfe der ESVP im weitesten Sinne für eine Lösung des Nahost-Konflikts (EU COPPS, EU BAM RAFAH), welche die EU in der ESS als strategische Priorität identifiziert hatte. Zur Verwirklichung ihres in der ESS normierten dritten strategischen Ziels eines wirksamen Multilateralismus unterstützt und entlastet die EU im Rahmen einiger ihrer Einsätze (EJUST LEX, Einsätze in der DRK, EUPM) die Vereinten Nationen bei ihren Bemühungen um Frieden und Stabilität weltweit. Mit Blick auf die Forderungen, welche die EU für ihr Krisenmanagement in der ESS ableitet, hat die EU im Rahmen der ESVP-Mission zur Unterstützung des AU-Einsatzes AMIS III in Darfur einen ersten operativen Schritt zur Stärkung und Zusammenarbeit mit Regionalorganisationen und mit der im Rahmen der AMM initiierten Zusammenarbeit mit der ASEAN einen zweiten Schritt in dieselbe Richtung unternommen.

In Darfur muss die EU ihre Unterstützungsaktivitäten zudem mit der ebenfalls aktiv gewordenen NATO koordinieren. Statt einer EU-NATO-Partnerschaft für Frieden und Sicherheit in Afrika mutet das Engagement der beiden Organisationen in Darfur aber eher wie der Beginn eines impliziten Konkurrenzkampfes zwischen NATO und EU um die Rolle bzw. den Ruf als *Security provider* für Afrika zum Zwecke der je eigenen Prestigesteigerung und Ausweitung des Wirkungsbereiches an. Ob die EU in ihrer Interventionspraxis seit der ESS aktiver (auch im Sinne von präventiver) geworden ist, kann nur schwer beurteilt werden, was in der Natur der Sache (Prävention) liegt, evtl. trifft dies aber für die EUBAM an der ukrainisch-moldauischen Grenze zu. Mit Blick auf die geforderte Kombination ihrer Krisenmanagementinstrumente können erstens evtl. wegweisende erste integrierte zivile Krisen-managementmissionen (z.B. EUJUST THEMIS, AMM) verbucht werden. Zweitens kann festgestellt werden, dass die EU auch durch parallele oder sukzessive ESVP-Einsätze, und/ oder mit der gleichzeitigen oder aufeinanderfolgenden Anwendung von ESVP-/ GASP-

[1001] Durch die Solidaritätsklausel fallen Aufgaben des sog. *Consequence Management* und der Schutz europäischer Zivilbevölkerungen und Institutionen im Falle terroristischer Anschläge oder anderer Katastrophen im EU-Territorium grundsätzlich in den Aufgabenbereich der ESVP, die ESVP bleibt dabei aber eine Möglichkeit unter anderen, um auf solche Katastrophenfälle solidarisch zu reagieren.

Instrumenten und Gemeinschaftsinstrumenten ihre Instrumente kombiniert. Ein multiples EU-Engagement vor Ort ist dabei aber nicht unbedingt mit einer gesteigerten Effektivität oder Kohärenz des Engagements gleichzusetzen. Mit Blick auf die geforderte Zusammenarbeit mit Partnern können die Zusammenarbeit mit der AU in Darfur und v.a. die Zusammenarbeit mit der ASEAN im Rahmen der AMM sowie mit Blick auf die Zusammenarbeit mit der NATO und den USA die Berlin-Plus-Operation ALTHEA und das ESVP-Engagement im Irak (wenn auch nicht militärisch) und im Nahen Osten als zukunftsweisend verbucht werden.

Wie sich die unter Punkt 2.3.3 kritisierten Lücken der ESS (u.a. mangelnde Klärung der Frage der Notwendigkeit eines UN-Sicherheitsrat-Mandats für ESVP-Einsätze, defizitäre Ziel-Mittel-Zuordnung) weiterhin in der praktischen Anwendung der ESVP äußern, ist bislang schwierig abzuschätzen, da seither in der Praxis bis auf ALTHEA, welche im o.g, Sinne als Fortsetzungsoperation keiner innereuropäischen Strategiediskussion bedurfte, keine signifikanten militärischen Krisenreaktionsoperationen mehr stattgefunden haben, sondern die ESVP sich vielmehr eher auf zivile Operationen konzentrierte, welche aber als offensichtlich je kleinster gemeinsamer Nenner evtl. per se aufschlussreich sein könnten. Auch ob die ESS seither eine vergleichsweise bessere Mobilisierung politischer Unterstützung und entsprechender Ressourcen für den Anwendungsfall innerhalb der verschiedenen Mitgliedstaaten und auf EU-Ebene leisten konnte bzw. kann, ist anhand der vorliegenden Beispiele nur schwer nachvollziehbar. Zumindest kann mit Blick auf die geografische Reichweite der ESVP, welche in der ESS als global normiert wird, keine Haltungsänderung und größere Bereitschaft einiger Mitgliedstaaten zu Einsätzen in weit entfernten Gebieten verzeichnet werden (vgl. die zunächst mangelnde Unterstützung der AMM in Indonesien und der mangelnde Enthusiasmus für eine ESVP-Polizeimission in der DRK). Das gleiche gilt für die Frage, ob die ESS in Folge verstärkt die Gewinnung von Partnern und Verbündeten für gemeinsame Ziele in Form von Drittstaatenbeteiligungen an ESVP-Einsätzen generieren konnte und kann. Ob die ESS in der ESVP-Praxis die Reaktionssicherheit und -schnelligkeit und die Wahrscheinlichkeit gemeinsamen Handelns der sicherheitspolitischen Entscheidungsträgern der EU und, daraus resultierend, den effektiven Schutz europäischer Interessen und Werte, die Teilnahme der EU an der Gestaltung der Weltordnung, einen Beitrag zur Erhaltung des internationalen Friedens, die Wahrung bzw. Wiederherstellung der internationalen Sicherheit und Stabilität, eine Vorbeugung und Abwehr von Bedrohungen leisten konnte und kann, bleibt in letzter Konsequenz ebenso schwierig zu beurteilen, da, wie schon unter Punkt 2.1 bemerkt wurde, eine gemeinsame sicherheitspolitische Strategie lediglich einen Rahmen für gemeinsames Handeln, aber keine hinreichende Bedingung für in der Praxis durchwegs problemadäquate gemeinsame Interventionen in Krisengebieten darstellt, und vielmehr die militärischen (und zivilen) Fähigkeiten und der politische Wille im Rahmen der EU darüber entscheiden, welche Einsätze sie in der Praxis durchführen kann und will.

5.3.2.2 Institutionen und Prozeduren

Die intergouvernementale Konstruktion des ESVP-Entscheidungssystems[1002] scheint grundsätzlich mit Blick auf sein Potenzial zur Zusammenführung mitgliedstaatlicher Interessen und deren schnelle Umsetzung in problemadäquates Handeln nur bedingt tauglich. Insgesamt erwiesen sich aber die Möglichkeit der konstruktiven Enthaltung und die Flexibilität der Durchführung ebenso wie das Rahmennation-Konzept als z.T. geeignete Auswege aus eventuellen Handlungsblockaden. Im Falle der AMM konnten zudem die Parteinahmen der damaligen Ratspräsidentschaft sowie des HR Solana zugunsten der Durchführung dieser Mission diesbezügliche Handlungs-blockaden aufgelöst werden. Relativiert werden eventuelle Defizite der Basiskonstruktion zudem teilweise durch einen zentralisierten und weitgehend brüsselisierten Unterbau verschiedener entscheidungsvorbereitender und die Umsetzung entsprechender Entscheidungen kontrollierend und aktiv mitgestaltender ESVP-Gremien[1003] und -Akteure (wie z.B. im Sinne der o.g. Intervention des HR Solana im Falle der AMM, weniger jedoch durch das PSK). Inwiefern und inwieweit die institutionellen und prozeduralen Strukturen der ESVP zügig problemadäquate Krisenreaktions-Entscheidungen generieren konnten und können, ist nicht in jedem Fall eindeutig ersichtlich. Teilweise wurde das schnelle Zustandekommen von Einsätzen entweder durch eine sowieso schon vorhandene Interessenskonvergenz innerhalb der EU (z.B. im Falle der Missionen in Palästina) und/ oder ein entsprechend geringes Risiko bzw. eine entsprechend geringe (finanzielle) Belastung durch die eventuelle Durchführung des betreffenden Einsatzes (z.B. EUJUST THEMIS), oder aber die Forcierung und Verantwortungsübernahme eines einzelnen Mitgliedstaates (ARTEMIS) generiert.

Um das einer Krisensituation angemessene Mandat zu formulieren und die in der betreffenden Krisensituation notwendigen und der Ausübung des Mandats auch

---

[1002] Dieses beinhaltet: Hauptrollen für ER und Rat; durch die Normierung des strikten Einstimmigkeitsprinzips in sicherheits- und verteidigungspolitischen Fragen liegt die sicherheits- und verteidigungspolitische Gestaltungsmacht bei der kollektiven Exekutive der Mitgliedstaaten; lediglich durch konstruktive Stimmenthaltung werden gemeinsame Entscheidungen erleichtert, darüber hinaus besteht die Möglichkeit, dass der Rat eine Gruppe von willigen (und evtl. auch fähigen) Mitgliedstaaten mit deren Zustimmung beauftragt, eine Operation im Namen der Union durchzuführen.

[1003] Personell (zahlenmäßig und Expertise) und finanziell sind diese Gremien jedoch z.T. mangelhaft ausgestattet.

gewachsenen Einsatzkräfte letztlich entsenden zu können bzw. auch benötigtes Material zur Hand zu haben, ist „die einer Operation vorgeschaltete Planungsphase [...] entscheidend für den Erfolg"[1004]. Im Falle der Operation ARTEMIS verschonte der Rückgriff auf das Rahmennation-Konzept die zum Zwecke der multinationalen, autonomen Durchführung von EU-Operationen vorhandenen Strukturen vor einem kritischen Test.[1005] Im Falle der als Nachfolgeeinsätze konzipierten ESVP-Einsätze (EUPM, CONCORDIA, ALTHEA) fällt angesichts kontextabhängig langer Vorlaufzeiten der Einsätze die Beurteilung, ob entsprechende Aufgaben auch in kürzerer Zeit, im Sinne einer schnellen Krisenreaktion, von den ESVP-Strukturen geleistet hätten werden können/ geleistet werden könnten, ebenfalls schwer.

Im Falle der EUPM sind hierbei dennoch einige Schwächen deutlich geworden, u.a. mit Blick auf die Beschaffung benötigter Fähigkeiten bzw. notwendigen Materials, ebenso wie mit Blick auf die Planungsunterstützung, wo es dem Ratssekretariat kaum möglich war, das Planungsteam in Sarajewo (s.o.) ausreichend zu unterstützen, da im Ratssekretariat kaum Planungsfähigkeiten, Fachwissen, abkömmliches Personal und sichere Kommunikationskanäle vorhanden waren.[1006] Darüber hinaus liefert grundsätzlich auch die Notwendigkeit der Einsetzung von Ad-hoc-Gremien zu Planung, Vorbereitung und Durchführung einiger Missionen direkte Hinweise auf Unzulänglichkeiten des institutionellen und prozeduralen Entscheidungs- und Durchführungssystems der ESVP (z.B. AMM).

Als eindeutiges Hindernis (im Sinne von Verzögerungen, evtl. auch mit der Auswirkung der Demotivation an einer Beteiligung interessierter EU-Staaten und Drittstaaten) im Zuge der Planung und Durchführung von ESVP-Einsätzen stellte sich die Einigung auf Finanzierung und Finanzierungsmodalitäten (v.a. vor Einrichtung von Athena) dar, v.a. wegen der Notwendigkeit, Ad-hoc-Lösungen zwischen den beteiligten Staaten und zwischen diesen und den EU-Institutionen bei knappen Haushaltskassen, sowohl seitens der EU (kleiner GASP-Haushalt) als auch seitens der Mitglieder und Drittstaaten zu finden, ebenso wie durch den Einsatz unterschiedlicher Mechanismen.[1007] Auch Kostenschätzungen für Einsätze waren bislang problematisch: Die in Gemeinsamen Aktionen angesetzten Kosten waren immer niedriger als die tatsächlichen Kosten, weswegen der Rat nun vorgeschlagen hat, den ersten Beitragsabruf automatisch um 30 Prozent höher anzusetzen als im finanziellen Bezugsrahmen.[1008]

[1004] Lindstrom (2004), Im Einsatzgebiet, S. 150.

[1005] Im Zuge von ARTEMIS wurde jedoch die Konsultationspflicht mit der NATO, nicht zuletzt zum Zwecke der Sicherstellung des Erstablehnungsrecht der NATO, nicht eingehalten.

[1006] Vgl. Lindstrom (2004), Im Einsatzgebiet, S. 150/ 151.

[1007] Vgl. Lindstrom (2004), Im Einsatzgebiet, S. 147.

[1008] Vgl. Lindstrom (2004), Im Einsatzgebiet, S. 148.

Die Zusammenarbeit mit bzw. Einbeziehung von Drittländern stellte sich in jedem Fall als besondere Herausforderung dar.[1009] Dabei erwiesen sich die Beteiligungsmöglichkeiten für Drittstaaten angesichts relativ später Einbeziehung in die Planungsphase und mangels Vorabklärung finanzieller Fragen als nicht unbedingt optimal (Verzögerungen oder Rückzug von Drittstaatenbeteiligungen).[1010] Inwieweit die Koordination von ESVP mit anderweitigen Rats- bzw. Kommissionsaktiväten in betreffenden Krisengebieten vor Ort bzw. schon die säulenübergreifende Abstimmung im Zuge der Entscheidung für einen bestimmten ESVP-Einsatz sichergestellt wird, ist anhand weitgehend eingeschränkter Literatur- und Quellenlage zu diesen Fragen unklar, es kann aber davon ausgegangen werden, dass die unter Punkt 3.5 aufgezeigten Defizite eine optimale Umsetzung des potenziellen Mehrwerts durch kohärente Kombination von Instrumenten behindert wird. Eine Aussage über die adäquate konzeptionelle und praktische Abstimmung und Zusammenarbeit verschiedener EU-Akteure liegt lediglich im Falle der AMM vor. Braud und Grevi vom EU ISS bezeichnen die praktische Zusammenarbeit von Kommissionsprogrammen und der AMM vor Ort als gut, weisen aber auf die der AMM vorangegangenen sog. *Turf battles* zwischen Kommission einerseits und Rat und Mitgliedstaaten andererseits um die Finanzierung und damit die politische Kontrolle der AMM hin [1011] Diese *Turf battles* um Vorherrschaft, Erhalt des Status Quo und Wirkungsbereiche zwischen Kommission einerseits und Rat und Mitgliedstaaten andererseits könnten sich mit Blick auf die Ausweitung des Aufgabenbereiches der ESVP in traditionelle Domänen der Kommission hinein (z.B. SSR) vor allem in den betreffenden Bereichen fortsetzen oder verstärken.

5.3.2.3 Fähigkeiten

Die Anwendung des militärischen Instrumentariums der ESVP wurde bisher aufgrund (fortgesetzter) Fähigkeitenlücken der EU bzw. ihrer Mitgliedstaaten eingeschränkt.[1012] Dies äußerte sich entweder in der Notwendigkeit, auf NATO-Mittel und -Fähigkeiten zurückgreifen zu müssen (CONCORDIA, ALTHEA), oder in ihrer räumlichen und zeitlichen Ausdehnung eher begrenzten autonomen

---

[1009] Vgl. Lindstrom (2004), Im Einsatzgebiet, S. 151.

[1010] Gleichzeitig bleibt mit Blick auf die Durchführungsautonomie und Steuerungsmacht der EU mit Blick auf die ESVP die Frage, welches Ausmaß an Beteiligung von Drittstaaten (und damit steigenden Einfluss von Nicht-EU-Staaten, z.B. von Regionalmächten in der betreffenden Region, z.B. Russland im Kaukasus) für die ESVP wünschenswert und tragbar ist, ungeklärt (vgl. Grevi/ Lynch/ Missiroli, ESDP operations, http://www.iss-eu.org/esdo/09-dvl-am.pdf, Zugriff am 2.2.2006, S. 17).

[1011] Vgl. Braud/ Grevi (2005), The EU mission in Aceh, S. 24/ 25.

[1012] Vgl. Lindstrom (2004), Im Einsatzgebiet, S. 144.

Einsätzen (ARTEMIS). Bezeichnenderweise übersteigt die Zahl der zivilen Missionen zudem bei weitem jene der militärischen Operationen.

Schon für das Jahr 2003 wurde angepeilt, dass eine ERRF in der Stärke von 60.000 Mann innerhalb von 60 Tagen am Einsatzort und dort ein Jahr im Einsatz durchhaltefähig sein sollte. Bis heute schränken aber Defizite in den Bereichen Verlegefähigkeit, strategischer Transport, Interoperabilität, Kommunikations-, Führungs- und Kontrollfähigkeiten und Durchhaltefähigkeit die Reichweite, Einsatzdauer und das Einsatzspektrum der ERRF ein. Im Falle der Operation ARTEMIS, bei welcher der Einsatzort 6.500 km entfernt lag und zudem Anlagen im 300 km vom Einsatzort Bunia entfernten Entebbe (Uganda) genutzt werden mussten, da nur dort eine für größere Transportflugzeuge geeignete Infrastruktur vorhanden war, mussten die Transportkapazitäten Frankreichs (unter Unterstützung Großbritanniens) zusätzlich durch kanadische Kapazitäten unterstützt werden.[1013] Mängel in den Bereichen Interoperabilität und technische Kompatibilität v.a. im Bereich Kommunikation beeinträchtig(t)en u.a. die Durchführung der EUPM und wurden hierbei als bedeutender Nachteil gewertet.[1014] Im Fall von ARTEMIS konnte dagegen im Bereich der Übertragungs- und Kommunikationseinrichtungen ein adäquates Gefechtsfeldinformationssystem nur dadurch sichergestellt werden, dass Frankreich als Rahmennation die größten Truppenkontingente stellte und seine nationalen Standards benutzen konnte. Schwieriger wäre die Sicherstellung der Interoperabiltät und ausreichender Kommunikationsfähigkeiten bei einer genuin multinationalen EU-geführten Operation ausgefallen.

Mangelnde Planungs- und Führungsfähigkeiten zwingen die EU bei mit Blick auf Umfang, Dauer und Aufgaben anspruchvolleren Operationen auf Mittel und Fähigkeiten der NATO zurückzugreifen (ALTHEA).[1015] Zudem ist die Durchhaltefähigkeit von militärischen ESVP-Operationen nicht gewährleistet, v.a. wenn Operationen in einem unsicheren Umfeld eingeleitet werden, in dem mit Feindberührung zu rechnen ist, weswegen ARTEMIS nur durchgeführt werden konnte, weil feststand, dass die EU-Einsatzkräfte nach den vorgesehenen drei Monaten durch ein aufgestocktes UN-Kontingent abgelöst würden.[1016] Diese genannten operativen Beschränkungen werden in Zukunft tendenziell weniger häufig auftreten[1017], da die zentralen Defizite in den Bereichen Interoperabilität, Verlegbarkeit und Nachhaltigkeit im Rahmen des HG 2010 und insbesondere im Zuge der *Battlegroups* – welche eine direkte Lehre aus ARTEMIS darstellen –,

---

1013 Vgl. Lindstrom (2004), Im Einsatzgebiet, S. 145.
1014 Vgl. Lindstrom (2004), Im Einsatzgebiet, S. 146.
1015 Grevi/ Lynch/ Missiroli, ESDP operations, http://www.iss-eu.org/esdo/09-dvl-am.pdf, Zugriff am 2.2.2006, S. 16.
1016 Vgl. Lindstrom (2004), Im Einsatzgebiet, S. 146.
1017 Vgl. Lindstrom (2004), Im Einsatzgebiet, S. 147.

und mit Hilfe eines neuen CDM und der EDA mittlerweile angegangen werden. Sollten diese Bemühungen erfolgreich sein, bliebe aber weiterhin das Problem der Verfügbarkeit von Einsatzkräften und Fähigkeiten der Mitgliedstaaten für ESVP-Operation sowie das des (un)gesicherten Rückgriffs auf NATO-Mittel und -Fähigkeiten bestehen. Über die tatsächliche Bereitstellung von Streitkräften und Fähigkeiten im Ernstfall entscheidet jeder Mitgliedstaat von Fall zu Fall, wobei die Problematik des sog. *Double-hatting* oder Mehrfach-*hatting* hierbei den Widerspruch zwischen politischer Zusage und realer Verfügbarkeit im Einsatzfall erhöhen kann. Ebenso entscheidet der NAC von Fall zu Fall, ob vorab identifizierte Fähigkeiten der EU zur Verfügung gestellt werden, wobei jedes NATO-Land ein wirksames Vetorecht innehat. Die autonome Handlungsfähigkeit der EU im gesamten Petersbergspektrum war und ist in der Praxis damit in zweierlei Hinsicht nicht gegeben: Aufgrund fortgesetzter Abhängigkeit von NATO-Mitteln und -Fähigkeiten sind noch keine signifikanten EU-geführten Operationen im oberen Petersbergspektrum ohne Rückgriff auf NATO-Mittel und -Fähigkeiten möglich gewesen. Die militärische Abhängigkeit der EU von NATO-Kapazitäten zur Durchführung von EU-Operationen v.a. im oberen Petersbergspektrum schließt gleichzeitig de facto militärische Einsätze der EU gegen den expliziten Willen der USA bzw. der NATO weitgehend aus.

Auch wenn der zivile Bereich von Anfang an vom personellen und materiellen Volumen her deutlich kleiner ausgelegt war als der militärische, führte/ führt die EU bisher elf zivile ESVP-Missionen[1018] (im Gegensatz zu vier militärischen) durch. Auch im Bereich der zivilen Fähigkeiten wurden jedoch durch entsprechende Defizite z.T. schon im Vorfeld die Durchführung von Missionen bzw. der Erfolg von Missionen im Feld gefährdet, v.a. durch mangelhafte Planungsfähigkeiten (z.B. EUPM, AMM) und mangelnde logistische Unterstützungskapazitäten (ebenfalls AMM). In diesem Zusammenhang scheint ziviles Krisenmanagement grundsätzlich teilweise ein zu breites und variierendes Aufgabenspektrum zu umfassen, als dass ohne Einschränkungen gezielt vorausschauend für alle Eventualitäten Fähigkeiten entwickelt werden könnten. Dies trifft v.a. für den Bereich der zivilen Verwaltung zu, in welchem – aus o.g. Gründen – entsprechende Fähigkeiten am wenigsten ausgeprägt bzw. entwickelt sind. Darin liegt evtl. auch der Grund, weshalb im Zuge der ESVP bislang noch keine Mission zur Stützung der Zivilverwaltung durchgeführt wurde. Die durch den Aktionsplan zu den zivilen Aspekten der ESVP vom Juni 2004 und das zivile HG 2008 initiierte Fähigkeitenentwicklung (u.a. in den Bereichen Menschenrechte, SSR,

[1018] Darunter fallen vier Polizeimissionen (EUPM, PROXIMA, EUPOL KINSHASA, EU COPPS), zwei Grenzkontrollmissionen (in Rafah und an der moldawisch-ukrainischen Grenze), zwei Missionen zur Unterstützung der Rechtsstaatlichkeit (EUJUST THEMIS, EUJUST LEX), eine Mission zur Unterstützung der Sicherheitssektorreform (EUSEC RD CONGO), eine integrierte Beobachtungsmission (AMM) und eine Unterstützungsmission für die AU (AMIS II).

Mediation, Grenzkontrolle, *Monitoring*, DDR) hat sich mit Blick auf die jüngste Praxis zivilen operativen Krisenmanagements im Rahmen der ESVP (EUBAM an der moldauisch-ukrainischen Grenze und EU BAM RAFAH, EUSEC RD CONGO etc.) als adäquat erwiesen. Integriertes Krisenmanagement scheint sich dabei als problemadäquate Interventionsoption mit Mehrwert zu etablieren. Im Falle der AMM wirken z.B. militärische, ex-militärische und zivile Expertise in einem Team zusammen, die vorbereitende Mission (TAM) und die Interimsmission (IMP), welche der AMM vorangegangen waren, ähnelten je den im zivilen Aktionsplan geforderten *Civilian Response Teams* (CRT).[1019]

5.3.3 Bestimmungsfaktoren

5.3.3.1 Sicherheitspolitische Herausforderungen und strategisches Umfeld

Die Mehrzahl westlicher bzw. entwickelter Länder, wie sie in der EU vorzufinden sind, tendiert insgesamt immer stärker dazu, Truppen für Kriseninterventionen/ Friedenseinsätze unter NATO-, EU-Führung bzw. in Ad-hoc-Koalitionen anstelle für UN-Einsätze zur Verfügung zu stellen. Karin von Hippel sieht den Grund für diese praktische Tendenz dabei nicht zuletzt in der oft eingeschränkten Handlungsfähigkeit der Vereinten Nationen im Hinblick auf Kriseninterventionen und Friedenseinsätze, welche im Widerspruch zur „urgency to deploy immediately“[1020] steht. Neben der situationsbedingten Notwendigkeit schnellen Eingreifens stellt auch die „exigency that a mission cannot fail“[1021] einen Faktor bei der Auswahl des Eingreifrahmens (v.a. seit Somalia) dar. Dies kann sich jedoch zum einen evtl. zu Ungunsten der EU/ ESVP auswirken wie z.B. im Falle der Afghanistan-Interventionen[1022] bzw. spiegelt sich zum anderen, falls die Mitgliedstaaten eher im Rahmen der ESVP eingreifen wollen, im (gemäßigten) Risikograd entsprechender EU-Einsätze wider. Angesichts im Vergleich zum NATO-Verbund eingeschränkten Fähigkeiten und angesichts schneller, da formlos zu organisierenden Koalitionen der Willigen v.a. unter Führung bzw. Beteiligung der militärisch potenten USA, werden aus der großen Menge internationaler Krisen ESVP-Einsätze zur Bewältigung vereinzelter Krisen gemäß deren Er-

---

[1019] Vgl. Braud/ Grevi (2005), The EU mission in Aceh, S. 28.

[1020] Von Hippel (2004), NATO, EU, and ad hoc coalition-led peace support operations, S. 12.

[1021] Von Hippel (2004), NATO, EU, and ad hoc coalition-led peace support operations, S. 13.

[1022] Vgl. EU Crisis Response Capabilities: An Update (2002), S. 3: „The EU, as distinct from a number of its member states (most notably the UK), did not [...] play a military role in the management of the Afghan crisis.“; ebenso: Centrum für Angewandte Politikforschung (2002), Reassessing EU foreign policy challenges and tasks in the post September 11 era, S. 28: “In the case of Afghanistan, ESDP seemed to be unattractive to the EU’s principal actors.“

folgswahrscheinlichkeit und Risikoarmut vorgenommen. In diesem Zusammenhang können sich das besondere Verhältnis einiger EU-Mitglieder zu den USA und die Priorisierung des transatlantischen Sicherheitsbündnisses durch die Atlantiker in der EU (v.a. Großbritannien) gegenüber der ESVP, mit Blick sowohl auf die institutionelle und militärische Fähigkeitenentwicklung (keine Duplizierung, Primat der NATO) als auch die praktische Ausrichtung eventueller ESVP-Einsätze (keine *High-end*-Einsätze, Berlin-Plus-Einsätze bevorzugt, nur wenn die NATO als Ganze nicht involviert ist bzw. Bevorzugung der NATO oder Koalitionen der Willigen unter US-Führung), zu Ungunsten der ESVP auswirken.

Die Reaktivität der Anpassung der EU an das sich wandelnde strategische Umfeld und die sicherheitspolitischen Herausforderungen (strategisch, institutionell und fähigkeitentechnisch) sowie die komplexe und veränderliche Natur derselben erschweren dabei grundsätzlich durchgängig problemadäquate, gemeinsame praktische Reaktionen der EU-Mitgliedstaaten im Rahmen der ESVP. Stattdessen prägen des Öfteren Langsamkeit, Unsicherheit, Minimalität der gemeinsamen Reaktion, Rückgriff auf schon etabliertere bzw. erfahrenere Organisationen der Sicherheitsvorsorge (v.a. NATO) bzw. das Unterlassen von Aktionen im Rahmen der ESVP das Bild europäischer Krisenreaktion. Einschränkend kommt evtl. noch die Notwendigkeit der Rücksichtnahme auf Interessen involvierter Regionalmächte und die Wahrung von Beziehungen mit denselben im Gesamtinteresse der EU (auch in anderen Bereichen als der Sicherheits- und Außenpolitik) hinzu, wie dies z.B. im Falle der EUBAM an der moldauisch-ukrainischen Grenze für Russland zutrifft[1023]. Motivationschübe zugunsten der ESVP stellen sich v.a. nach Fällen des Versagens der EU im internationalen Krisenmanagement ein. Dies trifft sowohl für den Aufbau institutioneller Strukturen und Fähigkeiten als Reaktion auf das europäische Versagen im Kosovokonflikt und die Formulierung der ESS als Reaktion auf die innereuropäische Spaltung in der Irakfrage, als auch auf das operative Engagement im westlichen Balkan, dem Ort des ehemaligen Versagens der EU, und die Lancierung der Operation ARTEMIS als Beweis der Handlungsfähigkeit der ESVP im Kielwasser der Irakkrise zu. Die Entwicklung der ESVP ebenso wie ihre Interventionspraxis folgen insgesamt weniger einem von langer Hand ausgearbeiteten Plan, als dass vielmehr die EU innerhalb eines grob vorgegebenen Handlungsrahmens im Sinne eines andauernden Anpassens europäischer Außen- und Sicherheitspolitik an die Umstände internationaler Politik und gemäß des Prinzips *Learning by doing* sich eröffnende Handlungschancen ergreift bzw. Notwendigkeiten Rechnung trägt. Dabei erscheint das Rational, internationale Handlungslücken zu schließen, als durchgängig (formal: z.B. ziviles Instrumentarium, *Battlegroups*; operativ: z.B. zivile Missionen, ARTEMIS).

[1023] Vgl. Popescu (2005), The EU in Moldova, S. 37.

Die europäische Krisenreaktion kann dabei aufgrund anderer, untenstehend erläuterter Bestimmungsfaktoren dem internationalen Handlungsbedarf bzw. der sicherheits- und verteidigungspolitischen Sachlogik (schnelle, eindeutige und konsistente Willensbildung und wirksame Implementierung) nicht immer optimal Rechnung tragen, bzw. den Mehrwert der ESVP für das Krisenmanagement der EU und/ oder den Mehrwert der EU im internationalen Krisenmanagement voll ausschöpfen. Einsätze werden in Reaktion auf Bedrohungs- oder Problemlagen nur durchgeführt, soweit nationale Verschiedenheiten innerhalb der EU, nationale Interessen, amerikanische Interessen, ebenso wie die mitgliedstaatlichen Mittel und Fähigkeiten und die institutionellen und prozeduralen Strukturen der ESVP dies zulassen.

5.3.3.2 Nationalstaatliche Interessen und das Streben nach Optimierung nationaler Gestaltungsmacht

Ein breites Spektrum strategischer Kulturen, sicherheitspolitischer Prioritäten, Interessen und Fähigkeiten innerhalb der EU, die unterschiedlichen Erwartungen der EU-Mitglieder an die EU bzw. der unterschiedliche Stellenwert der EU für die jeweilige nationale Politik und Uneinigkeit in bestimmten Fragen bzw. Einigkeit, bestimmte Fragen auszuklammern, prägen nicht nur die institutionelle Entwicklung und die eines strategischen Rahmens und von Fähigkeiten, sondern auch die Interventionspraxis (inklusive der evtl. unterlassenen Einsätze) der ESVP, welche sich als Produkt von Interessenskonvergenzen innerhalb der EU einerseits und nationalen Unterschiedlichkeiten andererseits darstellt.

Wie auch mit Blick auf die Entwicklung des formalen Rahmens sind Initiativen, Engagement, Einigung und Beteiligung der drei Großen von zentraler Bedeutung für die Praxis der ESVP, wobei auch hier sicherheitspolitisch signifikante Initiativen und Einigungen nicht immer leicht erreichbar sind. Während Großbritanniens Unterstützung für signifikante militärische autonome EU-geführte Operationen eher begrenzt ist, steht Frankreichs proaktive Politik teilweise unter dem Verdacht antiamerikanischer Ausrichtung. Bestimmend sind hier nicht zuletzt die unterschiedlichen Zielsetzungen bei der Entwicklung und Anwendung der ESVP mit Blick auf die gewünschte Rolle und Eigenständigkeit der EU im Krisenmanagement relativ zur NATO, wobei jedoch im Vergleich zur formalen Entwicklung die unter Punkt 3.2.3 zitierte „difference in starting-points“[1024] zwischen Frankreich und Großbritannien[1025] in der Praxis der ESVP weniger zum

[1024] Howorth (2000), Britain, France and the European Defence Initiative, S. 36.
[1025] Großbritannien einerseits betrachtet die ESVP als Mittel zur Stärkung der NATO und zur Übernahme von Lasten unter Rückgriff auf NATO-Mittel, insbesondere bei *High-end-*

Tragen kommt (gemeinsame Beteiligung, wenn auch in unterschiedlichem Umfang an bislang allen militärischen ESVP-Operationen). Deutschland ist teilweise durch unzureichende Fähigkeiten und potenziell durch die verfassungsrechtliche Bindung an eine Parlamentsbeschluss militärischer bewaffneter Einsätze eingeschränkt. Wie bei der formalen Entwicklung der ESVP geht es auch bei der Anwendung derselben um Fragen der Macht und des Einflusses bzw. der Durchsetzung von Interessen einzelner Mitgliedstaaten, z.T. um die Pflege und/ oder den Beweis spezieller Partnerschaften innerhalb der EU (z.B. Frankreich – Deutschland) oder außerhalb der EU (z.B. Großbritannien – USA). So verfolgte z.B. Frankreich mit der Operation ARTEMIS vorrangig nationale Ziele wie die Europäisierung französischer Afrikapolitik bzw. Militärpolitik in Afrika angesichts der Grenzen eigener Einflussnahme und Mittel[1026], die Bestätigung und Etablierung der Fähigkeit der ESVP, *High-end-* und autonome EU-geführte militärische Operationen durchzuführen, sowie das Ziel, die Verbesserung der Machtposition der EU und jener Frankreichs innerhalb der EU sowie in der Welt zu befördern. Deutschlands politische und praktische Unterstützung für ARTEMIS reiht sich zum einen in Deutschlands Versuche größerer Verantwortungsübernahme seit dem Einsatz der Bundeswehr in Kambodscha (1992) ein, wobei die Art der Beteiligung der Bundeswehr qualitativ immer weiter erhöht wurde, aber ein Konzept der deutschen Rolle im internationalen System bislang nicht eindeutig erkennbar ist[1027], zum anderen lag die entscheidende deutsche Motivation darin, erstens parallel zur Kritik am Irakkrieg und dem Engagement in Afghanistan europäische Eigenständigkeit zu beweisen und zweitens die deutsch-französische Partnerschaft in der EU und ESVP zu stärken.[1028] Nicht nur für die Großen (v.a. Frankreich und Deutschland) bietet die ESVP Profilierungsmöglichkeiten und Forcierung ihrer Interessen, sondern die ESVP ermöglicht es v.a. auch den kleineren Mitgliedstaaten, ihre Beteiligung am Weltgeschehen zu verstärken und ihr internationales Profil zu erhöhen, ohne dabei gleichzeitig in den Augen des Publikums unterzugehen (wie v.a. im Rahmen der UN oder auch in der NATO der Fall), weswegen sich Staaten wie Luxemburg und Belgien fast durchgängig an ESVP-Einsätzen beteiligen. Zivile ESVP-Missionen bieten v.a. den traditionell militärisch bündnisfreien EU-Mitgliedern (selbst dem *Opt-out*-Land Dänemark) eine Plattform, ihre Fähigkeiten und Vor-

---

Missionen, wenn die NATO als Ganze nicht involviert ist/ sich nicht mehr involvieren will (z.B. ALTHEA). Frankreich verfolgt mir der ESVP das Ziel eigenständigen Krisenmanagements durch die EU, auch ungeachtet von Maßnahmen der NATO und evtl. auch gegen Zustimmung der USA. Aus dieser französischen Konzeption resultiert auch das französische Bestreben, eigentständig *High-end*-Operationen zu übernehmen, nicht zuletzt auch als Transmissionsriemen französischer Interessen und zur Verbesserung seiner eigenen weltpolitischen Machtposition (z.B. ARTEMIS).

[1026] Vgl. Stark (2004), Frankreichs Außenpolitik zwischen Anpassungsdruck und Status Quo, S. 275.

[1027] Vgl. Woyke (2002), Von der Orientierungslosigkeit zur Konzeption, S. 21.

[1028] Vgl. Jäger/ Szukala (2004), Außenpolitische Strategie und ökonomische Interessen Deutschlands nach dem Irak-Krieg, S. 251/ 252.

stellungen zum Tragen zu bringen, und leihen solchen fast durchgängig ihre politische und praktische Unterstützung. Interessant ist darüber hinaus, dass die skandinavischen Staaten stärker bereit sind, in Gebiete nicht zentralen strategischen Interesses (auch militärisch) einzugreifen. So entsandte z.B. Schweden im Rahmen von ARTEMIS nach Frankreich das zweitgrößte Kontingent militärischer Einsatzkräfte. Im Falle der AMM scheinen die o.g. Neigungen der Neutralen (Bereitschaft, auch in peripheren Krisengebieten aus humanitären Gründen einzugreifen und zivile Interventionsmittel zu bevorzugen) im Falle Finnlands und Schwedens zusammenzufallen.

Dabei ist aufgrund des Freiwilligkeits- und Gleichberechtigungsprinzips der Beteiligung an der Entwicklung der ESVP und ihrer praktischen Anwendung die gemeinsame Handlungsfähigkeit in der Praxis abhängig von der kollektiven Einigung der Mitgliedstaaten bzw. deren Beitragsbereitschaft. Ziel ausnahmslos aller Mitgliedstaaten ist hierbei grundsätzlich die Erhaltung der eigenen Gestaltungsmacht im Rahmen der ESVP, zum einen durch die institutionelle und prozedurale Absicherung, zum anderen durch die praktische Legitimierung und Ausübung dieser Gestaltungsmacht in der Praxis (Teilnahme aller Mitgliedstaaten an mindestens einem ESVP-Einsatz). Das fast unbedingte Streben nach der Wahrung nationalstaatlicher Souveränitätsrechte geht dabei sowohl bei der institutionellen, fähigkeitentechnischen und strategischen Ausgestaltung der ESVP als auch in der Praxis zuweilen auf Kosten der Entscheidungs- und Durchführungseffektivität (vgl. CONCORDIA), wobei nationalstaatliche Interessen im Vergleich zu sicherheitspolitischen Herausforderungen und sicherheits- und verteidigungspolitische Sachlogik bei der Entwicklung und Anwendung der ESVP als Bestimmungsfaktor im Zweifelsfall überwiegen können. Durchgängig auffällig ist auch die häufige Scheu der Mitgliedstaaten vor teuren Projekten, mit Blick auf den formalen Rahmen z.B. im Rüstungsbereich, ebenso wie bei Operationen angesichts innenpolitischer, v.a. haushaltspolitischer Zwänge. Es kann deswegen und nicht zuletzt angesichts der bislang überwiegend zivilen ESVP-Einsätze davon ausgegangen werden, dass daher die Einigung auf zivile Missionen leichter fällt.[1029] Die Problematik der Einigung auf funktionelle Finanzierungsmechanismen liegt v.a. mit Blick auf militärische Operationen in der Austarierung des Verhältnisses und der jeweiligen Finanzierungsquelle gemeinsamer Kosten einerseits und der Durchführungskosten andererseits. Für die Durchführungskosten spielt in den Augen der Mitgliedstaaten sowohl die absolute als auch die relative eigene finanzielle Belastung eine Rolle, welche im Zuge nationalstaatli-

[1029] Nicht zu vernachlässigen sind in diesem Zusammenhang natürlich auch die meist geringeren Risiken und die grundsätzliche Interessenskonvergenz der Mitgliedstaaten, in solchen Fällen das zivile Instrumentarium anzubieten, wo sich die EU als Organisation militärisch nicht engagieren will oder sich die Mitgliedstaaten nicht auf ein solches Engagement verständigen können, vorhandene internationale Handlungslücken zu verringern, und damit gleichzeitig die Krisenmanagementattraktivität der EU im zivilen Bereich zu erhöhen.

cher Kosten-Nutzen-Kalkulationen (z.B. was bringt ein Engagement für das nationale und evtl. das Prestige der EU und welcher finanzielle Aufwand ist hierfür angemessen?) zum Tragen kommen und für die Praxis der ESVP relevant werden.

Insgesamt kann davon ausgegangen werden, dass die tatsächliche Implementierung der ESVP in jedem Einzelfall von den nationalen Interessenslagen der Mitgliedstaaten und deren innenpolitischen und budgetären Voraussetzungen abhängt, was die Regel, dass internationale Organisationen nur so leistungsfähig sind, wie die Interessen ihrer Mitglieder dies zulassen, bestätigt. Die schwierige Kunst liegt hierbei darin, vor diesem Hintergrund gemeinsame Nenner zu finden, die auch sicherheitspolitisch bedeutsam bzw. wirksam sind (siehe Bewertung der *Outcomes* von ESVP-Einsätzen unter Punkt 5.3.4).

Die grundsätzliche Interessenskonvergenz mit Blick auf die Durchführung von ESVP-Einsätzen liegt, über evtl. zusammenfallende strategische Prioritäten und Interessen hinaus, darin, dass alle Mitgliedstaaten mehr oder weniger Interesse an Beweisen der Handlungsfähigkeit der ESVP haben, nicht zuletzt angesichts getätigter Investitionen in das ESVP-Projekt.[1030] Diese Interessenskonvergenz war v.a. für die ersten Einsätze einer der ausschlaggebenden Gründe. Kurz nach der Erklärung von Laeken[1031] hatte Solana vorgeschlagen, die ESVP einem praktischen Test zu unterziehen, um herauszufinden, ob sie tatsächlich einsatzfähig sei, wozu sich z.B. zwei relativ bescheidene Einsätze in einem Bereich bzw. einer Region strategischen Interesses der EU eignen würden, was die Übernahme der Polizeimission in Bosnien sowie der militärischen Operation in Mazedonien durch die EU zur Folge hatte.[1032] Die Mitgliedstaaten haben ein Interesse daran, die Glaubwürdigkeit ihres sicherheits- und friedenspolitischen Engagements zu beweisen bzw. einigermaßen zu wahren, nicht zuletzt aufgrund eventuellen Handlungsdrucks durch die (europäische) Öffentlichkeit. So scheinen sich alle EU-Mitglieder trotz oder gerade aufgrund vorangegangener und bestehender Interessensdivergenzen in Krisenzeiten für die gemeinsame Außen-, Sicherheits- und Verteidigungspolitik auf die Notwendigkeit, das ESVP-Projekt vor dem Scheitern zu bewahren, rückzubesinnen: "[The] surge of ESDP activity came at a time when the EU's Common Foreign and Security Policy (CFSP) was perceived to be in shambles. [...]. As ESDP operations illustrate, EU member states continue to share a wide array of common interests and are willing and, at last,

---

1030 Vgl. Howorth (2001), European Defence and the Changing Politics of the European Union, S. 773: "[A]n extraordinary amount of political capital has been invested in this project. To fail to make it work would in fact be tantamount to succeeding in making it fail."

1031 Die Erklärung von Laeken über die Einsatzfähigkeit der ESVP trotz offensichtlicher Defizite war zuvor als rein politisches Manöver kritisiert worden.

1032 Vgl. EU Crisis Response Capabilities: An Update (2002), S. 8.

also able to pursue common policies through joint actions."[1033] Den Preis eines nachhaltigen Scheiterns des ESVP-Projekts – „compromising the entire transatlantic relationship as well as placing a heavy question mark over the other political dimensions of EU integration"[1034] – möchte keiner der EU-Mitgliedstaaten bezahlen.

5.3.3.3 US-Impetus

Die Forderung der USA an die EU und ihre Mitgliedstaaten, im Zuge der ESVP unbedingt eine politische und strategische Abkopplung von der NATO zu vermeiden, führten über den Weg der Einhaltung der „drei Ds" zu Einschränkungen der autonomen Handlungsfähigkeit der ESVP (z.B. durch mangelnde eigenständige operative Planungs- und Führungsfähigkeiten). Parallel hierzu bestimmt die Notwendigkeit der Berücksichtigung der Anforderungen Washingtons im Kontext der entsprechenden politischen und militärischen Interessenslage der USA die praktische Anwendung der ESVP zu nicht geringen Teilen mit, sei es als auffordernder (Übernahme von ALTHEA als Entlastung der US-Streitkräfte) oder als evtl. zukünftig einschränkender Impetus (z.B. im Sinne eines sog. „vorauseilenden Gehorsams"). Hinzu kommt, dass einige EU-Mitgliedstaaten Krisenbewältigungsaufgaben z.T. eher im Rahmen von Koalitionen der Willigen (oder der NATO) unter militärisch potenter US-Führung wahrnehmen, um ihrer speziellen Partnerschaft mit den USA Tribut zu zollen oder eine solche zu begründen bzw. aufzufrischen. Die nachhaltige Durchsetzung der EU als nicht nur sekundärer Plattform operativer europäischer Sicherheitspolitik wird zudem durch Aufgaben- und Mitgliederüberschneidungen mit der NATO und gleichzeitigem amerikanischem Druck, die NATO als erste Sicherheitsinstitution für Europa auszugestalten, erschwert. Für einige EU-und-NATO-Mitglieder ist die Frage nach den Auswirkungen auf die Beziehungen zu den USA dabei ausschlaggebendes Kriterium für ihr sicherheitspolitisches Handeln (ESVP-Operation oder nicht?). Die amerikanische Herausforderung impliziert darüber hinaus einen Druck zur konzeptionellen (vgl. ESS) und praktischen Positionierung der EU in der Welt des internationalen Krisenmanagements. In diesem Zusammenhang veranlasst zum einen das von allen EU-Mitgliedern geteilte Interesse an der Aufrechterhaltung des transatlantischen Sicherheitsbündnisses mit den USA eine verstärkte Verantwortungsübernahme für die Sicherheit in Europa sowie eine verstärkte Übernahme von Lasten im Rahmen der Sicherheitskooperation mit den USA (z.B. militärische Operationen auf dem westlichen Balkan). Zum ande-

---

[1033] Grevi/ Lynch/ Missiroli, ESDP operations, http://www.iss-eu.org/esdo/09-dvl-am.pdf, Zugriff am 2.2.2006, S. 16.

[1034] Howorth (2001), European Defence and the Changing Politics of the European Union, S. 773.

ren wirken sich Lücken amerikanischer außen- und sicherheitspolitischer Aktivitäten (indirekt) auf die Entwicklung und Praxis (vgl. Übernahme ziviler Aufgaben der Krisenbewältigung) der ESVP aus.

Die o.g. Bestimmungsfaktoren können in Konkurrenz miteinander treten oder sich gegenseitig verstärken. Während z.B. einige Staaten einen Einsatz in der DRK als zu riskant ablehnten und sich nicht an ARTEMIS beteiligten, nahmen dieselben EU-Staaten an der US-geführten Intervention im Irak teil, obwohl dort die Einsatzkräfte durchaus größeren Gefahren ausgesetzt sind, als sie das im Rahmen von ARTEMIS gewesen wären.[1035] Nationale Kosten-Nutzen-Kalkulationen der betreffenden Staaten führten also einerseits zu deren Eingreifen außerhalb der ESVP im Rahmen einer Intervention, welche im Interesse der USA lag und damit eine Perspektive zu engeren Beziehungen mit den USA bot, und andererseits zu ihrer Nicht-Beteiligung an einem ESVP-Einsatz, bei in beiden Fällen objektiv vorhandenem Interventionsbedarf. Im Falle von ALTHEA verstärkten sich dagegen alle drei o.g. Bestimmungsfaktoren zugunsten eines ESVP-Einsatzes. Im Falle der bisherigen zivilen Missionen gilt, dass diese durch das Vorhandensein von internationalem Handlungsbedarf, relativ geringem Risiko und geringen Kosten (und evtl. eine diesbezügliche amerikanische Indifferenz) begünstigt wurden und werden und nicht zuletzt deswegen zahlenmäßig den größeren Anteil der ESVP-Praxis ausmachen.

Die Bestimmungsfaktoren treten hierbei nicht nur untereinander, sondern immer auch mit den formalen Möglichkeiten in Wechselwirkung, wenn es um die Erwägung einer Intervention geht. Aus dem Zusammenfallen vorhandener formaler Möglichkeiten und begünstigenden Bestimmungsfaktoren (wie z.B. Interessenskonvergenz einer Mehrheit von bzw. der großen Mitgliedstaaten) resultiert eine große Wahrscheinlichkeit eines ESVP-Einsatzes. Dagegen werden vorhandene formale Möglichkeiten bei ungünstiger Bestimmungsfaktorenlage nicht angewandt (wobei Fälle unterlassener Interventionen schwieriger nachzuprüfen sind). Beispielsweise hält sich die EU mit der Anwendung von (militärischen) ESVP-Instrumenten in ihrer östlichen Nachbarschaft bislang noch relativ zurück, und dies obwohl die ESS und die ENP die Stabilisierung dieser Region als prioritäres Ziel der EU feststellen bzw. umsetzen wollen und zudem mit der ESVP geeignete Instrumente für ein effektiveres Engagement einsetzbar wären.[1036] Umgekehrt könnten Fälle eintreten, in denen trotz Handlungsbedarf und gemeinsamem Interesse an einer entsprechenden Intervention bestimmte Einsätze aufgrund von Defiziten des formalen Handlungsrahmens nicht wahrgenommen werden. Die Wahrscheinlichkeit letzteren Szenarios ist jedoch grundsätzlich im

[1035] Vgl. Von Hippel (2004), NATO, EU, and ad hoc coalition-led peace support operations, S. 14.

[1036] Vgl. Popescu (2005), The EU in Moldova, S. 11.

Vergleich zu dem zuvor genannten Szenario vorhandener Möglichkeiten bei gleichzeitig mangelndem politischem Willen bzw. Widerstand der USA allerdings begrenzt.[1037] Der Grund hierfür liegt darin, dass der formale Handlungsrahmen per se die Ambitionen der Mitgliedstaaten begrenzt, und darüber hinaus im Falle von Handlungswillen alternative Organisationen (NATO, UN, Koalitionen der Willigen) interessierten EU-Staaten Handlungsplattformen bieten. Insgesamt scheint allein die objektive Notwendigkeit einer Intervention bzw. ein vorhandener Handlungsbedarf in einem Krisengebiet kombiniert mit entsprechenden vorhandenen formalen Eingreifmöglichkeiten keine ausreichende Bedingung für eine ESVP-Intervention darzustellen. So wäre z.B. ohne die interessensbasierte Initiative und massive Forcierung einzelner Mitgliedstaaten weder eine Intervention in Aceh, noch die Operation ARTEMIS zustande gekommen – wobei diese aber auch nicht ohne die formalen Möglichkeiten der konstruktiven Enthaltung und der Betrauung einer Gruppe von Mitgliedstaaten mit der Durchführung eines EU-Einsatzes möglich gewesen wären. Umgekehrt verhindert bislang mangelndes Interesse seitens der Mitgliedstaaten ein umfangreicheres Eingreifen der EU im Transnistrien-Konflikt (z.B. durch eine nachhaltige Polizei mission neben der EUBAM).

5.3.4 *Outputs*, *Outcomes* und *Feed-back*-Effekte der Einsätze

Die *Outputs* gemäß der jeweiligen Zielsetzungen und Mandate der ESVP-Einsätze können insgesamt als zufriedenstellend bezeichnet werden. Die *Output*-Leistungen der Einsätze konnten bzw. können jedoch mehr oder weniger nur den einen oder anderen Baustein zur Etablierung anzustrebender Zustände vor Ort beitragen (ARTEMIS, EUJUST THEMIS, EUJUST LEX, EUFOR RD CONGO etc.). Die *Outcomes*, gemessen an dem jeweiligen Bedarf an Unterstützung vor Ort, können deswegen (mit der bemerkenswerten Ausnahme der AMM) fast durchwegs als unbefriedigend bezeichnet werden. Zugunsten der EU muss jedoch anerkannt werden, dass neben den ESVP-Einsätzen ebenfalls anderweitige und längerfristige Aktivitäten der Kommission, des Rats und/ oder der EU-Mitgliedstaaten unternommen werden, um zur Verbesserung der jeweiligen Gesamtsituation beizutragen. Dennoch bleibt die Praxis der ESVP hinter den offiziellen Zielen der ESVP zurück.

Die im Kontext der ESVP offiziell und explizit erwähnten und formulierten Ziele sollen an dieser Stelle nochmals in Erinnerung gerufen werden – sie umfassen

---

[1037] Trifft evtl. für den Fall der Operation CONCORDIA zu, die dann aber allerdings doch mit Verzögerung von der EU-übernommen wurde.

erstens die übergeordneten Zielsetzungen in den Außenbeziehungen der EU, zu welchen die ESVP beitragen soll:

- Die Stärkung und Behauptung der europäischen Identität und der Unabhängigkeit der Union, um Frieden, Sicherheit und Fortschritt in Europa und der Welt zu fördern (vgl. VEU-Amsterdam),
- beziehungsweise, wie im VVE detaillierter ausgeführt wird, die Gewährleistung der Werte, grundlegender Interessen, der Sicherheit, Unabhängigkeit und Unversehrtheit der Union; die Festigung und Förderung von Demokratie, Rechtsstaatlichkeit, Menschenrechten und Grundsätzen des Völkerrechts; den Frieden zu erhalten, Konflikte zu verhüten und die internationale Sicherheit zu stärken; den Völkern, Ländern und Regionen, die von Naturkatastrophen oder von vom Menschen verursachten Katastrophen betroffen sind, zu helfen und eine Weltordnung zu fördern, die auf einer verstärkten multilateralen Zusammenarbeit und einer verantwortungsvollen Weltordnungspolitik beruht.
- Oder, wie in der ESS ausgedrückt, die Verteidigung der Sicherheit und Werte der EU durch die Abwehr alter und neuer Bedrohungen (Terrorismus, die Verbreitung von MVW, regionale Konflikte, Scheitern von Staaten und organisierte Kriminalität), die Stärkung der Sicherheit und Stabilität in der Nachbarschaft der EU und die Förderung einer Weltordnung auf Grundlage eines wirksamen Multilateralismus.

Zweitens, wie bei der Initiierung der ESVP in Köln formuliert, die Sicherstellung einer autonomen Krisenreaktionsfähigkeit der EU im gesamten Petersbergspektrum[1038] und deren Anwendung.

Bei der Bewertung jeglicher externer Intervention ist natürlich prinzipiell zu berücksichtigen, dass Interventionen durch externe Akteure in immer komplexer werdenden Gemengelagen (wie z.B. in *Nation-building*-Prozessen) grundsätzlich und naturgemäß nicht immer die von den Interventen evtl. gewünscht ausschlaggebende Rolle zur Verbesserung einer Situation spielen können.[1039]

[1038] Laut Artikel 17 VEU-Amsterdam umfassen die Petersbergaufgaben humanitäre Aufgaben und Rettungseinsätze, friedenserhaltende Aufgaben sowie Kampfeinsätze bei der Krisenbewältigung einschließlich friedensschaffender Maßnahmen. Seit der Präzisierung bzw. Erweiterung des Petersbergspektrums durch die ESS (und im VVE) umfasst dieses nun u.a. auch die Entwaffnung von Konfliktparteien, Unterstützung von Drittländern bei der Terrorismusbekämpfung und Sicherheitssektorreformen.

[1039] Vgl. Ehrhart (2004), Staatszerfall, Gewaltkonflikte und „Nation-building“ als politische Herausforderung für die EU, S. 48.

Zudem kann im Falle der bisherigen ESVP-Einsätze die Entschuldigung, dass die ESVP zum Zeitpunkt dieser Einsätze noch eine *Policy in the making* war bzw. ist, nicht von der Hand gewiesen werden.

Die bisherigen Einsätze haben jedoch in einigen Fällen mittlerweile die Weiterentwicklung des formalen Rahmens (Strategie, Institutionen/ Prozeduren, Fähigkeiten) durch *Lessons learned* gespeist und können dazu beitragen, dass der EU verbesserte formale Grundlagen und zudem sonstige Erfahrungen für zukünftige Einsätze zur Verfügung stehen.

Erkannte Defizite und besonderer Handlungsbedarf der europäischen Krisenreaktionsfähigkeit im Rahmen der ersten praktischen Erfahrungen flossen z.B. in die Formulierung der ESS und des militärischen HG 2010 (z.B. *Battlegroups*) ein. Lehren aus der problematischen Finanzierung der ersten Einsätze, welche auf Ad-hoc-Mechanismen angewiesen waren und im Rahmen welcher sich auch die Beteiligung von Drittstaaten als problematisch gezeigt hatte, spiegeln sich in entsprechenden Verbesserungen durch den 2004 eingerichteten Mechanismus Athena und die Formulierung grundsätzlich gültiger Vereinbarungen zur Beteiligung von Drittstaaten wider. Mit Blick auf die Erweiterung des Aufgabenspektrums und dessen mittlerweile stattfindenden Umsetzung (SSR in der DRK, Monitoring im Nahen Osten etc.), das zunehmend multiple Engagement im Rahmen der ESVP (zivil und militärisch), welches oft ergänzend zu Kommissions- und Mitgliedstaatenaktivitäten stattfindet, sollten die institutionellen/ prozeduralen Lehren gezogen werden, die zivil-miltärischen Verknüpfungen im ESVP-Entscheidungs-, Vorbereitungs- und Durchführungssystem zu verbessern ebenso wie die Querverbindungen zu relevanten Kommissionsstrukturen zu stärken. Hierbei wurde zumindest schon die intra-ESVP-zivil-militärische Zusammenarbeit mittlerweile durch die Einrichtung der zivil-militärischen Zelle gestärkt. Angesichts der nicht unbedingt optimalen EU-NATO-Zusammenarbeit im Vorfeld und im Zuge von Berlin Plus Einsätzen (PROXIMA, ALTHEA) wurden ebenso gegenseitige NATO-EU-Verbindungselemente eingerichtet. Eventuelle Handlungsblockaden, welche durch das strikte Einstimmigkeitsprinzip im Rat entstehen können, werden aber aufgrund übermächtiger Souveränitätsvorbehalte seitens der Mitgliedstaaten keine prozduralen Lehren in Form von der Lockerung dieses Einstimmigkeitsprinzips nach sich ziehen können, zudem Ausweichmöglichkeiten durch konstruktive Enthaltung und Beauftragung einer Gruppe von Staaten bestehen. Bei der zukünftigen Fähigkeitenentwicklung wird dagegen die Durchführung weiterer EU-geführter Einsätze eine maßgeblichere Rolle spielen als für die Weiterentwicklung bzw. Modifikation bestehender institutioneller und prozeduraler Strukturen. Everts und Keohane gehen sogar davon aus, dass die steigende Anzahl und die steigenden Anforderungen zukünftiger EU-Operationen „probably the most important factor driving military reform in

Europe"[1040] sein werden, da diese evtl. schmerzhaft aufzeigen würden, welche Fähigkeiten und Streitkräfte für die alten und neuen Krisenmanagementaufgaben in der Praxis besonders vonnöten sind.[1041] Ebenso werden einige der offenen Fragen der europäischen sicherheitspolitischen Strategie durch praktische Erfahrungen und Präzedenzfälle geklärt werden können. Die o.g. anhaltenden, teilweise noch ihrer technischen Umsetzung harrenden und auch weiterhin dringend notwendigen Lerneffekte durch praktische Einsätze verdeutlichen, dass die EU noch auf unbestimmte Zeit in diesem Sinne eine *Policy in the making* bleibt.

Neben und über die Generierung direkt nachvollziehbarer Lerneffekte hinaus, könnte die Praxis der ESVP, sofern sie von den beteiligten Akteuren als erfolgreich und Kosten-Nutzen-effizient ebenso wie von den externen Akteuren (UN, USA) als sinnvolle und nützliche Bereicherung der internationalen Krisenmanagementstrukturen bewertet wird, die o.g. Bestimmungsfaktoren der ESVP – nationalstaatliche Interessen und Haltung der USA – zunehmend zugunsten der ESVP prädisponieren und zu einer zunehmend anerkannten und bevorzugten Plattform für das operative sicherheitspolitische Handeln der EU-Staaten befördern. Während die Effekte einer erfolgreichen und bedeutsamen ESVP-Praxis auf die Dispositionen der USA schwer abzuschätzen sind – diese könnte in beide Richtungen, also entweder hin zu gesteigerter Akzeptanz und Zusammenarbeit, oder aber hin zur Unterminierung einer zunehmend eigenständig handlungsfähigen ESVP aufgrund Abkopplungsbefürchtungen[1042] wirken – sind Modifikationen nationalstaatlicher Interessen zugunsten der ESVP, falls sich diese als erfolgreich und rentabel erweist, eher abzusehen, nicht zuletzt deswegen, weil im Politikfeld Sicherheit kaum etwas so verbindend wirkt wie gemeinsame Kampfeinsätze.[1043] Eventuell können (1) die Tatsache einer zunehmenden Zahl von Einsätzen (wenn auch hauptsächlich im zivilen Bereich), (2) die Anfragen der Vereinten Nationen an die EU um Unterstützung durch das ESVP-Instrumentarium und (3) die Tatsache, dass sich Länder (wie z.B. Georgien oder Indonesien) an die ESVP wenden, per se schon auf einen internen und externen Vertrauensschub zugunsten der ESVP hindeuten.[1044] Wirft man jedoch wiederum einen Blick auf die oben erläuterten politischen Beweggründe und Bestim-

---

[1040] Everts/ Keohane (2004), Introduction, in: Centre for European Reform, A European Way of War, S. 9.

[1041] Vgl. Everts/ Keohane (2004), Introduction, in: Centre for European Reform, A European Way of War, S. 9.; ebenso: Keohane (2004), ESDP and military reforms, S. 121.

[1042] Vgl. Dembinski (2004), Die Europäische Sicherheits- und Verteidigungspolitik, S. 172: „In dem Maße, in dem sich Europa als außenpolitischer Akteur etabliert, eigene Konsultations- und Entscheidungsverfahren entwickelt, mit dem acquis politique einen ständig wachsenden Fundus gemeinsamer Entscheidungen akkumuliert, der künftige Orientierungen und Handlungen prägt [...], werden die europäischen Bindungskräfte stärker und könnten Konflikte mit den USA, die außerhalb dieser Verfahren stehen, zunehmen."

[1043] Vgl. Wolf (2000), Weltmacht oder Ohnmacht?, S. 274.

[1044] Vgl. Lindstrom (2004), Im Einsatzgebiet, S. 144.

mungsfaktoren von ESVP-Einsätzen, muss davon ausgegangen werden, dass sich der Zustand der ESVP als *Policy in the making* bis auf Weiteres auch in Zukunft fortsetzen und die Handlungsfähigkeit der ESVP eingeschränkt bleiben wird: Die Beweggründe und Bestimmungsfaktoren, die neben und im Zusammenhang mit dem formalen Rahmen der ESVP die Anwendung der letzteren und damit zu großen Teilen die Handlungsfähigkeit der EU im operativen Krisenmanagement bestimmen, werden sich wenn überhaupt, dann nur sehr langsam nachhaltig zugunsten der ESVP verändern.

6 ZUSAMMENFASSUNG UND SCHLUSSFOLGERUNGEN

Die Ergebnisse der vorangegangenen Ausführungen können in zwei Schritten und mit Hilfe von Schaubildern wie folgt zusammengefasst werden.

6.1. Bestimmungsfaktoren der Ausgestaltung des formalen Handlungsrahmens der ESVP

Der formale Handlungsrahmen der ESVP, also der strategische Rahmen, die institutionellen und prozeduralen Strukturen und die Einsatzkräfte und Fähigkeiten der ESVP, ist Produkt

(1) der Anforderungen sicherheitspolitischer Herausforderungen,

(2) von Kompromissen zwischen unterschiedlichen Vorstellungen, Interessen und Fähigkeiten der EU-Mitgliedstaaten und

(3) amerikanischer direkter und indirekter Einflüsse.

Schaubild 1: Bestimmungsfaktoren der Entwicklung des formalen Handlungsrahmens der ESVP

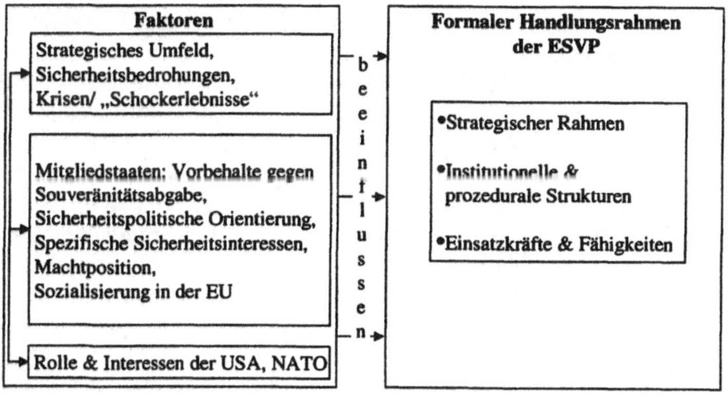

Sibylle Lang, August 2006

Diese Faktoren ([1], [2] und [3]) können folgendermaßen charakterisiert werden:

(1) Neue Bedrohungen internationaler und europäischer Sicherheit und ein gewandeltes strategisches Umfeld haben die EU-Mitglieder veranlasst, eine europäische Sicherheits- und Verteidigungspolitik im vertraglichen Rahmen der EU zu entwickeln.[1045] Angesichts des Wegfallens des Ost-West-Konflikts und des gleichzeitigen Vormarsches neuer strategischer Bedrohungen, die von internationalem Terrorismus, über die Proliferation von Massenvernichtungswaffen bis hin zu regionalen Konflikten und Staatsversagen bzw. Staatszerfall reichen, ist die militärische Vorsorge gegen potenzielle Angriffe feindlicher Staaten, wie sie zu Zeiten des Kalten Krieges im Rahmen der NATO praktiziert wurde, unzureichend geworden. Die neuen, meist nicht rein militärischen Bedrohungen europäischer und internationaler Sicherheit und die Gefahr der Verquickung verschiedener Risiken erfordern ein breites Spektrum von Instrumenten der strukturellen und akuten Krisenprävention und eine Kombination ziviler und militärischer Mittel zum Zwecke internationalen Krisenmanagements. Wenn auch bzw. weil die NATO sich sukzessive an die neuen Anforderungen anzupassen versucht, haben konkrete sicherheitspolitische Herausforderungen wie der Zerfall des ehemaligen Jugoslawien, speziell der Kosovokrieg, die terroristischen Anschläge am 11.9.2001 bzw. der Terroranschlag in Madrid am 11.3.2003 und die Irakkrise die EU wiederholt unter Druck gesetzt, sich als sicherheitspolitischer Akteur zu positionieren und Strukturen und Mittel anzueignen, um auf Krisen und Konflikte adäquat reagieren zu können.[1046]

(2) Kein EU-Mitgliedstaat ist in der Lage, seine Sicherheit und Verteidigung angesichts der neuen Bedrohungen allein zu gewährleisten bzw. einen signifikanten Beitrag zur internationalen Sicherheit und Stabilität zu leisten.[1047] Ein bestimmtes Maß an diesbezüglicher Kongruenz der sicherheits- und verteidigungspolitischen Interessen der EU-Mitgliedstaaten hat die Entwicklung der ESVP überhaupt möglich gemacht. Jedoch hegen alle Mitglieder weiterhin grundsätzliche Vorbehalte gegen eine Souveränitätsabgabe in den Bereichen der Sicherheit und Verteidigung. Zudem sind die mitgliedstaatlichen Sicherheitsinteressen und Vorstellungen hinsichtlich einer effektiven Sicherheitsvorsorge im Allgemeinen und Speziellen nicht unbedingt konvergent. Die Vorstellungen und Interessen der Mitgliedstaaten divergieren dabei insbesondere in zwei Dimensionen: Erstens in der Frage nach dem wünschenswerten Ausmaß der Autonomie der ESVP im Verhältnis zu den USA und der NATO, wobei das eine Ende des Spektrums als europäisch, das andere Ende als atlantisch bezeichnet werden kann. Zweitens

---

[1045] Vgl. Zilmer-Johns/ Pilegaard (2004), Towards a common European Security and Defence Policy, S. 191.

[1046] Vgl. De Schoutheete (2004), La cohérence par la défense, S. 73.

[1047] Vgl. Föhrenbach (2002), „Security Through Engagement", S. 6; vgl. ebenso: Ehrhart/ Schmitt (2004), Einleitung, in: Dies., Die Sicherheitspolitik der EU im Werden, S. 8.

bestehen Unterschiede im Grad der außen- und sicherheitspolitischen Aktivität und hinsichtlich der bevorzugten Mittelwahl im Krisenfall. Das Spektrum reicht hier von ehemaligen Großmächten, die außen- und sicherheitspolitisch sichtbar engagiert sind und traditionell eher bereit, ihre bzw. europäische Interessen auch militärisch zu verteidigen, bis zu (post-)neutralen Staaten, die ihr außenpolitisches Betätigungsfeld stärker in der Prävention und zivilen Konfliktlösung sehen.[1048] Die ESVP ist dabei auf Kompromissen zwischen diesen unterschiedlichen Positionen und Interessen insbesondere der großen Mitgliedstaaten gebaut.[1049]

(3) Zwei Daten haben die amerikanische Außen-, Sicherheits- und Verteidigungspolitik und damit die Rahmenbedingungen europäischer Sicherheitsvorsorge verändert. Erstens markierte der Fall der Berliner Mauer am 9.11.1989 für die USA den schlussendlichen Erfolg ihres sicherheitspolitischen Engagements in und für Europa und damit de facto eine Reduzierung der langjährigen Verpflichtung zur Verantwortungsübernahme für ihre europäischen Partner bzw. des amerikanischen sicherheitspolitischen Fokus in Europa. Gleichzeitig läutete das Ende des Kalten Krieges für die USA ihre Ära als einzig verbliebene Weltmacht und eine Phase größerer amerikanischer Handlungsfreiheit und -macht ein. Die USA forderten in diesem Zuge verstärkt eine ausgewogenere Lastenteilung und verbesserte Interoperabilität innerhalb der Allianz und damit erhöhte europäische Verteidigungsanstrengungen und die Sicherstellung wirksamer Fähigkeiten zur Sicherheitsvorsorge und des Krisenmanagements seitens der europäischen Partner. Die sog. drei Ds bildeten dabei notwendige Voraussetzung amerikanischer Unterstützung des ESVP-Projekts: keine Diskriminierung von NATO-Mitgliedern, die nicht EU-Mitglied sind; keine Duplizierung von NATO-Strukturen und -Mitteln; keine Abkopplung europäischer Sicherheit von der NATO.[1050] Durch die terroristischen Anschläge des 11.9.2001 wurde den USA in einer schockierenden Art und Weise ihre Verwundbarkeit vor Augen geführt. Die USA reagierten auf die Angriffe mit einem „Krieg gegen den Terrorismus", der zum Fokus amerikanischer Außenpolitik avancierte. Durch die Anschläge sehen sich die USA bestärkt, zur Bekämpfung von Bedrohungen der amerikanischen Sicherheit im Zweifelsfall auch im Alleingang oder unter Rückgriff auf sog. Koalitionen der Willigen bzw. der Fähigen, d.h. evtl. ohne ihre europäischen Verbündeten, präemptiv zu handeln. Die Anwendung militärischer Mittel nimmt dabei gemäß der amerikanischen Nationalen Sicherheitsstrategie eine zentrale Rolle ein. Während die USA die NATO dabei u.a. als sog. *Toolbox* und zur Rekrutierung von Ad-hoc-Koalitionen verwenden können, insistieren die

[1048] Vgl. Pilegaard (2004), The European Security and Defence Policy and the development of a security strategy for Europe, S. 31 – 36 .

[1049] Vgl. Rotfeld (2004), L'Union a-t-elle besoin der la PESD?, S. 364.

[1050] Vgl. Krause/ Wenger/ Wanatabe (2003), General Introduction, in: Diess., Unraveling the European Security and Defence Policy Conundrum, S. 17.

USA weiterhin auf der Priorität der NATO als Institution, in der europäische Sicherheit und Verteidigung gewährleistet bzw. innerhalb welcher der europäische Beitrag zur internationalen Sicherheit und Stabilität vollzogen oder zur Verfügung gestellt werden soll. Die Ausgestaltung der *Hardware* der ESVP (Strategie, Institutionen und Fähigkeiten) findet dabei zwangsläufig im Kontext der Positionen und des Handelns der USA statt[1051], wobei der Zustand des Handlungsrahmens der ESVP den Drahtseilakt der EU und ihrer einzelnen Mitgliedstaaten zwischen expliziten amerikanischen Erwartungen einerseits und amerikanischen Befürchtungen hinsichtlich der ESVP andererseits widerspiegelt.

Über die o.g. Faktoren hinaus bzw. quer zu diesen Faktoren beeinflusste bzw. beeinflusst eine bestimmte Pfadabhängigkeit der europäischen Integration die Initiierung und Entwicklung der ESVP. Zum einen muss die ESVP als weiterer, zwar teilweise von externen Faktoren induzierter, aber dennoch als fast zwangsläufiger Bestandteil des politischen Integrationsprojektes ‚EU' zu vollziehender Schritt aufgefasst werden, wobei die EU als spezifischer Rahmen bzw. spezifische Plattform europäischer Politik und Institution jahrzehntelanger erfolgreicher Kooperation in zahlreichen Politikbereichen bzw. als flexibles und sich im Prozess befindliches Integrationsprojekt und „basic causal force"[1052] die Institutionalisierung einer gemeinsamen europäischen Sicherheits- und Verteidigungspolitik überhaupt erst ermöglicht hat.[1053] Zum anderen beeinflussen die institutionellen und prozeduralen Zwischenergebnisse in der ESVP, welche zugleich eine zentrale *Outcome*-Variable der o.g. Faktoren darstellen, als Ausgangspunkte, ebenso wie als *Intervening*-Variable, welche die Interessen und das Verhalten der Mitgliedstaaten modifizieren können, die weitere institutionelle und prozedurale Ausgestaltung der ESVP.[1054]

Im Speziellen stellen sich die Auswirkungen der o.g. Faktoren auf die Entwicklung der eingangs unter Punkt 1.2 identifizierten Dimensionen des formalen Handlungsrahmens der ESVP, den strategischen Rahmen, die institutionellen und prozeduralen Strukturen und die zivilen und militärischen Fähigkeiten der ESVP, folgendermaßen dar:

Nachdem aufgrund absehbarer innereuropäischer und transatlantischer Divergenzen die Formulierung einer expliziten Strategie während der ersten Jahre der ESVP vermieden wurde, bewegten u.a. die neue Bedrohungslage nach 9/11, praktische und konzeptionelle Veränderungen in der amerikanischen Außen-

---

[1051] Vgl. Algieri (2004), Europas Selbstbestimmungsprozess, S. 82.
[1052] Young (2002), Are Institutions Intervening Variables or Basic Causal Forces?, S. 177.
[1053] Vgl. Young (2002), Are Institutions Intervening Variables or Basic Causal Forces?, S. 191.
[1054] Young (2002), Are Institutions Intervening Variables or Basic Causal Forces?, S. 175.

und Sicherheitspolitik und die innereuropäische (und transatlantische) Spaltung in der Irakfrage die Mitgliedstaaten zur Übung der gemeinsamen Strategieformulierung. Die EU musste ihre Sicherheits- und Außenpolitik in der Europäischen Sicherheitsstrategie hierbei nicht neu erfinden. Vielmehr baut die ESS auf den sicherheitspolitischen Besitzstand der EU, inklusive der ESVP und ihrer Mitgliedstaaten auf, entwickelt diesen unter Berücksichtigung neuer Herausforderungen und unter der Prämisse des Erhalts der transatlantischen Partnerschaft unter Bezugnahme auf die amerikanische Außen- und Sicherheitspolitik, wie sie sich u.a. in dem Kampf gegen den Terrorismus, der NSS und der Irak-Intervention abzeichnet, weiter und setzt Schwerpunkte. Mit der ESS nahmen die Mitgliedstaaten zum ersten Mal eine gemeinsame Bedrohungsanalyse (Terrorismus, MVW, regionale Konflikte, gescheiterte Staaten, international organisierte Kriminalität und die Verknüpfung dieser Bedroh-ungen) vor und formulierten strategische Ziele (Bedrohungsabwehr, Sicherheit und Stabilität in der Nachbarschaft und effektiver Multilateralismus) ebenso wie notwendige Konsequenzen für die europäische Politik in den Bereichen Sicherheit und Krisenmanagement (Zusammenarbeit mit Partnern, aktiver, handlungsfähiger und kohärenter). Der Kompromisscharakter der ESS (zwischen 15 verschiedenen Mitgliedstaaten und mit Blick auf die USA) verhinderte dabei jedoch eine aussagekräftige Bedrohungsanalyse, eine konsequente Ableitung europäischer strategischer Ziele und eine klare Ziel-Mittel-Zuordnung bzw. Formulierung von Handlungsgrundlagen, insbesondere für die Anwendung militärischer Gewalt.

Die (Zwischen)Ergebnisse der institutionellen und prozeduralen Ausgestaltung der ESVP können als „result of a number of incremental or parallel initiatives and a succession of trade-offs between several competing agendas"[1055] der EU-Mitgliedstaaten beschrieben werden.

Hierbei mussten und müssen erstens differierende Vorstellungen und Interessen der Mitgliedstaaten mit Blick auf das wünschenswerte Verhältnis zwischen Kohärenz (sprich die Sicherung v.a. der eigenen Mitwirkungsrechte) einerseits und Effizienz der ESVP andererseits, zweitens unterschiedliche Erwartungen an die Rolle der EU in der Welt ebenso wie variierende Stellenwerte der EU für die jeweilige nationale Politik und drittens Divergenzen bzgl. des wünschenswerten Grades an Autonomie der EU gegenüber der USA und der NATO im internationalen Krisenmanagement[1056] in einem anhaltenden Aushandlungsprozess auf gemeinsame Nenner gebracht werden. Bilaterale oder multilaterale Initiativen der großen Mitgliedstaaten und Kompromisse zwischen den drei Großen Frank-

---

[1055] Howorth (2001), European Defence and the Changing Politics of the European Union, S. 770.

[1056] Vgl. Howorth (2000), Britain, NATO and CESDP, S. 377; vgl. ebenso: Andréani (2000), Why Institutions Matter, S. 84.

reich, Großbritannien und Deutschland erwiesen sich dabei bis heute als ausschlaggebend für die institutionelle und prozedurale Entwicklung der ESVP. Während bei der Ausgestaltung des institutionellen und prozeduralen Rahmens der ESVP zwar einerseits den Sachanforderungen gemeinsamen internationalen Krisenmanagements durch die Schaffung eines weitgehend brüsselisierten Unterbaus (PSK, EUMC, EUMS, CIVCOM) Rechnung getragen wurde, welcher die kollektiven Entscheidungen der Mitgliedstaaten vorbereitet und die Umsetzung entsprechender Entscheidungen kontrollierend und aktiv mitgestaltend begleitet, erscheint andererseits eine strikt intergouvernementale Entscheidungskonstruktion angesichts der Natur der Politikfelder Sicherheit und Verteidigung und entsprechender Souveränitätsvorbehalte der Mitgliedstaaten bis auf Weiteres unumgänglich. Lediglich die Möglichkeiten der konstruktiven Enthaltung und der Beauftragung einer Gruppe von willigen und fähigen Mitgliedstaaten mit der Durchführung von ESVP-Einsätzen mildern diese Konstruktion ab und können im Krisenfall Handlungsspielraum schaffen. Während die schwierigen Fragen der Konsultationen zwischen EU und NATO sowie der Beteiligung von Nicht-EU-aber-NATO-Mitgliedern an der ESVP mit dem Abschluss der Berlin-Plus-Vereinbarungen zu Beginn des Jahres 2003 geklärt werden konnten, ohne dass die EU signifikant an Entscheidungsautonomie eingebüßt hätte, harrt die Gretchenfrage – kann und soll die EU auch gegen das Interesse der USA und anderer NATO-Mitglieder in internationale Krisen eingreifen? – weiterhin ihrer Beantwortung durch einen entsprechenden zukünftigen Präzedenzfall. Mit Blick auf die Involvierung von kompetenten Kommissionsstrukturen verhindern das mehr oder weniger gemeinsame Interesse aller Mitgliedstaaten und der Ratsstrukturen/-akteure an der Aufrechterhaltung nationalstaatlicher Kontrolle im operativen Krisenmanagement zwar sachlogisch sinnvoll erscheinende, aber die Vorrechte der Nationalstaaten und der Ratsstrukturen (in deren Augen) unterlaufende umfassende institutionelle und prozedurale Verzahnungen der Vorbereitungs-, Entscheidungs- und Implementierungsstrukturen der ESVP mit Kommissionskapazitäten und -instrumenten im Bereich der strukturellen zivilen Krisenprävention und -bewältigung.

Die Sachanforderungen, die den europäischen militärischen und zivilen Einsatzkräften und Fähigkeiten quantitativ und qualitativ aus dem (erweiterten) Petersbergspektrum erwachsen, spiegeln sich nicht unverfälscht in den Zielvorgaben des militärischen und zivilen HG 2003 sowie dem neuen militärischen HG 2010 bzw. dem zivilen HG 2008 wider. Über die Anforderungen des Sicherheitsumfelds sowie alter und neuer Bedrohungen hinaus bestimmten und bestimmen die Fähigkeiten bzw. die Fähigkeit und die politische Bereitschaft der Mitgliedstaaten zur Fähigkeitenentwicklung und -bereitstellung sowie Erwartungshaltungen bzw. Vorbehalte der USA im militärischen Bereich (keine Duplizierung) die Zielformulierungen. Der *Bottom-up*-Ansatz der europäischen Fähigkeitenentwicklung, mangelnde zentrale Steuerungs- und Sanktionierungsmöglichkeiten, defizitäre Rüstungskooperation und stagnierende Verteidigungsbudgets behindern zudem den effektiven Ausgleich der Differenzen zwischen den Planzielen einerseits und den tatsächlichen Fähigkeiten der EU bzw. ihren Mitgliedstaaten andererseits. Die tatsächliche Verfügbarkeit europäischer Krisenreaktionskräfte und -fähigkeiten ist durch die Praxis des *Double-hatting* und den Verbleib der Entscheidungsgewalt über den Einsatz entsprechender Einsatzkräfte bei den nationalen Regierungen potenziell eingeschränkt. Durch die fortgesetzte Abhängigkeit von bestimmten NATO-Mitteln und -Fähigkeiten (v.a. im oberen Teil des Petersbergspektrums) ist die EU nicht zuletzt auch deswegen in ihrer Handlungsfähigkeit eingeschränkt, da der Rückgriff auf diese Mittel und Fähigkeiten nicht gesichert, da abhängig von der Zustimmung des NAC, ist. Im Rahmen dieser Gesamtkonstellation bestimmen die Interessen der Mitgliedstaaten – hierbei spielen innenpolitische und finanzielle Faktoren, nicht zuletzt vor dem Hintergrund entsprechender Regelungen zur Finanzierung von ESVP-Einsätzen, eine Rolle – und die Interessen der USA und anderer NATO-Mitglieder die tatsächliche Verfügbarkeit von Fähigkeiten. Auch wenn operative Beschränkungen tendenziell geringer werden[1057], da die Defizite in den Bereichen Interoperabilität, Verlegbarkeit und Nachhaltigkeit im Rahmen des HG 2010 und v.a. im Zuge der *Battlegroups* sowie mit Hilfe eines neuen CDM und der EDA mittlerweile angegangen werden, bleibt das Problem der Verfügbarkeit mitgliedstaatlicher Einsatzkräfte und Fähigkeiten für ESVP-Operationen sowie das des (un)gesicherten Rückgriffs auf NATO-Mittel und -Fähigkeiten bestehen.

[1057] Vgl. Lindstrom (2004), Im Einsatzgebiet, S. 147.

6.2 Die reale Handlungsfähigkeit der ESVP als Produkt des Zusammenwirkens der formalen Möglichkeiten und politischer Bestimmungsfaktoren

Schaubild 2: Synthese – Mechanismen der Entwicklung und Handlungsfähigkeit der ESVP

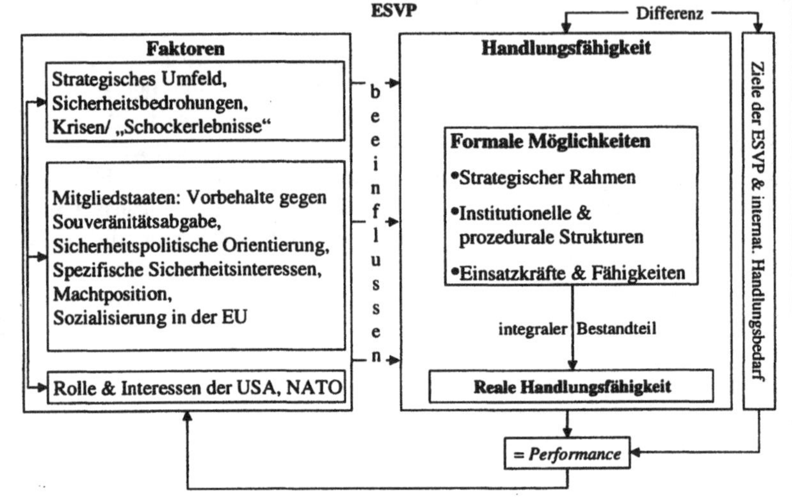

Sibylle Lang, August 2006

Die komplexe und veränderliche Natur aktueller sicherheitspolitischer Herausforderungen und die Reaktivität der Anpassung der EU an das sich wandelnde strategische Umfeld und die sicherheitspolitischen Herausforderungen (strategisch, institutionell bzw. prozedural, fähigkeitentechnisch) erschweren grundsätzlich durchgängig problemadäquate, gemeinsame praktische Reaktionen der EU-Mitgliedstaaten im Rahmen der ESVP.

Ein breites Spektrum strategischer Kulturen, sicherheitspolitischer Prioritäten, Interessen, Fähigkeiten innerhalb der EU und unterschiedliche Erwartungen der EU-Mitglieder an die EU bzw. ein unterschiedlicher Stellenwert der EU für die jeweilige nationale Politik, Uneinigkeit in bestimmten Fragen bzw. Einigkeit, bestimmte Fragen auszuklammern, prägen nicht nur die institutionelle Entwicklung und die Entwicklung eines strategischen Rahmens sowie von Fähigkeiten, sondern auch die Interventionspraxis (inklusive der evtl. unterlassenen Einsätze) der ESVP, welche sich damit als Produkt von Interessenskonvergenzen innerhalb der EU einerseits und nationalen Unterschiedlichkeiten andererseits darstellt. Wie mit Blick auf die Entwicklung des formalen Rahmens spielen initiative und forcierende Bemühungen großer Mitgliedstaaten und/ oder einzelner Ratspräsidentschaften gleichzeitig eine signifikante Rolle bei der Herstellung gemeinsamen Handlungswillens in der Praxis. Grundsätzlich ist hierbei die zumindest billigende Zustimmung Frankreichs, Großbritanniens und Deutschlands nicht nur notwendige Voraussetzung eventueller Gestaltungsinitiativen/ -vorhaben mit Blick auf den formalen Handlungsrahmen der ESVP, sondern ebenfalls für das Zustandekommen praktischer Einsätze[1058], wobei auch hier sicherheitspolitisch signifikante Initiativen und Einigungen nicht immer leicht fallen. Wie bei formalen Entwicklung der ESVP geht es auch bei der Anwendung derselben dabei um Fragen der Macht und des Einflusses bzw. der Durchsetzung von Interessen einzelner Mitgliedstaaten, z.T. um die Pflege bzw. Beweis spezieller Partnerschaften innerhalb oder außerhalb der EU und um Kosten-Nutzen-Vorteile. Ziel ausnahmslos aller Mitgliedstaaten ist grundsätzlich die Erhaltung der eigenen Gestaltungsmacht im Rahmen der ESVP, nicht nur durch die institutionelle/ prozedurale Absicherung einerseits, sondern ebenso durch die praktische Legitimierung und Ausübung dieser Gestaltungsmacht in der Praxis (d.h. Teilnahme an Einsätzen) andererseits. Inwiefern und inwieweit die institutionellen und prozeduralen Strukturen der ESVP per se dabei zügig problemadäquate Krisenreaktions-Entscheidungen generieren konnten und können, ist nicht in jedem Fall eindeutig ersichtlich. Teilweise wurde das schnelle Zustandekommen von Einsätzen entweder durch eine sowieso schon vorhandene Interessenskonvergenz innerhalb der EU und/ oder ein entsprechend geringes Risiko bzw. eine entsprechend geringe (finanzielle) Belastung durch die eventuelle Durchführung des betreffenden Einsatzes, oder aber die Forcierung und Verantwortungsübernahme eines einzelnen Mitgliedstaates generiert.

Die Notwendigkeit institutioneller und prozeduraler Ad-hoc-Lösungen zum Zwecke der Vorbereitung und Durchführung von Einsätzen bestätigt aber vermutete Mängel. Ein fast durchgängiges Motiv sowohl bei der Entwicklung des formalen Rahmens der ESVP als auch in ihrer Praxis ist die v.a. aus innenpolitischen bzw. haushaltspolitischen Zwängen resultierende Scheu der Mitgliedstaaten vor teuren Projekten. Eine teilweise hierin begründete Uneinigkeit in Finanzierungsfragen stellte sich bislang immer wieder als Hindernis im Vorfeld der Durchführung von ESVP-Einsätzen (v.a. vor Einrichtung von Athena) dar, v.a. wegen der Notwendigkeit, Ad-hoc-Lösungen zwischen den beteiligten Staaten und zwischen den beteiligten Staaten und EU-Institutionen bei knappen Haushaltskassen sowohl seitens der EU (kleiner GASP-Haushalt) als auch seitens der Mitglieder und der Drittstaaten zu finden, ebenso wie durch den Einsatz eben dieser unterschiedlichen Mechanismen.[1059] Ein nicht zuletzt aufgrund knapper Verteidigungsbudgets mangelhaft ausgestatteter Fähigkeitenbereich und man-

---

[1058] Grevi/ Lynch/ Missiroli, ESDP operations, http://www.iss-eu.org/esdo/09-dvl-am.pdf, Zugriff am 2.2.2006, S. 16.

[1059] Vgl. Lindstrom (2004), Im Einsatzgebiet, S. 147.

gelnder budgetärer Wille, kostspielige, wenn auch sicherheitspolitisch oder aus humanitären Gründen notwendige bzw. sinnvolle Einsätze durchzuführen, verstärken sich dabei negativ zu Ungunsten der Handlungsfähigkeit der ESVP. Die Anwendung des militärischen Instrumentariums der ESVP wurde bisher aufgrund (fortgesetzter) Fähigkeitenlücken der EU bzw. ihrer Mitgliedstaaten eingeschränkt.[1060] Dies äußerte sich entweder in der Notwendigkeit, auf NATO-Mittel und -Fähigkeiten zurückgreifen zu müssen, oder in räumlich und zeitlich äußerst begrenzten autonomen Einsätzen. Bezeichnenderweise übersteigt die Zahl der zivilen Missionen zudem bei weitem die der militärischen Operationen. Während einerseits den Ansprüchen der ESS mittlerweile teilweise in der ESVP-Praxis Rechnung getragen wird, bleibt es in letzter Konsequenz schwierig zu beurteilen, ob die ESS in der ESVP-Praxis die Reaktionssicherheit und -schnelligkeit sowie die Wahrscheinlichkeit gemeinsamen Handelns der sicherheitspolitischen Entscheidungsträger der EU und somit den effektiven Schutz europäischer Interessen und Werte, die Teilnahme der EU an der Gestaltung der Weltordnung, ihren Beitrag zur Erhaltung des internationalen Friedens und zur Wahrung bzw. Wiederherstellung der internationalen Sicherheit und Stabilität sowie die Vorbeugung und Abwehr von Bedrohungen leisten kann. Insgesamt kann davon ausgegangen werden, dass die Ausgestaltung ebenso wie die tatsächliche Implementierung der ESVP in jedem Einzelfall von den nationalen Interessenslagen der Mitgliedstaaten und deren innenpolitischen und budgetären Voraussetzungen abhängt, was die Regel, dass internationale Organisationen nur so leistungsfähig sind, wie die Interessen ihrer Mitglieder dies zulassen, bestätigt. Die schwierige Kunst liegt hierbei darin, vor diesem Hintergrund gemeinsame Nenner zu finden, die auch sicherheitspolitisch bedeutsam bzw. wirksam sind. Die Konsequenz amerikanischer Politik für die ESVP stellt sich in diesem Zusammenhang als eine zweifache dar: Erstens findet europäische Zielbestimmung und -umsetzung inklusive der Schaffung der *Hardware* (Instituten und Prozeduren, Fähigkeiten, Strategie) der ESVP zwangsläufig im Kontext der Positionen und des Handelns der USA statt, was bislang u.a. zur mangelnden Fähigkeitenentwicklung beigetragen hat (keine Duplizierungen). Zweitens berücksichtigen die EU und die die ESVP tragenden Mitgliedstaaten im konkreten Krisenfall die jeweiligen Positionen der USA, d.h. amerikanische Interessen bestimmen den Anwendungsfall und evtl. die Form europäischen Eingreifens mit. Für einige EU-und-NATO-Mitglieder ist die Frage nach den Auswirkungen auf die Beziehungen zu den USA dabei ausschlaggebendes Kriterium für ihr sicherheitspolitisches Handeln. Koalitionen der Willigen oder die NATO können – v.a. unter militärisch potenter US-Führung – in diesem Zusammenhang der EU als Handlungsrahmen operativer Sicherheitspolitik ihrer Mitgliedstaaten den Rang ablaufen. Auch wirkte sich die Notwendigkeit schnellen, problemadäquaten und damit erfolgsversprechenden militärischen Eingreifens in bestimmten Konflikten bzw. Krisen in einigen Fällen bislang noch zu Ungunsten der EU/ ESVP aus (z.B. Af-

[1060] Vgl. Lindstrom (2004), Im Einsatzgebiet, S. 144.

ghanistan). Angesichts potenterer Eingreifformationen wird also die praktische Auswahl von ESVP-Einsätzen aus der Vielzahl internationaler Krisen gemäß der Erfolgswahrscheinlichkeit und der Risikoarmut vorgenommen. Die grundsätzliche Interessenskonvergenz mit Blick auf die Durchführung von ESVP-Einsätzen liegt dabei, über evtl. zusammenfallende strategische Prioritäten und Interessen hinaus, darin, dass alle Mitgliedstaaten mehr oder weniger Interesse an Beweisen der Handlungsfähigkeit der ESVP haben, nicht zuletzt angesichts getätigter Investitionen in das ESVP-Projekt.[1061] Diese Interessenskonvergenz war vor allem für die ersten Einsätze einer der ausschlaggebenden Gründe. Die Mitgliedstaaten haben ein Interesse daran, die Glaubwürdigkeit ihres sicherheits- und friedenspolitischen Engagements zu beweisen bzw. so weit wie notwendig zu wahren, nicht zuletzt aufgrund eventuellen Handlungsdrucks durch die (europäische) Öffentlichkeit. So scheinen sich alle EU-Mitglieder trotz oder gerade aufgrund vorangegangener und bestehender Interessensdivergenzen in Krisenzeiten für die gemeinsame Außen-, Sicherheits- und Verteidigungspolitik auf die Notwendigkeit, das ESVP-Projekt vor dem Scheitern zu bewahren, rückzubesinnen.

Die o.g. Bestimmungsfaktoren können in Konkurrenz miteinander treten oder sich gegenseitig verstärken. Nationalstaatliche Interessen und in zweiter Linie explizite amerikanische Positionen überwiegen als Bestimmungsfaktoren im Zweifelsfall im Vergleich zum Faktor „objektiv vorhandener Handlungsbedarf" sowohl bei der Entwicklung als auch der Anwendung der ESVP. Die Bestimmungsfaktoren treten nicht nur untereinander, sondern immer auch mit den formalen Möglichkeiten in Wechselwirkung, wenn es um die Erwägung einer Intervention geht. Aus dem Zusammenfallen vorhandener formaler Möglichkeiten und begünstigenden Bestimmungsfaktoren resultiert eine große Wahrscheinlichkeit eines ESVP-Einsatzes, während vorhandene formale Möglichkeiten bei ungünstiger Bestimmungsfaktorenlage nicht angewandt werden, wobei Fälle unterlassener Interventionen schwieriger nachzuprüfen sind. Umgekehrt könnten Fälle eintreten, in denen trotz Handlungsbedarf und gemeinsamen Interesses an einer entsprechenden Intervention bestimmte Einsätze aufgrund formaler Defizite nicht wahrgenommen werden. Einsätze werden in Reaktion auf Bedrohungs- oder Problemlagen nur durchgeführt, soweit nationale Verschiedenheiten innerhalb der EU, nationale Interessen, amerikanische Interessen, ebenso wie mitgliedstaatliche Mittel und Fähigkeiten sowie institutionelle und prozedurale Strukturen der ESVP dies zulassen. Insgesamt scheint allein die objektive Notwendigkeit einer Intervention bzw. ein vorhandener Handlungsbedarf in einem Krisengebiet kombiniert mit entsprechenden vorhandenen formalen Eingreifmöglichkeiten keine ausreichende Bedingung für eine ESVP-Intervention darzustellen. Insgesamt stellt sich die ESVP-Praxis damit als „reflection of its struc-

---

[1061] Vgl. Howorth (2001), European Defence and the Changing Politics of the European Union, S. 773: "[A]n extraordinary amount of political capital has been invested in this project. To fail to make it work would in fact be tantamount to succeeding in making it fail."

ture and politics rather than an accurate reflection of crises needs"[1062] dar. Vor allem gilt, dass solange die nationalen Regierungen und Parlamente die entscheidende Befugnis zur Entsendung und zum Einsatz ihrer Streitkräfte behalten, es von den jeweiligen nationalen Interessenslagen abhängt, ob es zu gemeinsamem Handeln im Rahmen der ESVP kommt oder nicht.

Internationale Krisen stellen die Handlungsfähigkeit der EU/ ESVP auf den Prüfstand, wobei Effizienz oder Mangelhaftigkeit der europäischen Reaktion Lernprozesse bei der EU und ihren Mitgliedern und entsprechende Anpassungen des formalen Rahmens bewirken können. Lehren aus bisherigen Einsätzen haben in einigen Fällen zur Verbesserung des formalen Rahmens (Strategie, Institutionen und Prozeduren, Fähigkeiten) geführt. Insbesondere bei der zukünftigen Fähigkeitenentwicklung sollte und werden Erfahrungen aus weiteren EU-geführten Einsätzen eine maßgebliche Rolle spielen. Die z.T. noch ihrer technischen Umsetzung harrenden und auch weiterhin dringend notwendigen Lerneffekte durch praktische Einsätze verdeutlichen jedoch, dass die ESVP noch auf unbestimmte Zeit eine *Policy in the making* bleibt, die erst durch *Learning by doing* ihren offiziellen Zielen näherkommen und signifikante Beiträge zur internationalen Stabilität und Frieden leisten können wird. Darüber hinaus könnte die Praxis der ESVP, sofern sie von den beteiligten Akteuren als erfolgreich und Kosten-Nutzen-effizient ebenso wie von den externen Akteuren (UN, USA) als sinnvolle und nützliche Bereicherung der internationalen Krisenmanagementstrukturen bewertet wird, zwei der o.g. Bestimmungsfaktoren der ESVP – nationalstaatliche Interessen und Haltung der USA – zunehmend zugunsten der ESVP prädisponieren und zu einer zunehmend anerkannten und bevorzugten Plattform für das operative sicherheitspolitische Handeln der EU-Staaten befördern. Während die Effekte einer erfolgreichen und bedeutsamen ESVP-Praxis auf die Dispositionen der USA schwer abzuschätzen sind[1063], könnten als erfolgreich bewertete gemeinsame ESVP-Einsätze insbesondere einen Beitrag dazu leisten, dass der politische Wille der Mitgliedstaaten, in gemeinsame Institutionen bzw. Mittel zu investieren und auch in der Praxis europäische Lösungen zu finden, wächst.

Dabei hängt einerseits die Vertiefung des politischen Integrationsprojektes und Optimierung der ESVP von den weiter oben (Punkt 3.6) zitierten „Zeitumständen"[1064], also EU-externen Faktoren wie internationalen Krisen, der Existenz und Leistungsfähigkeit bestehender Strukturen zur Sicherheitsvorsorge und Krisenbewältigung außerhalb der EU und den Interessen und der Politik der USA und anderer NATO-Mitglieder) ab und steht zudem in Abhängigkeit von EU-

---

[1062] Vgl. Dwan (2003), Themes to be dealt with and challenges to be met, S. 44.
[1063] Vgl. Dembinski (2004), Die Europäische Sicherheits- und Verteidigungspolitik, S. 158.
[1064] Algieri (2005), Von der Macht der Zeitumstände und der Fortführung eines integrationspolitischen Projekts, S. 225.

internen und Mitgliedstaaten-internen Faktoren. Ein entsprechendes Anpassen europäischer Sicherheitspolitik wird sich im besten Falle jedoch mittel- bis langfristig nicht vorrangig als ein reaktiver Prozess darstellen, sondern vielmehr über die Ausgestaltung der Anpassung des ESVP-Instrumentariums die Möglichkeit verwirklichen, die Zeitumstände aktiv und nachhaltig zu beeinflussen.[1065]

[1065] Vgl. Algieri (2005), Von der Macht der Zeitumstände und der Fortführung eines integrationspolitischen Projekts, S. 224/ 225.

ABKÜRZUNGSVERZEICHNIS

ABC	Atomar, biologisch, chemisch
AFSOUTH	*Allied Forces Southern Europe*
AMIS	*African Union Mission in Sudan*
AMM	*Aceh Monitoring Mission*
APF	*African Peace Facility*
ASEAN	*Association of South-East Asian Nations*
AU	Afrikanische Union
BG	*Battlegroup*
BSP	Bruttosozialprodukt
C3	*Command, Control, Communications*
C3I	*Command, Control, Communications, Intelligence*
CAP	Centrum für Angewandte Politikforschung
CARDS	*Community Assistance for Reconstruction, Development and Stabilisation*
CBRN	*Chemical, biological, radiological and nuclear*
CCC	*Capabilities Commitment Conference*
CDM	*Capability Development Mechanism*
CEPOL	*Collège Européen de Police*
CER	*Centre for European Reform*
CIC	*Capabilities Improvement Conference*
CIVCOM	Ausschuss für nicht-militärische Aspekte des Krisenmanagements
CJTF	*Combined Joint Task Forces*
CONOPS	*Concept of Operations*
CPCMU	*Conflict Prevention und Crisis Management Unit*
CRT	*Civilian Response Team*
CRTC	*Crisis Response Co-ordination Team*
DCI	*Defence Capabilities Initiative*
DDR	*Disarmament, Demobilisation, Reintegration*
DRK	Demokratische Republik Kongo
DSACEUR	*Deputy Supreme Allied Command Europe*

ECAP	*European Capabilities Action Plan*
ECHO	*European Community Humanitarian Aid Office*
EDA	*European Defence Agency*
EDF	*European Development Funds*
EGF	*European Gendarmerie Force*
ENP	Europäische Nachbarschaftspolitik
EP	Europäisches Parlament
ER	Europäischer Rat
ERRF	*European Rapid Reaction Force*
ESDI	*European Security and Defence Identity* (siehe ESVI)
ESRP	*European Security Research Programme*
ESS	Europäische Sicherheitsstrategie
ESVI	Europäische Sicherheits- und Verteidigungsidentität
ESVP	Europäische Sicherheits- und Verteidigungspolitik
ESVU	Europäische Sicherheits- und Verteidigungsunion
EU COPPS	*Coordination Office for Palestinian Police Support*
EU ISS	*EU Institute for Security Studies*
EU SATCEN	EU-Satellitenzentrum
EU	Europäische Union
EUBAM	*EU Border Assistance Mission*
EUFOR	*European Union Force*
EUJUST	EU-Rechtsstaatlichkeitsmission
EUMC	*European Military Committee*
EUMM	*European Monitoring Mission*
EUMS	*European Military Staff*
EUPAT	*EU Police Advisory Team*
EUPM	EU-Polizeimission in Bosnien und Herzegovina
EUPOL	EU-Polizeimission
EUROFOR	*European Operational Rapid Force*
EUSEC RD	ESVP-Sicherheitssektorreform in der Demokratischen
CONGO	Republik Kongo
EU-SR	*EU-Special Representative*

FAC	*Forces Armées Congolaises*
FHQ	*Force HQ*
FPA	*Foreign Policy Analysis*
GAM	*Free Aceh Movement*
GASP	Gemeinsame Außen- und Sicherheitspolitik
GSVP	Gemeinsame Sicherheits- und Verteidigungspolitik
HG	*Headline Goal*
HHG	*Helsinki Headline Goal*
HQ	Hauptquartier/ *Headquarters*
HR	Hoher Repräsentant für die GASP
ICG	*International Crisis Group*
IEMF	*Interim Emergency Multinational Force*
IMP	*Initial Monitoring Presence*
IPTF	*International Police Task Force*
IPU	*Integrated Police Unit*
ISIS Europe	*International Security Information Service Europe*
ISTAR	*Intelligence Surveillance Target Acquisiton and Reconnaissance*
JFC Naples	*Joint Force Command Naples*
LoI	*Letter of Intent*
MedEvac	*Medical Evacuation*
MERCOSUR	*Mercado Común del Sur*
MOE-Staaten	Mittel- und osteuropäische Staaten
MONUC	*Mission des Nations Unies en République Démocratique du Congo*
MVW	Massenvernichtungswaffen
NAC	*North Atlantic Council*
NATO	*North Atlantic Treaty Organisation*
NRF	*NATO Response Force*
NSS	*National Security Strategy*
OCCAR	*Organisation pour la coopération en matière d'armement*
OHQ	Operations-HQ

OPCEN	*Operations Centre*
OPLAN	Operationsplan
OSZE	Organisation für Sicherheit und Zusammenarbeit in Europa
PCC	*Prague Capabilities Commitment*
PfP	*Partnership for Peace*
PK	Politisches Komitee
PPEWU	*Policy Planning and Early Warning Unit*
PSK	Politisches und Sicherheitspolitisches Komitee
PU	*Policy Unit*
RRM	*Rapid Reaction Mechanism*
SFOR	*Stabilisation Force in Bosnia and Herzegovina*
SHAPE	*Supreme Headquarters Allied Powers Europe*
SITCEN	Gemeinsames Lagezentrum
SSR	Sicherheitssektorreform
SWP	Stiftung Wissenschaft und Politik
TAM	*Technical Assessment Mission*
TOC	Transnational organisiertes Verbrechen
UN	*United Nations*
VEU	Vertrag über die Europäische Union
VVE	Vertrag über eine Verfassung für Europa
WEAG	*Western European Armaments Group*
WEU	Westeuropäische Union

LITERATUR- UND QUELLENVERZEICHNIS

Dokumente und Quellen:

A secure Europe in a better world, Entwurf einer EU-Sicherheitsstrategie vorgelegt durch Javier Solana, Thessaloniki, 19./20.06.2003, http://ue.eu.int/pressdata/EN/reports/76255.pdf (Zugriff am 1.2.2005).

Action Plan for Civilian Aspects of ESDP, Adopted by the European Council (17 – 18 June 2004), http://ue.eu.int/uedocs/cmsUpload/Action%20Plan%20for%20Civilian%20Aspects%20of%20ESDP.pdf (Zugriff am 3.2.2005).

Aktionsplan gegen den internationalen Terrorismus, in: Ausserordentliche Tagung des Europäischen Rates am 21. September 2001, Schlussfolgerungen und Aktionsplan, http://www.bpb.de/files/8I0CSY.pdf#search=%22aktionsplan%20zur%20bek%C3%A4mpfung%20des%20terrorismus%22 (Zugriff am 6.4.06).

Commission of the European Communities: Communication from the Commission to the Council and the European Parliament: The European Union and the United Nations: the choice of multilateralism, Brüssel, 10.9.2003, COM (2003) 526 Final, http://europa.eu.int/comm/external_relations/un/docs/com03_526en.pdf (Zugriff am 3.2.2005).

Conceptual Framework on the ESDP dimension of the fight against terrorism, http://ue.eu.int/uedocs/cmsUpload/14797Conceptual_Framework_ESDP.pdf (Zugriff am 12.2.2005).

Consolidated Version of the Treaty on European Union (VEU-Nizza), Official Journal of the European Communities, 24.12.2002, C 325, http://europa.eu.int/eurlex/lex/en/treaties/dat/12002M/pdf/12002M_EN.pdf (Zugriff am 20.4.2003).

Council Common Position of 14 May 2001 concerning conflict prevention, management and resolution in Africa (2001/374/CFSP), Official Journal of the European Commuities, 15.5.2001, L 132, http://www.sipri.org/contents/expcon/euafrica-0105.html (Zugriff am 20.1.2005).

Council Decision of 22 January 2001 on the establishment of the Military Staff of the European Union (2001/80/CFSP), Official Journal of the European Communities, 30.1.2001, L 27, http://ue.eu.int/uedocs/cmsUpload/l_02720010130en00070011.pdf (Zugriff am 12.2.2004).

Council Decision of 22 January 2001 setting up a Military Committee of the European Union (2001/79/CFSP), Official Journal of the European Communities, 30.1.2001, L 27, http://ue.eu.int/uedocs/cmsUpload/l_02720010130en00040006.pdf (Zugriff am 12.2.2004).

Council Decision of 22 May 2000 setting up a Committee for civilian aspects of crisis management (2000/354/CFSP), http://www.legaltext.ee/text/en/T71311.htm (Zugriff am 12.2.2004).

Council of the European Union: Action Plan for ESDP support to Peace and Security in Africa, Brüssel, 16.11.2004, 10538/4/04, http://register.consilium.eu.int/pdf/en/04/st10/st10538-re04.en04.pdf (Zugriff am 12.2.2005).

Council of the European Union: Civilian Headline Goal 2008, Brüssel, 3.12.2004, 15330/3/04, http://register.consilium.eu.int/pdf/en/04/st15/st15330-re03.en04.pdf (Zugriff am 3.2.2005).

Council of the European Union: EU Solidarity Programme on the consequences of terrorist threats and attacks (revised/ widened CBRN Programme), 1.12.2004, 15480/04, http://ue.eu.int/uedocs/cmsUpload/15480EU_Solidarity_Programme.pdf (Zugriff am 12.2.2005).

Council of the European Union: European security and defence policy – Contribution by the Secretary-General/ High Representative: procedures for coherent, comprehensive EU crisis management: reference framework for crisis management, Brüssel, 30.11.2000, 13957/00 REV 1, http://register.consilium.eu.int/pdf/en/00/st13/13957-r1en0.pdf (Zugriff am 3.2.2005).

Council of the European Union: European Union Military Staff Terms of Reference and Organisation, Brüssel, 25.2.2005, 6758/05, http://register.consilium.eu.int/pdf/en/05/st06/st06758.en05.pdf (Zugriff am 3.2.2005).

Council of the European Union: Fight against the proliferation of weapons of mass destruction – EU strategy against proliferation of Weapons of Mass Destruction, Brüssel, 10.12.2003, 15708/03, http://ue.eu.int/uedocs/cmsUpload/st15708.en03.pdf (Zugriff am 12.2.2005).

Council Regulation (EC) No 381/ 2001of 26 February 2001 creating a rapid-reaction mechanism, Official Journal of the European Communities, 27.2.2001, L57, http://europa.eu.int/eur-lex/pri/en/oj/dat/2001/l_057/l_05720010227en00050009.pdf (Zugriff am 4.2.2005).

EC Project on Training for Civilian Aspects of Crisis Management, http://www.zifberlin.org/Downloads/Bereich_Training/EUProgramm_290403.pdf (Zugriff am 12.2.2005).

ESDP developments and the Headline Goal 2010 – reply to the annual report of the Council, Assembly of the Western European Union, The Interparliamentary European Security and Defence Assembly, Fifty-First Session, Report submitted on behalf of the Defence Committee by Konstantinos Vrettos (Greece, Socialist Group), 15.6.2005, http://www.assembly-weu.org/en/documents/sessions_ordinaires/rpt/2005/1898.html (Zugriff am 20.11.2005).

EU COPPS/ Palestinian National Autority – Ministry of the Interior: EU COPPS & Palestinian Civil Police Development Programm 2005-2008: Factsheet, http://www.consilium.europa.eu/uedocs/cmsUpload/EUCOPPShandoutFeb2006.pdf (Zugriff am 26.8.2006).

EU Council Secretariat: Factsheet: European Union Police Mission for the Palestinian Territories (EUPOL-COPPS), http://www.consilium.europa.eu/uedocs/cmsUpload/051222-EUPOL-COPPS.pdf (Zugriff am 26.8.2006).

EU Programme for the Prevention of Violent Conflicts, http://www.eu2001.se/static/eng/pdf/violent.PDF (Zugriff am 20.5.2003).

EU-NATO Declaration on ESDP, NATO Press Release (2002) 142, 16.12.2002, http://www.nato.int/docu/pr/2002/p02-142e.htm (Zugriff am 20.5.2005).

Europäischer Konvent: Entwurf eines Vertrags über eine Verfassung für Europa, Vom Europäischen Konvent im Konsensverfahren angenommen am 13. Juni und 10. Juli

2003, Dem Präsidenten des Europäischen Rates in Rom überreicht am 18. Juli 2003, Luxemburg 2003.

Europäischer Rat: Ein sicheres Europa in einer besseren Welt, Europäische Sicherheitsstrategie, Brüssel, 12.12.2003, http://ue.eu.int/uedocs/cmsUpload/031208ESSIIDE.pdf (Zugriff am 2.5.2005).

European armaments cooperation. Core documents, Compiled by Burkard Schmitt, Chaillot Paper No. 59, EU Institute for Security Studies, Paris, April 2003, http://www.iss-eu.org/chaillot/chai59e.pdf (Zugriff am 14.5.2003)

European Commission Check-list for Root Causes of Conflict, http://europa.eu.int/comm/external_relations/cpcm/cp/list.htm (Zugriff am 8.2.2005).

European Commission Conflict Prevention and Crisis Management Unit: Civilian instruments for EU crisis management, Brüssel, April 2003, http://europa.eu.int/comm/external_relations/cfsp/doc/cm03.pdf (Zugriff am 23.1.2005).

European Defence: NATO/ EU consultation, planning and operations, http://ue.eu.int/uedocs/cmsUpload/78414%20-%20EU-NATO%20Consultation,%20Planning%20and%20Operations.pdf (Zugriff am 3.2.2005).

EU-UN co-operation in Military Crisis Management Operations – Elements of Implementation of the EU-UN Joint Declaration, Adopted by the European Council (17 – 18 June 2004), http://ue.eu.int/uedocs/cmsUpload/EU-UN%20cooperation%20in%20Military%20Crisis%20Management%20-Operations.pdf (Zugriff am 12.2.2005).

From Copenhagen to Brussels. European defence: core documents, Volume VI, Compiled by Antonio Missiroli, Chaillot Paper No. 76, EU Institute for Security Studies, Paris, Dezember 2003, http://www.iss-eu.org/chaillot/chail67e.pdf (Zugriff am 1.2.2005).

From Laeken to Copenhagen. European Defence: core Documents. Volume III, Compiled by Jean-Yves Haine, EU Institute for Security Studies, Paris, Februar 2003, http://www.iss-eu.org/chaillot/chai57e.pdf (Zugriff am 7.4.2003).

From Nice to Laeken. European Defence: core documents, Volume II, Compiled by Maartje Ruttens, Chaillot Paper No. 51, EU Institute for Security Studies, Paris, April 2002, http://www.iss-eu.org/chaillot/chai51e.pdf (Zugriff am 7.4.2003).

From St. Malo to Nice. European defence: core documents, Volume I, Compiled by Maartje Rutten, Chaillot Paper No. 47, WEU Institute for Security Studies, Paris, Mai 2001, http://www.iss-eu.org/chaillot/chai47e.pdf (Zugriff am 7.4.2003).

Gemeinsamer Standpunkt des Rates vom 27. Dezember 2001 über die Anwendung besonderer Maßnahmen zur Bekämpfung des Terrorismus (2001/931/GASP), Amtsblatt der Europäischen Gemeinschaften L 344/93 vom 28.12.2001, http://eur-lex.europa.eu/LexUriServ/site/de/oj/2001/l_344/l_34420011228de00930096.pdf (Zugriff am 6.4.06).

Gemeinsamer Standpunkt des Rates vom 27. Dezember 2001 über die Bekämpfung des Terrorismus (2001/930/GASP), Amtsblatt der Europäischen Gemeinschaften L 344/90 vom 28.12.2001, http://eur-lex.europa.eu/Lex-UriServ/site/de/oj/2001/l_344/l_34420011228de00900092.pdf (Zugriff am 6.4.06).

Headline Goal 2010, Approved by General Affairs and External Relations Council on 17 May 2004, endorsed by the European Council of 17 and 18 June 2004, http://ue.eu.int/uedocs/cmsUpload/2010%20Headline%20Goal.pdf (Zugriff am 3.2.2005).

Joint Declaration on EU-UN cooperation in crisis management, New York, 24.9.2003, 12510/03 (Presse 226), http://ue.eu.int/ueDocs/cms_Data/docs/pressData/en/misc/77348.pdf

Kommission der Europäischen Gemeinschaften: Mitteilung der Kommission: Europäische Nachbarschaftspolitik, Strategiepapier, Brüssel, 12.5.2004, KOM (2004) 373 endgültig, http://europa.eu.int/comm/world/enp/pdf/strategy/Strategy_Paper_DE.pdf (Zugriff am 12.2.2005).

Konferenz der Vertreter der Regierungen der Mitgliedstaaten: Vertrag über eine Verfassung für Europa, Brüssel, den 6. August 2004 (OR.fr), CIG 87/04.

Konsolidierte Fassung des Vertrags über die Europäische Union (VEU-Amsterdam), in: Bayerische Landeszentrale für politische Bildungsarbeit (Hg.): Die Europäische Union nach Amsterdam. Dokumentation und Einführungen, München 1998, S. 85 – 95.

Mitteilung der Kommission zur Konfliktprävention, COM (2001) 211 endg., 11. April 2001, http://europa.eu.int/eur-lex/de/com/cnc/2001/com2001_0211de01.pdf (Zugriff am 1.4.2004).

Schlussfolgerungen des Vorsitzes, Europäischer Rat (Helsinki), 10. und 11. Dezember 1999, Anlage IV (Bericht des Vorsitzes über die Stärkung der Gemeinsamen Europäischen Sicherheits- und Verteidigungspolitik), http://www.consilium.europa.eu/ueDocs/cms_Data/docs/pressData/de/ec/00300-r1.d9.htm (Zugriff am 25.5.2003).

The National Security Strategy of the United States of America, September 2002, http://www.whitehouse.gov/nsc/nss.pdf (Zugriff am 2.5.2005).

Vertrag über die Europäische Union (VEU-Maastricht), Amtsblatt Nr. C 191 vom 29. Juli 1992, http://www.europa.eu.int/eur-lex/de/treaties/dat/EU_treaty.html (Zugriff am 20.4.2003).

Website der österreichischen Ratspräsidentschaft (erstes Halbjahr 2006), http://www.ue2006.at/de/Policy_Areas/General_Affairs_and_External_Relations/ESDP/ESDP_Operations.html (Zugriff am 20.1.2006).

Website des Bundesministerium der Verteidigung, http://www.bmvg.de/portal/a/bmvg/sicherheitspolitik/europaeische_union/missionen_eu/eufor_rd_congo?yw_contentURL=/C1256F1200608B1B/W26PAJ54476INFODE/content.jsp, (Zugriff am 26.08.06).

Sekundärliteratur:

Aggestam, Lisbeth/ Hyde-Price, Adrian (Hg.): Security and Identity in Europe. Exploring the New Agenda, London 2000.

Algieri, Franco/ Bauer, Thomas: Eine Frage der Macht: Die EU auf dem Weg zum sicherheits- und verteidigungspolitischen Akteur mit globaler Reichweite, in: Weidenfeld, Werner (Hg.): Die Europäische Verfassung in der Analyse, Gütersloh 2005, S. 228 – 249.

Algieri, Franco/ Bauer, Thomas: Europa – die gespaltene Macht. Die Konventsvorschläge zur Sicherheits- und Verteidigungspolitik, http://www.cap.uni-muenchen.de/download/2003/2003_cd_eukonvent_algba.pdf (Zugriff am 1.4.2005).

Algieri, Franco/ Emmanoulidis, Janis A./ Maruhn, Roman: Europas Zukunft. 5 Szenarien zur Zukunft der EU, Centrum für Angewandte Politikforschung, München, 2003, http://www.cap.unimuenchen.de/download/2003/2003_cap_szenarien.pdf (Zugriff am 23.1.2004).

Algieri, Franco: Die Europäische Sicherheits- und Verteidigungspolitik: erweiterter Handlungsspielraum für die GASP, in: Weidenfeld, Werner (Hg.): Nizza in der Analyse, Gütersloh 2001, S. 161 – 201.

Algieri, Franco: Die Europäische Sicherheits- und Verteidigungspolitik, in: Weidenfeld, Werner (Hg.): Europa-Handbuch, Bonn, 2002, S. 585 – 601.

Algieri, Franco: Die Reform der GASP – Anleitung zu begrenztem gemeinsamem Handeln, in: Weidenfeld, Werner (Hg.): Amsterdam in der Analyse. Strategien für Europa, Gütersloh 1999, S. 89 – 120.

Algieri, Franco: EU foreign and security policy post September 11th 2001. Some lessons for the reform debate and for transatlantic relations, CAP Position, Centrum für Angewandte Politikforschung, München, Februar 2002, http://www.cap.uni-muenchen.de/aktuell/positionen/2002_02_algieri.htm (Zugriff am 28.3.2003).

Algieri, Franco: Europas Selbstbestimmungsprozess. Wie definiert sich eine erweiterte EU gegenüber den USA?, in: Staack, Michael (Hg., mit Rüdiger Voigt): Europa nach dem Irak-Krieg. Ende der transatlantischen Epoche?, Baden-Baden 2004, S. 81 – 100.

Algieri, Franco: Von der Macht der Zeitumstände und der Fortführung eines integrationspolitischen Projekts: Die Gemeinsame Außen- und Sicherheitspolitik im Verfassungsvertrag, in: Weidenfeld, Werner (Hg.): Die Europäische Verfassung in der Analyse, Gütersloh 2005, S. 205 – 227.

Allison, Graham/ Zelikow, Philip: The Essence of Decision: Explaining the Cuban Missile Crisis, 2. Auflage, Boston 1999.

Andréani, Gilles: L'Europe de la défense : y a t-il encore une ambition francaise ?, in: Politique étrangère, 4 (2002), S. 983 – 1000.

Andréani, Gilles: Why Institutions Matter, in: Survival, Bd. 42, 2 (2000), S. 81 – 95.

Aspinwall, Mark/ Schneider, Gerald: Institutional research on the European Union: mapping the field, in: Schneider, Gerald/ Aspinwall, Mark (Hg.): The rules of integration. Institutionalist approaches to the study of Europe, Manchester/ New York 2001, S. 1 – 18.

Axelrod, Robert (Hg.): Structure of Decision, Princeton, N.J. 1976.

Axt, Heinz-Jürgen: Die EU nach Amsterdam: Kompetenzzuwachs für Außen- und Sicherheitspolitik?, in: Europäische Rundschau, Bd. 25, 4 (1997), S. 61 – 77.

Balis, Christina V.: The State of European Defence and Security Poliy After the Laeken Summit, in: Krause, Joachim/ Wenger, Andreas/ Wanatabe, Lisa (Hg.): Unraveling the European Security and Defence Policy Conundrum, Studien zur Zeitgeschichte und Sicherheitspolitik, Bd. 11, Bern 2003, S. 25 – 47.

Banchoff, Thomas: German Identity and European Integration, in: European Journal of International Relations, Bd. 5, 3 (1999), S. 259 – 289.

Baumann, Rainer/ Rittberger, Volker/ Wagner, Wolfgang: Macht und Machtpolitik. Neorealistische Außenpolitiktheorie und Prognosen über die deutsche Außenpolitik nach der

Vereinigung, in: Zeitschrift für Internationale Beziehungen, 6. Jg., 2 (1999), S. 245 – 286.

Baumann, Rainer: The Tranformation of German Multilateralism. Changes in the Foreign Policy Discourse since Unification, in: German Politics and Society, Bd. 20, 4 (2002), S. 1 – 26.

Beasley, Ryan K./ Snarr, Michael T.: Domestic and International Influences on Foreign Policy: A Comparative Perspective, in: Beasley, Ryan K. u.a. (Hg.): Foreign Policy in Comparative Perspective. Domestic and International Influences on State Behaviour, Washington D.C. 2002, S. 321 – 347.

Benoit, Loïck: La défense européenne au lendemain des attentats du 11 septembre 2001, in : Défense nationale, Bd. 58, 12 (2002), S. 86 – 92.

Bertelsmann Foundation (Hg.): A European Defence Strategy, Written by Julian Lindley-French and Franco Algieri. Advised by Thomas Bauer, Yves Boyer, Janis Emmanouilidis, Tuomas Forsberg, Stefani Weiss, and Rob de Wijk, Gütersloh, Mai 2004.

Bertelsmann Foundation (Hg.): Enhancing the European Union as an International Security Actor. A Strategy for Action by the Venusberg Group, Gütersloh 2000.

Bierling, Stephan: Die Europäische Union und die USA, in: Weidenfeld, Werner (Hg.): Europa-Handbuch, Bonn 2002, S. 639 – 659.

Bilcik, Vladimír: Developments in the EU's Foreign and Security Policy – the Candidates' Perspective, in: Brusis, Martin/ Emmanouilidis, Janis A. (Hg.): Thinking Enlarged. The Accession Countries and the Future of the European Union, Bonn 2002, S. 89 – 102.

Bildt, Carl: Hat Europa aus Bosnien gelernt? Schlussfolgerungen für die europäische Außenpolitik, in: Internationale Politik, 7 (1997), S. 3 – 8.

Birk, Eberhard: Aspekte einer militärischen Tradition für Europa. Eine essayistische Betrachtung, Österreichische Militärische Zeitschrift, 2 (2004), S. 131 – 139.

Biscop, Sven: In Search of a Strategic Concept for the ESDP, in: European Foreign Affairs Review, 7 (2002), S. 473 – 490.

Biscop, Sven: The European Security Strategy. Implementing a Distinctive Approach to Security, in: Sécurité & Stratégie, Paper No. 82, März 2004, http://www.irri-kiib.be/papers/Artikel%20V&S%20ESS.pdf (Zugriff am 1.3.2005).

Bjereld, Ulf/ Ekengren, Ann-Marie: Foreign Policy Dimensions: A Comparison between the U.S. and Sweden, in: International Studies Quarterly, Bd. 43, 3 (1999), S. 503 – 518.

Borchert, Heiko/ Rummel, Reinhardt: Von segmentierter zu vernetzter Sicherheitspolitik in der EU der 25, in: Österreichische Militärische Zeitschrift, 3 (2004), S. 259 – 268.

Bozo, Frédéric: The Effects of Kosovo and the Danger of Decoupling, in: Howorth, Jolyon/ Keeler, John T.S. (Hg.): Defending Europe: The EU, NATO and the Quest for European Autonomy, New York 2003, S. 61 – 77.

Brady, Linda P.: The Situation and Foreign Policy, in: East, Maurice A./ Salmore, Stephen A./ Hermann, Charles F. (Hg.): Why Nations Act: Theoretical Perspectives for Comparative Foreign Policy Studies, Beverly Hills 1978, 173 – 190.

Braud, Pierre-Antoine/ Grevi, Giovianni: The EU mission in Aceh: implementing peace, Occasional Paper No. 61, EU Institute for Security Studies, Paris, Dezember 2005, http://www.iss-eu.org/occasion/occ61.pdf (Zugriff am 2.2.2006).

Brecher, Michael/ Harvey, Frank P. (Hg.): Realism and Institutionalism in International Studies, Ann Arbor 2002.

Brimmer, Esther (Hg.): The EU's Search for a Strategic Role. ESDP and its Implications for Transatlantic Relations, Washington D.C. 2002.

Brimmer, Esther: Conclusion, in: Brimmer, Esther (Hg.): The EU's Search For A Strategic Role. ESDP And Its Implications For Tranatlantic Relations,Washington 2002, S. 159 – 164.

Brzezinski, Zbigniew: Die einzige Weltmacht. Amerikas Strategie der Vorherrschaft, Übersetzt von Angelika Beck, Frankfurt 1999.

Buch, Heinrich: Die Osterweiterung der EU: Interesse Europas oder der USA?, in: Staack, Michael (Hg., mit Rüdiger Voigt): Europa nach dem Irak-Krieg. Ende der transatlantischen Epoche?, Baden-Baden 2004, S. 41 – 60.

Busse, Christian: Die Beziehungen zwischen EU und WEU: Zugleich ein Beitrag zur Eigenart des europäischen Integrationsprozesses, in: S+F, Bd. 8, 1 (2000), S. 75 – 79.

Calic, Marie-Janine: Europas Herausforderungen auf dem Balkan, in: Internationale Politik, 12 (2003), S. 57 – 63.

Calic, Marie-Janine: Friedensstrategien in komplexen Konfliktfeldern. Lehren aus dem zerfallenen Jugoslawien, in: Senghaas, Dieter (Hg.): Frieden machen, Frankfurt 1997, S. 166 – 186.

Calic, Marie-Janine: Südosteuropa – Vom Sukzessionskrieg zur Stabilität, in: Ferdowsi, Mir A. (Hg.): Sicherheit und Frieden zu Beginn des 21. Jahrhunderts, München 2002, S. 399 – 412.

Cameron, Fraser/ Primatarova, Antoinette: Enlargement, CFSP and the convention. The role of the accession states, EPIN Working Paper No. 5, Brüssel 2003, http://www.epin.org/pdf/CFSP_cameron_primatarova.pdf (Zugriff am 1.4.2004).

Carlsnaes, Walter: Foreign Policy, in: Carlsnaes, Walter/ Risse, Thomas/ Simmons, Beth A. (Hg.): Handbook of International Relations, Beverly Hills 2002, S. 331 – 349.

Carlsnaes, Walter: The Agency-Structure Problem in Foreign Policy Analysis, in: International Studies Quarterly, Bd. 36, 2 (1992), S. 245 – 270.

Centrum für Angewandte Politikforschung (Hg.): Reassessing EU foreign policy challenges and tasks in the post September 11 era, CAP Working Paper, München, Mai 2002, http://www.cap.uni-muenchen.de/download-/2002/2002_cap_reassessing_september11.pdf (Zugriff am 29.3.2004).

Chaco, Tania M.: Implementing the Headline Goals: The Military Aspect, in: Krause, Joachim/ Wenger, Andreas / Wanatabe, Lisa (Hg.): Unraveling the European Security and Defence Policy Conundrum, Bern 2003, S. 49 – 65.

Charillon, Frédéric: Peut-il encore y avoir une politique étrangère francaise ?, in: Politique étrangère, 4 (2002), S. 915 – 929.

Chirac, Jacques: La France dans un monde multipolaire, in: Politique étrangère, 4 (1999), S. 803 – 812 .

Churruca Muguruza, Cristina: Von Maastricht nach Köln: Die Gestaltung der Westeuropäischen Union als integraler Bestandteil der Europäischen Union, in: S + F Bd. 18, 2 (2000), S. 176 – 186.

Clement, Rolf: Die neue Bundeswehr als Instrument deutscher Außenpolitik, in: Aus Politik und Zeitgeschichte, B 11/2004, S. 40 – 46.

Codner, Michael: British Military Strategy Home and Away, RUSI Journal, 2 (2002), S. 78 – 83.

Collmer, Sabine: Einstellungsmuster der Deutschen Bevölkerung zu Fragen einer Gemeinsamen Europäischen Sicherheitspolitik, in: Ernst, Werner W./ Kernic, Franz (Hg.): Öffentliche Meinung und europäische Sicherheitspolitik, Baden-Baden 2003, S. 147 – 197.

Cooper, Robert: Macht und Ohnmacht – aus europäischer Sicht. Eine Antwort auf die Thesen Robert Kagans, in: Internationale Politik, 5 (2003), S. 31 – 38.

Cornish, Paul/ Edwards, Geoffrey: Beyond the EU/NATO dichotomy: the beginnings of a European strategic culture, in: International Affairs, Bd. 77, 3 (2001), S. 587 – 603.

Crowe, Brian: A common European foreign policy after Iraq?, in: International Affairs, Bd. 79, 3 (2003), S. 533 – 546.

Czempiel, Ernst-Otto: Die amerikanische Weltordnung, in: Aus Politik und Zeitgeschichte, B 48/2002, S. 3 – 6.

Czempiel, Ernst-Otto: Intervention in Zeiten der Interdependenz, HSFK-Report 2 (2000), Hessische Stiftung Friedens- und Konfliktforschung, Frankfurt 2000, http://www.hsfk.de/downloads/rep0200.pdf (Zugriff am 1.3.2004).

Daalder, Ivo H./ Lindsay, James M.: America Unbound. The Bush Revolution in Foreign Policy, Washington D.C. 2003.

Daalder, Ivo H.: Are the United States and Europe heading for divorce?, in: International Affairs, Bd. 77, 3 (2001), S. 531 – 545.

Daase, Christopher: Kleine Kriege – Große Wirkung. Wie unkonventionelle Kriegsführung die internationale Politik verändert, Baden-Baden 1999.

De Schoutheete, Philippe: La cohérence par la défense. Une autre lecture de la PESD, Chaillot Paper No. 71, EU Institute for Security Studies, Paris, Oktober 2004, http://www.iss-eu.org/chaillot/chai71.pdf (Zugriff am 1.3.2005).

Debiel, Tobias/ Fischer, Martina: Krisenprävention und zivile Konflikt-bearbeitung durch die EU, Berghof Report Nr. 4, Berlin, August 2000, http://www.berghof-center.org/publications/reports/complete/br4d.pdf (Zugriff am 4.5.2003).

Declaration of Intent: European Gendarmerie Force, http://www.eurogendfor.org/documents/doc/DECLARATION%20OF%20INTENTS%2017.09.2004.doc (Zugriff am 3.2.2005).

Defence-Europe.org: NATO-EU Relations, http://www.wsibrussels.org/eu_nato_relations.htm (Zugriff am 20.2.2006).

Deloche-Gaudez, Florence: Frankreichs widersprüchliche Positionen in der GASP, in: Müller-Brandeck-Bocquet, Gisela (Hg.): Europäische Außenpolitik. GASP- und ESVP-Konzeptionen ausgewählter EU-Mitgliedstaaten, Baden-Baden 2002, S. 120 – 133.

Delors, Jaques: Eine Avantgarde als Motor für den europäischen Einigungsprozess, in: Weidenfeld, Werner (Hg.): Europa-Handbuch, Bonn 2002, S. 854 – 859.

Delpech, Thérèse: International Terrorism and Europe, Chaillot Paper No. 56, EU Institute for Security Studies, Paris, Dezember 2002, http://www.iss-eu.org/chaillot/chai56e.pdf (Zugriff am 20.4.2004).

Dembinski, Matthias/ Wagner, Wolfgang: Europäische Kollateralschäden. Zur Zukunft der europäischen Außen-, Sicherheits- und Verteidigungspolitik nach dem Irak-Krieg, in: Aus Politik und Zeitgeschichte, B31-32/2003, S. 31 – 38.

Dembinski, Matthias: Der Irak-Krieg als Bewährungsprobe der gemeinsamen europäischen Außen- und Sicherheitspolitik: Positionen und Perspektiven, in: Ehrhart, Hans-Georg/ Schmitt, Burkard (Hg.): Die Europäische Sicherheitspolitik im Werden. Bedrohungen, Aktivitäten, Fähigkeiten, Baden-Baden 2004, S. 91 – 104.

Dembinski, Matthias: Die Europäische Sicherheits- und Verteidigungspolitik: Appendix der NATO oder Instrument der Emanzipation?, in: Staack, Michael (Hg., mit Rüdiger Voigt): Europa nach dem Irak-Krieg. Ende der transatlantischen Epoche?, Baden-Baden 2004, S. 157 – 173.

Dembinski, Matthias: Kein Abschied vom Leitbild „Zivilmacht". Die Europäische Sicherheits- und Verteidigungspolitik und die Zukunft Europäischer Außenpolitik, HSFK-Report 12 (2002), Hessische Stiftung Friedens- und Konfliktforschung, Frankfurt 2000, http://www.hsfk.de/downloads-/rep1202.pdf (Zugriff am 20.4.2004).

Dembinski, Matthias: Perspektiven der Europäischen Sicherheits- und Verteidigungspolitik. HFSK-Report 11 (2000), Hessische Stiftung Friedens- und Konfliktforschung, Frankfurt 2000, http://www.hsfk.de/downloads /rep1100.pdf (Zugriff am 8.4.2003).

Dessler, David: What's at Stake in the Agent-Structure Debate, in: International Organization, Bd. 43, 4 (1989), S. 441 – 473.

Deubner, Christian: Differenzierte Integration: Übergangserscheinung oder Strukturmerkmal der künftigen Europäischen Union, in: Aus Politik und Zeitgeschichte, B 1 – 2/2003, S. 24 – 32.

Duffield, John S.: World Power Forsaken. Political Culture, International Institutions, and German Security Policy After Unification, Stanford 1998.

Duke, Simon: CESDP and the EU Response to 11 September: Identifying the Weakest Link, in: European Foreign Affairs Review, 7 (2002), S. 153 – 169.

Dumoulin, André: Vers une coopération renforcée belgo-germano-française?, in: Défense nationale, Bd. 59, 5 (2003), S. 127 – 133.

Dwan, Renata: Themes to be dealt with and challenges to be met, EU Civilian Crisis Management Capability, Conference Report, Stockholm, 20.4.2001, in: Weinlich, Silke: Die zivile Komponente der Europäischen Sicherheits- und Verteidigungspolitik, Aktuelle SWP-Dokumentation, Reihe D, Nr. 32, Stiftung Wissenschaft und Politik, Berlin, Januar 2003, S. 41 – 60.

Ehrhart, Hans-Georg (Hg.): Die Europäische Sicherheits- und Verteidigungspolitik. Positionen, Perzeptionen, Probleme, Perspektiven, Baden-Baden 2002.

Ehrhart, Hans-Georg/ Schmitt, Burkard (Hg.): Die Sicherheitspolitik der EU im Werden. Bedrohungen, Aktivitäten, Fähigkeiten, Baden-Baden 2004.

Ehrhart, Hans-Georg/ Schmitt, Burkard: Einleitung, in: Ehrhart, Hans-Georg/ Schmitt, Burkard (Hg.): Die Sicherheitspolitik der EU im Werden. Bedrohungen, Aktivitäten, Fähigkeiten, Baden-Baden 2004, S. 7 – 19.

Ehrhart, Hans-Georg/ Schnabel, Albrecht: Changing international relations and the role of the military in post-conflict peacebuilding operations, in: S+F, Bd. 22, 1 (2004), S. 7 – 12.

Ehrhart, Hans-Georg: Staatszerfall, Gewaltkonflikte und „Nation-building" als politische Herausforderung für die EU, in: Ehrhart, Hans-Georg/ Schmitt, Burkard (Hg.): Die Sicherheitspolitik der EU im Werden. Bedrohungen, Aktivitäten, Fähigkeiten, Baden-Baden 2004, S. 45 – 59.

Ehrhart, Hans-Georg: Testfall Balkan. Die ESVP und die transatlantischen Beziehungen, in: Internationale Politik, 5 (2002), S. 15 – 20.

Ehrhart, Hans-Georg: What model for CFSP?, Chaillot Paper No. 55, EU Institute for Security Studies, Paris, Oktober 2002, http://www.iss-eu.org/chaillot/chai55.pdf (Zugriff am 25.5.2003).

Eitelhuber, Norbert: Die NATO Response Force. Ihre Bedeutung für Europa, SWP-Aktuell 52, Stiftung Wissenschaft und Politik, Berlin, November 2002, http://www.swp-berlin.org/common/get_document.php?id=365&P-HPSESSID=49339960637dd9d220-4660e9104e525a (Zugriff am 20.6.2005).

Eitelhuber, Norbert: Europäische Streitkräfte unter dem Zwang der Bescheidung. Partner der USA nur bei friedenssichernden Einsätzen, SWP-Studie S8, Stiftung Wissenschaft und Politik, Berlin, März 2003.

Eliassen, Kjell A. (Hg.): Foreign and Security Policy in the European Union, London/ Thousand Oaks/ New Delhi 1998.

Emmanouilidis, Janis A./ Algieri, Franco: Stärkung außenpolitischer Kohärenz und Handlungsfähigkeit, CAP-Position, Centrum für Angewandte Politikforschung, München, 16.5.2002, http://www.cap.uni-muenchen.de/aktuell/positionen/2002_05_spotlight_2.-htm (Zugriff am 28.3.2003).

Etschmann, Wolfgang: Grundlagen der französischen Staatsidee und Geostrategie: Eine historische Betrachtung, in: Österreichische Militärische Zeitschrift, 3 (1998), S. 285 – 292.

EU Crisis Response Capabilities: An Update, ICG Issues Briefing, International Crisis Group, Brüssel, 29.4.2002, http://www.crisisgroup.org/library/documents/report_archive/A400632_29042002.pdf (Zugriff am 20.4.2003).

EU Crisis Response Capability Revisited, ICG Europe Report No. 160, International Crisis Group, Brüssel, 17.1.2005, http://www.crisisgroup.org/library/documents/europe/160_eu_crisis_response_capability_revisited_edit.pdf (Zugriff am 20.1.2005).

EU Crisis Response Capability. Institutions and Processes for Conflict Prevention and Management, ICG Issues Report No. 2, International Crisis Group, Brüssel, 26.6.2001, http://www.crisisgroup.org/library/documents/report_archive/A400327_26062001.pdf (Zugriff am 21.6.2003).

EU Institute for Security Studies (Hg.): European defence. A proposal for a White Paper. Report of an independent Task Force, Paris, Mai 2004.

Europa braucht einen magnetischen Kern. „Blätter-Gespräch" mit Karl Lamers, in: Blätter für deutsche und internationale Politik, 10 (2003), S. 1197 – 1208.

Evangelidis, Leonidas A.: International Stabilization and Peace Support: What the European Union Can Contribute, in: Bernauer Thomas u.a. (Hg.): Peace Support Operations: Lessons Learned and Future Perspectives, Studies in Contemporary History and Security Policy, Bd. 9, Nr. 1, Bern 2001, http://cms.isn.ch/public/docs/doc_365_259_en.pdf (Zugriff am 11.2.2004).

Evans, Peter B.: Building an Integrative Approach to International and Domestic Politics: Reflections and Projections, in: Evans, Peter B./ Jacobson, Harold K./ Putnam, Robert D.:

Double-Edged Diplomacy. International Bargaining and Domestic Politics, Berkeley/ Los Angeles/ London 1993, S. 397 – 430.

Everts, Steven/ Grabbe, Heather: Why the EU needs a security strategy, CER Briefing Note, Centre for European Reform, London, Mai 2003, http://www.cer.org.uk/pdf/briefing_security_everts_grabbe.pdf (Zugriff am 2.12.2003).

Everts, Steven/ Keohane, Daniel: Introduction, in: Centre for European Reform (Hg.): A European Way of War, London 2004, S. 1 – 12.

Everts, Steven/ Keohane, Daniel: The European Convention and EU Foreign Policy: Learning from Failure, in: Survival, Bd. 45, 3 (2003), S. 167 – 186.

Föhrenbach, Gerd: „Security Through Engagement“: The Worldview Underlying ESDP, in: Brimmer, Esther (Hg.): The EU's Search for a Strategic Role: ESDP and Its Implications for Transatlantic Relations, Washington D.C. 2002, S. 3 – 22.

Föhrenbach, Gerd: Die Sicherheitskonzepte der baltischen Staaten, in: Österreichische Militärische Zeitschrift, 2 (2000), S. 139 – 144.

Föhrenbach, Gerd: Divide et impera: das neue Ziel der amerikanischen Europapolitik? Dimensionen einer möglichen strategischen Fehlentwicklung, in: Österreichische Militärische Zeitschrift, 2 (2004), S. 169 – 174.

Freedman, Lawrence: Can the EU develop an effective military doctrine?, in: Centre for European Reform: A European Way of War, London 2004, S. 13 – 26.

Frietzsche, Helmut/ Parchmann, Dirk: Europäische Sicherheits- und Verteidigungspolitik. Der Erfolg von Nizza?!, in: Europäische Sicherheit, 2 (2001), S. 10 – 12.

Fröhlich, Stefan: Das Projekt der Gemeinsamen Europäischen Sicherheits- und Verteidigungspolitik (GESVP): Entwicklungen und Perspektiven. ZEI Discussion Paper C116 2002, Zentrum für Europäische Integrationsforschung, Rheinische Friedrich-Wilhelms-Universität Bonn, Bonn 2002 http://www.zei.de/download/zei_dp/dp_c116_froehlich.pdf (Zugriff am 20.4.2003).

Für eine kooperative Weltordnung, Interview mit Bundeskanzler Gerhard Schröder, in: Internationale Politik, 9 (2003), S. 13 – 18.

Gareis, Sven: Militärmacht EU? Erwartungen der Bürger an eine gemeinsame Sicherheits- und Verteidigungspolitik, in: Internationale Politik, 6 (2004), S. 59 – 66.

Garrison, Jean A. u.a.: Foreign Policy Analysis in 20/20: A Symposium, in: International Studies Review, 5 (2003), S. 155 – 202.

Gärtner, Heinz: European security after September 11, in: International Politics, Bd. 40, 1 (2003), S. 59 – 73.

Gerteiser, Kristina: Die Sicherheits- und Verteidigungspolitik der EU. Rechtliche Analyse der gegenwärtigen Struktur und der Optionen zur weiteren Entwicklung, Frankfurt u.a. 2002.

Giegerich, Bastian/ Wallace, William: Not such a soft power. The external deployment of European forces, in: Survival, Bd. 46, 2 (2004), S. 163 – 182.

Giering, Claus/ Janning, Josef: Flexibilität als Katalysator der Finalität? Die Gestaltungskraft der „verstärkten Zusammenarbeit“ nach Nizza, in: Integration, 24. Jg., 2 (2001), S. 146 – 155.

Giering, Claus: Europa zwischen Zweckverband und Superstaat. Die Entwicklung der politikwissenschaftlichen Integrationstheorie im Prozess der Europäischen Integration, Bonn 1997.

Giering, Claus: Flexibilisierung, in: Weidenfeld, Werner/ Wessels, Wolfgang (Hg.): Europa von A-Z, Bonn 2002, S. 213 – 216.

Giering, Claus: Integrationstheorien, in: Weidenfeld, Werner/ Wessels, Wolfgang (Hg.): Europa von A-Z, Bonn 2002, S. 261 – 266.

Ginsberg, Roy H.: The European Union in International Politics. Baptism by Fire, Lanham u.a. 2001.

Gnesotto, Nicole: Einleitung, in: Gnesotto, Nicole (Hg.): Die Sicherheits- und Verteidigungspolitik der EU. Die ersten fünf Jahre (1999 – 2004), EU Institute for Security Studies, Paris 2004, http://www.iss-eu.org/books/5esdpde.pdf (Zugriff am 1.2.2005), S. 13 – 38.

Gnesotto, Nicole: Reacting to America, in: Survival, Bd. 44, 3 (2002), S. 99 – 106.

Gnesotto, Nicole: Übermilitarisierung amerikanischer Außenpolitik. Unilateralismus als Folge europäischer Schwäche?, in: Internationale Politik, 4 (2002), S. 43 – 48.

Godement, Francois: Drole de paix, drole d'Europe, in: Libération, 4.3.2003, http://www.ifri.org/files/centre_asie/Liberation_Rebonds_drole_paix_tel_que_paru_2003.htm (Zugriff am 6.2.2004).

Goetschel, Laurent: From Global Threats to Common Values: Challenges of Globalization for International Security, in: Goetschel, Laurent (Hg.): Security in a Globalized World: Risks and Opportunities, Baden-Baden 1999, S. 21 – 38.

Gordon, Phillip H.: Europe's Uncommon Foreign Policy, International Security, Bd. 22, 3 (1997/98), S. 74 – 100.

Gottschald, Marc: Die GASP von Maastricht bis Nizza. Die Ergebnisse und Beschlüsse der Gemeinsamen Außen- und Sicherheitspolitik der EU seit ihrer Entstehung bis zum Vertrag von Nizza, Baden-Baden 2001.

Goulard, Sylvie: La France « pratiquante non croyante » ? Les vrais enjeux d'une présidence modeste, in: Politique étrangère, 2 (2002), S. 343 – 357.

Gourevitch, Peter: Domestic Politics and International Relations, in: Carlsnaes, Walter/ Risse, Thomas/ Simmons, Beth A. (Hg.): Handbook of International Relations, Beverly Hills 2002, S. 309 – 328.

Gourlay, Catriona/ Monaco, Annalisa: Training civilians and soldiers to improve security in Iraq: an update of EU and NATO efforts, European Security Review No. 25, März 2005, http://www.isis-europe.org/ftp/Download/ESR25-Iraq%20final.pdf (Zugriff am 2.2.2006).

Graeger, Nina/ Larsen, Henrik/ Ojanen, Hanna: The ESDP and the nordic countries, Helsinki 2002.

Grant, Charles: Conclusion: the significance of European defence, in: Centre for European Reform (Hg.): A European Way of War, London 2004, S. S. 55 – 74.

Grevi, Giovanni/ Lynch, Dov/ Missiroli, Antonio: ESDP operations, EU Institute for Security Studies, Paris, http://www.iss-eu.org/esdo/09-dvl-am.pdf (Zugriff am 2.2.2006).

Groß, Jürgen: Militär und Macht im internationalen System, Hamburger Beiträge zur Friedensforschung und Sicherheitspolitik, Heft 131, Hamburg, Mai 2003, http://www.ifsh.de/veroeffentlichungen/reihen/hb/hb131.pdf (Zugriff am 4.10.2004).

Guérot, Ulrike: Die Bedeutung der deutsch-französischen Kooperation für den europäischen Integrationsprozess, in: Aus Politik und Zeitgeschichte, B 3-4/2003, S. 14 – 20.

Hacke, Christian: Deutschland, Europa und der Irakkonflikt, in: Aus Politik und Zeitgeschichte, B 24-25/2003, S. 8 – 16.

Haftendorn, Helga: Das Atlantische Bündnis in der Anpassungskrise, SWP-Studie S 5, Stiftung Wissenschaft und Politik, Berlin, Februar 2005.

Haftendorn, Helga: Die Krise der transatlantischen Beziehungen und die Transformation der NATO, in: Kubbig, Bernd W. (Hg.): Brandherd Irak. US-Hegemonieanspruch, die UNO und die Rolle Europas, Frankfurt/ New York 2003, S. 217 – 223.

Hagan, Joe D.: Domestic Political Explanations in the Analysis of Foreign Policy, in: Neack, Laura/ Hey, Jeanne A. K./ Haney, Patrick J. (Hg.): Foreign Policy Analysis, Englewood Cliffs, N.J. 1995, S. 117 – 143.

Haine, Jean-Yves: Berlin Plus, EU Institute for Security Studies, Paris, http://www.iss-eu.org/esdp/03-jyhb%2B.pdf (Zugriff am 22.1.2004).

Haine, Jean-Yves: Eine historische Perspektive, in: Gnesotto, Nicole (Hg.): Die Sicherheits- und Verteidigungspolitik der EU. Die ersten fünf Jahre (1999 – 2004), EU Institute for Security Studies, Paris 2004, http://www.iss-eu.org/books/5esdpde.pdf (Zugriff am 1.2.2005), S. 41 – 64.

Haine, Jean-Yves: ESDP: an overview, EU Institute for Security Studies, Paris, http://www.iss-eu.org/esdp/01-jyh.pdf (Zugriff am 1.3.2005).

Haine, Jean-Yves: ESVP und NATO, in: Gnesotto, Nicole (Hg.): Die Sicherheits- und Verteidigungspolitik der EU. Die ersten fünf Jahre (1999 – 2004), EU Institute for Security Studies, Paris 2004, http://www.iss-eu.org/books/5esdpde.pdf (Zugriff am 1.2.2005), S. 155 – 170.

Haine, Jean-Yves: Force Structures, EU Institute for Security Studies, Paris, http://www.iss-eu.org/esdp/10-jyhfc.pdf (Zugriff am 1.2.2006).

Haine, Jean-Yves: Idealism and Power: The New EU Security Strategy, in: Current History, 3 (2004), S. 107 – 112.

Haine, Jean-Yves: The imperial moment: a European view, in: Cambridge Review of International Affairs, Bd. 16, 3 (2003), S. 483 – 509.

Hallergard, Carl: The Council's Efforts in Building a Coherent EU Civilian Crisis Management Capability, EU Civilian Crisis Management Capability, Conference Report, Stockholm, 20.4.2001, in: Weinlich, Silke: Die zivile Komponente der Europäischen Sicherheits- und Verteidigungspolitik, Aktuelle SWP-Dokumentation, Reihe D, Nr. 32, Stiftung Wissenschaft und Politik, Berlin, Januar 2003, S. 41 – 60.

Haltiner, Karl W.: Die Demilitarisierung der europäischen Gesellschaften und die Remilitarisierung ihrer Streitkräfte, in: Jäger, Thomas u.a. (Hg.): Sicherheit und Freiheit. Außenpolitische, innenpolitische und ideengeschichtliche Perspektiven, Festschrift für Wilfried von Bredow, Baden-Baden 2004, S. 226 – 241.

Hamilton, Daniel: American perspectives on the European Security and Defence Policy, in: Pilegaard, Jess (Hg.): The Politics of European Security, Kopenhagen 2004, http://www.diis.dk/graphics/Publications/Books2004/jpi_eurosecurity.pdf (Zugriff am 20.12.2004), S. 143 – 157.

Hedtstück, Michael/ Hellmann, Gunther: „Wir machen einen deutschen Weg". Irakabenteuer, das transatlantische Verhältnis und die deutsche Außenpolitik, in: Kubbig, Bernd W.

(Hg.): Brandherd Irak. US-Hegemonieanspruch, die UNO und die Rolle Europas, Frankfurt/ New York 2003, S. 225 – 234.

Heisbourg, Francois u.a.: European defence: making it work, Chaillot Paper No. 42, WEU Institute for Security Studies, Paris, September 2000, http://www.iss-eu.org/chaillot/chai42e.pdf (Zugriff am 20.4.2003).

Heisbourg, Francois: Europe's Strategic Ambitions: The Limits of Ambiguity, in: Survival, Bd. 42, 2 (2000), S. 5 –15.

Heisbourg, Francois: The ‚European Security Strategy' is not a security strategy, in: Centre for European Reform: A European Way of War, London 2004, S. 27 – 39.

Hellmann, Gunther: Deutschland in Europa: Eine symbiotische Beziehung, in: Aus Politik und Zeitgeschichte, B 48/2002, S. 24 – 31.

Hellmann, Gunther: Von Gipfelstürmern und Gratwanderern: „Deutsche Wege" in der Außenpolitik, in: Aus Politik und Zeitgeschichte, B 11/2004, S. 32 – 39.

Hermann, Charles F.: Epilogue: Reflections on Foreign Policy Theory Building, in: Neack, Laura/ Hey, Jeanne A. K./ Haney, Patrick J. (Hg.): Foreign Policy Analysis, Englewood Cliffs, N.J. 1995, S. 243 – 258.

Hermann, Charles F.: Foreign Policy Behaviour. That Which is to be Explained, in: East, Maurice A./ Salmore, Stephen A./ Hermann, Charles F. (Hg.): Why Nations Act. Theoretical Perspectives for Comparative Foreign Policy Studies, Beverly Hills/ London 1978, S. 25 – 47.

Hey, Jeanne A. K.: Introducing Small State Policy, in: Hey, Jeanne A. K. (Hg.): Small States in World Politics: Explaining Foreign Policy Behavior, Boulder, CO 2003, S. 1 – 11.

Hey, Jeanne A. K.: Refining Our Understanding of Small State Foreign Policy, in: Hey, Jeanne A. K. (Hg.): Small States in World Politics: Explaining Foreign Policy Behavior, Boulder, CO 2003, S. 185 – 195.

Hill, Christopher: The Changing Politics of Foreign Policy, London 2003.

Hill, Christopher: What is to be done? Foreign policy as a site for political action, in: International Affairs, Bd. 79, 2 (2003), S. 233 – 255.

Hils, Jochen: *Goodbye leadership*. Die Balkanpolitik der USA nach dem 11. September, in: Kremp, Werner/ Wilzewski, Jürgen (Hg.): Weltmacht vor neuer Bedrohung. Die Bush-Administration und die US-Außenpolitik nach dem Angriff auf Amerika, Trier 2003, S. 425 – 457.

Hippler, Jochen: Die Folgen des 11. September 2001 für die internationalen Beziehungen, in: Aus Politik und Zeitgeschichte, B 3-4/2004, S. 3 – 6.

Hippler, Jochen: Unilateralismus der USA als Problem der internationalen Politik, in: Aus Politik und Zeitgeschichte, B 31-32/2003, S. 12 – 22.

Hoffmann, Stanley: US-European relations: past and future, in: International Affairs, Bd. 79, 5 (2003), S. 1029 – 1036.

Holländer, Lutz/ Schmidt, Peter: Möglichkeiten der ESVP angesichts nationaler europäischer Politik, in: Reiter, Erich (Hg.): Beiträge zur Entwicklung der ESVP, Teil 2, Wien, Juni 2005, S. 19 – 27.

Hölscheidt, Sven/ Brökelmann, Cornelius: Die Finanzierung der Gemeinsamen Außen- und Sicherheitspolitik, http://www.finanzreform.de/cms/upload/pdf/2004-02Holscheidt,-DieFinanzierungderGASP04-01-04.pdf (Zugriff am 10.10.2005).

Hostnik, Ivan: Slovenia, in: Missiroli, Antonio (Hg.): Bigger EU, wider CFSP, stronger ESDP? The view from Central Europe, Occasional Paper No. 34, EU Institute for Security Studies, Paris, April 2002, http://www.iss.eu.org/occasional/occ34.pdf (Zugriff am 20.6.2004), S. 42 – 45.

Howorth, Jolyon/ Keeler, John T. S. (Hg.): Defending Europe. The EU, NATO and the Quest for European Autonomy, New York/ Houndmills 2003.

Howorth, Jolyon/ Keeler, John T.S.: The EU, NATO and the Quest for European Autonomy, in: Howorth, Jolyon/ Keeler, John T.S. (Hg.): Defending Europe: The EU, NATO and the Quest for European Autonomy, New York 2003, S. 3 – 23.

Howorth, Jolyon/ Menon, Anand (Hg.): The European Union and National Defense Policy, London/ New York 1997.

Howorth, Jolyon: Britain, France and the European Defence Initiative, in: Survival, Bd. 42, 2 (2000), S. 33 – 55.

Howorth, Jolyon: Britain, NATO and CESDP: Fixed Strategy, Changing Tactics, in: European Foreign Affairs Review, 3 (2000), S. 377 – 396.

Howorth, Jolyon: European Defence and the Changing Politics of the European Union: Hanging Together or Hanging Separately?, in: Journal of Common Market Studies, Bd. 39, 4 (2001), S. 765 – 789.

Howorth, Jolyon: European integration and defence: the ultimate challenge, Chaillot Paper No. 43, WEU Institute for Security Studies, Paris, November 2000, http://www.iss-eu.org/chaillot/chai43e.pdf (Zugriff am 14.5.2003).

Howorth, Jolyon: Why ESDP is Necessary and Beneficial for the Alliance, in: Howorth, Jolyon/ Keeler, John T.S. (Hg.): Defending Europe: The EU, NATO and the Quest for European Autonomy, New York 2003, S. 219 – 238.

Hoyer, Werner/ Kaldrack, Gerd F. (Hg.): Europäische Sicherheits- und Verteidigungspolitik. Der Weg zu integrierten europäischen Streitkräften?, Baden-Baden 2002.

Jäger, Thomas/ Szukala, Andrea: Außenpolitische Strategie und ökonomische Interessen Deutschlands nach dem Irak-Krieg 2003, in: Staack, Michael (Hg., mit Rüdiger Voigt): Europa nach dem Irak-Krieg. Ende der transatlantischen Epoche?, Baden-Baden 2004, S. 231 – 255.

Jäger, Thomas: Das Ende der Phantomdebatten. Die amerikanische Weltordnungspolitik zwingt Deutschland zu einer Grand Strategy, in: Jäger, Thomas u.a. (Hg.): Sicherheit und Freiheit. Außenpolitische, innenpolitische und ideengeschichtliche Perspektiven, Festschrift für Wilfried von Bredow, Baden-Baden 2004, S. 150 – 170.

Janning, Josef: Außen- und Sicherheitspolitik nach Maastricht, in: Weidenfeld, Werner (Hg.): Maastricht in der Analyse: Materialien zur Europäischen Union, Strategien und Optionen für Europa, Gütersloh 1994, S. 55 – 69.

Janning, Josef: Europa – Von der „Zivilmacht“ zur militärischen Reaktionsfähigkeit, in: Ferdowsi, Mir A. (Hg.): Sicherheit und Frieden zu Beginn des 21. Jahrhunderts, München 2002, S. 165 – 180.

Jopp, Mathias/ Ojanen, Hanna (Hg.): European Security Integration: Implications for Non-Alignment and Alliances, Helsinki 1999.

Jünemann, Annette/ Schörning, Niklas: Die Sicherheits- und Verteidigungspolitik der „Zivilmacht“ Europa. Ein Widerspruch in sich?, HFSK-Report 13 (2002), Hessische Stiftung

Friedens- und Konfliktforschung, Frankfurt 2002, http://www.hsfk.de/downloads/Rep1302.pdf (Zugriff am 20.6.2003).

Jünemann, Annette: ESDP: High Expectations, Limited Capabilities, Realistic Perspectives, Universtität der Bundeswehr München, Neubiberg, http://www.unibw-muenchen.de/ifip/Acrobat/Esdp%20Juenemann.pdf (Zugriff am 1.4.2004).

Kaarbo, Juliet/ Lantis, Jefferey S./ Beasley, Ryan K.: The Analysis of Foreign Policy in Comparative Perspective, in: Beasley, Ryan K. u.a. (Hg.): Foreign Policy in Comparative Perspective. Domestic and International Influences on State Behaviour, Washington D.C. 2002, S. 1 – 23.

Kagan, Robert: Power and Weakness, in: Policy Review, 113 (2002), http://www.policyreview.org/JUN02/kagan_print.html (Zugriff am 24.9.2004).

Kaldor, Mary: New and Old Wars. Organized Violence in a Global Era, Cambridge 1999.

Kasekamp, Andreas: Estonia, in: Missiroli, Antonio (Hg.): Bigger EU, wider CFSP, stronger ESDP? The view from Central Europe, Occasional Paper No. 34, EU Institute for Security Studies, Paris, April 2002, http://www.iss.eu.org/occasional/occ34.pdf (Zugriff am 20.6.2004), S. 7 – 10.

Katzenstein, Peter J. (Hg.): The Culture of National Security. Norms and Identity in World Politics, New York 1996.

Kegley, Charles W. Jr./ Wittkopf, Eugene R.: World Politics: Trends and Transformation, 9. Auflage, Belmont, CA 2004.

Kempin, Ronja: Frankreich und die EU-Battlegroups, SWP-Diskussionspapier FG3-DP 01, Stiftung Wissenschaft und Politik, Berlin, Mai 2004, http://www.swp-berlin.org/common/get_document.php?id=1212&PHPSESSID=f59bec1c5352ce1c739ff2cfb2a6dce8 (Zugriff am 2.2.2006).

Keohane, Daniel: ESDP and military reform, in: Pilegaard, Jess (Hg.): The Politics of European Security, Kopenhagen 2004, http://www.diis.dk/graphics/Publications/Books2004/jpi_eurosecurity.pdf (Zugriff am 20.12.2004), S. 103 – 122.

Keohane, Daniel: EU defence policy: Beyond the Balkans, beyond peacekeeping?, 1.7.2003, http://www.cer.org.uk/articles/keohane_weltpolitik_jul03.html (Zugriff am 14.2.2004).

Keohane, Daniel: Europe needs an avantgarde for military capabilities, CER Briefing Note, Centre for European Reform, London, April 2003, http://www.cer.org.uk/pdf/briefing_militaryDK.pdf (Zugriff am 14.2.2004).

Keohane, Robert O.: Theory of World Politics: Structural Realism and Beyond, in: Keohane, Robert O.: International Institutions and State Power, Essays in International Relations Theory, Boulder/ San Francisco/ London 1989, S. 35 – 73.

Kernic, Elisabeth: Struktur und Leitbilder österreichischer Sicherheits- und Verteidigungspolitik, in: Ernst, Werner W./ Kernic, Franz (Hg.): Öffentliche Meinung und europäische Sicherheitspolitik, Baden-Baden 2003, S. 13 – 55.

Kernic, Franz/ Kernic, Elisabeth: Umbrüche in der Europäischen Sicherheitspolitik – öffentliche Meinung zu Fragen der Europäischen Sicherheit und Verteidigung, in: Ernst, Werner W./ Kernic, Franz (Hg.): Öffentliche Meinung und europäische Sicherheitspolitik, Baden-Baden 2003, S. 57 – 78.

Kindermann, Gottfried-Karl: Außenpolitik im Widerstreit. Spannung zwischen Interesse und Moral, in: Internationale Politik, 9 (1997), S. 1 – 6.

Kirchner, Emil/ Sperling, James: The New Security Threats in Europe: Theory and Evidence, in: European Foreign Affairs Review, 7 (2002), S. 423 – 452.

Kirchner, Emil/ Sperling, James: Will form lead to function? Institutional enlargement and the creation of a European security and defence identity, in: Contemporary security policy, 21 (2000), S. 23 – 45.

Kirchner, Emil: British Perspectives on CFSP and ESDP, in: Müller-Brandeck-Bocquet, Gisela (Hg.): Europäische Außenpolitik. GASP- und ESVP-Konzeptionen ausgewählter EU-Mitgliedstaaten, Baden-Baden 2002, S. 41 – 56.

Knapp, Manfred: Die Außenpolitik der Bundesrepublik Deutschland, in: Knapp, Manfred/ Krell, Gert (Hg.): Einführung in die Internationale Politik, München 2004, S. 135 – 200.

Koenig-Archibugi, Mathias: International Governance as a New Raison d'État? The Case of the EU Common Foreign and Security Policy, in: European Journal of International Relations, Bd. 10, (2) 2004, S. 147 – 188.

Kohler-Koch, Beate: Ziele und Zukunft der Europäischen Union: Eine Frage der Perspektive, in: Integration, 23. Jg., 3 (2000), S. 185 – 195.

Koopmann, Martin: Notwendige Fortschritte, verpasste Chancen: die ESVP im Verfassungsentwurf des Europäischen Konvents, in: Ehrhart, Hans-Georg/ Schmitt, Burkard (Hg.): Die Europäische Sicherheitspolitik im Werden. Bedrohungen, Aktivitäten, Fähigkeiten, Baden-Baden 2004, S. 78 – 90.

Kramer, Heinz: Türkische Außen- und Sicherheitspolitik zwischen Irakkrieg und EU-Entscheidung, in: Reiter, Erich (Hg.): Jahrbuch für internationale Sicherheitspolitik 2003, Hamburg/ Berlin/ Bonn 2003, S. 267 – 282.

Kramer, Steven Philip: French Foreign Policy: The Wager of Europe, in: Beasley, Ryan K. u.a. (Hg.): Foreign Policy in Comparative Perspective. Domestic and International Influences on State Behaviour, Washington D.C. 2002, S. 49 – 69.

Kramer, Steven Philip: Les relations franco-américaines à l'épreuve de la crise au Kosovo, in: Politique étrangère, 2 (2000), S. 359 – 374.

Krause, Alexandra: Die EU als internationaler Akteur in Afrika, in: Aus Politik und Zeitgeschichte, B13 – 14/2002, S. 24 – 30.

Krause, Joachim/ Irlenkaeuser, Jan/ Schreer, Benjamin: Wohin gehen die USA? Die neue nationale Sicherheitsstrategie der Bush-Administration, in: Aus Politik und Zeitgeschichte, B 48/2002, S. 40 – 46.

Krause, Joachim/ Wenger, Andreas/ Wanatabe, Lisa (Hg.): Unraveling the European Security and Defense Conundrum, Studien zur Zeitgeschichte und Sicherheitspolitik, Bd. 11, Bern 2003.

Krause, Joachim/ Wenger, Andreas/ Wanatabe, Lisa: General Introduction, in: Krause, Joachim/ Wenger, Andreas/ Wanatabe, Lisa (Hg.): Unraveling the European Security and Defence Policy Conundrum, Studien zur Zeitgeschichte und Sicherheitspolitik, Bd. 11, Bern 2003, S. 15 – 21.

Krause, Joachim: Multilaterale Ordnung oder Hegemonie? Zur transatlantischen Debatte über die weltpolitische Neuordnung, in: Aus Politik und Zeitgeschichte, B 31-32/2003, S. 6 – 14.

Krell, Gert: Arroganz der Macht, Arroganz der Ohnmacht. Die Weltordnungspolitik der USA und die transatlantischen Beziehungen, in: Aus Politik und Zeitgeschichte, B 31-32/2003, S. 23 – 30.

Krell, Gert: Theorien in den Internationalen Beziehungen, in: Knapp, Manfred/ Krell, Gert (Hg.): Einführung in die Internationale Politik, München 2004, S. 57 – 90.

Kremer, Martin/ Schmalz, Uwe: Nach Nizza – Perspektiven der Gemeinsamen Europäischen Sicherheits- und Verteidigungspolitik, in: Integration, 24. Jg., 2 (2001), S. 167 – 179.

Krumwiede, Heinrich-W.: Regulierungsmöglichkeiten von Bürgerkriegen: Fragen und Hypothesen, in: Krumwiede, Heinrich-W./ Waldmann, Peter (Hg.): Bürgerkriege: Folgen und Regulierungsmöglichkeiten, Baden-Baden 1998, S. 37 – 59.

Kühnhardt, Ludger: Europas Interessen, in: Politische Meinung, Bd. 44, 351 (1999), S. 58 – 66.

Kühnhardt, Ludger: Europas Rolle in der Weltpolitik des 21. Jahrhunderts, in: Aus Politik und Zeitgeschichte, B 24/2000, S. 31 – 38.

Lanc, Erwin: „Krieg gegen den Terror" und humanitäre Intervention. Abschied vom Völkerrecht?, in: Leidenmühler, Franz (Hg.): Krieg gegen Terror?, Idstein 2003, S. 121 – 126.

Lang, Kai-Olaf: Trojanische Pferde der USA oder proeuropäische Atlantiker? Die neuen Mitglieder der EU und ihr Verhältnis zu Amerika, SWP-Studie 2003/S 46, Stiftung Wissenschaft und Politik, Berlin, Dezember 2003.

Lang, Sibylle/ Petersohn, Ulrich: Die Zukunft der ESVP nach den gescheiterten Referenden, in: Erich Reiter (Hg.): Beiträge zur Entwicklung der ESVP, Teil III, Büro für Sicherheitspolitik des Bundesministeriums für Landesverteidigung, Wien 2005.

Lang, Sibylle: Institutionelle Fähigkeitenentwicklung der ESVP, in: Siedschlag, Alexander (Hg.): Jahrbuch für Europäische Sicherheitspolitik 2006, erscheint vorauss. im Herbst 2006.

Lantis, Jefferey S.: The Evolution of German Foreign Policy, in: Beasley, Ryan K. u.a. (Hg.): Foreign Policy in Comparative Perspective. Domestic and International Influences on State Behaviour, Washington D.C. 2002, S. 70 – 94.

Le Gloannec, Anne-Marie: Die EU als internationaler Akteur, in: Internationale Politik, 2 (2002), S. 23 – 27.

Leonard, Mark/ Gowan, Richard: Global Europe. Implementing the European Security Strategy, The Foreign Policy Service/ The British Council Brussels, London/ Brüssel 2003, http://fpc.org.uk/fsblob/187.pdf (Zugriff am 1.3.2005).

Lindley-French, Julian: Plugging the Expanded Petersberg Tasks Gap? Europe's Capabilities and the European Capabilities Action Plan (ECAP), in: Ehrhart, Hans-Georg/ Schmitt, Burkard (Hg.): Die Sicherheitspolitik der EU im Werden. Bedrohungen, Aktivitäten, Fähigkeiten, Baden-Baden 2004, S. 201 – 213.

Lindley-French, Julian: Terms of engagement. The paradox of American power and the transatlantic dilemma post-11 September, Chaillot Paper No. 52, EU Institute for Security Studies, Paris, Mai 2002, http://www.iss-eu.org/chaillot/chai52e.pdf (Zugriff am 20.4.2004).

Lindstrom, Gustav: Im Einsatzgebiet: ESVP-Operationen, in: Gnesotto, Nicole (Hg.): Die Sicherheits- und Verteidigungspolitik der EU. Die ersten fünf Jahre (1999 – 2004), EU Institute for Security Studies, Paris 2004, http://www.iss-eu.org/books/5esdpde.pdf (Zugriff am 1.2.2005), S. 131 – 154.

Lindstrom, Gustav: The Headline Goal (Updated November 2005), EU Institute for Security Studies, Paris, http://www.iss-eu.org/esdp/05-gl.pdf (Zugriff am 1.2.2006).

Link, Werner: Die Entwicklungstendenzen der Europäischen Integration (EG/EU) und die neo-realistische Theorie, in: Zeitschrift für Politik, Jg. 48, 3 (2001), S. 302 – 321.

Link, Werner: Grundlinien der außenpolitischen Orientierung Deutschlands, in: Aus Politik und Zeitgeschichte, B 11/2004, S. 3 – 8.

Link, Werner: Hegemonie und Gleichgewicht der Macht, in: Ferdowsi, Mir A. (Hg.), Internationale Politik im 21. Jahrhundert, München 2002, S. 33 – 51.

Link, Werner: Konfliktformationen des Internationalen Systems im Wandel, in: Knapp, Manfred/ Krell, Gert (Hg.): Einführung in die Internationale Politik, München 2004, S. 368 – 397.

Luard, Evan: The Blunted Sword. The Erosion of Military Power in Modern World Politics, London 1988.

Luif, Paul: Austria: The Burdens of History, in: Hey, Jeanne A. K. (Hg.): Small States in World Politics: Explaining Foreign Policy Behavior, Boulder, CO 2003, S. 95 – 115.

Luif, Paul: Die bündnisfreien und neutralen Mitgliedstaaten der Europäischen Union: Ihre Position in der Außen-, Sicherheits- und Verteidigungspolitik, in: Müller-Brandeck-Bocquet, Gisela (Hg.): Europäische Außenpolitik. GASP- und ESVP-Konzeptionen ausgewählter EU-Mitgliedstaaten, Baden-Baden 2002, S. 57 – 81.

Lundestad, Geir: „Empire by Integration". The United States and European Integration. 1945-1997, Oxford 1998.

Manners, Ian/ Whitman, Richard G. (Hg.): The Foreign Policies of European Union Member States, Manchester 2000.

Marchetti, Andreas: Deutsche und französische Sicherheitsstrategien im Vergleich. Konzepte für Europa?, in: Dokumente, 4 (2004), S. 27 – 32.

Masala, Carlo: Kerneuropa als Gegenmacht? Konkurrierende Szenarien für die Entwicklung der EU, in: Staack, Michael (Hg., mit Rüdiger Voigt): Europa nach dem Irak-Krieg. Ende der transatlantischen Epoche?, Baden-Baden 2004, S. 101 – 126.

Matthies, Volker: Kriege: Erscheinungsformen, Kriegsverhütung, Kriegsbeendigung, in: Knapp, Manfred/ Krell, Gert (Hg.): Einführung in die Internationale Politik, München 2004, S. 389 – 443.

Matthiesen, Peter H.: Keine Erfolgsstory? Das überschätzte EU-Krisenmanagement in Mazedonien, Streitkräfte und Strategien, NDR info, 13.12.2003, http://www.bits.de/public/ndrinfo/sunds131203.htm (Zugriff am 2.2.2004).

Maull, Hanns W.: „Normalisierung" oder Auszehrung? Deutsche Außenpolitik im Wandel, in: Aus Politik und Zeitgeschichte, B 11/2004, S. 17 – 23.

Maurer, Andreas/ Göler, Daniel: Die Konventsmethode in der Europäischen Union. Ausnahme oder Modell?, SWP-Studie S 44, Stiftung Wissenschaft und Politik, Berlin, November 2004.

Mawdsley, Jocelyn: The European Union and defense industrial policy, Bonn International Center for Conversion, Bonn 2003, http://www.bicc.de/publications/papers/paper31/paper31.pdf (Zugriff am 1.4.2004).

Mawdsley, Jocelyn: The gap between rhetoric and reality. Weapons acquisition and ESDP.

Bonn International Center for Conversion, Bonn 2002, http://www.bicc.de/industry/paper26/paper26.pdf (Zugriff am 2.4.2004).

Medcalf, Jennifer: Cooperation with NATO and EU Candidate States, in: Krause, Joachim/ Wenger, Andreas/ Wanatabe, Lisa (Hg.): Unraveling the European Security and Defence Policy Conundrum, Studien zur Zeitgeschichte und Sicherheitspolitik, Bd. 11, Bern 2003, S. 95 – 117.

Medick-Krakau, Monika/ Robel, Stefan/ Brand, Alexander: Die Außen- und Weltpolitik der USA, in: Knapp, Manfred/ Krell, Gert (Hg.): Einführung in die Internationale Politik, München 2004, S. 92 – 134.

Meiers, Franz-Josef: Der europäische Sicherheitspfeiler. Stein des Anstoßes für die USA, in: Internationale Politik, 3 (2000), S. 43 – 48.

Meiers, Franz-Josef: Europäische Sicherheits- und Verteidigungsidentität (ESVI) oder Gemeinsame Europäische Sicherheits- und Verteidigungspolitik (GESVP)?, Discussion Paper C79, Zentrum für Europäische Integrationsforschung (ZEI), Bonn 2000.

Meiers, Franz-Josef: La politique allemande de sécurité et de défense à la croisée des chemins, in: Politique étrangère, 1 (2000), S. 47 – 65.

Meier-Walser, Reinhard C.: Braucht Europa die NATO noch?, in: Reiter (Hg.): Jahrbuch für internationale Sicherheitspolitik 2003, Hamburg/ Berlin/ Bonn 2003, S. 375 – 389.

Meier-Walser, Reinhard/ Luther, Susanne (Hg.): Europa und die USA. Transatlantische Beziehungen im Spannungsfeld von Regionalisierung und Globalisierung, München 2002.

Meimeth, Michael: Deutsche und französische Perspektiven einer Gemeinsamen Sicherheits- und Verteidigungspolitik. Offene Frage und verdeckte Widersprüche, in: Aus Politik und Zeitgeschichte, B 3-4/2003, S. 21 – 30.

Meimeth, Michael: Europas internationale Handlungsfähigkeit. Deutsche und französische Perspektiven, in: Dokumente, 4 (2004), S. 12 – 17.

Menon, Anand: Britain and the Convention on the Future of Europe, in: International Affairs, Bd. 79, 5 (2003), S. 963 – 978.

Menon, Anand: From Crisis to Catharsis: ESDP after Iraq, in: International Affairs, Bd. 80, 4 (2004), S. 631 – 648.

Menon, Anand: Why ESDP is Misguided and Dangerous for the Alliance, in: Howorth, Jolyon/ Keeler, John T.S. (Hg.): Defending Europe: The EU, NATO and the Quest for European Autonomy, New York 2003, S. 203 – 217.

Messelken, Daniel: Europas Antiterrorismus-Politik. Entstehung, Entwicklung, Perspektiven, Briefing Note 03.3, Berliner Informationszentrum für Transatlantische Sicherheit BITS, Berlin, Dezember 2003, http://www.bits.de/public/pdf/bn03-3.pdf (Zugriff am 11.2.2004).

Meyers, Reinhard: Theorie der internationalen Beziehungen und politische Praxis – Interpretations- und Orientierungshilfe, in: Regelsberger, Elfriede (Hg.): Die Gemeinsame Außen- und Sicherheitspolitik der Europäischen Union. Profilsuche mit Hindernissen, Bonn 1993, S. 31 – 47.

Meyers, Reinhard: Theorien der internationalen Beziehungen, in: Woyke, Wichard (Hg.): Handwörterbuch Internationale Politik, Bonn 2000, S. 416 – 448.

Meyers, Reinhard: Theorien internationaler Kooperation und Verflechtung, in: Woyke, Wichard (Hg.): Handwörterbuch Internationale Politik, Bonn 2000, S. 448 – 489.

Missiroli, Antonio (Hg.): Bigger EU, wider CFSP, stronger ESDP? The view from Central Europe, Occasional Paper No. 34, EU Institute for Security Studies, Paris, April 2002, http://www.iss.eu.org/occasional/occ34.pdf (Zugriff am 20.6.2004).

Missiroli, Antonio: Background of ESDP (1954-1999), EU Institute for Security Studies, Paris, http://www.iss-eu.org/esdp/02-am.pdf (Zugriff am 7.4.2003).

Missiroli, Antonio: Coherence for security policy: Debates – cases – assessments, Occasional Paper No. 27, WEU Institute for Security Studies, Paris, Mai 2001, http://www.iss-eu.org/occasion/occ27.pdf (Zugriff am 14.5.2003).

Missiroli, Antonio: Conclusions, in: Missiroli, Antonio (Hg.): Bigger EU, wider CFSP, stronger ESDP? The view from Central Europe, Occasional Paper No. 34, EU Institute for Security Studies, Paris, April 2002, http://www.iss.eu.org/occasional/occ34.pdf (Zugriff am 20.6.2004), S. 58 – 64.

Missiroli, Antonio: Euros for ESDP. Financing EU operations, Occasional Paper No. 45, EU Institute for Security Studies, Paris, Juni 2003, http://www.iss-eu.org/occasion/occ45.pdf (Zugriff am 1.4.2004).

Missiroli, Antonio: Financing ESDP – The Operational Dimension, in: Ehrhart, Hans-Georg/ Schmitt, Burkard (Hg.): Die Sicherheitspolitik der EU im Werden. Bedrohungen, Aktivitäten, Fähigkeiten, Baden-Baden 2004, S. 245 – 258.

Missiroli: ESVP – wie sie funktioniert, in: Gnesotto, Nicole (Hg.): Die Sicherheits- und Verteidigungspolitik der EU. Die ersten fünf Jahre (1999 – 2004), EU Institute for Security Studies, Paris 2004, http://www.iss-eu.org/books/5esdpde.pdf (Zugriff am 1.2.2005), S. 65 – 86.

Moens, Alexander: ESDP, the United States and the Atlantic Alliance, in: Howorth, Jolyon/ Keeler, John T.S. (Hg.): The EU, NATO and the Quest for European Autonomy, New York/ Houndmills 2003, S. 25 – 38.

Monaco, Annalisa: Another first for the ESDP: The Rule of Law Mission to Georgia, European Security Review, No. 23, Juli 2004, http://www.isis-europe.org/ftp/Download/ESR%2023-Georgia.pdf (Zugriff am 20.1.2006).

Moravcsik, Andrew: Introduction. Integration International and Domestic Theories of International Bargaining, in: Evans, Peter B./ Jacobson, Harold K./ Putnam, Robert D. (Hg.): Double-Edged Diplomacy. International Bargaining and Domestic Politics, Berkley/ Los Angeles/ London 1993, S. 3 – 42.

Moravcsik, Andrew: The Choice for Europe. Social Purpose and State Power from Messina to Maastricht, London 1999.

Moreau Defarges, Philippe: La France et l'Europe: l'inévitable débat, in: Politique étrangère, 4 (2002), S. 951 – 966.

Müller, Harald: Internationaler Terrorismus, in: Knapp, Manfred/ Krell, Gert (Hg.): Einführung in die Internationale Politik, München 2004, S. 480 – 511.

Müller, Harald: Reformziel verfehlt, aber Exekutive gestärkt. Zu den neuen „Verteidigungspolitischen Richtlinien", HSFK-Standpunkt 4 (2003), Hessische Stiftung Friedens- und Konfliktforschung, Frankfurt 2003 http://hsfk.de/downloads/Standpunkte-4-2003(druckfrei).pdf (Zugriff am 6.2.2004).

Müller, Harald: Security Cooperation, in: Carlsnaes, Walter/ Risse, Thomas/ Simmons, Beth A. (Hg.): Handbook of International Relations, Beverly Hills 2002, S. 369 – 390.

Müller-Brandeck-Bocquet, Gisela (Hg.): Europäische Außenpolitik. GASP- und ESVP-Konzeptionen ausgewählter Mitgliedstaaten, Baden-Baden 2002.

Müller-Brandeck-Bocquet, Gisela: Das neue Entscheidungssystem in der GASP der EU, in: Müller-Brandeck-Bocquet, Gisela (Hg.): Europäische Außenpolitik. GASP- und ESVP-Konzeptionen ausgewählter EU-Mitgliedstaaten, Baden-Baden 2002, S. 9 – 27.

Müller-Brandeck-Bocquet, Gisela: Der deutsch-französische Gleichklang in der Irak-Krise – Ausgangspunkt für weitere außen- und sicherheitspolitische Gemeinsamkeiten?, in: Politische Studien, 54. Jg., 392 (2003), S. 41 – 49.

Müller-Brandeck-Bocquet, Gisela: Die Mehrdimensionalität der EU-Außenbeziehungen, in: Schubert, Klaus/ Müller-Brandeck-Bocquet, Gisela: Die Europäische Union als Akteur der Weltpolitik, Opladen 2000, S. 29 – 44.

Müller-Brandeck-Bocquet, Gisela: Großbritannien im Irak-Konflikt – Juniorpartner oder Schoßhund der USA?, in: Staack, Michael (Hg., mit Rüdiger Voigt): Europa nach dem Irak-Krieg. Ende der transatlantischen Epoche?, Baden-Baden 2004, S. 279 – 307.

Münkler, Herfried: Die neuen Kriege, Reinbek bei Hamburg 2002.

Nadoll, Jörg: Die Europäische Union und die Konfliktbearbeitung in Ex-Jugoslawien 1991 – 1998 – Mühl- oder Meilenstein?, in: Schubert, Klaus/ Müller-Brandeck-Bocquet, Gisela: Die Europäische Union als Akteur der Weltpolitik, Opladen 2000, S. 81 – 101.

Nassauer, Otfried: Aktive Asymmetrie. Neubestimmung der Sicherheitspolitik im euro-atlantischen Kontext, in: Blätter für deutsche und internationale Politik, August 2003, http://www.bits.de/public/articles/bdip08-03.htm (Zugriff am 11.2.2004).

Nassauer, Otfried: Sicherheitspolitik für eine neue Weltordnung? Europäische Versuche und amerikanische Antworten, in: Ehrhart, Hans-Georg/ Schmitt, Burkard (Hg.): Die Sicherheitspolitik der EU im Werden. Bedrohungen, Aktivitäten, Fähigkeiten, Baden-Baden 2004, S. 63 – 77.

Nkiwane, Tandeka: The Future of Peacekeeping in Africa, in: Africa Insight, 12 (2000), S. 26 – 32.

Nowak, Agnieszka: L'Union en action: la mission de police en Bosnie, Occasional Paper No. 42, EU Institute for Security Studies, Paris, Januar 2003, http://www.iss-eu.org/occasional/occ42.pdf (Zugriff am 1.4.2004).

Ojanen, Hanna (zusammen mit Gunilla Herolf und Rutger Lindahl): Non-Alignment and European Security Policy. Ambiguity at Work, Kauhava, Finnland 2000.

Ortega, Martin: Military intervention and the European Union, Chaillot Paper No. 45, WEU Institute for Security Studies Paris, Paris, März 2001, http://www.iss-eu.org/chaillot/chai45e.pdf (Zugriff am 20.4.2003).

Ortega, Martin: Über Petersberg hinaus: Welche militärischen Missionen für die EU, in: Gnesotto, Nicole (Hg.): Die Sicherheits- und Verteidigungspolitik der EU. Die ersten fünf Jahre (1999 – 2004), EU Institute for Security Studies, Paris 2004, http://www.iss-eu.org/books/5esdpde.pdf (Zugriff am 1.2.2005), S. 87 – 104.

Papantoniou, Yannos: Perspectives grecques sur la politique européenne de sécurité et de défense, in: Défense nationale, Bd. 58, 12 (2002), S. 5 – 12.

Parmentier, Guillaume: Après le Kosovo: Pour un nouveau contrat transatlantique, in: Politique étrangère, 1 (2000), S. 9 – 32 .

Parmentier, Guillaume: Redressing NATO's Imbalances, in: Survival, Bd. 42, 2 (2000), S. 96 – 112.

Pastore, Ferruccio: Reconciling the Prince's Two ‚Arms'. Internal-external security policy coordination in the European Union, Occasional Paper No. 30, WEU Institute for Security Studies Paris, Oktober 2001, http://www.iss-eu.org/occasional/occ30.pdf (Zugriff am 14.5.2003).

Patrick Fitschen/ Serdar, Seda A.: Die ESVP und die Türkei – Auf der Suche nach einer strategischen Partnerschaft, in: Ehrhart, Hans-Georg/ Schmitt, Burkard (Hg.): Die Sicherheitspolitik der EU im Werden. Bedrohungen, Aktivitäten, Fähigkeiten, Baden-Baden 2004, S. 118 – 129.

Patten, Chris: Prévention des conflits, gestion des crises: une contribution européenne, in: Politique étrangère, 3 (2001), S. 647 – 657.

Pauwels, Natalie: EUPOL ‚Kinshasa': testing EU co-ordination, coherence and commitment to Africa, European Security Review, No. 25, März 2005, http://www.isis-europe.org/ftp/Download/ESR25-DRC%20final.pdf (Zugriff am 6.2.2006).

Petersohn, Ulrich/ Lang, Sibylle: Die Zukunft der ESVP nach den gescheiterten Referenden, SWP-Aktuell 34, Stiftung Wissenschaft und Politik, Berlin 2005.

Peterson, John: America as a European power: the end of empire by integration?, in: International Affairs, Bd. 80, 4 (2004), S. 613 – 629.

Piepenschneider, Melanie: Die Stellung des vereinten Deutschlands in der Europäischen Union, in: Woyke, Wichard (Hg.): Die neue deutsche Außenpolitik, Schwalbach 2002, S. 39 – 50.

Pilegaard, Jess (Hg.): The Politics of European Security, Kopenhagen 2004, http://www.diis.dk/graphics/Publications/Books2004/jpi_eurosecurity.pdf (Zugriff am 20.12.2004).

Pilegaard, Jess: The European Security and Defence Policy and the development of a security strategy for Europe, in: Pilegaard, Jess (Hg.): The Politics of European Security, Kopenhagen 2004, http://www.diis.dk/graphics/Publications/Books2004/jpi_eurosecurity.pdf (Zugriff am 20.12.2004), S. 31 – 36.

Pond, Elizabeth: Die Stunde Europas. Ein Kontinent auf dem Weg zur Weltmacht, Berlin/ München 2000.

Popescu, Nicu: The EU in Moldova – Settling conflicts in the neighbourhood, Occasional Paper No. 60, EU Institute for Security Studies, Paris, Oktober 2005, http://www.iss-eu.org/occasional/occ60.pdf (Zugriff am 1.2.2006).

Posen, Barry: The European Security Strategy: Practical Implications, in: Oxford Journal on Good Governance, Bd. 1, 1 (2004), S. 33 – 38.

Potter, William: Issue Area and Foreign Policy Analysis, in: International Organization, Bd. 34, 3 (1980), S. 405 – 427.

Pradetto, August: Nationalstaat und transnationale Organisationen in der europäischen Sicherheitsstruktur, in: Aus Politik und Zeitgeschichte, B 47/2000, S. 13 – 19.

Primosch, Edmund G.: Die gemeinsame Sicherheits- und Verteidigungspolitik in der Perspektive des Europäischen Rates von Köln, Österreichische Militärische Zeitschrift, 5 (1999), S. 627 – 633.

Primosch, Edmund G.: Europäischer Rat von Helsinki: Vorgaben für das EU-Krisenmanagment, Österreichische Militärische Zeitschrift, 2 (2000), S. 212 – 216.

Putnam, Robert D.: Diplomacy and Domestic Politics: The Logic of Two-Level Games, in: Evans, Peter B./ Jacobson, Harold K./ Putnam, Robert D.: Double-Edged Diplomacy. International Bargaining and Domestic Politics, Berkeley/ Los Angeles/ London 1993, S. 431 – 468.

Quille, Gerrard: What does the EU agreement on Operational Planning mean for NATO?, Nato Notes, Bd. 5, 8 (2003), http://www.isis-europe.org/ftp/download/eu%20plann%-20cell-%20nn%20nn%20v5n8.pdf (Zugriff am 2.2.2006).

Regan, Patrick: Civil Wars and Foreign Powers: Outside Intervention in Intrastate Conflict, Ann Arbor 2000.

Regelsberger, Elfriede/ Jopp, Mathias: Und sie bewegt sich doch! Die Gemeinsame Außen- und Sicherheitspolitik nach den Bestimmungen des Amsterdamer Vertrages, in: Integration, 20. Jg., 4 (1997), S. 255 – 263.

Regelsberger, Elfriede: Deutschland und die GASP – ein Mix aus Vision und Pragmatismus, in: Müller-Brandeck-Bocquet, Gisela (Hg.): Europäische Außenpolitik. GASP- und ESVP-Konzeptionen ausgewählter EU-Mitgliedstaaten, Baden-Baden 2002, S. 28 – 40.

Regelsberger, Elfriede: Die Gemeinsame Außen- und Sicherheitspolitik nach „Nizza“ – begrenzter Reformeifer und außervertragliche Dynamik, in: Integration, 24. Jg., 2 (2001), S. 156 – 165.

Reiter, Erich/ Rummel, Reinhardt/ Schmidt, Peter (Hg.): Europas ferne Streitmacht. Chancen und Schwierigkeiten der Europäischen Union beim Aufbau der ESVP, Forschungen zur Sicherheitspolitik, Bd. 6, Hamburg/ Berlin/ Bonn 2002.

Reiter, Erich: Der Kongoeinsatz der EU, Strategische Analysen, Büro für Sicherheitspolitik, Wien, Juni 2003.

Reiter, Erich: Die Balkanpolitik Europas – kein Instrument der Konfliktlösung. Eine sicherheitspolitische Bewertung der Politik der EU, in: Österreichische Militärzeitschrift, 4 (2000), S. 40 – 412.

Reiter, Erich: Die Sicherheitsstrategie der EU, in: Aus Politik und Zeitgeschichte, B 3-4/2004, S. 26 – 31.

Reiter, Erich: Kommentar zum Entwurf einer EU-Sicherheitsstrategie, in: Reiter, Erich (Hg.): Jahrbuch für internationale Sicherheitspolitik 2003, Hamburg/ Berlin/ Bonn 2003, S. 317 – 327.

Reiter, Erich: Krieg gegen den Terrorismus, in: Leidenmühler, Franz (Hg.): Krieg gegen Terror?, Idstein 2003, S. 127 – 132.

Risse, Thomas: Kontinuität durch Wandel: Eine „neue“ deutsche Außenpolitik?, in: Aus Politik und Zeitgeschichte, B 11/2004, S. 24 – 31.

Risse-Kappen, Thomas: Public Opinion, Domestic Structure, and Foreign Policy in Liberal Democracies, in: World Politics, 43 (1991), S. 479 – 512.

Rittberger, Volker/ Zelli, Fariborz: Europa in der Weltpolitik. Juniorpartner der USA oder antihegemoniale Alternative?, Tübinger Arbeitspapiere zur internationalen Politik und Friedensforschung, Nr. 41 (2003), http://www.uni-tuebingen.de/uni/spi/taps/tap41.pdf (Zugriff am 3.4.2004).

Rodman, Peter W.: U.S. leadership and the reform of Western security institutions. NATO enlargement and ESDP, in: May, Bernhard/ Hönicke Moore, Michaela (Hg.): The uncertain superpower. Domestic dimensions of U.S. foreign policy after the Cold War, Opladen 2003, S. 69 – 81.

Rohde, Joachim: Das Grünbuch zur Beschaffung nicht-sensitiver Rüstungsgüter, SWP-Aktuell 9, Stiftung Wissenschaft und Politik, Berlin, Februar 2005, http://www.swp-berlin.org/common/get_document.php?id=1202 (Zugriff am 20.1.2006).

Rohde, Joachim: Instrumente der ESVP: Rüstungspolitik und Industrie, in: Reiter, Erich/ Rummel, Reinhardt/ Schmidt, Peter (Hg.). Europas ferne Streitmacht. Chancen und Schwierigkeiten der Europäischen Union beim Aufbau der ESVP, Hamburg 2002, S. 149 – 164.

Roithner, Thomas: Die Militarisierung der EU und ihre Auswirkungen auf die globale Sicherheit, in: Leidenmühler, Franz (Hg.): Krieg gegen Terror?, Idstein 2003, S. 149 – 159.

Rosenau, James N.: The scientific Study of Foreign Policy, überarbeitete und erweiterte Auflage, London 1980.

Rotfeld, Adam D.: L'Union a-t-elle besoin der la PESD?, in: Politique étrangère, 2 (2004), S. 361 – 372.

Rothgeb, John M. Jr: The Changing International Context for Foreign Policy, in: Neack, Laura/ Hey, Jeanne A. K./ Haney, Patrick J. (Hg.): Foreign Policy Analysis, Englewood Cliffs, N.J. 1995, S. 33 – 48.

Rózsa, Erzsébet Nagyne: Hungary, in: Missiroli, Antonio (Hg.): Bigger EU, wider CFSP, stronger ESDP? The view from Central Europe, Occasional Paper No. 34, EU Institute for Security Studies, Paris, April 2002, http://www.iss.eu.org/occasional/occ34.pdf (Zugriff am 20.6.2004), S. 36 – 41.

Rüb, Katja/ Wilzewski, Jürgen: Dominanz statt Abschreckung. Amerikanische Außenpolitik nach dem 11. September, in: Kremp, Werner/ Wilzewski, Jürgen (Hg.): Weltmacht vor neuer Bedrohung. Die Bush-Administration und die US-Außenpolitik nach dem Angriff auf Amerika, Trier 2003, S. 9 – 20.

Rudolf, Peter: U.S. leadership and the reform of Western security institutions. NATO enlargement and ESDP, in: May, Bernhard/ Hönicke Moore, Michaela (Hg.): The uncertain superpower. Domestic dimensions of U.S. foreign policy after the Cold War, Opladen 2003, S. 93 – 101.

Rudolf, Peter: USA – Sicherheitspolitische Konzeptionen und Kontroversen, in: Ferdowsi, Mir A. (Hg.): Sicherheit und Frieden zu Beginn des 21. Jahrhunderts, München 2002, S. 149 – 164.

Rudolf, Peter: Wie der 11. September die amerikanische Außenpolitik verändert hat. Bilanz nach einem Jahr, SWP-Aktuell 33, Stiftung Wissenschaft und Politik, Berlin, September 2002, http://www.swp-berlin.org/common/get_document.php?id=546 (Zugriff am 20.4.2004).

Rühl, Lothar: Conditions and options for an autonomuous „Common European Policy on Security and Defence" in and by the European Union in the post-Amsterdam perspective opened at Cologne in June 1999, ZEI Discussion Paper C 54 1999, Zentrum für Europäische Integrationsforschung, Rheinische Friedrich-Wilhelms-Universität Bonn, Bonn 1999, http://www.zei.de/download/zei_dp/dp_c54_ruehl.pdf (Zugriff am 26.5.2003).

Rühl, Lothar: Interventions- und Eskalationsproblematik bei der militärischen Konfliktbewältigung. Die „Ultima ratio“ des bewaffneten Eingriffs als Mittel der Sicherheitspolitik, in: Aus Politik und Zeitgeschichte, B 24/2002, S. 5 – 11.

Rühl, Lothar: Structures, possibilities and limits of European crisis reaction forces for conflict prevention and resolution. Conditions for a successful EU security and defence policy, based on the decisions by the EU at Nice 9th December 2000, ZEI Discussion Paper C83 2001, Zentrum für Europäische Integrationsforschung, Rheinische Friedrich-Wilhelms-Universität Bonn, Bonn 2001, http://www.zei.de/download/zei_dp/dp_c83_ruehl.pdf (Zugriff am 26.5.2003).

Rummel, Reinhardt: Die ESVP als Instrument autonomen Handelns der EU, in: Reiter, Erich/ Rummel, Reinhardt/ Schmidt, Peter (Hg.). Europas ferne Streitmacht. Chancen und Schwierigkeiten der Europäischen Union beim Aufbau der ESVP, Hamburg 2002, S. 165 – 183.

Rummel, Reinhardt: From weakness to power with the ESDP?, in: European Foreign Affairs Review, 4 (2002), S. 453 – 471.

Rummel, Reinhardt: Konfliktprävention: Etikett oder Markenzeichen europäischer Interventionspolitik?, SWP-Studie S 45, Stiftung Wissenschaft und Politik, Berlin, November 2003.

Rummel, Reinhardt: Krisenintervention der EU mit Polizeikräften, SWP-Studie S 22, Stiftung Wissenschaft und Politik, Berlin, August 2005.

Rummel, Reinhardt: Soft-Power EU – Interventionspolitik mit zivilen Mitteln, in: Erhart, Hans-Georg/ Schmitt, Burkard (Hg.): Die Sicherheitspolitik der EU im Werden. Bedrohungen, Aktivitäten, Fähigkeiten, Baden-Baden 2004, S. 259 – 279.

Rummel, Reinhardt: Wie zivil ist die ESVP?, SWP-Aktuell 10, Stiftung Wissenschaft und Politik, Berlin, März 2003, http://www.swp-berlin.org/common/get_document.php?id=115 (Zugriff am 20.1.2006).

Rynning, Sten: Why not NATO? Military planning in the European Union, in: The Journal of Strategic Studies, Bd. 26, 1 (2003), S. 53 – 72.

Sangiovanni, Mette Eilstrup: Why a Common Security and Defence Policy is Bad for Europe, in: Survival, Bd. 45, 4 (2003-2004), S. 193 – 206.

Schake, Kori: Constructive Duplication: Reducing EU Reliance on US Military Assets, Centre for European Reform, London 2002, http://www.cer.org.uk/pdf/cerwp12_cd.pdf (Zugriff am 2.2.2004).

Schake, Kori: The United States, ESDP and Constructive Duplication, in: Howorth, Jolyon/ Keeler, John T.S. (Hg.): Defending Europe. The EU, NATO and the Quest for European Autonomy, New York/ Houndmills 2003, S. 107 – 133.

Schimmelpfennig, Frank: International Socialization in the New Europe: Rational Action in an Institutional Environment, in: European Journal of International Relations, Bd. 6, 1 (2000), S. 109 – 139.

Schlotter, Peter: Die Europäische Union: eine „Zivilmacht“? – Zur Einführung, in: Schlotter, Peter (Hg.). Europa – Macht – Frieden ?, Baden-Baden 2003, S. 7 – 17.

Schmalz, Uwe: Aufbruch zu neuer Handlungsfähigkeit: Die Gemeinsame Außen- Sicherheits- und Verteidigungspolitik unter deutscher Ratspräsidentschaft, in: Integration, 22. Jg„ 3 (1999), S. 191 – 204.

Schmidt, Peter: Deutsche Sicherheitspolitik im Rahmen von EU, WEU und NATO, in: Außenpolitik, Bd. 47, 3 (1996), S. 211 – 222.

Schmidt, Peter: ESVP und Allianz nach dem Vierergipfel, SWP-Aktuell 20, Stiftung Wissenschaft und Politik, Berlin, Mai 2003, http://www.swp-berlin.org/common/get_document.php?id=125 (Zugriff am 32.5.2004).

Schmidt, Peter: Kerneuropa der Sicherheitspolitik. Integration oder Spaltung der EU?, in: Reiter, Erich (Hg.): Jahrbuch für Internationale Sicherheitspolitik 2003, Hamburg/ Berlin/ Bonn 2003, S. 241 – 256.

Schmidt, Peter: The Compatibility of Security Organizations and Policies in Europe, in: Gärtner, Heinz/ Hyde-Price, Adrian/ Reiter, Erich (Hg.): Europe's New Security Challenges, Boulder/ London 2001, S. 149 – 163.

Schmitt, Burkard: Disunity holds the EU back from a major global role, in: International Herald Tribune, 13.2.2003, http://www.iss-eu.org/new/analysis/analy041.htm (Zugriff am 1.2.2004).

Schmitt, Burkard: Europas Fähigkeiten – wie viele Divisionen?, in: Gnesotto, Nicole (Hg.): Die Sicherheits- und Verteidigungspolitik der EU. Die ersten fünf Jahre (1999 – 2004), EU Institute for Security Studies, Paris 2004, http://www.iss-eu.org/books/5esdpde.pdf (Zugriff am 1.2.2005), S. 105 – 130.

Schmitt, Burkard: European Capabilities Action Plan (ECAP), Last Update: September 2005, EU Institute for Security Studies, Paris, September 2005, http://www.iss-eu.org/esdp/06-bsecap.pdf (Zugriff am 1.2.2006).

Schmitt, Burkard: Rüstungszusammenarbeit in Europa: Zeit für Reformen, in: Erhart, Hans-Georg/ Schmitt, Burkard (Hg.): Die Sicherheitspolitik der EU im Werden. Bedrohungen, Aktivitäten, Fähigkeiten, Baden-Baden 2004, S. 214 – 229.

Schröder, Gerhard: Ausgestaltung einer europäischen Sicherheits- und Verteidigungspolitik, in: S+F, Bd. 17, 1 (1999), S. 23 – 25.

Schroedter, Elisabeth: Zivilmacht Europa? – Illusionen und Chancen, in: Schlotter, Peter (Hg.). Europa – Macht – Frieden ?, Baden-Baden 2003, S. 179 – 190.

Schubert, Klaus/ Müller-Brandeck-Bocquet, Gisela: Die Europäische Union als Akteur der Weltpolitik. Ein Resümee, in: Schubert, Klaus/ Müller-Brandeck-Bocquet, Gisela (Hg.): Die Europäische Union als Akteur der Weltpolitik, Opladen 2000, S. 281 – 288.

Schubert, Klaus: Auf dem Wege zu neuen Formen der Staatlichkeit und zu einer neuen Qualität von Außenpolitik, in: Schubert, Klaus/ Müller-Brandeck-Bocquet, Gisela: Die Europäische Union als Akteur der Weltpolitik, Opladen 2000, S. 9 – 27.

Schuwirth, Rainer: Vielfalt in Einheit – Der europäische Beitrag zum Headline Goal, in: Hoyer, Werner/ Kaldrack, Gerd F. (Hg.): Europäische Sicherheits- und Verteidigungspolitik (ESVP). Der Weg zu integrierten europäischen Streitkräften?, Baden-Baden 2002, S. 238 – 244.

Schwarz, Klaus-Dieter: Amerikas Mission. Eine Analyse der nationalen Sicherheitsstrategie der Vereinigten Staaten, SWP-Aktuell 38, Stiftung Wissenschaft und Politik, Berlin, Oktober 2002, http://www.swp-berlin.org/common/get_document.php?id=449 (Zugriff am 15.1.2005).

Schwarz, Klaus-Dieter: Die erste Sicherheitsstrategie der EU. Ein Kommentar zum Solana-Entwurf, SWP-Aktuell 47, Stiftung Wissenschaft und Politik, Berlin, November 2003, http://www.swp-berlin.org/common/get_document.php?id=499 (Zugriff am 15.1.2005).

Schwarz, Klaus-Dieter: Die Rolle Europas in der amerikanischen Außenpolitik: „Transatlantic Drift" oder „Better Balance"?, in: Meier-Walser, Reinhard C./ Luther, Susanne (Hg.): Europa und die USA. Transatlantische Beziehungen im Spannungsfeld von Regionalisierung und Globalisierung, München 2002, S. 172 – 180.

Seidelmann, Reimund: Außenpolitischer Entscheidungsprozess, in: Woyke, Wichard (Hg.): Handwörterbuch Internationale Politik, Bonn 2000, S. 7 – 10.

Seidelmann, Reimund: Das ESVP-Projekt und die EU-Krisenreaktionskräfte: Konstruktionsdefizite und politische Perspektiven, in: Integration, 25. Jg., 2 (2002), S. 111 – 124.

Seidelmann, Reimund: Perspektiven und Optionen für die Kompetenz- und Mittelverteilung zwischen EU, NATO und den Mitgliedstaaten, in: Reiter, Erich/ Rummel, Reinhardt/ Schmidt, Peter (Hg.). Europas ferne Streitmacht. Chancen und Schwierigkeiten der Europäischen Union beim Aufbau der ESVP, Hamburg 2002, S. 195 – 221.

Siedschlag, Alexander: Nationale Entscheidungsprozesse bei Streitkräfteeinsätzen im Rahmen der Petersbergaufgaben der EU – Deutschland, Frankreich, Großbritannien, Italien, Schweden, in: Reiter, Erich/ Rummel, Reinhardt/ Schmidt, Peter (Hg.). Europas ferne Streitmacht. Chancen und Schwierigkeiten der Europäischen Union beim Aufbau der ESVP, Hamburg 2002, S. 222 – 231.

Siedschlag, Alexander: Neorealismus, Neoliberalismus und postinternationale Politik. Beispiel internationale Sicherheit – Theoretische Bestandsaufnahme und Evaluation, Opladen 1997.

Sloan, Stanley R.: NATO, the European Union, and the Atlantic Community. The Transatlantic Bargain Reconsidered, Lanham u.a. 2003.

Sloan, Stanley R.: NATO, the European Union, and the Atlantic Community. The Transatlantic Bargain Reconsidered, Lanham 2003.

Sloan, Stanley R.: U.S. Power and Influence in Europe, in: Sloan, Stanley R./ Sutter, Robert G./ Yost, Casimir A.: The Use of U.S. Power. Implications for U.S. Interests, Washington D.C. 2004, S. 53 – 77.

Smith, Karen E.: The End of Civilian Power EU: A Welcome Demise or Cause for Concern?, in: The International Spectator, Jg. 35, 2 (2000), S. 11 – 28.

Smith, Michael E.: Europe's Foreign and Security Policy. The Institutionalization of Cooperation, Cambridge 2004.

Soetendorp, Ben/ De Wijk, Rob: A Dutch policy reversal towards the ESDP, in: Müller-Brandeck-Bocquet, Gisela (Hg.): Europäische Außenpolitik. GASP- und ESVP-Konzeptionen ausgewählter Mitgliedstaaten, Baden-Baden 2002, S. 82 – 96.

Solana, Javier: Die Gemeinsame Sicherheits- und Verteidigungspolitik – Das Integrationsprojekt der nächsten Dekade, in: Integration, 23. Jg., 1 (2000), S. 1 – 6.

Staack, Michael (Hg., mit Rüdiger Voigt): Europa nach dem Irak-Krieg. Ende der transatlantischen Epoche?, Baden-Baden 2004.

Staack, Michael: Die neue Weltordnungspolitik der USA und das alte Europa, Schriftenreihe zur Internationalen Politik, 1 (2003), Neubiberg 2003.

Staack, Michael: Nein zur Hegemonialmacht. Deutschlands außenpolitische Entscheidungsprozesse im Irak-Konflikt, in: Staack, Michael (Hg., mit Rüdiger Voigt): Europa nach dem Irak-Krieg. Ende der transatlantischen Epoche?, Baden-Baden 2004, S. 203 – 233.

Staack, Michael: The European Security and Defense Policy: German Goals and Interests, Universität der Bundeswehr München, Neubiberg, http://www.unibw-muenchen.de/-campus/ SOWI/instfak/ifip/Acrobat/Ath-en%20neu%201.pdf (Zugriff am 1.4.2004).

Stark, Hans: Frankreichs Außenpolitik zwischen Anpassungsdruck und Status Quo, in: Staack, Michael (Hg., mit Rüdiger Voigt): Europa nach dem Irak-Krieg. Ende der transatlantischen Epoche?, Baden-Baden 2004, S. 257 – 278.

Stehr, Michael: Deutschlands Grundgesetz als Bremse der ESVP?, in: Dokumente, 4 (2004), S. 44 – 46.

Stengel, Andrea: Die Sicherheitspolitik der Baltischen Staaten seit ihrer Unabhängigkeit, in: Schlotter, Peter (Hg.). Europa – Macht – Frieden ?, Baden-Baden 2003, S. 377 – 397.

Stewart, Emma: The EU's Conflict Prevention Policy: A Unique Contribution to a Global Problem?, Department of Politics, International Relations and European Studies, Loughborough University, Leicestershire, UK, https://www.essex.ac.uk/ecpr/events/jointsessions/paperarchive/uppsala/ws7/Stewart.pdf (Zugriff am 20.1.2005).

Stützle, Walther: Europa zwischen Anspruch und Wirklichkeit. Strukturwandel in den internationalen Beziehungen, in: Internationale Politik, 10 (2003), S. 61 – 66.

Szukala, Andrea/ Thomas Jäger: Neue Konzepte für neue Konflikte. Deutsche Außenpolitik und internationales Krisenmanagement, in: Vorgänge, 1 (2002), S. 70 – 80.

Tams, Carsten: The Functions of a European Security and Defence Identity and Its Institutional Form, in: Haftendorn, Helga/ Keohane, Robert O./ Wallander, Celeste A. (Hg.): Imperfect Unions. Security Institutions over Time and Space, Oxford 1999, S. 81 – 103.

Tanner, Fred: Conflict Management and European Security: The Problem of Collective Solidarity, http://www.isn.ethz.ch/securityforum/OnlinePublications/WS4/Tanner.htm (Zugriff am 4.5.2005).

Telp, Claus: Schoßhund Amerikas oder eigenständiger Akteur: Großbritanniens Position in der Irakdebatte, in: Kubbig, Bernd W. (Hg.): Brandherd Irak. US-Hegemonieanspruch, die UNO und die Rolle Europas, Frankfurt/ New York 2003, S. 198 – 203.

The CER Guide to the Brussels Summit, CER Briefing Note, Centre for European Reform, London, Dezember 2003, http://www.cer.org.uk/pdf/briefing_cer_igc.pdf (Zugriff am 1.3.2004).

The CER Guide to the EU's constitutional treaty, CER Policy Brief, Centre for European Reform, London, Juli 2004, http://www.cer.org.uk/pdf/policybrief_constitution_july04.pdf (Zugriff am 1.4.2005).

Thiel, Elke: Das Engagement der EU nach dem 11. September. Katalysator der Integration und für die Euro-Atlantische Partnerschaft?, SWP-Aktuell 26, Stiftung Wissenschaft und Politik, Berlin, Dezember 2001, http://www.swpberlin.org/common/get_document.php?id=460 (Zugriff am 29.3.2004).

Thomson, James: US Interests and the Fate of the Alliance, in: Survival, Bd. 45, 4 (2003 – 04), S. 207 – 220.

Tofte, Sunniva: Non-EU NATO Members and the Issue of Discrimination, in: Howorth,

Jolyon/ Keeler, John T.S. (Hg.): Defending Europe: The EU, NATO and the Quest for European Autonomy, New York 2003, S. 135 – 156.

Trzaskowski, Rafal: Poland, in: Missiroli, Antonio (Hg.): Bigger EU, wider CFSP, stronger ESDP? The view from Central Europe, Occasional Paper No. 34, EU Institute for Security Studies, Paris, April 2002, http://www.iss.eu.org/occasional/occ34.pdf (Zugriff am 20.6.2004), S. 19 – 25.

U.N. rescues diplomats in Congo. Runoff to pit president against ex-rebel leader, http://edition.cnn.com/2006/WORLD/africa/08/21/congo.elections.ap/index.html (Zugriff am 29.8.2006).

Unterseher, Lutz: Die verteidigungspolitische Identität Europas: Beschwörungsformel oder realistische Perspektive?, in: Österreichisches Studienzentrum für Frieden und Konfliktlösung (Hg.): Wie sicher ist Europa? Perspektiven einer zukunftsfähigen Sicherheitspolitik nach der Jahrtausendwende, Münster 2001, S. 176 – 187.

Unterseher, Lutz: Europe's Armed Forces at the Millenium: A Case Study of Change in France, the United Kingdom, and Germany, Project on Defense Alternatives Briefing Report No. 11, Commonwealth Institute, Cambridge, Mass., November 1999, http://www.comw.org/pda/9911eur.html (Zugriff am 20.8.2004).

Van Eekelen, Willem: Debating European Security, 1948-1998, The Hague 1998.

Van Oudenaren, John: US Reactions to the EU security strategy, in: Oxford Journal on Good Governance, Bd. 1, 1 (2004), S. 43 – 47.

Varwick, Johannes: Brauchen Europa und Amerika einander? Das Streben nach einer sicherheitspolitischen Autonomie der EU, in: Reiter, Erich (Hg.): Jahrbuch für internationale Sicherheitspolitik 2003, Hamburg/ Berlin/ Bonn 2003, S. 391 – 405.

Varwick, Johannes: Der konziliante Antipode: Frankreichs konstruktive Rolle, in: Kubbig, Bernd W. (Hg.): Brandherd Irak. US-Hegemonieanspruch, die UNO und die Rolle Europas, Frankfurt/ New York 2003, S. 204 – 206.

Varwick, Johannes: Die Europäische Union – Politisches System und Außenbeziehungen, in: Knapp, Manfred/ Krell, Gert (Hg.): Einführung in die Internationale Politik, München 2004, S. 201 – 249.

Varwick, Johannes: Gemeinsam für Europa? Zur Rolle des deutsch-französischen Tandems in der westeuropäischen Sicherheits- und Verteidigungspolitik, in: Gegenwartskunde, 3 (1997), S. 283 – 296.

Varwick, Johannes: Sicherheit und Integration in Europa. Zur Renaissance der Westeuropäischen Union, Opladen 1998.

Vitkus, Gediminas: Lithuania, in: Missiroli, Antonio (Hg.): Bigger EU, wider CFSP, stronger ESDP? The view from Central Europe, Occasional Paper No. 34, EU Institute for Security Studies, Paris, April 2002, http://www.iss.eu.org/occasional/occ34.pdf (Zugriff am 20.6.2004), S. 14 – 18.

Vlachos-Dengler, Katia: getting there: building strategic mobility into ESDP, Occasional Paper No. 38, EU Institute for Security Studies, Paris, November 2002, http://www.iss-eu.org/occasion/occ38.pdf (Zugriff am 14.5.2003).

Volgy, Thomas J./ Schwarz, J. E.: Does Politics Stop at the Water's Edge? Domestic Political Factors and Foreign Policy Restructuring in the Cases of Great Britain, France, and West Germany, in: Journal of Politics, 53 (1991), S. 615 – 643.

Volle, Angelika/ Weidenfeld, Werner (Hg.): Europäische Sicherheitspolitik in der Bewährung, Bielefeld 2000.

Von Hippel, Karin: NATO, EU, and ad hoc coalition-led peace support operations: The end of UN peacekeeping or pragmatic subcontracting?, in: S+F, Bd. 22, 1 (2004), S. 12 – 18.

Von Schorlemer, Sabine: Menschenrechte und humanitäre Interventionen, in: Internationale Politik, 2 (2000), S. 41 – 48.

Von Wogau, Karl (Hg.): Auf dem Weg zur Europäischen Verteidigung. Gemeinsam sind wir sicher, Freiburg/ Basel/ Wien 2003.

Vorwort von Javier Solana, in: Gnesotto, Nicole (Hg.): Die Sicherheits- und Verteidigungspolitik der EU. Die ersten fünf Jahre (1999 – 2004), EU Institute for Security Studies, Paris 2004, http://www.iss-eu.org/books/5esdpde.pdf (Zugriff am 1.2.2005), S. 5 – 12.

Wagner, Wolfgang/ Hellmann, Gunther: Zivile Weltmacht? Die Außen-, Sicherheits- und Verteidigungspolitik der Europäischen Union, in: Jachtenfuchs, Markus/ Kohler-Koch, Beate (Hg.): Europäische Integration, Opladen 2003, S. 569 – 596.

Walch, Jacques: Juillet-décembre 2002: six mois de défense européenne, in: Défense nationale, Bd. 59, 3 (2003) , S. 49 – 62.

Wallace, Helen/ Wallace, William (Hg.): Policy-Making in the European Union, 4. Auflage, Oxford/ New York 2000.

Wallace, William: Europe, the necessary partner, in: Foreign Affairs, Bd. 80, 3 (2001), S. 16 – 34.

Washington Summit Communiqué (Treffen des Nordatlantikrates auf Ebene der Staats- u. Regierungschefs, Washington, 23./ 24.04.1999), http://www.nato.int/docu/pr/1999/p99-064e.htm (Zugriff am 20.1.2004).

Weaver, Ole: Identity, Integration and Security: Solving the Sovereignity Puzzle in E.U. Studies, in: Journal of International Affairs, Bd. 48, 2 (1995), S. 389 – 431.

Webber, Mark: ESDP, Enlargement and the 'Third Country' Issue, in: Howorth, Jolyon/ Keeler, John T.S. (Hg.): Defending Europe: The EU, NATO and the Quest for European Autonomy, New York 2003, S. 157 – 180.

Weinlich, Silke: Die zivile Komponente der Europäischen Sicherheits- und Verteidigungspolitik, Aktuelle SWP-Dokumentation, Reihe D, Nr. 32, Stiftung Wissenschaft und Politik, Berlin, Januar 2003.

Weldes, Jutta: Constructing National Interest, in: European Journal of International Relations, Bd. 2, 3 (1996), S. 275 – 318.

Wessels, Wolfgang: Von der EPZ zur GASP – Theorienpluralismus mit begrenzter Aussagekraft, in: Regelsberger, Elfriede (Hg.): Die Gemeinsame Außen- und Sicherheitspolitik der Europäischen Union. Profilsuche mit Hindernissen, Bonn 1993, S. 9 – 29.

White, Brian: British Foreign Policy: Continuity and Transformation, in: Beasley, Ryan K. u.a. (Hg.): Foreign Policy in Comparative Perspective. Domestic and International Influences on State Behaviour, Washington D.C. 2002, S. 24 – 48.

White, Brian: The European Challenge to Foreign Policy Analysis, in: European Journal of International Relations, Bd. 5, 1 (1999), S. 37 – 66.

White, Brian: Understanding European Foreign Policy, Houndmills/ New York 2001.

Winkler, Theodor H.: The New NATO: Analysis of a Metamorphosis, in: Goetschel, Laurent

(Hg.): Security in a Globalized World: Risks and Opportunities, Baden-Baden 1999, S. 163 – 176.

Wolf, Reinhard: Finanzierungsprobleme der Europäischen Sicherheits- und Verteidigungspolitik unter den Bedingungen der Währungsunion, in: Aus Politik und Zeitgeschichte, B 47/2000, S. 31 – 38.

Wolf, Reinhard: Weltmacht oder Ohnmacht? Bilanz und Perspektiven der EU Sicherheitspolitik, in: Schubert, Klaus/ Müller-Brandeck-Bocquet, Gisela (Hg.): Die Europäische Union als Akteur der Weltpolitik, Opladen 2000, S. 263 – 280.

Wosolsobe, Wolfgang: Frankreich: Sicherheits- und Verteidigungspolitik – Lehren aus dem Kosovokrieg, in: Österreichische Militärische Zeitschrift, 2 (2000), S. 223 – 226.

Woyke, Wichard: Intervention, in: Woyke, Wichard (Hg.): Handwörterbuch Internationale Politik, Bonn 2002, S. 221 – 227.

Woyke, Wichard: Neue Europäische Sicherheitsstruktur, in: Woyke, Wichard (Hg.): Handwörterbuch Internationale Politik, Bonn 2002, S. 327 – 338.

Woyke, Wichard: Von der Orientierungslosigkeit zur Konzeption – die Außenpolitik des vereinten Deutschland, in: Woyke, Wichard (Hg.): Die neue deutsche Außenpolitik, Schwalbach 2002, S. 9 – 25.

Yost, David S.: The NATO Capabilities Gap and the European Union, in: Survival, Bd. 42, 4 (2000-01), S. 97 – 128.

Yost, David S.: The U.S.-European Capabilities Gap and the Prospects for ESDP, in: Howorth, Jolyon/ Keeler, John T.S. (Hg.): Defending Europe. The EU, NATO and the Quest for European Autonomy, New York/ Houndmills 2003, S. 81 – 106.

Young, Oran R: Are Institutions Intervening Variables or Basic Causal Forces? Causal Clusters versus Causal Chains in International Society, in: Brecher, Michael/ Harvey, Frank P. (Hg.): Realism and Institutionalism in International Studies, Ann Arbor 2002, S. 274 – 293.

Zaborowski, Marcin/ Lonhurst, Kerry: America's protégé in the east? The emergence of Poland as a regional leader, in: International Affairs, Bd. 79, 5 (2003), S. 1009 – 1028.

Zangl, Bernhard: Humanitäre Intervention, in: Ferdowsi, Mir A. (Hg.): Sicherheit und Frieden zu Beginn des 21. Jahrhunderts, München 2002, S. 107 – 124.

Zilmer-Johns, Lisbeth/ Pilegaard, Jess: Towards a common European Security and Defence Policy, in: Pilegaard, Jess (Hg.): The Politics of European Security, Kopenhagen 2004, http://www.diis.dk/graphics/Publications/Books2004/jpi_eurosecurity.pdf (Zugriff am 20.12.2004), S. 179 – 191.

Zilmer-Johns, Lisbeth: The Convention, the IGC and the great powers: the ESDP and new security threats, in: Pilegaard, Jess (Hg.): The Politics of European Security, Kopenhagen 2004, http://www.diis.dk/graphics/Publications/Books2004/jpi_eurosecurity.pdf (Zugriff am 20.12.2004), S. 55 – 82.

FSC
www.fsc.org
MIX
Papier | Fördert
gute Waldnutzung
FSC® C083411

Kolibri 360 GmbH
Ferdinand-Jühlke-Straße 7
99095 Erfurt, Deutschland
produktsicherheit@kolibri360.de

Druck:
CPI Druckdienstleistungen GmbH
im Auftrag der
Kolibri 360 GmbH
Ferdinand-Jühlke-Str. 7
99095 Erfurt